U0136128

秦史探索

⊙何清谷著

蘭臺出版社

目　　錄

序

　　本書是由何清谷教授所著有關秦史研究論文三十餘篇合集而成，這些著作都是何教授數十年來精心鑽研的心血之作。

　　何清谷教授，一九三一年一月生，陝西長安人。西安師範學院歷史系畢業，曾任陝西師範大學歷史系教授、周秦史研究室主任、碩士研究生導師。兼中國先秦史學會理事、秦文化研究會副會長、秦始皇兵馬俑博物館顧問、陝西省錢幣學會常務理事等職。

　　何教授在陝西師大，春風化雨、桃李遍栽，教學之餘，著述甚豐，其獨著出版的著作有：《三輔黃圖校注》、《秦始皇評傳》、《懷素草書的研究與欣賞》；參加編寫的著作有高校教材《中國古代史》、高教出版社出版的《中國傳統文化》等書。曾在《中國史研究》、《文史》、《中國錢幣》、《考古與文物》、台灣《歷史月刊》、美國《唐學報》等期刊發表學術論文七十餘篇。其中十餘篇被中國人民大學復印報刊資料轉載。研究成果多次獲獎，極受學界的推崇與肯定。

　　自秦始皇陵兵馬俑發掘後，伴隨著驚世的新史料出土，何教授一直把秦史研究作為重點，孜孜矻矻鑽研不懈，完成秦史論文三十餘篇，今分成三編，合為一冊，內容簡介如下：

　　第一編收論文四篇，討論秦人的起源問題：關於秦人的族源，學術界長期分為兩種意見，一主東來說，一主西來說。作者用考古資料與文獻記載相結合的方法，證明秦人起源於山東半島，原為母系氏族，伯益時向西發展而成嬴秦族，商代發展壯大，成為顯族，其中惡來一支保商紂最賣力，後來周公東征，這一支作為俘虜被安置在周王畿的西面。非子為周孝王養馬有功，封於秦亭，准續嬴秦之祀。從莊公起移居西犬丘（今甘肅禮縣境內），秦襄公護送周平王東遷有功，封為諸侯，建立秦國。再者，從其鳥圖騰觀察，也

可證秦人是從東方西遷的。

第二編收論文二十篇，旨在論述春秋戰國時期秦國歷史的一些斷面。戰國中後期，秦國在七雄中成為最富強的諸侯國，文中無論商業、手工業、催傭勞動、鐵兵器、軍事體育等，都以秦國為典型；不論人物、戰爭、邦交等都以秦與其他諸侯的矛盾展開。所以有些論文雖討論其他國事，實際上都與秦國有莫大的關係。其中有幾篇尤受學術界的重視。如《論戰國商業的發展》、《論戰國時期的催傭勞動》等，都以見解獨到，得到全國性的刊物如《史學情報》、《中國史研究動態》、《中國史學年鑑》，經濟研究所編的《經濟學文摘》的轉載或摘引。

第三編收論文十二篇，主要論述秦王朝從建立到覆滅十五年的人與事，先探究其來龍去脈，再提出個人的意見，以明歷史真相。例如為了求證秦始皇用小篆統一文字，就從西周《史籀篇》的產生和演變寫起；為瞭解秦始皇統一貨幣和秦二世的「復行錢」，則以相當篇幅探討秦鑄幣的產生、定型及在戰國晚期的流變。

在本書所收的三十多篇論文中，具有創見的力作極多，其重要特色則是掌握了四方面的資料，即：一、有關文獻，二、考古發掘資料，三、現存遺跡調查，四、今人研究的成果。然後在此基礎上，汰其謬誤，補其不足，故能發人之所未發，對秦史研究獲致了豐碩的成果。

我原在台灣師大歷史系承乏《中國上古史》課程，兩岸隔絕時期，已由許多學術信息上得知何清谷教授是先秦與秦漢史的專家，可說已久慕何教授的高名，一九九三年赴陝西師大訪問時得以識荊，深覺他不僅在學術上的造詣既淵博又專精，而為人更是謙謙君子平易近人。兩年前，台北蘭臺出版社允將何教授論文合成《秦史探索》一書出版，何教授特從陝西來函囑我為此書作序，基於對何教授的尊敬，既覺愧不敢當，又覺不敢推辭。不料在蘭臺已將該書排好之後，我因屆齡退休離開台灣師大歷史系，轉往中國文化大學史學系任教，新環境的適應和瑣事的煩擾，使我受命作序的任務一再遷延而

未完成，以致影響該書出版時間達一年之久，思之慚愧而不安。

在此《秦史探索》出版之際，謹作介紹及說明如上。昔顧炎武《日知錄》論戰國時代特徵是「文史闕佚，考古者為之茫然」，可以想見研究此一領域之不易，相信此書的問世，對於先秦史的研究，必有重大的貢獻，是為序。

王仲孚序於中國文化大學史學系
二〇〇四年四月

第一編　秦人東來說

秦人傳說時代的探討

　　秦是個古老的民族，遠在母系氏族社會就有他們生息繁衍的傳說。但是，只有到商朝有了甲骨文，他們的活動才零星見諸當時的文字記錄。在這以前，包括秦人在原始社會及夏代的事迹，沒有當時的原始記錄，全靠「口耳相傳」的方法流傳下來，到春秋戰國秦漢時期，學者才把這些傳說加以搜集、整理而保存在文獻中。這種傳說的歷史，年代不可考，史事撲朔迷離，神話色彩很重，只能看到模糊不清的史影，我們把這段歷史叫傳說時代。現在我對秦人的傳說時代略作如下探討。

一・少昊與秦人的關係

　　不少學者認為秦人出於少昊族，這有一定的道理。少昊氏是山東半島上東夷部落的大族，酋長先有少昊清，後有少昊摯，其活動中心在今山東曲阜。秦人也起於山東半島，屬東夷的一支；秦人和少昊族都是以鳥為圖騰；在少昊摯做部落酋長時，秦人可能參加了該部落。這兩族有瓜葛是無疑的，但要肯定秦人出於少昊族則證據不足，所舉出的證據大都經不起推敲。且看：

　　其一曰「少昊姓嬴」。查先秦文獻少昊姓己。《國語・晉語四》云：黃帝之後有「十二姓。姬、酉、祁、己、滕、箴、任、荀、僖、姞、儇、依是也」。「青陽與夷鼓皆為己姓」。青陽就是少昊摯。現在知道真正屬於少昊

氏後裔的有莒國（故地在今山東莒縣）：「周武王封少昊之後輿期於莒，己姓。」①又見《左傳‧文公八年》：「穆伯奔莒，從己氏。」郯國（故地在今山東郯城）：《左傳‧昭公十七年》郯子説：「我高祖少昊摯。」杜預注：少昊「己姓之祖也」。并、己二氏活動於今山東臨朐、壽光一帶。夏、商時被列爲方國，并、其、己三族共用「己」字族標②。這三族可能都是少昊的後代。在山東壽光縣紀侯台出土「己侯鐘」③，當屬己氏文物。這説明商周時期，在山東半島上還有少昊後裔建立的五個方國，都姓己。司馬遷在《史記‧秦本紀》的贊語中説郯氏「爲嬴姓」，與先秦文獻矛盾，疑誤。秦人與少昊不同姓也就不同氏族，自然也就不存在血統關係。

其二曰秦襄公「主少昊之神」，「秦人祭少昊明爲氏族神，或至上神兼祖宗神。」這是説不通的。殷周以來的神基本上呈現三足鼎立之勢，即以列祖列宗爲主的祖先神，以社、河、嶽爲主的自然神，以帝爲代表的天神。三者各自獨立，互不統屬。④祭天神時可以配祖先，《大戴禮‧朝事篇》：「祀天於南郊，配以先祖。」《漢書‧郊祀志》：「祀文王於明堂，以配上帝。」這是配而不是兼，在西周春秋時期沒有至上神兼祖宗神的實例。傳説中的氏族神地域化，著名部落聯盟首領天下化，這是人們的共同體由血緣單位在一定程度上向地緣單位轉化在意識上的一種表現。⑤於是黃帝、顓頊、炎帝、太昊、少昊被捧爲五位天帝，五帝各管一方成爲「五方神」。天子可以祭五帝，諸侯則祭本方的天帝。《周禮‧天官‧大宰》有「祀五帝」的規定。據先秦文獻五帝指：東方之帝是太昊，青帝；西方之帝是少昊，白帝；

---

① 《世本八種‧秦嘉謨輯補本》，商務印書館一九五七年版，第五三頁。

② 《先秦史研究動態》一九八九年第一期，第四三頁。

③ 阮元：《積古齋鐘鼎彝器款式》三，清嘉慶九年刻本。

④ 晁福林：〈論殷代神權〉，《中國社會科學》，一九九○年第一期。

⑤ 白壽彝：〈殷周傳説和紀錄中的氏族神〉，《北京師大學報》一九六三年第三期。

南方之帝是炎帝，赤帝；北方之帝是顓頊，黑帝；中央之帝是黃帝。《漢書·郊祀志》云：「秦襄公攻戎救周，列爲諸侯而居西，自以爲主少昊之神，作西畤，祠白帝。」很清楚，秦襄公祭祀少昊是因爲他做了西方諸侯，所以要向主宰西方的天帝祈福，絕無把少昊當作氏族神或祖宗神之意。秦人壓根兒沒有說過少昊是他們的祖宗。

其三曰大業就是皋陶，伯益是皋陶的兒子，「皋陶與少昊屬於同一氏族，故大業氏族出於少昊氏族。」這一說法是根據班昭的一條錯誤注解引發出來的。張守節《史記》正義說：「《列女傳》云：『皋子生五歲而佐禹。』曹大家注云：『皋子，皋陶之子伯益也。』案此即知大業即皋陶。」西漢末劉向著《列女傳》採用一條含義不大明確的傳說。曹大家即班固之妹班昭，東漢前期人，她作的這條注解可能是對《史記·夏本紀》云「初皋陶佐禹，皋陶死後伯益佐禹」作了錯誤的體會，認爲從皋陶到伯益是父子繼承。此後採用其說者頻頻。東漢中期王符在《潛夫論·志氏姓》中說：「舜曰：皋陶，蠻夷滑夏，寇賊姦宄，女（汝）作士。其子伯翳，能議百姓，以佐舜禹。」「其子」二字舜未說過，這是王符加的。東漢後期鄭玄在《詩譜》中引用班昭注後說：「然則皋陶大業一人也。」⑥東漢末高誘在《呂氏春秋·當染篇》注中說：「伯益，皋陶之子也。」西晉皇甫謐在《帝王世紀》中說：「皋陶生於曲阜」，而曲阜爲「少昊之墟」。這就把皋陶與少昊說成同一氏族了。其實在《尚書·堯典》、《舜典》及《史記·五帝本紀》中說得十分清楚，皋陶和伯益同時是堯、舜、禹的大臣。《舜典》說：舜命皋陶「作士」，掌管刑獄；命伯益「主虞」，掌管山林川澤；在禹即位之前兩人同是都得到舜的重用。他們不僅不同氏族，而且不同部落。堯、舜、禹都是部落聯盟領袖，都是由四方部落首領推選出來的，這就是禪讓制度。重要部落首領都參加聯盟的管理，皋陶和伯益各代表本部落在聯盟中擔任職務，

---

⑥　《毛詩正義·秦譜》鄭氏箋。

他們兩人怎麼會是父子關係呢？又見〈夏本紀〉：「帝禹立而舉皋陶薦之，且授政焉，而皋陶卒。封皋陶之後於英、六，或在許。而後舉益，任之政。」很清楚，皋陶死後其後代被封於英（今安徽金寨東南）、六（今安徽六安）、許（今河南許昌市東），禹向各部落首領舉薦代替皋陶職務的不是皋陶老年生下的5歲的小寶寶，而是與皋陶同事數十年，資格、才能與皋陶差不多的伯益。班昭注的錯誤清代梁玉繩辨析甚明，他說：「舜賜伯益嬴姓，不賜皋陶。秦爲嬴姓始自伯益，故以伯益爲首。皋陶乃偃姓，當爲英、六諸國之祖。秦與皋陶無涉。」⑦

二・顓頊與秦人的關係

秦人說他們的始祖是顓頊。這有以下資料可證：

1986年，在陝西鳳翔縣秦公一號大墓中，發掘出二十多件石磬及其殘塊。其中一片石磬上有「天子匽喜，龔（共）趄（桓）是嗣；高陽有靈，四方以鼏」十六個篆字。意思是：「周天子爲天下太平而歡喜，共公和桓公的繼承人是秦景公；這是祖先高陽氏的神靈保佑，四方都用大鼎祭祀。」高陽氏是顓頊的號，這說明秦景公認爲他的祖先是顓頊。

秦嘉謨《世本輯補》卷7云：「秦氏本自顓頊，後爲國號，因以命氏。」《世本》是先秦史官記載黃帝至秦朝帝王公卿的世系及事迹，秦世系無疑出於秦史官之手。可見秦史官也認爲秦的祖先是顓頊。

《史記・秦本紀》云：「秦之先，帝顓頊之苗裔。」〈秦本紀〉是司馬遷根據秦史官所作的《秦紀》寫成的⑧，《秦紀》是經過國君審訂的，故可以代表秦統治集團的看法。

---

⑦　《史記志疑》卷十九，中華書局一九八一年版。
⑧　《史記・六國年表序》。

《漢書‧地理志》云：「秦之先曰柏益，出自帝顓頊。」這是以治史謹嚴著稱的傑出史學家班固，採用東漢以前的成說。

可見，無論考古資料或較早的文獻，一致說秦人是顓頊的苗裔，而且大都出自秦統治者之口。但也有說不通之處。按〈秦本紀〉：「顓頊之苗裔孫曰女脩」，女脩吞燕卵而生子大業。顓頊時是父系制，女脩時顯然又是母系制，這不符合原始社會由母系氏族制到父系氏族制的進化序列，在一個氏族內部不可能他爺爺行父權制，而孫女又倒退到母權制了。這一錯亂，證明女脩和顓頊不是一個氏族，秦人與顓頊不存在血統關係。秦人祖顓頊的原因，可能出於對本部落酋長的崇拜⑨。

原始社會，黃河兩岸氏族林立，興衰離合，變化無常。顓頊號高陽氏，原是興起於今河南杞縣西高陽地方的氏族首領。由於共同防禦及通婚、謀食等需要，高陽氏與臨近的夏后氏及山東半島北部的有虞氏等氏族結成部落。據《竹書紀年》：顓頊曾「佐少昊氏」⑩。可能在少昊摯時，顓頊部落與少昊部落結成部落聯盟，初以少昊摯為部落聯盟首領，顓頊是少昊摯的助手，後顓頊代少昊摯做了部落聯盟首領，居於帝丘（今河南濮陽東南）。⑪顓頊是一位傑出的部落聯盟首領，對社會發展有重大貢獻。他的氏族或部落屬於

---

⑨ 《史記‧五帝本紀》：黃帝生昌意，昌意生顓頊，顓頊為黃帝孫。《山海經‧海內經》：黃帝生昌意，昌意生韓流，韓流生顓頊，顓頊是黃帝的重孫。二者不同，其實都是戰國人根據當時的世襲制炮製出來的。按其他文獻，黃帝與顓頊分別出於兩個氏族，不可能有血統關係。

⑩ 林春溥：《竹書紀年補正》，清嘉慶咸豐間林氏竹柏山房家刻本。

⑪ 按《史記‧五帝本紀》一、黃帝，二、顓頊，三、帝嚳，四、堯，五、舜。這是按華夏文化構成的繼承系統。其實在部落聯盟時期，做部落聯盟首領的不止「五帝」，最少還有個少昊摯。顓頊不是繼承黃帝而是繼承少昊摯為帝的。如《左傳‧昭公十七年》郯子先說「我高祖少昊摯之立也」，皆用鳥官，後說「自顓頊以來，不能紀遠」。杜預注：「顓頊氏代少昊者。」又見《國語‧楚語下》：「及少昊之衰也」，「顓頊受之」。孔安國《尚書‧序》亦云：顓頊代少昊為帝。

華夏集團，又努力與東夷集團聯繫，直至結成部落聯盟，使華夏文化與東夷文化結合，從而豐富了華夏文化；他重視發揮土地的作用，種植莊稼，養育生畜，發展生產；他最早制定曆法，這就是以十月爲歲首的顓頊曆，使農業生產能按農時季節進行⑫；他大膽改革原始宗教，改變家家都有巫史，人人都可通神的現象，把人神分開，有人專管社會秩序方面的事，有人專管宗教方面的事，當時叫做「絕地天通」⑬。這就使勞心者與勞力者日益分化。加速了氏族社會的解體。他因此成爲一個大宗教主，使「大小之神，日月所照」，沒有不服從他的。⑭由於他的神通廣大，凡投靠他的氏族都賴他的保護而得以存在、繁衍和壯大。所以這些氏族與他無論有無血統關係，都尊他爲老祖宗。著名氏族有虞氏、夏后氏，都承認是顓頊的後代，對他進行祖祭⑮。秦人早期活動的地方在今山東萊蕪一帶，即大汶河兩岸，屬於海岱地區的大汶口文化系統，不是少昊部落的嫡系，而離顓頊部落較近，在顓頊代少昊的時候，秦人有可能脫離少昊部落而投靠顓頊部落，至少他們是顓頊部落聯盟中的氏族。在顓頊的蔭庇下他們得到發展，走上與華夏集團融合的道路，因而秦人也奉顓頊爲始祖。

三・秦人的遠祖女脩與「玄鳥」圖騰

少昊和顓頊都不是秦人的祖先。秦人的遠祖，流傳下來的一個最早的名字就是女脩。《史記·秦本紀》云：「女脩織，玄鳥隕卵，女脩吞之，生子大業。」一個織布姑娘，僅僅因爲吞下「玄鳥」蛋就生了個男孩子大業，當

⑫　林春溥：《竹書紀年補正》：帝顓頊「十三年初作曆象」。
⑬　《國語·楚語下》，上海古籍出版社一九八二年版。
⑭　《史記·五帝本紀》。
⑮　《國語·魯語》引展禽語：「有虞氏禘黃帝而祖顓頊，郊堯而宗舜。夏后氏禘黃帝而祖顓頊，郊鯀而宗禹。」

然是不會有的，但反映了一段真實的歷史，說明秦人也經過母系氏族社會階段。當時實行的是群婚，即甲氏族的男子與乙氏族的女子共爲夫妻，兩性結合較鬆散而不穩定，所以，生下孩子「但知其母，不知其父」。氏族的世系也只能按母系計算。秦人在掌握了文字工具之後，父傳子的觀念已是天經地義，故追溯他們祖先的世系時按父系上推，一直追到母系氏族社會末期便無法追下去了，於是便產生了吞鳥蛋而生子的神話。女脩就是秦人母系氏族社會最後一位族長，由於她生在那個變革的時代，有幸留下了尊名。

玄鳥就是燕子。古人把黑色叫玄，燕子上體藍黑色，前胸黑褐相間，主色是黑色，所以叫玄鳥。《詩經·商頌》中的「天命玄鳥」，《呂氏春秋·音初篇》則變爲「帝令燕往視之」，可見在先秦古籍中玄鳥和燕是一鳥兩名。玄鳥很可能是秦人的圖騰崇拜。圖騰崇拜是自然崇拜和祖先崇拜結合在一起的一種原始宗教，特點之一是迷信其崇拜的對象是本族的祖先，或與本族有血緣關係。大業既然是女脩吞燕蛋所生，秦人自然會認爲燕與本族有血緣關係。以玄鳥爲圖騰也是漁獵生活的反映，秦人的祖先生活在東方海濱，在捕漁打獵過程中常和鳥在一起。燕子是一種益鳥，喜吃空中蚊子、蒼蠅、蠓蟲等害蟲，空中只要有燕子穿梭而飛，蚊子就不能肆虐，人就能安寧睡眠，於是有些人就對燕子產生了一種特殊的好感，喜歡吃燕子蛋，因而就把懷孕生子與吞玄鳥蛋聯繫起來。玄鳥圖騰屬於鳥圖騰的一種，從山東半島上興起的氏族大多是鳥圖騰。據說殷人的遠祖契就是簡狄姑娘吞玄鳥蛋而後生下的，所以殷人也是鳥圖騰。殷人可能也起於山東半島，《世本·居篇》云：「契居蕃」。蕃的今地有爭議，王國維、郭沫若、陳夢家等認爲就是後來魯國的蕃縣，在今山東滕縣一帶⑯，較可信。起源於濟水下游渤海灣一帶的寒浞族，扁鵲族，據說也是鳥圖騰⑰。少昊摯時組織了以鳥氏族爲主的東夷部

---

⑯　《先秦史研究動態》一九八八年第二期，第七頁。
⑰　《先秦史研究動態》一九八九年第一期，第四四頁。

落，管理部落事務的都是「鳥官」。《左傳·昭公十七年》郯子說：

> 我高祖少昊摯之立也，鳳鳥適至，故紀於鳥，爲鳥氏而鳥名。鳳
> 鳥氏，曆正也。玄鳥氏，司分者也。伯趙氏，司至者也。青鳥氏，司
> 啓者也。丹鳥氏，司閉者也。祝鳩氏，司徒也。鴡鳩氏，司馬也。鸕
> 鳩氏，司空也。爽鳩氏，司寇也。鶻鳩氏，司事也。五鳩，鳩民者
> 也。五雉，爲五工正。

從郯子所言可知，以少昊摯爲酋長的部落有十餘個鳥圖騰的氏族參加，
所謂司徒、司馬，司空、司寇等官名，肯定是郯子套用春秋末年的官名，但
那些職司可能是各氏族之間爲維持部落的共同生活而存在的某種分工。如玄
鳥氏以燕子爲圖騰，燕子是一種候鳥，春分來，秋分去，故讓該族負責「司
分」。爽鳩氏以爽鳩爲圖騰，爽鳩即鶜鳩，鷹類，性兇猛，許多鳥獸怕他，
故讓他任司寇而掌刑獄，實際是負責維持秩序。這些以鳥爲名的氏族當時確
實是存在的。如《左傳·昭公二十年》云：「昔爽鳩氏居此地，荂莉因之，
有逢伯陵因之，蒲姑氏因之。」此爽鳩氏即少昊時的爽鳩氏，其住地就是周
代蒲姑氏的居地，蒲姑又作薄姑，今山東博興縣東北有薄姑城。《風俗通義
佚文》：「五鳩氏，趙有將軍五鳩盧。」⑱可能是少昊時五鳩的後裔。玄鳥
氏，應是秦人氏族或商人氏族。如果是秦人，可能在舜賜嬴姓之前，氏族就
叫玄鳥氏，在原始社會圖騰對象往往就成爲該族的名稱。

秦人玄鳥圖騰的殘餘，在後來的幾輩人中還可看到。伯益的名字就有玄
鳥圖騰的烙印，《說文釋例》云：「伯益之名或本取『嗌』而借用『益』字
也。」嗌與燕古代是同音字，《呂氏春秋·音初篇》云：「帝令燕往視之，
鳴若嗌嗌。」嗌本是燕叫的聲音，燕因叫聲而得名。《爾雅·釋鳥》云：
「燕，鳦。」郭璞注：「燕，齊人呼鳦。」鳦，通乙。這就是說伯益的益就

---

⑱　吳樹平：《風俗通義校釋》，天津人民出版社一九八〇年版，第四五八頁。

是燕子，益即燕子的叫聲嗌，亦即燕在山東半島上的別名鳦。伯益與鳥也特別有緣，他幫助舜養育訓練鳥獸，鳥獸大多被他馴服了[19]。而且會說各種鳥的語言[20]。這可能是因其族鳥圖騰而分工掌鳥事。傳說伯益的長子大廉叫「鳥俗氏」，「大廉玄孫孟戲、中衍鳥身人言」[21]。由玄鳥氏到鳥俗氏，由嗌到鳥身人言，表現了玄鳥圖騰的繼承性。

四・伯益與秦人在東方的發展

據〈秦本紀〉說：女脩的兒子大業，娶了少典族的女兒名叫女華。女華生下大費，大費助禹治水有功。治水成功後，帝舜賜給禹黑色的玉圭。禹接受玉圭時說：「這不是我一人能成功的，還得力於大費作助手。」舜帝說：「喂！你大費幫助禹成功，賜給你黑色旗帶，你的後代將會繁盛興旺。」於是把「姚姓之玉女」賜給他作妻。大費拜受了賞賜，幫助舜養育馴服鳥獸，鳥獸大多被馴服。他就是柏翳。舜賜姓嬴氏。

這段材料說明，從大業、大費以後秦人就進入父系氏族制時代。大業娶女華，大費娶姚姓之玉女，已是一男一女結為夫妻的單偶婚，世系已經按父系計算，但女華、姚姓之玉女還在世系中出現，說明這是從母系氏族制向父系氏族制過渡時期。大費以後女姓的名字就從世系中消失了，說明這個過渡完成了。大業和大費的婚姻是一種政治聯姻。「大業取少典之女」。少典傳說不一，屬於華夏族的大族無疑，秦族長能與少典族這樣的大族通婚，說明秦人地位的提高，也是秦人傾慕華夏文化的表現。大費娶「姚姓之玉女」，是帝舜對大費的賜婚，是用婚姻關係加強君臣關係。舜生於姚墟，姚姓，舜

---

[19]　《史記・秦本紀》。

[20]　《後漢書・蔡邕傳》。

[21]　《史記・秦本紀》。

在本族中選最美麗的姑娘許配給大費，以表示對大費的寵信。

在原始社會後期，由於氏族間的互相仇殺，自然災害等原因，氏族、部落忽興忽滅。氏族的族長能幹與否對本族的命運起重大作用。一個缺乏指揮才能或應變能力的族長會造成種種失誤，可能招致某個氏族的滅亡。一個有作爲的族長，在殘酷的生存競爭中，就能領導本族人民不斷戰勝敵人，克服困難，保存和發展自己，從而發揮出巨大的凝聚力，團結近親氏族，並吸收弱小氏族來投靠自己，形成以本氏族爲中心的部落，並在部落聯盟中取得重要地位。大費就是這樣一位傑出的族長。大費又名伯益，亦作后益、益、柏翳、伯翳。他對秦人在東方的發展做出了重大貢獻。他不僅使本族興旺發達，而且形成了以秦人爲中心的部落。在堯，舜、禹時期，他一直在部落聯盟中擔任要職。

在伯益手裏，秦人在東方擁有大片封土。伯益因功，「舜賜姓嬴氏」的同時，還分封給土地。據周孝王說：「昔伯翳爲舜主畜，畜多息，故有土，賜姓嬴。」伯益的最初封地叫嬴。《路史·少昊紀》云：伯益「始食於嬴」。嬴即春秋時齊國嬴邑，秦置嬴縣，治所在今山東萊蕪縣西北。當時秦人的活動大抵在泰山以東，大汶河兩岸。這一帶大汶口文化晚期的某些遺存，可能與伯益時期的秦人活動有關。禹代舜稱帝之後，伯益又被封於秦。《鹽鐵論·結和篇》云：「伯翳之始封秦，地爲七十里。」《越絕書·吳內傳》云：禹「薦益而封之百里。」當是始封秦地七〇里後擴至百里。秦的中心在今河南范縣東南，其地古代有秦亭，又名秦城[22]。范縣在「古顓頊氏之墟」內，可能在顓頊時代秦人的勢力已發展到這裏。秦字甲骨文作𥠻[23]，像雙手抱杵舂禾之形。《説文解字》云：「秦伯益之所封國。地宜禾，从禾舂

㉒　《水經注》卷五，「河水又東北逕范縣之秦亭西」。《山東通志》卷九〈古迹〉：「范縣有秦城。」

㉓　《殷墟書契後編》下，第三七頁第八片。

省。」王鳴盛《蛾術編》卷三五云：「秦地本因爲善禾得名，故从禾从春省。禾善，則春之精也。」秦地宜種禾與大汶河兩岸宜捕撈不同，秦人在秦地定居，説明由漁獵遊牧時代已進化到種植禾稼的農業時代。由於伯益受賜嬴姓，受封秦地，故人們稱其爲嬴秦氏或秦人。

　　由於伯益在助禹治水，長期主管山林川澤，改進畜牧，發展農耕等方面有巨大功績，四方部落首領推舉伯益作禹的繼承人。禹死後，按禪讓制度伯益做了部落聯盟領袖。但當時已是原始社會崩潰、階級社會產生的過渡時期，私有制日益發展，特權階級已經形成，禹的兒子啓已大權在握，黨羽滿朝，於是「啓與友黨攻益而奪天下」，建立了夏朝。從此就把選舉制變爲世襲制。伯益爲了逃避啓的迫害，「居箕山之陽」。箕山，舊注皆以爲指河南登封縣告城鎮南之箕山，疑誤。夏的都城叫陽城，陽城就在今告城鎮附近，此箕山距「夏都陽城」甚近，益既爲避啓，不應當居於啓之卧榻之下。伯益所避居的可能是今河南范縣西南的箕山㉔。箕山是古代農業先進地區，《管子·輕重戊》：「神農作，樹五穀淇山之陽，九州之民乃知穀食，而天下化之。」此淇山即范縣境内之箕山。呂思勉云：「淇山蓋即箕山。」㉕《竹書紀年上》云：「（夏后啓）二年，費侯伯益出就國。……六年伯益薨，祠之。」㉖伯益所就之國即今范縣之秦，此亦證明伯益避居在今范縣境内箕山。

　　夏朝對秦人没有繼續迫害，嬴秦氏在夏朝還有發展。伯益生了兩個兒子，後來就分成兩個氏族。第一個叫大廉，即前面説過的鳥俗氏；第二個叫

㉔　《嘉慶大清一統志》卷一八一〈曹州府山川〉，上海商務印書館影印本。

㉕　《呂思勉讀史劄記》，上海古籍出版社一九八二年版，第三九頁。

㉖　啓奪伯益權，見《史記·夏本紀》：「十年，帝禹東巡狩，至會稽而崩。以天下授益。三年之喪畢，益讓帝禹之子啓，而辟居箕山之陽。」《孟子·萬章上》略同，末句「益避禹之子於箕山之陰」。《韓非子·外儲説右下》所述稍具體。《竹書紀年上》云：夏啓「六年」伯益死。皆先秦文獻，似可信。又見《晉書·束晳傳》：「益干啓位，啓殺之。」此説晚出，不採。

若木，就是費氏。他們的子孫有的住在中原，有的住在夷狄地區。如「梁氏，伯益治水封於梁」㉗，即春秋的梁國，被秦滅。今陝西韓城縣南有古少梁城，即梁國國都故址。

　　秦人傳說時代的世系：

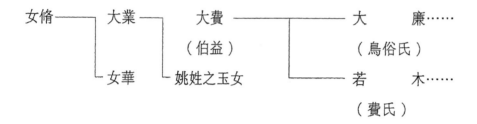

_____

㉗　吳樹平：《風俗通義校釋》，第四八一頁。

贏秦族西遷考

一・商朝的顯族

　　夏朝末年，政治腐敗，商國興起，展開了與夏朝爭奪中原統治權的鬥爭。贏秦族奠基人伯益的後裔（見拙作〈秦人傳說時代的探討〉），為了擺脫夏朝的政治壓迫，紛紛背離夏桀而歸順商湯。伯益的次子若木的玄孫費昌，給商湯御車，在鳴條（今河南封丘東）打敗夏桀，成為商朝的開國功臣。費昌的子孫有的在中原，有的在夷狄，他們和後來的秦國無關，姑且不提。伯益的長子大廉的後代中衍，為第十代商王太戊駕車，商王給他娶了妻子。中衍之後，其子孫扶佐商王，世代有功，「故贏姓多顯，遂為諸侯」①。伯益的封地秦（今河南范縣東南），商朝很可能被冊封為諸侯國。

　　贏秦族的人物確有在商都商王左右做大官的。他們的活動在殷墟卜辭中有記錄：

　　　　①「戊戌卜，賓貞，乎取（祭，何漢文注）秦」。（《後下》三七・八）

　　　　②「弜秦宗於匕（妣）庚」。（《甲》五七一）

①　《史記・秦本紀》。以下所引原文或述意凡出此篇者，不再註明出處。

③「弜秦宗於佚（姒）庚古（故）」。（《甲》七九七）

④「弜秦宗」。（《佚》九五五）

⑤「弜秦……於小乙」。（《戩》四四八）

⑥「……未卜……有典於匕（姒）庚其奠秦宗」。（《南坊》五五八）

⑦「……其酚曰於且（祖）丁秦右宗」。（《寧》二九二）

⑧「……禾於烊秦既」。（《京》三九三七）②

從以上八條甲骨卜辭可見：

1.殷商卜辭中的秦，只能是禹封伯益的秦，即今河南范縣秦亭，絕不指西周中期周孝王封非子的秦。卜辭中的祖丁是商湯後第17代商王，小乙是第22代商王，證明嬴秦族人確有祖丁、小乙時在商都作官的。

2.卜辭出土於殷墟，應是在商朝都城任職的嬴秦族人，對家鄉和祖宗遙祭的遺物。「賓貞」是說由名叫賓的王室卜史主持占卜，這樣規格的祭祀只有貴族、大臣才能享用。

3.秦宗，據《甲骨文簡明辭典》第127頁的解釋：「秦地之宗廟」。有「秦右宗」必有秦左宗。可知秦人在東方因宗族繁衍，人丁興旺，已有右宗、左宗的宗族分枝，且已分別建立了宗廟。

嬴秦族中上升為商朝顯貴的，當然可能會離開今河南范縣的秦本土，遷往商都或其他封地。他們既臣服於商王，在供職或朝賀時必須按商朝的禮樂制度辦事，這就自然的學習和吸收了殷商文化。我們從後來的秦文化中常可看到殷文化的積澱，應和秦人祖先的這一段經歷有關。

---

② 　以上八條甲骨卜辭是著名商周考古專家徐錫台先生給我提供的，特致謝意。

二・中潏、蜚廉爲商朝保西垂

《秦本紀》云：中衍的「玄孫中潏，在西戎，保西垂」。時間大約在帝乙和帝辛（即紂王）時。

「西垂」，一般泛指西方邊地，這裏專指商王國的西方邊地。「商王國的領土大約也像夏，介於山東、山西、河南、河北之間，而朝鮮及遼寧、陝西諸省，則爲其宗主權所及的地方。」（《顧頡剛古史論文集》第二冊481頁）「大約晚殷時代，商王朝的勢力已逾太行山而西。」③商朝晚期所直接統治的西界到今山西太行山之西、黃河東岸。中潏的兒子蜚廉活動於今山西河津、霍縣一帶。據《元和郡縣圖志》卷十二載：龍門縣有「蜚廉故城，在縣南七里」。其地當今山西河津縣境。應是《秦本紀》贊提到的「蜚廉氏」的封地。所謂「保西垂」，指中潏率領一部分族人替商王朝保西方邊垂，即天邑商（河南安陽）之西今太行山至黃河東岸一帶。

「西戎」，本爲古代西北方戎族的總稱，各個時期實指的對象不同。晚殷時代中潏「居西戎」，指居於商都西面晉南一帶的戎翟聚居區。陳夢家說：「在武丁卜辭中所見的多方與諸國，尤其是與商王國敵對的方國，多在晉南即漢代的河東郡，一部分在上黨郡。此兩區，和商王國的王都及田獵區以太行山爲分界。」「自武丁至文丁，殷的主要敵人在此。這些部族有些一直保持較原始的生活方式，即殷以後稱爲「北戎」、「北蠻」、「赤狄」的；有的則混和了不同程度的中原文化，或其社會已進步到高一級的形式」。如姜氏之戎、蠻方、鬼方、獫狁等④。中潏之「居西戎」，就是雜居在這些對商王國時叛時服的部族之間，對他們進行監視和控制，其居地就是

---

③　陳夢家：《殷墟卜辭綜述》第八章〈方國地理〉。
④　陳夢家：《殷墟卜辭綜述》第八章〈方國地理〉。

商王國的「西垂」。

　　中潏的兒子蜚廉和孫子惡來，都是殷紂王的寵臣。中潏生蜚廉，「蜚廉生惡來，惡來有力，蜚廉善走，父子俱以材力事殷紂」。由於蜚廉、惡來保紂最力，許多古籍中都記載了他們「助紂爲虐」的事。《史記·殷本紀》：「紂又用惡來，惡來善毀讒，諸侯以此益疏」。《荀子·成相》：「世之災，嫉賢能，飛廉知政任惡來」。《呂氏春秋·當染》：「殷紂染於崇侯、惡來」。武王伐紂時，惡來率兵守衛商都，兵敗被殺。《尸子》云：「武王親射惡來之口」。這大概是由於惡來的頑强抵抗而遭到的報復。當時，蜚廉奉命率兵守禦北方，以對付土方（居今山西、河北北部）、鬼方（居今山西西北部和陝西北部）等族的進犯。他從北方歸來，聞商朝已亡，不能當面向紂王匯報，便在霍太山（今山西霍縣東南）築起祭壇，向紂王的在天之靈舉行報祭。祭後爲商朝殉死，就葬在霍太山。這是〈秦本紀〉所記，與《孟子》云「驅蜚廉於海隅而戮之」不同。或許蜚廉葬霍太山是製造假象以麻痹周人，實際他跑回東方老家，潛伏起來待機反抗。

　　蜚廉還有一個兒子叫季勝，仍留在霍太山一帶，投降了周朝。季勝的兒子叫孟增，受到周成王的垂青，成王把他安置在皋狼（今山西離石縣西北有皋狼故址），人們喚他「宅皋狼」。孟增的孫子造父是著名駕車能手，曾給周穆王駕車去西方巡視，又回頭去東南平息徐偃王叛亂，每天趕車馳驅一千里。穆王按功行賞，把趙城（今山西洪洞縣北）封給他，造父遂以趙爲氏，他的後裔後來建立了趙國。所以人們說「秦趙同祖」。

三·戎胥軒一支的西遷

　　〈秦本紀〉中記載了周孝王想把非子作大駱的繼承人，引起大駱的嫡子成的外祖申侯的反對，申侯爲了維護外孫成對大駱正宗繼承人的地位，向周孝王追叙一段他先人與戎胥軒聯姻的歷史。申侯說：「昔我先酈山之女，爲

戎胥軒妻，生中潏，以親故歸周，保西垂，西垂以其故和睦」。這段話頗費解。如果理解成中潏爲周人保西垂，顯然與〈秦本紀〉前段記載相牴牾，於事理亦不可通。當時已至商朝末年，商周對立已經十分尖銳。商王文丁殺死周族首領季歷。商王帝乙二年，姬昌（周文王）爲報殺父之仇，率「周人伐商」（《太平御覽》卷83引《竹書紀年》），雖然失敗。以後姬周對殷紂王表面順從，實則積極進行翦商，滅掉了親商的諸侯崇國（今陝西戶縣東），把都城由周原遷到豐（今陝西長安縣西），籠絡「殷之叛國」，收留「殷之叛臣」，完全控制了黃河以西的土地。中潏及其子蜚廉既爲商朝大臣，就没有可能爲周「保西垂」。且按申侯言，戎胥軒當是中衍的曾孫，中潏的生父，但不見〈秦本紀〉所述的秦世系。不列入世系説明戎胥軒不是正宗繼承人，而是庶出或旁枝，那就不可能是中潏的生父。申侯所云很可能是爲了抬高申與大駱通婚的意義而有意編出戎胥軒生中潏。林劍鳴先生在《秦史稿》中指出這段話「完全是申侯爲了討好周孝王而故意混淆事實的説法」。即便不到完全混淆事實的程度，借題發揮加鹽加醋是肯定存在的。

這段話如果僅限於戎胥軒率一支族人到周人西邊活動，則可以説通。申侯話中只説戎胥軒生中潏，並没有説戎胥軒和中潏一同爲周「保西垂」。戎胥軒的西遷與中潏無關，即使他們是父子關係，其父遷其子也可能未去。至於戎胥軒的西遷應屬事實。商朝從武丁以來，多次派遣一些可以信賴的宗族去陝、甘一帶「裒田」，即開拓疆土。申侯的祖先申戎，亦稱姜氏之戎，起於羌族。商代「羌氏之戎」有一支曾活動於晉南（陳夢家《殷墟卜辭綜述》，〈方國地理〉），武丁之後西移至酈山，又西至羌水流域的羌氏城（史念海：〈西周與春秋時期華族與非華族的雜居及其地理分佈〉，《中國歷史地理論叢》一九九〇年第一期），與周人結成聯盟。戎胥軒即屬親商的嬴秦族人，又與申侯的祖先有婚姻關係，奉商王命率領一支嬴秦族人去周人的西邊活動是完全可能的。這大概就是晚商時西遷到陝、甘一帶的一支嬴秦族人。

　　鄒衡先生在〈論先周文化〉一文中認為：卜辭中的淖氏族和金文中的崣氏族，很可能就是秦的祖先費、蜚之類。他發現有出自陝、甘一帶的廣折肩罐上亞字框中有鳥下加手的捕鳥形族徽，「其所代表的可能是一個善於捕鳥的氏族。古者以官職為氏，那末，此氏族必定會有一個善於捕鳥的祖先，曾經充任過商朝或其以前的鳥（或鳥獸）官，而他的子孫又住在今陝西、甘肅一帶先周文化地域內。說至此，人們不難把這個氏族和秦的祖先聯繫起來」。（鄒衡：《夏商周考古學論文集》第三二八頁）這一支秦的祖先很可能是戎胥軒所率的嬴秦族人。戎胥軒一支大約在周季歷時移居周的西面，但他們沒有得到發展，似乎不久就從歷史上消聲匿迹了。文獻中不見戎胥軒西遷後的子孫活動的記載。這樣的遭遇不難理解，他的同族在商紂麾下那樣得寵，他不免要受到西伯昌的猜疑或嫉恨，很可能在文王翦商時把他們的首領翦除了。其氏族成員「免不了入境隨俗，年代經久，自然也就是逐漸被當地同化，成為當地的居民了，因而在商末，陝西的崣族使用先周文化也就不足為奇了。秦的祖先本來起源於東方，後來為甚麼又到了西方，在這裏似乎已得到了說明。」（同上書三二九頁）

　　蒙文通先生力主秦人來自西戎說，重要根據就是申侯這段話。他認為「胥軒曰戎，自非華族，此秦之父系為戎也。」[5]首先，這是對〈秦本紀〉的斷章取義。〈秦本紀〉對秦世系從女修、大業、伯益、大廉、孟戲、中衍、中潏、蜚廉等的記述比較清楚而蒙先生不採用，卻從裏面挖出申侯之言從而把戎胥軒定為秦人父系始祖，這樣的取捨是不嚴肅的。按〈秦本紀〉戎胥軒絕不是秦人的始祖，而且他的名字沒有列入秦祖世系，他是秦人中那一門的人不得而知，也無法證明後來建立秦國的秦襄公是他的後裔，他居西戎絕不能說明嬴秦族是西戎。其次，戎胥軒有人解作是「由其擔負的職務取得

---

⑤　見蒙文通撰〈秦為戎族考〉，載《禹貢》六卷七期；〈秦之社會〉載《史學季刊》第一卷第一期。後二文俱收入《周秦少數民族研究》一書中。

的名號，本義蓋指以兵戈衛護國君所乘車輛」。（嚴賓：〈秦人發祥地芻論〉，《河北學刊》一九八七年六期）即使「胥軒曰戎」，胥軒是名，戎為周人所加，也不能肯定他必然是「西戎」。「戎」不一定表族屬，也常用來示鄙薄、敵視之義。如周人罵商人為「蠢戎」、「戎殷」（馬非百：《秦始皇帝傳》第九頁），絕不能證明商人就是西戎或起於西戎。如果真是「胥軒曰戎」，也是周人對戎胥軒敵視的表現。

四・周公東征對戰俘的安置

武王滅商後二年而死，成王即位時年幼，其叔周公旦攝政，管叔、蔡叔對周公代成王當國不滿，遂聯合紂王的兒子武庚及東方諸侯，發動了一次大規模的反周叛亂。在東方的秦人顯然也是積極參加。在周公東征過程中，堅決反周的秦人受到沈重的打擊。《孟子·滕文公下》云：

> 周公相武王誅紂；伐奄三年討其君，驅飛廉於海隅而戮之，滅國者五十。

如前所推測的，秦人祖先蜚廉在霍太山殉死可能是有意迷惑周人的假象，實則潛逃回東方老家——秦，在那裏組織反周活動，參加的可能有惡來的後代及原居秦地的秦人。蜚廉兵敗而被趕到山東半島海濱，終於被殺。

《堲方鼎》銘云：

> 隹（唯）周公征伐東夷，豐白（伯）、尃古（薄姑）咸弌。公歸，薦於周廟。戊辰，禽（飲）秦禽。……

這是說，周公征東夷時東夷的豐伯、薄姑等國君都被戕死。周公凱旋歸來，在周都的宗廟裏向祖宗獻俘。於戊辰這天，用秦地出產的清酒舉行飲酒之禮。這裏所謂「秦」無疑指河南范縣之秦，秦酒亦東征中的掠獲之物。這

說明周公東征的兵鋒確曾到過秦地。

周對東方經過多年的大事撻伐，終於平息了叛亂。戰後周朝統治集團對戰俘的處理，主要採取遷出原地的方法。其中一部份強迫遷到成周洛邑，見《尚書·周書·多士篇》所述；一部分則被遷到宗周京畿地區，大抵相當今陝西關中，直接受王室的監視和役使，成爲周王室的宗族奴隸。《逸周書·作雒解》載：

> 周公立，相天子，三叔及殷、東、徐、奄及熊、盈以畔……三年，又作師旅，殷大震潰。……凡所征熊、盈十有七國，俘維九邑。俘殷獻民，遷於九畢。

西周時在今陝西關中帶畢字的地名很多。最著者有畢國，原是周文王的第十五子畢公高的封國，其地包括今西安市西北和咸陽原的大部分，畢陌、畢程、畢郢等是它的異名；有畢原，司馬遷在〈周本紀〉贊語中説：「畢在鎬東南杜中」。據盧連成調查：畢原在今西安市西南，鎬京東南長安縣祝村、郭杜鎮一帶，是西周天子陵寢區；（盧連成：〈西周豐鎬兩京考〉，《中國歷史地理論叢》一九八八年第三輯）有畢道，毛詩傳云：畢終南之道名⑥。九畢可能是在畢原、畢道、畢國及其附近設九個或許多新邑，以安置俘虜，派官監督管理，使其爲王室服役。九畢的分佈已無法一一考知，在今藍田縣地的弭邑應屬九畢之一。先後在藍田縣發現弭氏銅器十多件，其中兩器的銘文最爲重要。

《師酉簋》銘文：「王呼（乎）史醬（牆）冊命師酉：嗣（嗣）乃且（祖）啻官邑人、虎臣：西門夷、纍夷、秦夷、京夷、𨆌身夷、

---

⑥　清孫星衍《畢原畢陌考》云：「畢原在渭水南，周文王、武王、周公之所葬；畢陌在渭水北，秦文王、武王之所葬，即今咸陽之陵」。「畢先見詩毛傳云：畢終南之道名也，其名最古」。

新。……」

　　《詢簋》銘文：「今餘令女（汝）啻官邑人，先虎臣後庸：西門夷、秦夷、京夷、秦夷、𤊾夷、師笒側新、□𦵫夷、由□夷，𦵫人，成周走亞、戍秦人、降人、服夷。……」⑦

　　唐蘭先生認爲《師酉簋》鑄於共王元年，《詢簋》鑄於共王十七年。⑧師酉和師詢是父子關係，世襲官職師氏，《周禮》師氏掌教國子，並率所屬守衛宮門。銘文中列舉的周王命酉和詢所管的虎臣和庸，爲王驅使。虎臣是由六個夷族構成的，充當保衛周王宮門的隸役；庸是用降服了的夷族和非夷族做僕役。作爲虎臣的秦夷和作爲庸的戍秦人，很可能是周公東征時俘虜的一部分秦人，他們由𦵫邑的師氏管轄而爲王室服役，經過成、康、昭、穆、共五代族名猶存，可見他們是聚族而居的宗族奴隸。他們和大駱、非子等，當是同族而異枝。

　　後來建立秦國的那支秦人，即惡來的後裔，也是周公東征抓獲的俘虜。可能一開始就安置在今甘肅東部一帶，與西戎雜居。

五・大駱、非子等爲周朝保西垂

　　〈秦本紀〉云：「惡來革者，蜚廉子也，蜚死，有子曰女防。女防生旁皋，旁皋生太幾，太幾生大駱，大駱生非子。以造父之寵，皆蒙趙城，姓趙氏」。惡來革就是惡來，有《史記・趙世家》蜚廉「命其一子曰惡來，事紂，爲周所殺，其後爲秦」可證。這一支秦人由於是惡來的後裔，後又在東

---

⑦　郭沫若：《𦵫叔簋及𤼈簋考釋》，段紹嘉：〈陝西藍田縣出土𦵫叔等彝器簡介〉，《文物》一九六〇年第二期。

⑧　唐蘭：〈永盂銘文解釋〉，《文物》一九七二年第一期。〈永盂銘文解釋的一些補充——并答覆讀者來信〉，《文物》一九七二年第十一期。

方參加反周叛亂，所以受到「墜命亡氏，踣其國家」（《左傳・襄公十一年》）的重罰。取消了他們的嬴姓、秦氏及秦地的封土，從女防、旁皋、太幾、大駱四代不僅不能姓嬴，不能祭祀自己的祖先，連氏也只能附於造父族而姓趙氏。他們可能一度避居趙城，不久就被周朝把他們從趙城強迫西遷，可能安置在甘肅東部一帶。

　　北京大學考古系的師生，「在天水地區的甘谷縣毛家坪和天水縣的董家坪，找到了西周時期的秦文化遺存」。毛家坪遺址共發掘出秦文化墓葬三十一座，其中屬於西周中晚期的十二座。「毛家坪西周時期秦文化除去自身特點外，總的來說與周文化相似，而與甘青地區其他古文化相去甚遠」。（趙化成〈尋找秦文化淵源的新線索〉，《文博》一九八七年第一期）毛家坪秦文化遺存雖不能明定是東來，但顯然不是甘青地區古文化的西來。在毛家坪還「發掘居址二〇〇平方公尺，遺迹有灰坑、殘房基地面等，根據地層堆積共分為四大期，年代從西周早期一直延續到戰國中晚期」。「西周時期陶器的基本組合亦為鬲、盆、豆、罐，另有甗、甑等」。（周上）袁仲一先生說：「從居住遺址中發現有灰坑、殘房基地面，說明從西周早期開始，秦人起碼已過著相對定居的生活。居址出土的陶器的基本組合，為鬲、盆、豆、罐、另有甗、甑等。這種組合反映了其飲食生活的內容，當以農作物的糧食為其重要的食物來源之一。這完全不像人們一般傳統的說法，認為秦人當時是完全過著遊牧、狩獵生活」（袁仲一：《從考古資料看秦文化的發展和主要成就》）。袁先生的分析十分中肯。毛家坪、董家坪秦文化遺址很可能是女防、旁皋、太幾數代秦人居住過的聚落，後來大駱雖然遷走了，留下的秦人還繼續居住在那裏。秦人遠在伯益封秦時就基本上過著定居生活，秦字在甲骨文中作，像雙手抱杵舂禾之形，就是一個反映農耕生活的象形字。秦人經營畜牧固然是其長處，但在這時已經是有固定牧場的畜牧，與遊牧民族的逐水草而遷是根本不同的。

　　這支秦人從大駱開始遷居犬丘，並娶申侯女為妻，地位有了顯著的改

善。見〈秦本紀〉：「大駱地犬丘」，「申侯之女爲大駱妻」。申侯西周初封「申伯」，曾做過周王的卿士，幾代都與周王室通婚，⑨大駱能與申侯攀親當然可提高他的地位。大駱之遷犬丘，也是一件不尋常的事件。犬丘原是東方地名，有衛地犬丘，在今山東曹縣北之旬陽店；有宋地犬丘，在今河南宋城縣西北三〇里；此三犬丘應是遠古時期東夷族中以犬爲圖騰的「畎夷」留下來的居住遺址。夏末商初畎夷由東方向西遷徙，遷入新地仍用原住地的地名。畎夷的一支遷居於今陝西興平境內的犬丘（段連勤：〈犬戎歷史始末述〉，《民族研究》一九八九年第五期），另一支遷居今甘肅禮縣境內的犬丘。由於這個犬丘在興平境內的犬丘之西，故又名西犬丘。西犬丘初爲犬戎所居，原是周代西面犬戎活動的中心。《後漢書·西羌傳》云，「文王爲西伯，西有昆夷之患」。昆夷即犬戎，在周人西面，當在今甘肅東部。《史記·匈奴列傳》：「自隴以西，有綿諸、緄戎、翟、貔之戎」。緄戎亦即犬戎，秦穆公時其殘部仍居隴西，即今甘肅天水一帶。按「戎狄荒服」，（《國語·周上》）這些民族每年都要用當地的土特產向周王朝貢，但到西周中期西戎特別是其中的犬戎有時不來朝貢，於是周穆王西征犬戎。這件事《史記·周本紀》載：穆王征犬戎，「得四白狼，四白鹿以歸」。《後漢書·西羌傳》載：「至穆王時，犬狄不貢，王乃西征犬戎，獲其五王，又得四白鹿，四白狼，王遂遷戎於太原。」穆王西征犬戎，把犬戎遷出故地犬丘，遷往太原，當今甘肅慶陽一帶，此時大駱乘隙進住犬丘。這推斷有時間依據：周自武王、成王、康王、昭王、穆王五世，秦自惡來、女防、旁皋、太幾、

---

⑨ 申侯屬姜氏之戎，周初封於申，其地不能確指。《水經·渭水注》：「岐水又歷周原下，水北即岐山矣。岐水又東經姜氏城，東注雍水」。姜氏之戎蓋在姜水、雍水左右，即今武功、岐山、鳳翔一帶。據《詩·崧高》：申國於宣王時東遷，分封於謝，在今河南南陽市。其留者稱西申。《逸周書·王會解》有西申在申山，在今陝西安塞、米脂以北。西周末申侯聯合西戎攻周幽王，後爲秦所滅。

大駱也剛好五世，可見穆王把犬戎遷走，大駱佔據犬丘，在時間上正好銜接。但大駱占犬丘好像未經周王冊封，是周王對既成事實的默認。

西犬丘是西漢隴西郡西縣的治所，應有故城遺址。《水經·漾水注》云：「西漢水又西南，合楊廉川水，水出西谷，眾川瀉流，合成一川，東南流，逕西縣故城北。秦莊公伐西戎破之，周宣王與其大駱犬丘之地」即此。《讀史方輿紀要·秦州·西縣城》云：「即所謂西犬丘也，非子始都此」。西縣城在西漢水南，今甘肅禮縣境內，有人考證：「西犬丘城邑，在今禮縣鹽關堡東南二·五公里的西漢水南岸。」（徐日輝：〈新版《辭海》中「西垂」、「西犬丘」釋文疏證〉，《西北史地》一九八三年第二期）這與《水經注》的記載相合，故城遺址還在尋覓中。

大駱的兒子非子居犬丘，⑩「好馬及畜，善養息之」。據推測非子經營畜牧的牧場應在西犬丘附近的河谷地，即今西漢水南岸臺地下的鹽關州。這裏是一肥沃的河谷盆地，加上氣候濕潤，是天然的農牧場所（同上徐日輝文）。犬丘人就把非子善於養馬的本領報告給周孝王，周孝王把非子召去，派他在汧渭之間為周王室主管養馬。這裏水草豐美，是周王室的牧場，加上非子高強的畜牧技術，馬匹繁殖得很快。周孝王為了獎勵他養馬的功勞，曾想讓非子作大駱的正宗繼承人。但非子不是大駱的正妻所生，申侯的女兒是大駱的正妻，生下兒子叫成，本來是大駱的嫡子。孝王要廢嫡立庶，引起申侯的反對。申侯除了追述他祖先與戎胥軒的婚姻關係外，又說：「現在我又把女兒嫁給大駱，生下嫡子成。申侯與大駱結親，西方的戎族都歸服，這是你王位安穩的原因。你好好考慮吧！」孝王只得不改變成的嫡子地位，使成享有對犬丘的繼承權。對非子採取另外一種獎勵辦法。孝王說：「昔伯翳為

⑩　非子所居之犬丘，一定是其父大駱所居之犬丘。《史記》裴駰《集解》、張守節《正義》皆誤為漢代槐里之犬丘，明人董說、近人王國維、郭沫若等已正其誤、考證在漢代之西縣地。

舜主畜，畜多息，故有土，賜姓嬴。今其後世亦爲朕息馬，朕其分土爲附庸。」邑之秦，使復續嬴氏祀，號曰秦嬴。這就是説，完全恢復伯益以來的嬴姓、秦的封邑及宗廟祭祀。

「附庸」是西周封土的一個等級，封地不超過五十里。《孟子·萬章下》云：「天子之制，地方千里，公侯皆方百里，伯七十里，男五十里，不能五十里不達於天子，附於諸侯，曰附庸。」非子所封的秦，在今甘肅秦安縣鄭川。據《水經·渭水注》載：（清水）「又逕清水城南，又西與秦水合，水出東北大隴山秦谷，二源雙導，歷三泉合成一水，而歷秦川，川有育故亭，秦仲所封也」。《辭海》秦川條云：「今甘肅清水縣境内，後川河谷地，因川内有故秦亭爲秦國祖先非子封也而得名」。何雙全根據《甘肅天水放馬灘秦墓出土木板地圖》推定：「在今甘肅秦安縣鄭川，圖中有亭形建築標記，很可能就是秦亭」。秦安縣今析成紀縣及清水縣一部所置，秦安縣之秦亭與《水經注》中秦谷、故亭是一致的。但秦邑、秦亭之名不始於非子，而是恢復伯益原在東方的封地名，即移用今河南范縣的秦邑，秦亭之名。可見到非子手裏秦人才真翻身了，有了不足五〇里的封邑，恢復了嬴姓以及對嬴姓的祭祀。到此秦人才擺脱了受壓抑的地位，而被周王室當作保衛「西垂」的力量加以利用。據考：「西周王畿分爲相互連接的西都王畿和東都王畿兩部分，西都王畿以宗周爲中心，南抵漢水之陽，東與成周王畿相接，西達甘肅天水一帶。」（呂文郁《兩周王畿考》）所謂的西垂當指今甘肅天水一帶，爲周王室直接控制範圍的西部邊垂。

穆王西征犬戎之後，「自是荒服者不至」（《史記·周本紀》），西戎與周王室的對立就公開了。在鬥爭中得到好處的秦人，自然就受到西戎的敵視，其中以犬戎、玁狁對秦人佔據的西犬丘攻擊最烈。秦人在保衛西垂的戰鬥中，真是不惜犧牲，浴血奮戰，周王室對秦人也愈加信賴和支援。非子三傳到秦仲，「西戎反王室，滅犬丘大駱之族」，即消滅了居住在犬丘的大駱和成的後代，周宣王封秦仲爲大夫，授命討伐西戎，結果秦仲被殺。秦仲有

五個兒子，長子叫莊公。宣王利用他們的復仇情緒，給莊公兄弟五人七〇〇〇兵，命他們討伐西戎。經過激戰，莊公終於把西戎打敗，收復了犬丘。宣王重賞了莊公，把大駱之族的地盤犬丘劃歸他們所有，並冊封莊公爲西垂大夫。周代貴族職官公卿、大夫、士三級，大夫爲第二級，按「大夫食邑」（《國語・晉語四・文公》），大夫世襲地享有自己封地的收入，除向王室交納一定的貢賦和提供一定的軍役、勞役外，其餘全部歸他們享用。西垂大夫應是以今甘肅天水市一帶爲食邑，治所在西犬丘，所以西犬丘又名西垂。

不其簋是記載周宣王時秦莊公破西戎的銅器，其銘文曰：

> 惟九月初吉戊申，伯氏曰：「不其，馭（朔）方嚴允廣伐西俞，王命我羞追於西。餘來歸獻擒，餘命汝追於畧，汝以我車宕伐嚴允於高陶，汝多斬首執訊。……」

李學勤先生認爲《史記・十二諸侯年表》載：秦莊公名其。先秦時「不」字常用爲無義助詞，所以簋銘的不其很可能便是文獻裏的秦莊公。銘文大意云：嚴狁侵擾周朝西部，周王命伯氏和不其抗擊，進追於西。西即西垂，也就是秦漢隴西郡的西縣。不其隨伯氏對嚴允作戰得勝，伯氏回朝獻俘，命不其率領兵車繼續追擊，搏戰之中多有斬獲。（李學勤〈秦國文物的新認識〉，《文物》一九八〇年第九期）。

從莊公起秦邑移居西犬丘。莊公有三個兒子，大兒子叫世父。世父說：「西戎殺死了我祖父秦仲，我不殺死戎王就不敢進城安居。」於是帶兵攻打西戎，把繼承權讓給其弟襄公。襄公二年，西戎圍攻犬丘，世父進擊西戎，被西戎俘虜。過了一年多，西戎才送回世父。襄公七年春天，即公元前七七〇年，周幽王因寵褒姒戲諸侯招來大亂，西戎中的犬戎與申侯攻打周朝，殺幽王於驪山下。襄公率兵護送周平王東遷洛邑，平王感激他，封襄公爲諸侯。賜給他岐山以西的土地，並說：「只要你能把西戎趕跑，岐山以東直至

豐水就統統賜給你。」到這時，秦才成爲一個受封的諸侯國。

六、餘論

關於秦人的族源問題，歷史學界、考古學界長期分爲兩種意見，一種主張東來說，一種主張西來說。我在本文中申述了秦人自東向西遷徙的過程，當然對東來說篤信不疑，而對西來說持否定態度。但我希望這個討論能夠繼續下去，以期最終取得符合歷史真象的結論。爲了使討論更加深入，我認爲在研究方法上有兩點不可忽視：

首先，研究秦的族源不可忽視《史記‧秦本紀》的記載。這是司馬遷根據秦人官方的史書《秦記》參之以《左傳》、《國語》、《世本》等寫成的，其所排秦人建國以前的世系及史迹，在甲骨文、金文中已能找出一部分佐證。有學者認爲秦在非子以前的祖宗世系是僞造的，到非子居犬丘以後才是信史，秦人可靠的活動都在西方，由此得出結論「秦人本來是西方戎族的一支」。這說法是不正確的。周孝王封非時就提到非子的遠祖伯益，以上八條卜辭說明秦人在商代政治舞臺上相當活躍，蜚廉、惡來保商反周有大量文獻記載，難道這都是僞造嗎？我認爲還是用王國維所提倡的「二重證據法」好，用考古資料印證和補充文獻記載，用文獻記載鑒定和解釋考古資料，在沒有充足證據時，不要輕率地把《秦本紀》中的記載定爲僞造或僞託。

再者，應該把秦族的淵源與秦文化的淵源區分開來，這是兩個有區別又有聯繫的概念。秦族的淵源是指以秦國君主爲代表的秦國統治民族的族源，研究的內容應包括贏秦族的初祖、族體的形成、繁衍、榮枯、世系、遷徙，與其他族的關係、文化特徵等。秦文化則指春秋戰國的秦國及秦王朝時期境內的文化，包括其統治民族和許許多多被征服民族的文化，還包括官方文化和民間文化，應研究各種文化因素的異同及接觸過程中的互相吸收、融合、同化等，並在此基礎上形成的文化特徵。秦人在非子時有人估計有二三萬之

眾（林劍鳴《秦史稿》第三四頁），莊公時宣王給了七〇〇〇周兵，秦襄公立國後依靠周餘民及周俘後裔的支援發展起來，以秦國君主爲代表的秦族在秦國始終只占少數，而秦國統治的區域是一個民族雜居的地區，直到秦孝公時還有「戎狄九十二國」（《後漢書·西羌傳》），舉其犖犖大者至少有八族，即綿諸、緄戎、翟、豲、大荔、義渠、朐衍、烏氏。這八族盛行時都比秦族人多，秦國把這些民族征服後，一直採取「從其俗而長之」（《漢書·西南夷傳》），即不改變他們的風俗、文化以至社會組織。所以「秦雜戎狄之俗」（《史記·六國年表序》），商鞅變法時致力於改變「戎狄之教」（《史記·商君列傳》）是毫不奇怪的，這些都是研究秦文化內涵的寶貴資料，然而，這些材料與秦族起源無關。考古學家葉小燕撰〈秦墓初探〉（《考古》一九八二年第一期）是對數百座秦墓進行綜合研究的好論文，但概括全文的觀點是「秦之先起於西北」，文中的論據就是「死者頭向西爲主，可能寓意他們來自我國西部」。但作者沒有確定這些頭向西的墓主的族屬，墓主尚不是秦族而是西戎某族，其頭向西與秦的族源有什麼關係？此文若是論秦文化則可，倘旨在論證「秦之先起於西北」，則有結論與證據脫節之嫌。對於有爭論的學術問題，判斷其價值的主要根據是看論者闡明觀點的論據是否確鑿，是否能用不可動搖的論據去證實其觀點。光有觀點而無論證，或觀點與論證脫節，或證明觀點的論據不足爲據，那種觀點也就成了空話。

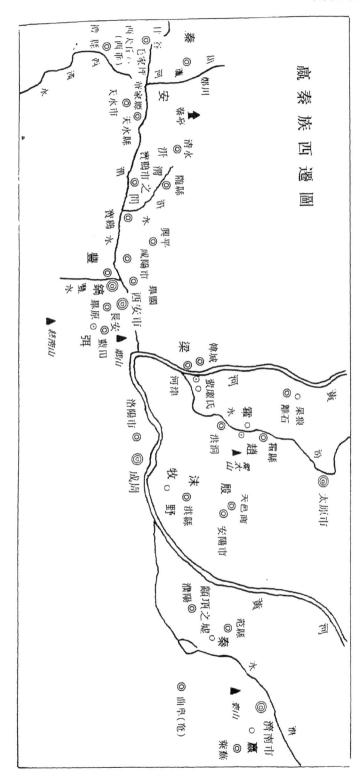

嬴秦族西遷圖

西周塱方鼎銘箋釋

　　塱方鼎，器主名塱，塱字，郭沫若在《塱盨銘》末認作「从白，从土，再聲」。器口呈長方形，縱十六、橫二一·二、高〇·六八公分。器身「四面都是一對大鳥。每一面的兩鳥是尾對尾的，頭向器角，所以此面的鳥喙與鄰面的鳥喙相交於器角，其喙伸出角線之外，成爲扉。四足各爲扁形之鳥，喙亦伸出，與扉相應」①該器來歷，譚戒甫云：「相傳一九二四年，軍閥黨玉崑在陝西省鳳翔縣西邊二〇公里的靈山盜掘古墓，獲青銅器數百件，此鼎或是其中之一。這可能就是出於鳳翔秦文公墓」。②按：陝西考古隊曾多次在靈山找古墓，均無所獲。據文獻載。「文公葬西山」，文公時秦都在平陽（今寶雞縣陽平鎮一帶），西山當指平陽西某高地，肯定不會在鳳翔西之靈山，出土靈山云云，疑爲黨的托詞。黨玉崑一九二六至一九二七年間，在寶雞、鳳翔、岐山、扶風、即陝西西府，大肆盜掘文物，所盜周代銅器甚多，此器不知黨盜於西府何地。黨獲此器即高價賣給洋人，現藏美國舊金山亞洲藝術博物館。

　　該器銘文五行三十五字。釋文：

　　　　唯周公於征伐東

　　　　尸（夷），豐白（伯）、專古（薄姑）咸戈。

---

① 陳夢家：〈西周銅器斷代〉㈠，《考古學報》一九五五年第六冊。
② 譚戒甫：〈西周塱鼎銘研究〉。《考古》一九六三年第十二期。

公歸，氋（獲）於周廟。戊辰，酓秦酓，公賞
墮貝百朋，用作障鼎。

譯意：

周公前往征伐東夷，豐伯、薄姑都被平滅。周公回來，在周原的宗廟裏向祖先獻俘獲。戊辰這天，舉行飲酒禮，飲的是秦地的清酒。周公賞給墮一百朋貝，用來鑄造祭祖的鼎。

本銘記載了周公東征到達山東半島北部的戰績，爲秦人東來說提供了證據。現將有關語詞箋釋如下：

(1)豐白、尃古咸戈：

豐白，即豐伯，商朝封國，被周公滅，其地西周、春秋屬齊國。據《左傳》哀公十四年載，齊簡公時陳恒和子我爭權，「子我歸，屬徒攻圍與大門，皆不勝，乃出。陳氏追之，失道於弇中，適豐丘」。杜預注：「豐丘、陳氏邑」。「豐丘」就是豐伯之國的遺墟，其地在今山東益都縣西北。

尃古：即蒲姑、薄姑，亦商朝封國，故城在今山東博興縣東南柳橋。于省吾《雙劍誃諸子新證，管子一》：「薄應讀爲敷，金文敷作尃，薄從尃聲，故可通借。」《漢書·地理志》：薄姑，「殷末有薄姑氏，皆爲諸侯，國此地。至周成王時，薄姑氏與四國作亂，成王滅之，以封師尚父，是爲太公」。西周、春秋時地屬齊國。

咸戈：《說文》：「咸，皆也」。墮同「戈」，《字彙·戈部》：「戈與墮同」，《說文》：「戈，傷也。从戈，才聲」。義爲周公東征時把豐伯國和薄姑國都消滅了。兩國皆在山東半島北部萊州灣附近，其地西周初都封給姜尚，爲姜齊所有。

(2)氋於周廟：

氋，唐蘭《西周青銅器銘文史徵》認作「獲」字，「本意當是捕獲鳥用以祭祀之義。戰爭中的俘獲稱獲。獲於周廟應是向祖先報告俘獲的祭祀。」

戰勝歸來在宗廟裏向祖先報告俘獲乃是常例，如《逸周書·世俘解》：武王伐紂勝利歸來，即「奉商王紂懸首白旗，妻二首，赤旗」等「燎於周廟」。

周廟：指古公亶父和周文王在周原的周城中建的宗廟。文王遷豐之後，岐邑即周原雖已不是西周政治中心，但仍是周王室宗廟所在。金文中累見的「周」即指岐邑。《小盂鼎》「王各（格）周廟」，《盠方尊》：「王各（格）於周廟」，都記載了周王在周地的宗廟裏祭祀。故周公東征歸來也在周廟向祖先報告戰績。據考古發掘，岐山縣鳳雛宮室建築可能就是周廟廢墟的一部分。

⑶酓秦酓：

「酓」，今楷書作飲，前飲爲動詞，喝；後飲作名詞，酒。唐蘭《西周青銅器銘文史徵》釋爲「飲的是秦地的青酒」，至確。本銘「𥝤」，《甲骨文合集》三六○六四亦作「𥝤」，象兩手執杵舂禾形，隸定爲秦字。「秦」爲地名，是大禹時秦人遠祖伯益的封地。《鹽鐵論·結合篇》：「伯翳（益）之始封秦，地爲七十里」。秦地春秋時是魯國秦邑。《左傳》莊公三十一年：「秋築臺於秦」。杜預注：「東平范縣西北有秦亭」。范縣今屬河南，在范縣東南古代有秦亭、秦城，見《水經注》卷五：「河水又東北逕范縣之秦亭西」；《山東通志·古迹》：「范縣有秦城」。秦地宜種禾，以在東方較早經營原始農業而得名。《說文解字》云：「秦伯益之後所封國，地宜禾，从禾，舂省」。王鳴盛《蛾術編》云：「秦地本因産善禾得名，故从禾从舂省。禾善則舂之精也。」禾即粟，舂去皮就成小米，當時的主要糧食，亦可釀酒。秦酒，就是用秦地的小米釀成的清酒。商周王室宗廟祭祀本來用鬯酒，《禮記·曲禮下》：「凡摯，天子，鬯。」孔穎達疏：「天子鬯者，釀黑黍爲酒，其氣芬芳調暢，故因謂爲鬯也。」鬯酒是用香草合黑黍釀成的香酒。周公這次在周廟祭祖不用鬯酒而用秦酒是有特殊意義的。因秦酒是周公東征到秦地所獲的戰利品，飲秦酒和獻戰俘一樣，亦有向祖先報告東征戰績之義。這說明周公東征的兵鋒確曾到過秦地。過去有學者對「秦」字

不理解，作出種種錯誤的闡釋，如譚戒甫先生把秦字釋爲臻字，那不是畫蛇添足嗎？

　　本銘文透露了西周初年秦人從東方向西遷徙的資訊。嬴秦族原是東夷的一支，興起於今山東半島。由於舜賜伯益嬴姓，禹封伯益於秦，故人們稱伯益的後代爲嬴秦氏或秦人。經過長期繁衍，到夏朝末年嬴秦氏已成爲一個强大的部落，他們支援商湯打倒夏桀，其子孫扶佐商王，世代有功，「故嬴姓多顯，遂爲諸侯」（《史記‧秦本紀》）。商朝把嬴秦族聚居的秦（今河南范縣）封爲諸侯國。嬴秦族的人物還有在商朝京城做大官的，殷墟出土有八條「奠秦宗」或「秦右宗」的卜辭，應是在商都做官的秦人對家鄉和祖宗祭的遺物。③商朝末年，秦人飛廉和惡來「父子俱以材力事殷紂」，頗爲周人嫉恨。武王伐紂時，惡來率兵保衛商都，兵敗被俘，「武王親射惡來之口」（《尸子》）以泄憤。武王死後，成王即位，周公以冢宰攝政，管叔、蔡叔聯合紂王的兒子武庚及東夷諸國，發動了大規模的反周叛亂。潛伏在秦地的飛廉率其族人也積極參加叛亂，因而成爲周公東征打擊的對象。《孟子‧滕文公下》云：

　　　　「周公相武王誅紂，伐奄三年討其君，驅飛廉於海隅而戮之，滅國五十。」

　　周公在平息了管、蔡、武庚叛亂之後，第三年向東夷諸國進軍。首先滅了在今山東曲阜的奄國，並征了奄以南的徐、熊、盈諸族。然後揮師北向，平滅了如本銘所記的豐伯、薄姑及秦等，秦人首領飛廉被一直趕到今山東半島海濱而殺死。周公凱旋歸來，在宗廟裏向祖宗獻俘，然後把押回關中的俘虜分別由各個貴族監督到「九畢」勞動。這俘虜中有一部分就是秦人，如《師酉簋》銘文中的「秦夷」和《詢簋》銘文中的「戍秦人」，就是把俘

---

③　何清谷：〈嬴秦族西遷考〉，《秦文化論叢》第一輯。

獲的一部分秦人交給師酉和師詢父子管轄而爲周王室服役。④

　　還有一部分秦人和這些「秦夷」、「戎秦人」當是同族而異支。由於他們後來建立了秦國，其世系才留傳下來。《史記·秦本紀》載：「惡來革者，蜚（飛）廉子也，蚤死，有子曰女防。女防生旁皋，旁皋生太幾，太幾生大駱，大駱生非子」。惡來革就惡來，保紂反周的幹將。這一支秦人由於是惡來的後裔，後又在東方參加反周叛亂，受到「墜命亡氏，踣其國家」（《左傳》襄公十一年）的重罰，他們被強迫安置在今甘肅東南一帶，爲周王室抵擋西戎。從女防、旁皋、太幾，大駱四代，不僅沒有封地，也不能姓嬴，還無權祭祀自己的祖先。到非子時地位才有改善，由於非子爲周孝王養馬有功，周孝王獎勵他時說：「昔伯翳爲舜主畜，畜多息，故有土，賜姓嬴。今其後世亦爲朕息馬，朕其分土爲附庸。」「邑之秦，使復續嬴氏祀，號曰秦嬴」。（《史記·秦本紀》）這就是說，周孝王爲非子家族才恢復了伯益以來的嬴姓、秦邑及宗廟祭祀。非子所封的秦邑，在今甘肅張家川城南的川地上。⑤但秦邑、秦亭不是這裏的原地名，而是恢復伯益在東方的封地名，即移用今河南范縣秦邑、秦亭之名。

----

④　郭沫若：〈弭叔簋及詢簋考釋〉《文物》一九六〇年第二期。
⑤　徐日輝：〈秦亭考〉，《秦州史地》，陝西人美術出版社一九九四年版。

秦人的圖騰崇拜

一

在遠古時代，流傳著這樣一個神話故事：有一位名叫女脩的姑娘，一天她正在紡織，看見一隻「玄鳥」掉下一個蛋，她就拿來吃了。吞下這個玄鳥蛋後，女脩竟生了一個男孩，這個男孩取名大業，他就是秦人的祖先。① 一個姑娘僅僅因為吞吃了玄鳥蛋，就生了孩子，當然是不會有的事。但是，這個像夢囈一樣的傳說，卻是一個半醒半睡的夢，它與歷史真實有一定的聯繫。

按這個神話傳說，只知道大業的母親女脩，而不知道大業真正的父親，證明秦人也經過母系氏族社會。那時實行的是群婚，即在同一部落的兩個氏族之間，集體互相通婚。甲氏族的全部成年男子都要出嫁到乙氏族中去，成為乙氏族中全部女性的共同丈夫，而乙氏族中全部女性則成為甲氏族中全部成年男子的共同妻子。反之亦然。由於人們沒有生育知識，而且兩性結合不固定，誰是孩子的父親無法確定，但誰是孩子的母親卻是清楚的。這種「糊塗賬」在秦國文獻中亦有記載，《商君書·開塞篇》：「天地設而民生之，當此之時也，民知其母而不知其父」。《呂氏春秋·恃君覽》：昔太古嘗無

---

① 《史記·秦本紀》。

君矣。「其民聚生群處，知母不知父」。由於「民知其母而不知其父」，所以那時的繼承關係和親屬、血統的計算，只能以母系爲據，正如恩格斯所說：「只有存在著群婚，那末世系就只能從母親方面來確定。因此，也只承認女系」②。子女只能屬於女方，婦女是氏族的中心，掌握著氏族領導權。

女脩曾存在於何時？不得確知。她有可能是這個母系氏族制形成後的第一位老祖母，即始妣。由於遠古傳說的模糊性，女脩之後許多代女族長的名字失傳了，人們只牢牢記著這位有創業之功的老祖母。父權制時期，秦人一面祭祀始妣女脩，一面祭祀始祖大業，後人遂誤以女脩爲大業之母。她也可能是該母系氏族解體時期的最後一位族長，是大業真正的母親。秦人進入父權制後，追溯他們祖先的世系時按父系上推，一直追到母系氏族社會末期，由於群婚制的緣故，他們找不到男性祖先，只好用女脩吞玄鳥蛋而生子的神話作解釋。

玄鳥就是燕子。《說文解字》云：「黑而有赤色者爲玄」。燕子上體藍黑色，前胸黑赤相間，玄鳥是根據燕子的顏色命名的。《說文解字》又云：「燕，玄鳥也。布翅，枝尾」。篆字作燕，是燕子的象形字。《詩經·商頌》中的「天命玄鳥」，《呂氏春秋·音初篇》則變爲「帝令燕往視之」，可見在古籍中玄鳥和燕是一鳥兩名。玄鳥很可能是秦人的圖騰崇拜。圖騰係印第安語，意爲「他的親族」。圖騰崇拜是原始社會最早的宗教信仰，產生並盛行於母系氏族社會。那時，人們不懂婦女爲什麼會生孩子，還不能把男女交媾與受孕聯繫起來，於是對生育便產生了種種荒唐的解釋。他們認爲生育是由於圖騰物入居婦女體內，即本族人是由婦女對某種動物、植物或無生物的接觸中有一種感受而生下的，這就是遠古時期帶有普遍性的感生說。那種被認爲某族有血親關係的物就被視爲圖騰，對圖騰物的崇拜就是圖騰崇拜。大業既然是女脩吞燕子蛋所生，秦人當然認爲燕子是本氏族的始祖，全

體氏族成員都是燕子繁衍的，因而便產生了對燕子的圖騰崇拜。秦人以燕子爲圖騰也是漁獵生活的反映，其祖先生活在東方海濱，在捕漁打獵過程中常和鳥在一起。燕子是一種益鳥，喜吃空中蚊子、蒼蠅、蠓蟲等害蟲，空中只要有燕子穿梭而飛，蚊子就不能肆虐，人就能安寧睡眠，於是有些人就對燕子產生了一種特殊的好感，常常吃燕子蛋，因而就把懷孕生子與吃燕子蛋聯繫起來。

玄鳥圖騰屬於鳥圖騰的一種，鳥圖騰的氏族往往被稱爲鳥夷。《尚書‧禹貢》有「鳥夷皮服」的話，正義曰：「鄭玄云，鳥夷，東方之民捕食鳥獸者也。王肅云，東北夷國名」。從山東半島上興起的氏族很多是鳥圖騰，據說殷人的遠祖契也是簡狄姑娘吞玄鳥蛋而後生下的，與秦人的圖騰一樣。殷人可能也起於山東半島，《世本‧居篇》云：「契居蕃」。蕃的今地有爭議，王國維、郭沫若、陳夢家等認爲就是後來的蕃縣，在今山東滕縣一帶③。起源於濟水下游渤海灣一帶的寒浞族、扁鵲族據說也是鳥圖騰④。少昊摯時組織了以鳥氏族爲主的東夷部落，管理部落事務的都是鳥官。《左傳‧昭公十七年》郯子説：

> 「我高祖少昊摯之立也，鳳鳥適至，故紀於鳥，爲鳥師而鳥名。鳳鳥氏，歷正也。玄鳥氏，司分者也。伯趙氏，司至者也。青鳥氏，司啓者也。丹鳥氏，司閉者也。祝鳩氏，司徒也。鴡鳩氏，司馬也。鳲鳩氏，司空也。爽鳩氏，司寇也。鶻鳩氏，司事也。五鳩，鳩民者也。五雉，爲五工正」。

從郯子所言可知，以少昊摯爲酋長的部落有十餘個鳥圖騰的氏族參加。所謂司徒、司馬、司空、司寇等官名，肯定是郯子套用春秋末年的官名，但那些

---

③ 中國先秦史學會編：《先秦史研究動態》一九八八年二期第七頁。
④ 中國先秦史學會編：《先秦史研究動態》，一九八九年一期第四四頁。

職司可能是各氏族之間為維持部落的共同生活而存在的某種分工。如玄鳥氏以燕子為圖騰，燕子是一種候鳥，春分來，秋分去，故令該族負責「司分」。爽鳩氏以爽鳩為圖騰，爽鳩即鶹鳩，鷹類，性兇猛，許多鳥獸怕它，故派它掌刑獄，實際是負責維持秩序。這些以鳥為名的氏族當時確實是存在的。如《左傳·昭公二十年》云：「昔爽鳩氏居此地，蓬荂因之，有逢伯陵因之，蒲姑氏因之」。此爽鳩氏即少昊時的爽鳩氏，其住地就是周代蒲姑氏的居地，蒲姑又作薄姑，今山東博興縣東北有薄姑城。《風俗通義佚文》：「五鳩氏，趙有將軍五鳩盧」⑤可能是少昊時五鳩的後裔。玄鳥氏，應是秦人氏族或商人氏族。如果指秦人，秦氏族最初可能叫玄鳥氏，在原始社會圖騰物往往就成為該族的名稱。又據《後漢書·東夷傳》載：「夷有九種。曰畎夷、於夷、方夷、黃夷、白夷、赤夷、玄夷、風夷、陽夷」。玄夷可能是夏代華夏族對玄鳥氏的稱呼。

秦人姓嬴，《說文解字》云：「嬴從女」，以女為中心，應是從母系氏族社會傳下來的姓。後來伯益因功，「舜賜姓嬴」，實際是對秦人族姓的追認。「嬴」姓很可能出於對燕子的圖騰崇拜。劉節先生著〈釋嬴〉一文，認為「燕、嬴，實為同類雙聲」，「嬴」就是「嬴」，「嬴」也就是「燕」，所以嬴姓就是燕姓⑥。把圖騰名稱作為某族的姓，在遠古是普遍現象，這是中國古代姓的重要來源之一。還應注意，據今所知秦人最早的居地也叫嬴，嬴在今山東萊蕪縣西北，大汶河北岸，大汶口文化和岳石文化與秦人的早期活動有關。嬴可能就是《山海經·大荒東經》所說的「嬴土之國」。圖騰地名化，也是古地名的重要來源之一。

<hr />

⑤　吳樹平：《風俗通義校釋》第四五八頁。

⑥　轉引自林劍鳴：《秦史稿》上海人民出版社一九八一年版，第二一頁

二

　　隨著社會生産力的發展，鋤耕農業爲犁耕農業所代替；原始的家畜馴養爲大群的牲畜放牧代替。對於這種繁重勞動，身強力壯的男子比婦女能幹得多。因而，男子成爲主要社會生産的承擔者，其勞動所獲成爲氏族生活的主要來源，男性成員在氏族中的地位也就逐漸比婦女高了。於是群婚制就爲對偶婚和單偶婚所代替，男子出嫁就被男子娶妻所代替。在單偶婚形態下，誰是孩子的父親確定無疑了。子女便改從父親的姓氏，連世系計算和財産繼承也開始以父系爲據，而且氏族首領也由最能幹的男子擔任。這樣以來，母系氏族社會就轉變爲父系氏族社會。據〈秦本紀〉，從大業、大費以來，秦人就向父系氏族制過渡。大業娶女華，大費娶姚姓之玉女，已是一男一女結爲夫妻的單偶婚，已是男子娶妻，世系已按父系計算，但女華、姚姓之玉女還在世系中出現，說明這是從母系氏族制向父系氏族制的過渡時期。大費以後，女性的名字就從世系中消失了，說明這個過渡完成了。

　　秦人玄鳥圖騰的殘餘，在父權制時代還明顯存在。由於父系氏族社會，男性族長個人地位的提高，圖騰不僅父系化，而且個人化，即族長名字上有圖騰崇拜的痕迹。大業的兒子大費，又名伯益、亦作益，益實際就是燕子的叫聲。《說文釋例》云：「伯益之名或本『嗌』而借用『益』字也」。嗌與燕古代是同音字，《呂氏春秋‧音初篇》云：「帝令燕往視之，鳴若嗌嗌。」燕叫嗌嗌，燕字的發音即取其叫聲。燕即嗌、即益，又作乙或鳦，又稱乙鳥。《說文解字‧乙部》：「乙，燕燕，玄鳥也，齊魯謂之乙，取其鳴自呼。」乙也是象形字，乙象燕子側看之形，燕象燕子正看之形。《爾雅‧釋鳥》云：「燕，鳦，」郭璞注：「燕，齊人呼鳦。」這就是說伯益的益就是燕，益取燕子的叫聲鳦，也就是山東半島上燕的別名乙或鳦。伯益能有這樣的令名，顯然是出於其氏族成員對他們傑出族長的崇拜。伯益也與鳥特別

有緣，他幫助舜養育訓練鳥獸，鳥獸大多被他馴服了⑦，而且會說各種鳥的語言⑧。這可能是因其族爲鳥圖騰而分工掌鳥事。傳說伯益的長子大廉叫「鳥俗氏」，「大廉玄孫孟戲、中衍鳥身人言」，商代秦人的祖先「蜚廉」⑨，亦作「飛廉」，蜚通飛，是鳥的本能。這些族長的名字，都表現了秦人鳥圖騰在父權制下變化的軌迹。

考古專家鄒衡，在陝、甘一帶發現一種廣折肩罐上亞字形框中，刻劃有鳥下加手的捕鳥形族徽。他認爲：這種族徽所代表的可能是一個善於捕鳥的氏族。古者以官職爲氏，那末此氏族必定有一個善於捕鳥的祖先，曾經充任過商朝或以前的鳥（或鳥獸）官，而他的祖先又在陝西、甘肅一帶先周文化地域內。說至此，人們不難把這個氏族和秦的祖先聯繫起來。」⑩鄒先生言之有據，商朝晚期有秦人戎胥軒一支奉商王之命到周人的西邊爲商朝開拓疆土，後來可能遭到周文王翦商的打擊而下落不明，這些有捕鳥形族徽的罐子，可能是戎胥軒一支的遺物。這種族徽明顯保留有鳥圖騰的痕迹。

三

伴隨社會的發展，人類的思維也進一步發展。人們認識到人和鳥獸之間有很大的區別，不再認爲鳥獸能生人了，而又產生了萬物有靈觀念，認爲圖騰是一種神靈，於是便形成了圖騰神觀念。所謂圖騰神觀念，即不把圖騰看作親屬，也不認爲它是祖先，而是把它視爲氏族、部落、家族、家庭、個人甚至國家的保護神或保護者，認爲它有超自然的力量，能爲人避禍降福、排憂解難。春秋戰國時代秦人的圖騰崇拜雖然不斷淡化和變形，但仍然可以從

---

⑦　《史記·秦本紀》。
⑧　《後漢書·蔡邕傳》。
⑨　《史記·秦本紀》。
⑩　鄒衡：《夏商周考古學論文集》第三二八頁。

他們信奉的神祇或神物中看到圖騰的影子，這是秦人圖騰神觀念的表現。

把「玄鳥」當作送子之神。《逸周書·時訓解》說：春分時節，如果「玄鳥不至，婦人不娠」。《呂氏春秋·仲春紀》云：「是月也，玄鳥至。至之日，以太牢祀於高禖。」《禮記·月令》同。高誘注說：「王者后妃以玄鳥至日祈繼嗣於高禖。三牲具曰牢」。高禖，即郊禖。禖即媒，指求子所祭之神，其祠在郊外。這是說，每年仲春之二月，燕子飛來的時候，國王和后妃用牛、羊、豬三牲，在郊外神祠向燕子祈子，如果燕子顯靈后妃便會懷孕生子。可見，商、周、秦都把玄鳥作爲求子所祀的禖神，亦即送子太神。這顯然是直接從吞玄鳥卵而生子的圖騰崇拜演化來的。

秦人奉蜚廉爲風神。秦人祖先蜚廉，固然因效忠殷紂王爲周人所惡，被視爲惡獸；但秦人、楚人等卻因「蜚廉善走」，其疾走如風而尊他爲風神。《史記·孝武本紀》《集解》引應劭曰：「飛廉神會，能致風氣。」風神春秋戰國時稱風伯。據《史記·封禪書》：「秦國在雍建的百餘廟中，就有風伯廟」《風俗通義·祀典》：「飛廉，風伯也」。能「鼓之以雷霆，潤之以風雨，養成萬物，有功於人。」又說：「戌之神爲風伯，故而丙戌日祀於西北」。戌爲西北方，秦在西北，故秦人的風伯指飛廉無疑。飛廉之名原有圖騰崇拜痕迹，至此已轉化一種自然神——風神。

秦文公祭祀神鳥寶雞。相傳秦國的第二代君主秦文公，得到一塊異石，是由雞峰山上的神鳥寶雞變成的。爲了祭祀這個神鳥，他便在陳倉山北坡建了一座祀雞臺（即今寶雞縣鬥雞臺）。從此這個神鳥，或幾年不來，或一年來幾次。常在夜裏飛來，光輝若流星，好像一隻雄雞，啼鳴如雷，殷殷轟轟。秦文公認爲是吉祥之兆，遂殺牲祭祀，號曰陳寶⑪。唐代以爲昔有陳倉山寶雞啼鳴之瑞，遂改陳倉縣爲寶雞縣。在遠古，雞是神鳥的祭品。《山海經·中山經》：「其神狀皆鳥身而人面。其祠：用一雄雞祈瘞」。雞與鳥近

⑪　《史記·封禪書》。

似。《山海經·北山經》：「有鳥焉，其中如雌雞，而五采以文」。所以秦人對神鳥寶雞的祭祀，也是鳥圖騰神觀念的一種表現。

　　秦人崇拜句芒。《墨子·明鬼》下記載了這樣一個故事：有一天秦穆公在廟中看到一位神進來，鳥身人面，穿白色衣服，他很怕。神説：你不必恐懼。我是上帝派來保祐你的，能使你壽命延長，國家昌盛，子孫繁茂。秦穆公立即行大拜禮並問道：神叫甚麼名字？神説：「予爲句芒。」⑫句芒是東方的神鳥。《呂氏春秋·孟春紀》云：「其帝太皥，其神句芒」。《山海經·海外東經》云：「東方句芒，鳥身人面，乘兩龍」。丁山《中國古代宗教與神話考》云：「句芒即玄鳥」。固然直説句芒就是玄鳥不大確切，句芒鳥身人面，與玄鳥顯然不同，但句芒無疑是從玄鳥圖騰演化來的神鳥。

　　鳳凰也是秦人想像中的神鳥。古代流傳這樣一個故事：秦穆公時有個叫蕭史的青年，善於吹簫，他一吹簫，孔雀白鶴都來聽。秦穆公有個女兒名叫弄玉，非常愛聽蕭史吹簫。秦穆公就把弄玉配給蕭史作妻。蕭史每天教弄玉吹簫，模仿鳳凰的叫聲。過了幾年，他們吹出的聲音和鳳凰的叫聲一模一樣，鳳凰聽到聲音就飛到他們的屋裏。秦穆公給他們築了一座鳳台，他們夫婦住在鳳台上吹簫幾年不下來。有一天，夫婦一齊隨鳳凰向高空飛去。因此，秦人就在雍都宮中建了一座鳳女祠，祠中常常聽到吹簫的聲音。⑬在今陝西鳳翔城北有「蕭史宮」村，傳説就是蕭史弄玉夫婦的宮室所在。這個神話反映了秦人對鳳凰的崇拜。《説文解字》云：「鳳，神鳥也。」鳳是我國古代傳説中的鳥王。「出於東方君子之國，翺翔四海之外」，「見則天下大安寧」。鳳的形象據《爾雅·釋鳥》郭璞注：「雞頭，蛇頸，燕頷，龜背，魚尾，五彩色。高六尺許。」這個鳥實際是不存在的，是人們綜合燕、雞、

---

⑫　《叢書集成初編》本《墨子》作鄭穆公，誤。王充《論衡·福虛》、《無形》、《山海經·海外東經》郭璞注引《墨子》文均作秦穆公，可見《墨子》原本是秦穆公。

⑬　《列仙傳》卷上。

孔雀、魚等形象想像出來的神鳥。秦國君主在雍宮中建鳳女祠，尊鳳爲神靈，也與當年鳥圖騰崇拜有關。

鳥圖騰作爲一種文化積澱，還長期保留在秦人的好愛中。直至戰國時代秦人仍視鳥爲吉祥物，常見於器物的圖畫或圖案上，如在秦瓦當中就有鳥紋、雲鶴紋、鳳鳥雲紋、鳳紋、四鳥紋、夔鳳紋等紋飾的瓦當⑭。古代瓦當花紋不光是爲裝飾，還取其吉祥之意，這些紋飾顯然是秦人認爲可以保祐主人平安的吉祥物。

第二編　春秋戰國時期秦國史管見

秦國雍都附近的苑囿

　　苑囿是供王公貴族田獵娛樂的園林。中國古代苑囿的出現可以上溯到商、周時代。商代甲骨文中的圈、圙字，是囿字的象形字，圍以牆垣，界以阡陌，廣植草木。西元前十一世紀，周文王在豐京附近經營的靈囿，縱橫七〇里，林木茂盛，畜養禽獸，供周貴族漁獵。春秋戰國時代，諸侯都在都城附近建造苑囿。秦國從西元前七七六年秦襄公都汧（今陝西隴縣），以後文公都汧渭之會（今寶雞縣北），憲公都平陽（今寶雞縣陽平鎮）、德公徙雍（今陝西鳳翔），直到獻公二年（西元前三八三年）東徙櫟陽（今西安市閻良區武屯鎮），共三九三年，在雍都附近先後建造了三個規模宏大的苑囿，即弦囿、中囿、北園。這三個苑囿由於史料缺乏過去不大為人注意，本文根據有限資料，作一些推測。

一・弦囿

　　弦囿：亦作弦圃，又名弦輔藪。在今陝西隴縣西南的隴山中。山裏有一條由西南向東北流的蒲谷水，從窄狹的河谷中潺潺流出，匯入汧水。在遠古不知什麼年代，河谷兩岸山崖崩塌，堵塞河道，積水成湖，一片汪洋，深不可測。藪，是古代湖澤的通稱。其形成過程略見《水經・渭水注》卷十七：汧水「出汧縣之蒲谷鄉，弦中谷，決為弦圃藪」。「其水東北流，歷澗注以成淵，潭漲不測，出五色魚」。弦囿在周秦時期是天下九大湖泊之一。《說

文解字》一篇下：「九州之藪，揚州具區，豫州甫田，青州孟諸，兗州大野，雍州弦圃，幽州奚養，冀州揚紆，并州昭餘祁是也」。弦圃的位置：《周禮·夏官·職方氏》云：「正西曰雍州，其山鎮曰嶽山。其澤藪曰弦蒲」。賈公彥疏：「弦蒲在汧」。秦汧縣即今隴縣，嶽山又名吳山、岍山，亦即今隴山。《漢書·地理志》：汧縣「北有蒲谷鄉，弦中谷，雍州弦蒲藪」。清修《隴州續志》卷一：「今州西四十里有蒲峪寨，則其爲古之蒲谷鄉無疑也」。弦圃在今隴縣天成鄉蒲峪河。

據《帝王世紀》：秦襄公二年都汧，秦文公四年遷都汧渭之會，秦都汧十五年。《括地志》云：「故汧城在隴州汧源縣東南三里」。唐汧源縣即今隴縣。考古工作者在今隴縣東南鄉磨兒源發現春秋秦汧城遺址。弦圃在汧城西南，秦君把弦圃作爲漁獵遊樂之地是十分方便的。秦君在弦圃的漁獵活動在《石鼓文》中有描述。《汧㳶》叙述貴族在弦圃藪捕魚的情景。「汧殹（也）㳶㳶，烝皮（彼）淖淵」，意爲汧水呀暴滿，進入那清澄的深淵。淖淵，郭沫若認爲就指的弦圃藪。次叙貴族前去捕漁，看到弦圃中很多鰻魚、鯉魚、鯵鮍、白魚等，游得逍遙自在。再述「君子」用爛肉飼魚，魚群爭來吞食，於是捕到很多魚，把鏈魚、鯉魚用柳條貫上帶回家。《霝雨》寫的是在落雨的時候，從汧水上游而下。河水雖漲但流急而淺，「涉馬□流，汧殹泊淒」，水可涉馬，人也可履石而渡，所見都是汧源風物。再下行，水「極深」只能「隹（唯）舟以行」，「徒馭」駕「舫舟」才能到達彼岸，即「於水一方」。這「極深」之處應該就是弦圃藪。大約在秦漢之際，河谷中的堵塞處又被冲開，弦圃藪就不存在了，雍州之藪被華陰西的陽紆澤所代替。

二·中圃

中圃，是在弦圃與北園之間的苑圃，其範圍大約包括今寶鷄縣賈村鎮以北千河西岸和鳳翔縣長青鄉千河東岸一帶。其名見石鼓文《吳人》中的「中

圄孔庶」。《吳人》這首獵歌，郭沫若解：「叙獵歸獻祭於時也」。大意是守護中圄的翼人極為負責，從早到晚，從西到北，忙個不停。貴族打獵歸來，把獵物作為祭品獻上，太祝主持在中圄舉行對天帝的郊祭。吳人即虞人，周官名，掌管山澤苑囿，此為管理中圄的官。秦人把祭祀天帝五帝的處所叫時。中圄裏的時可能是秦文公十年建的鄜時。《史記·封禪書》載：「文公夢黃蛇自天屬地，其口至於鄜衍。文公問史敦，敦曰：此上帝之徵，君其祠之，於是作鄜時」。《集解》引徐廣以為鄜時在「鄜縣屬馮翊」。徐說誤。按〈秦本紀〉：文公十六年才「地至岐（今陝西岐山縣），岐以東獻之周」。文公拓地只到岐山，距鄜縣尚有數百里之遙，怎能在鄜縣建時。鄜，唐蘭認為就是石鼓文中的「鄩」，鄩地在汧水之西，音應讀敷，就是「鄜衍」、「鄜時」的鄜。[1]文公遷都汧渭之會，其遺址據考古調查在今寶雞縣魏家崖一帶，即今汧河入渭河的東岸。文公祭白帝的鄜時估計離國都不會太遠。

汧河兩岸水草豐美，宜耕宜牧，非子為周孝王養馬即在其地。《爾雅·釋畜》郭璞注：「秦時有騔蹄苑」，騔蹄是一種馬蹄平正善於登高的良馬，而此地最宜養馬，故騔蹄苑可能在中圄之內。

其名中圄，是因西面是弦圄，東面是北園，此在兩者之間。這名字可能是秦武公建北園以後取的，當時有無令名不得而知。

三·北園

北園，在雍都南面的苑囿。園，《說文解字》云：「所以樹果也」。四周圍以籬笆或圍牆，種植蔬菜花果，畜養禽獸，供國君及公族遊賞打獵，與

---

[1] 唐蘭：〈石鼓年代考〉，《現代書法論文選》三七九頁，上海書畫出版社，一九八〇年版。

苑囿同。《詩經·秦風·駟驖》就是叙寫秦君帶著兒子,乘四匹黑馬駕的車子在北園打獵的故事。詩云「遊於北園,四馬既閑」。從此人們知道秦有個苑囿叫北園。

近年又得到新的佐證。考古工作者在鳳翔縣城南高莊一座洞式墓陪葬品中,發現一種名爲缶的陶製容器,肩部刻「北園呂氏缶容十斗」。又有一件燒後朱書,文字相同。另一件肩部刻「北園王氏缶容十斗」。文字基本屬秦隸,同墓陪葬品有半兩錢、弩機、鐵劍、鐵銑、鐵釜等。簡報認爲是早到昭襄王,晚到秦始皇的墓葬。②由此可見北園從春秋至秦朝一直沿用。從墓內陪葬的武器看,墓主可能是北園的守園官吏。其墓在北園內。

在高莊秦墓西北的東社村,發現大片戰國秦漢建築遺址,采集到鹿紋瓦當,獵人鬥獸瓦當,顯係秦的建築材料;還有「械陽」殘瓦當,應爲西漢時修葺械陽宮的遺物。③此地當爲秦漢械陽宮遺址。械陽宮昭王時建,秦始皇在平息嫪毐叛亂後將其母軟禁在此宮,漢武帝時還在使用。械陽宮是北園中的離宮,供統治階級遊園休憩之用。

高莊墓地和械陽宮遺址均在今鳳翔縣城之南約六公里的雍水河南岸,北岸則爲秦都雍城。「北園最理想的地域應在雍水河的南岸,即後來稱爲三畤原的地方。就其範圍來説,可能東起陽平北原,西到汧河東岸,廣袤約幾十里,高莊亦在其中。這裏地勢平坦,當日林木葱鬱,百草豐茂,是狩獵的最好地方」。④

北園既然在今三畤原上,三畤原在秦都雍城之南,應稱「南園」卻爲何

② 吳鎮峰、尚志儒:〈陝西鳳翔高莊秦墓地發掘簡報〉,《考古與文物》,一九八一年第一期。

③ 馬振智、焦南峰:〈蘄年、械陽、年宮考〉,《陝西省考古學會第一屆年會論文集》,一九八三年出版。

④ 韓偉:〈北園地望及石鼓詩之年代小議〉,《考古與文物》,一九八一年第四期。

稱「北園」？韓偉先生認為：「北園修造大約是武公十一年以後的事」，秦武公時都平陽，平陽故城據考古調查在今寶雞縣楊家溝鄉至陽平鄉、秦家溝之間。此原雖是雍城的南原卻是平陽的北原。「平陽故城在南，苑囿在其北，故有〔北原〕之稱。秦德公遷雍後，該園雖在都城以南，仍以習慣稱呼之。」⑤此解釋是有道理的。

石鼓文《作原》可能就是敘說開闢北園之事，原指平原，亦即北原，也就是三時原。園與原為一音之轉。詩的大意是，為了把這塊原改造成園林，派「司徒」和「阪尹」率徒隸整治道路，鏟除雜草。在三十里的範圍內，道路果木縱橫交錯，像隻魚網。園中有栗樹、柞樹、棫樹、棕櫚、箬竹等，供國君游觀和打獵。

四‧秦五苑

秦國三苑分屬襄公、文公、武公所建，但都離作為秦國國都達二九四年的雍城不遠，風物長存，畛域相連，因而成為居雍的秦君，公族長期遊獵的苑囿。三個苑囿在石鼓文中都有反映。石鼓文是歌詠秦君遊獵的四言詩，唐代發現於今鳳翔三時原。三時原是北園所在，石鼓可能是北園某離宮別館的陳列品。或許建築物毀於兵火，石鼓遂常埋地下。十首獵歌不是咏一時一事，可能不是一時之作，但雄健的篆書當出於一位書法家之手，同時鑴之於石鼓。按字形應晚於秦景公時的秦公毁，而四言詩又不見於戰國，故石鼓文大約為春秋晚期的作品。

秦國在雍都附近的苑囿，國都遷徙之後還繼續存在。秦昭王時，秦國發生了一次嚴重的饑荒，應侯范睢請求把五苑中蔬菜、橡果、棗栗開放，以救濟飢民。秦昭王說：「今發五苑之蔬草者，使民有功與無功俱賞也」。認為

---

⑤　同上。

這不符合秦有功受賞有罪受誅的法律，因而拒絕。⑥可見秦昭王時代有王苑，但苑名失載，不知確指。五苑可能包括雍城附近的弦圃、中圃、北園，咸陽附近的上林苑和宜春苑。

---

⑥ 《韓非子·外儲說右下》。

伯樂相馬考

伯樂相馬，古今傳頌。然而，其人其事記載零碎，亦多歧異，故有一考之必要。

一・秦伯樂和晉伯樂

春秋中後期，秦國和晉國先後出現了兩個伯樂。

秦伯樂，《呂氏春秋》伯樂名下高誘注釋爲秦穆公臣。《通志·氏族略四》和《古今萬姓統譜》卷二十一云：孫陽氏，字伯樂。氏是古代貴族標誌宗族系統的稱號，唯貴族有氏，平民有名無氏，可見秦伯樂出身貴族。氏原是姓的分支，西周之後姓氏合而爲一，孫陽氏即姓孫陽，漢有侍御史孫陽放，即以孫陽爲姓，故秦伯樂可呼孫陽伯樂。有的注家言伯樂姓孫名陽，恐不確。又見《通志·氏族·略四》引英賢傳曰，伯樂爲秦穆公子，亦恐不確。《列子·說符》載，秦穆公問伯樂：「子之年長（老）矣，子姓有可使馬者乎？」伯樂答：「臣之子皆下才」，並推薦九方皋①作他的繼承人。可見伯樂和穆公是年齡相差不多的同輩人，顯係君臣關係而非父子關係。

相馬專家出現於春秋中期的秦國，不是偶然的。當時在爭霸戰爭中，秦

---

① 《淮南子·道應訓》作九方堙。

穆公「益國二十，開地千里，遂霸西戎」②。秦國直接統治的地域，西方至少達到今甘肅中部以至更遠的地方，其地以畜牧爲主，多養馬，且已用於乘騎。穆公派出護送晉國公子重耳的武裝，其中就有「疇騎二千」③，可見秦官府掌握馬匹之多。由於秦國養馬業很發達，對選擇良馬非常重視，相馬遂成爲一門重要學問，相馬專家孫陽伯樂就在這樣的環境中出現了。

孫陽伯樂之所以能成爲中國歷史上第一個相馬專家，與他的主觀努力是分不開的。當時還沒有相馬學著作可資借鑒，只能全靠自己摸索。他學習相馬非常勤奮，《呂氏春秋·精通》説：「伯樂學相馬，所見無非馬者，誠乎馬也」。可見他學習很專心，簡直到了入迷的程度。他出於對相馬事業的熱愛而愛馬，馬也把他視爲知己。據説伯樂有一次外出途中，見一匹良馬拉鹽車過太行山，山路陡峭，馬「負轅不能上」，他深動感情，「下車攀而哭之，解紵衣以冪（覆蓋）之。驥於是俛（俯）而噴，仰而鳴，聲達於天，若出金石聲」，「彼（馬）見伯樂之知己也」④。孫陽伯樂潛心鑽研相馬術，把良馬分爲一般良馬和「天下之馬」。他認爲一般良馬可以相其「形容筋骨」，即觀察馬的外形；「天下之馬者，若滅若没若亡」，跑起來「絶塵弭轍」，不能只相外形，而要相其內在精神。他寧願放棄享受當時的世襲特權，不選自己的兒子而舉薦九方皋作繼承人，就是因爲九方皋相馬能「得其精而忘其粗，在其內而忘其外」，可以不辨馬的顏色和雌雄，卻善於觀察馬的內在精神⑤。

晉伯樂，春秋末年晉卿趙簡子的家臣，名郵無恤，字王良。《左傳·哀公二年》，即西元前四九三年，趙簡子率晉師與范氏、中行氏戰，郵無恤爲趙簡子御車。晉杜預注：「郵無恤、王良也」。郵無恤又作郵無正。據《國

② 《史記·李斯列傳》。

③ 《韓非子·十過》。

④ 《戰國策·楚策四·汗明見春申君章》。

⑤ 見《列子·説符》及《淮南子·道應訓》。

語‧晉語九》載：此戰「郵無正御」，韋昭注：「無正，王良」。又載：范氏、中行氏曾在晉陽築壘對抗趙氏，趙簡子十分惱恨，占晉陽後便令尹鐸把壘拆除。尹鐸不拆反而加高，簡子大怒，要殺尹鐸。郵無正勸簡子說，現在壘為自己所用，增高可以保衛自己，為什麼不增？簡子大悟，獎賞尹鐸。尹鐸得知是他的怨家伯樂給自己說了好話，遂把得到的賞物送給伯樂。原文曰：「初伯樂與尹鐸有怨，〔尹鐸〕以其賞如伯樂氏」。按韋昭注，此伯樂是郵無正的字。《漢書‧王褒傳》有「王良執靶」，三國張晏亦注：「王良，郵無恤，字伯樂」。可見王良確有字曰伯樂。王良本以御車著名，如《荀子‧正論》云：王良「天下之善御者也」。但是「王良不能以弊車不作之馬趨疾而致遠」⑥。必須選擇良馬並加以訓練，才能使馬駕起車來「整齊而斂諧，投足調均，勞逸若一，心怡氣和，體便輕畢，安勞樂進，馳騖若滅」⑦。要選擇良馬必須善於相馬。由於王良像伯樂那樣精於相馬術，時人為表示禮敬以伯樂呼之，於是伯樂就變成他又一字或號⑧。我們可以稱他王良伯樂。王良又作王於期，據劉師培考：「於期即王良異名，故〈外儲說右〉並言王良、造父，復以於期與造父並文」。《韓非子‧喻老》言：「趙襄主學御於王於期」。趙襄主即趙襄子，戰國時期趙國的第一代君主，可見王良伯樂還活到戰國初期。

關於王良伯樂相馬的材料，見《韓非子‧說林下》：「伯樂教二人相踶（音帝，踢意）馬，相與之簡子廄觀馬」。這個帶上徒弟到趙簡子馬廄中去相馬的顯然是王良伯樂。又云：「伯樂教其所憎者相千里之馬，教其所愛者相駑馬。千里之馬時一，其利緩；駑馬日售，其利急」。這裏把相馬和售馬聯繫起來，當在私人商業興起的春秋戰國之際，這個教人相馬的伯樂也是王

---

⑥　《說苑‧指武》。

⑦　《淮南子‧覽冥訓》。

⑧　古代貴族始生由父母取名，二十歲行加冠禮由賓客給加字，以後在字之外又有號，呼字或號以表禮敬。

良伯樂。趙簡子即趙鞅，後來成爲趙國的奠基人，他的勢力範圍在晉國北部，即今山西北部和河北西南，恰在《史記·貨殖列傳》所說的農牧業分界線上，靠近畜牧區，多養馬。所以王良伯樂的出現也有其客觀必然性。

孫陽伯樂和王良伯樂是兩個齊名的相馬專家。《呂氏春秋·觀表》在叙述十個「古之善相馬者」各擅長相馬的一部分之後説：「若趙之王良，秦之伯樂、九方堙（即九方皋），尤盡其妙矣」。可見戰國時社會上仍然公認王良伯樂、孫陽伯樂和九方堙，比其他善相馬者的本領高出一籌。但是，由於孫陽伯樂在前，是相馬學的開山，而王良伯樂以御車著名，所以在古代文獻中的伯樂一般專指孫陽伯樂而不指王良。如《淮南子·主術訓》説：「伯樂相之，王良御之，明主乘之」。

按古人的星命迷信思想，人間的聖賢必成天上的星宿。戰國魏人石申著的《石氏星經》云：「伯樂，天星名，主典天馬」。⑨《史記·天官書》云：「漢中四星，曰天駟。旁一星，曰王良。王良策馬，車騎滿野」。在天上伯樂管天馬，王良仍然策馬御車，各自發揮其特長，爲「天帝」服務。這雖然帶有神秘色彩，但以伯樂、王良命名星座，説明後人對兩位相馬專家的崇敬和緬懷。

二·伯樂的相馬經

伯樂在總結相馬經驗的基礎上，寫成我國第一部相馬學著作——伯樂相馬經。這部書在戰國秦漢以至南北朝，尚可看到。《漢書·藝文志》有相六畜二十八篇。其篇目無錄，但可找到注腳。據《隋書·經籍志》三載：

梁有伯樂相馬經、關中銅馬法、周穆王八馬圖、齊侯大夫甯戚相牛

---

⑨　《莊子·馬蹄》釋文引《石氏星經》。

經、王良相牛經、高堂隆相牛經、淮南八公相鵠經、浮丘公相鶴書、相鴨經、相鷄經、相鵝經、相貝經、祖暅權衡記、稱物重率術各二卷，……亡。

以上相馬、相牛、相鵠、相鶴、相鴨、相鷄等即漢志中的相六畜；以上十四部書各二卷共十八卷，即漢志中的二十八篇。古代篇與卷無嚴格界限，故可通用。由此可知漢志中的相六畜二十八篇，包括伯樂相馬經二卷在內。按隋志所載，南朝梁（西元五〇二到五五七年）時還可看到此書，大概被隋唐間的戰火所毀，唐初修《隋書》時已看不到了。

　　伯樂的相馬經在隋唐以前，曾長期被相馬者奉爲經典，影響較大。其後雖失傳，但蛛絲馬迹在有關文獻中仍隱隱可見。長沙馬王堆三號漢墓出土的帛書相馬經，大約是戰國晚期楚國人的著作，其第一篇提到「伯樂相馬，君子之馬」，并且多次用相馬「法曰」和「吾請言其解」的措辭，說明這部相馬經是吸收和發揮了前人的相馬經驗，包括伯樂相馬經的成就寫成的⑩。伯樂的兒子按圖索驥的傳說也累有所聞。唐中葉張鷟寫的《朝野簽載》卷六云：

尹神童每說伯樂令其子執馬經畫樣以求馬，經年無有似者。歸以告父，乃更令求之。出見大蝦蟆，謂父曰：得一馬略與相同，而不能具。伯樂曰何也？對曰：其隆顱跌目脊鬱縮，但蹄不如累趨（曲）爾。伯樂曰：此馬好跳躑不堪也。子笑乃止。

明人張鼎思著《琅琊代醉編·伯樂子》和楊升庵著《藝林伐山》卷七《相馬經》，也作過與《朝野簽載》大致相同的記載。三人都說伯樂有相馬經，書中有相馬畫樣，良馬的外形都是「隆顙（高額）跌目（大眼），蹄如累曲（高掌）」。可知該書有圖有文，圖文配合。這些故事情節雖有傳聞成分，

---

⑩　〈馬王堆帛書相馬經釋文〉，《文物》一九七七年第八期。

然其淵源無疑與伯樂相馬經有關。

三·伯樂相馬用作比喻的歷史

　　伯樂欲相出能負重致遠的千里馬，國家要選出能擔當重任的棟樑材，都可以表現主事者的選優能力，兩者有類似之處。因此，後世常以伯樂相馬類比當權者善於選賢任能。

　　戰國時代人們已經常用伯樂相馬，比喻明君賢臣之善於搜羅和使用人才。如屈原在投汨羅江自殺之前不久，在《懷沙》裏說：「懷質抱情，獨無正兮。伯樂既沒，驥焉程兮？」這是以後名比喻前句，言伯樂已經死去，識別千里馬的標準不存在了，比較自己有高潔的品質和激情，卻不爲當權者所了解，從而揭露當時楚國奸邪當道、賢者受害的黑闇政局。《荀子·君道》在論述君主要用實際考驗的辦法來識別人才時說：「伯樂不可欺以馬，而君子不可欺以人」。用劣馬騙不過伯樂，比喻壞人騙不過君子。《呂氏春秋·贊能》用「得十良馬，不若得一伯樂」，比喻善於識別人才的人比人才更重要。《戰國策·燕策二》載：蘇代對淳于髡說，有賣馬者一連三個早晨上市賣馬，無人光顧，非常冷落。後來賣馬者請伯樂「去而顧之，一旦而馬價十倍」。蘇代求淳于髡做伯樂，向齊王介紹他的本領，以抬高他的身份。這是成語「一顧之價」的來源。東漢初年，劉秀致隗囂的信中，曾用「數蒙伯樂一顧之價」⑪，以比喻他曾多次受到隗囂的支援和贊助。

　　唐代散文大師韓愈曾多次用伯樂和千里馬作比喻。如，「世有伯樂，然後有千里馬。千里馬常有，而伯樂不常有」。如果不遇伯樂，千里馬就不會被發現而一個個老死於「槽櫪之間」⑫。這裏伯樂借喻善於舉薦人才的執政

---

⑪　《後漢書·隗囂傳》。
⑫　《韓昌黎文集·雜說四·送溫處士赴河陽軍序·爲人求薦書》。

大臣，千里馬借喻有才能的人。他還用「伯樂一過冀北之野，而馬群遂空」⑬，比喻河陽軍節度使烏重胤善於羅致人才；用「昔人有鬻馬不售於市者，知伯樂之善相也，從而求之，伯樂一顧，增價三倍」，比喻自己如同沒人買的千里馬，希望某執政大臣如「伯樂一顧」，舉薦自己⑭。

⑬　《韓昌黎文集‧雜說四‧送溫處士赴河陽軍序‧爲人求薦書》。
⑭　《韓昌黎文集‧雜說四‧送溫處士赴河陽軍序‧爲人求薦書》。

論戰國商業的發展

一・私營商業的興起

　　春秋戰國之際，隨著封建土地私有制的發展，商品交換日趨頻繁。地主階級及其官吏，需要把以粟米為主的地租和俸祿的一部分，投入市場去換取奢侈品及其它生活用品。廣大農民耕織所得，除供自己的衣食和繳納賦稅或地租以外，也出賣一部分「餘粟餘布」，以購買自己不能生產的鐵農具、食鹽等。個體手工業者的產品自始就是商品，他們更加需要通過市場出售產品，購買原料和生活必需品。農夫要「以粟易器械」，工匠要「以器械易粟」①，商品交換空前活躍起來。與之相應，金屬貨幣也出現了。簡單的商品流通和貨幣流通，給私營商業的發展提供了客觀條件。在所謂「周室衰，禮法墜」的情況下②腐朽的奴隸制政權放鬆了對「末業」的控制，剛建立的封建政權又企求商人的支持，這就使私營商業得到長時間的自由發展。

　　私營商業大體是通過以下兩個途徑發展起來的。一是官商向私商轉化。西周以來的官府商業，主要經營諸侯之間、部族之間的販運貿易。隨著生產力的發展，商品流通量的增大，商業經營的規模和範圍越來越大。各諸侯為

①　《孟子·滕文公上》。
②　《漢書·食貨志上》。

了輸出本地的土特產，得到外地的奢侈品，既要用官商去遠地經商，也極力招徠外來的商人。如衛國曾推行「通商惠工」政策③；管仲在齊國曾實行「通貨積財，富國強兵，與俗同好惡」④；晉文公曾實行「輕關易道，通商寬農」⑤；魯國執政臧文仲，曾廢除關卡，以利經商。商人不論在本地多麼卑賤，在外面卻能量很大，能出入宮庭，結交諸侯。官府既要利用他們經商，又無法控制他們的活動，他們就漸漸搞起私人經營來了。例如實行「工商食官」的晉國，在六家地主集團爭權奪利的時期，晉大臣叔向說：「絳之富商，韋藩木楗以過於朝。唯其功庸少也，而能金玉其車，文錯其服，能行諸侯之賄，而無尋尺之祿，無大績於民故也」⑥。這些富商出外能乘金玉裝飾的車子，穿華麗的服裝，足以買通諸侯，卻不向官府領取俸祿，可見他們不是官商而是私商。但他們回到晉都絳，卻只能坐著皮車帷、木車楗的車子走過朝堂，這又似乎保留著曾受官府束縛的痕迹。反映戰國時齊國情況的《管子》中載：「賈知賈（價）之貴賤，日至於市，而不為官賈者，與功而不與分焉」⑦。商人掌握物價的貴賤，卻不是官商，有官商的作用而沒有官商的身份。這表明，戰國時齊國的「官賈」也被私商代替了。

二是避開官府的控制，從鄉間發展起來。孟子曾追敘這段歷史說：「古之為市也，以其所有易其所無者，有司者治之耳。有賤丈夫焉，必求龍斷而登之，以左右望，而罔市利。人皆以為賤，故從而徵之。徵商自此賤丈夫始矣」⑧。（龍，通壟，田地中的高坎。壟上，謂田野中的高處；壟斷，謂田野中高而不相連屬的土墩子。）這就是說：古代的市場，沒有金屬貨幣，進

---

③ 《左傳·閔公二年》。
④ 《史記·管晏列傳》。
⑤ 《國語·晉語四》。
⑥ 《國語·晉語八》。
⑦ 《管子·乘馬篇》。
⑧ 《孟子·公孫丑下》。

行物物交換，不徵商稅，由官府管理，這是奴隸制時代「工商食官」的情形。被孟子稱爲「賤丈夫」的民間商人，最初是不合法的，不能到官府市場上去交易，只得在野外找個高土墩登上去，左顧右盼，窺測動向，以倖取利潤。這說明封建性的民間商業是鑽著奴隸主官府的空子，從鄉間發展起來的。何休也說：「因井田以爲市，故俗語曰：市井」⑨。市井的含義，是私商最初起於田野的又一佐證。

所謂「周人之失，巧僞取利，貴財賤義，高富下貧，喜爲商賈，不好仕宦」⑩。官府無法挽回私商勃然興起的狂瀾，爲了增加財政收入，也采取和對井田以外的「私田」同樣的辦法，即承認私商的合法存在而徵收商稅，商人納過稅就可以在城裏的市場上進行交易了。最早徵收商稅的是商業發達的宋國，宋武公在公元前六一六年，把一個關門賞給功臣彤班，「使食其徵」⑪，「徵」就是徵關稅。齊景公時徵收的關稅很重，史載「偪介之關，暴徵其私」⑫。戰國時的封建政權對商人徵收三種稅：一是關卡過往稅，二是市場營業稅，三是「廛」房貯存稅。齊國的稅率是「市賦百取二、關賦百取一」⑬。商稅成爲封建國家的重要收入。

二 · 小商小販和富商大賈

戰國時代的商人很活躍，「天下熙熙，皆爲利來；天下攘攘，皆爲利往」⑭。只要能多賺錢，便「倍道兼行，夜以續日」⑮，不避艱難險阻，不

---

⑨　《公羊傳·宣公十五年》，何休解詁。
⑩　《漢書·地理志》。
⑪　《左傳·文公十一年》。
⑫　《左傳·昭公二十年》。
⑬　《管子·幼官篇》。
⑭　《史記·貨殖列傳》。
⑮　《管子·禁藏篇》。

怕盜賊搶劫⑯，到處去經商。當時的商人大體可分爲兩類：一類是「坐列販賣」的小商小販。他們或者擺攤零售，沿街叫賣；或者肩挑背負，奔走四方。本小利微，營業極不穩定，是富商大賈鯨吞的對象。但比耕田容易謀生，也是一些人用貧求富的捷徑。所以諺語説：「用貧求富，農不如工、工不如商」⑰。另一類是富商大賈。他們有的是由貴族士大夫棄官從商的，有的是由官商轉化來的，有的是小商小販僥倖發財上升而來的。他們「多錢善賈」，擁有雄厚的資本，有一定的政治勢力，用奴隸、傭保、夥計作爲勞動力，動輒用幾百輛大車轉運貨物。他們有的在國內囤積居奇，操縱物價；有的在諸侯之間進行大規模的轉運貿易，「連車騎，遊諸侯」⑱；有的「兼業顓利」，既經營煮鹽、冶鐵、採礦、畜牧等生產，也兼營商業。他們憑藉不等價交換積累資本，迅速成爲巨富，所謂「萬乘之國必有萬金之賈，千乘之國必有千金之賈」⑲，歷史上有名的富商大賈如范蠡、白圭、呂不韋等相繼出現了。

范蠡在幫越王勾踐滅吳之後，西元前四七三年，「裝其輕珠寶玉，自與其私徒屬」⑳，輾轉經商，後居於陶，「十九年之中，三致千金」㉑。白圭是魏國的大商人，他採取「人棄我取，人取我與」的方法，在年歲豐收時買進糧食，出售絲、漆等物；荒年則賣出糧食，買進帛絮，從事賤買貴賣獲取大利㉒。呂不韋是戰國後期的大商人，他經營可以獲利百倍的珠寶，與各國貴族、官僚打交道，後來竟爬上秦國丞相的位置㉓。這是見於文獻記載的，

⑯　《墨子·貴義篇》。
⑰　《史記·貨殖列傳》。
⑱　《史記·貨殖列傳》。
⑲　《管子·輕重甲》。
⑳　《史記·越王勾踐世家》。
㉑　《史記·貨殖列傳》。
㉒　《史記·貨殖列傳》。
㉓　《戰國策·秦策五》。

不見經傳的大商人還很多。如解放後在安徽壽縣丘家花園發現的兩組鄂君啓
節，是楚懷王發給貴族鄂君啓的通行證。節上規定：陸路運輸的車數一次不
能超過五十輛，如以畜力或人力運輸，每十匹牲畜或二十個背子當一車。水
路運輸的船數不能超過一百五十條，並不得載運馬、牛、羊之類商品。在這
些規定內，憑節可以免稅㉔。鄂君啓就是一個不見文獻記載而用大量車船經
商的貴族商人。

三‧市場管理和商品交換

　　戰國時各諸侯的都城裏都有市場，按照前朝後市的布局，市場設在宮庭
的北面，有固定的範圍，與住宅區是嚴格分開的。地方上的市場也不少，齊
國「聚者有市」㉕，一聚爲一百五十里，聚相當郡；邑也有市，蘇秦說齊閔
王「有市之邑莫不止事而奉王」㉖，邑相當縣。聚和邑的市場是過渡中的郡
縣市場。軍隊中設有軍市，從商鞅要求軍市的商人自備鎧甲、兵器和不准私
運糧米看㉗，軍市是由私商經營的。秦國還有「官府市」，據秦簡《關市
律》規定：「爲作務及官府市，受錢必輒入其錢缿（音后，陶製的容錢器）
中，令市者見其入，不從令者貲一甲」。這種官府市完全是官府經營的，對
其貨幣收入規定了一套嚴格的監督制度。市場有管理機構叫市亭，設在市門
樓上，用旗爲號以指揮市門的啓閉，所以又稱「旗亭」，也叫「思次」。
《周禮‧地官》載：「市之群吏平肆，展成奠賈，上旌於思次，以令市」。
就是說的用旌旗指揮開市的情形。城裏的市場一般都是朝聚夕散，早晨開市

㉔　考古研究所：《新中國的考古收穫》第六七頁。
㉕　《管子‧乘馬篇》。
㉖　《戰國策‧齊策五》。
㉗　《商君書‧墾令篇》。

時交易的人「皆側肩爭門而入」，「日暮之後，過市朝者掉臂而不顧」㉘。市場的管理人員有市掾㉙、市吏㉚、司市、胥師、肆長等㉛。貨物如到某市去賣，必須打上圖章或刻上產地，如刻有咸市的就是咸陽市亭的產品，刻有雲亭的就是雲陽（今陝西淳化縣）市亭的產品，刻有安市的就是安陸市亭的產品。市內店鋪各按地段排列，商品分類陳列，交換活動都是在列肆裏進行。這就是後代「貨別隧分」的分肆制度。

市場上參加交換的商品除食鹽、鐵器、糧食、布帛、陶器、木器、漆器外，有賣皮裘的、賣璞玉的㉜、賣珍珠的、賣鼈的㉝、賣豚的㉞、賣矛和盾的㉟，還有「鬻金」的金店㊱、「酤酒」的酒店㊲，等等。從戰國商品的總量看，農民出賣的農副產品超過手工業者出售的商品，民生日用必需品超過了奢侈品。但是，農民和手工業者通常是直接進行交換，不必商人中介，商人轉運貿易的主要貨物則是土特產和奢侈品。如荀子說：各地參加交換的北方有走馬、大狗，南方有羽翮、齒革、曾青、丹干，東方有紫紶、魚、鹽、西方有皮革、文旄㊳。李斯說：秦宮裏從外地得到的有「夜光之璧」，「犀象之器」，「宛珠之簪，傅璣之珥，阿縞之衣，錦繡之飾」等㊴。荀子列舉的土特產，李斯列舉的奢侈品，都是經過商人長途販運而進入流通過程的。

㉘　《史記·孟嘗君傳》。
㉙　《史記·田單傳》：田單爲臨淄市掾。
㉚　《韓非子·內儲說上七術》。
㉛　《周禮·地官》。
㉜　《韓非子·說林下》。
㉝　《韓非子·外儲說左上》。
㉞　《韓非子·外儲說左下》。
㉟　《韓非子·難一》。
㊱　《呂氏春秋·去宥篇》。
㊲　《韓非子·外儲說右上》。
㊳　《荀子·王制篇》。
㊴　李斯：《諫逐客書》。

四・商業利潤的獲得

商業資本從一誕生就具有無限追求利潤的品格，正如荀子所說：商人以「賈盜之勇」，「爭貨財，無辭讓，果敢而振（狠），猛貪而戾，悍悍然唯利之見」⑩。由於商人經營的方式不同，手段不同，所得的利潤也有高有低。

據《史記・越王勾踐世家》載：范蠡「候時轉物，逐什一之利」。十分之一大概是最低的商業利潤，但由於周轉迅速，他「居無何，則致貲累巨萬」，也發了大財。

據《史記・蘇秦傳》載：「周人之俗，治產業，力工商，逐什二以為務」。這十分之二的利潤，是社會上公認合理的商業利潤，如果資金周轉慢，不一定比十分之一高。

《史記・貨殖列傳》中有「貪賈三之，廉賈五之」的說法，廉賈比貪賈獲利還高，這是把資金周轉的快慢計算在內了。廉賈採取薄利多銷的辦法，使資金周轉快，因而得到十分之五的利潤。貪賈由於貪求厚利而貨物出手慢，資金周轉當然也慢，因而在單位時間內只能得到十分之三的利潤。無論十分之三或十分之五，還都算一般的商業利潤。

長途轉運的利潤較高。《墨子・貴義篇》載：「商人之四方，市賈倍蓰，雖有關梁之難，盜賊之危，必為之」。倍是二倍，蓰是五倍，長途轉運的利潤是二倍到五倍。當時交通不便，關卡林立，生產者不知道市場的價格，消費者不了解原始的賣價，商人得以上下其手，利用地區差價賤買貴賣，獲取厚利。

投機商人獲得很高。《管子・七臣七主》載：「政有急緩，故物有輕

---

⑩ 《荀子・榮辱篇》。

重；歲有敗豐，故民有羨不足；時有春秋，故穀有貴賤，而上不調淫，故遊商得以十倍其本也」。由於官府的橫徵暴斂，農業的豐收或歉收，市場糧食受季節性影響，因而造成市場供求關係的失調，同時引起商品價格的大漲大落。商人用囤積居奇的辦法加劇物價的漲落，從而獲得十倍的利潤。當時有這樣的生意經：「良賈不與人爭買賣之賈（價），而謹司時。時賤而買，雖貴已賤矣；時貴而賣，雖賤已貴矣」㊶。商人利用市場供求關係的失調以謀取大利。

販賣珠寶的利潤最高。呂不韋的父親說：珠玉之贏「百倍」㊷。商人販賣珠寶，利用買者和賣者對價格的無知而獲利百倍。如宋國有個叫監止的富商，與人爭買要價百金的璞玉。怕買不到手，假裝失手把璞玉掉在地上碰破，他賠償了百金而得到璞玉，然後對破處進行了修理，獲得一千鎰黃金的利潤㊸。監止就是利用人們對璞玉價格不了解而獲取淫利的。

上述二倍、五倍、十倍、百倍的利潤，當然要算高額利潤了。這種高額的商業利潤是通過不等價交換來實現的。所謂不等價交換是商人憑藉其經濟上的優勢，利用在空間上或時間上的供需失調，使商品價格長期地大幅度脫離商品價值，或賤買、或貴賣，或既賤買又貴賣，從而既剝削小生產者，又榨取消費者，其手段完全是欺詐和掠奪。這是中國古代商業資本積累的方式。

五・商業中的勞動力

在戰國商業中，從事商品的包裝、運送、裝卸、保管、銷售等勞動的勞

㊶　《戰國策・趙策三》。
㊷　《戰國策・秦策五》。
㊸　《韓非子・說林下》。

動力，首先是奴隸。如商鞅變法規定：「以商之口數使商，令之廝、輿、徒、重（童）者必當名」㊹。商鞅通令商人的奴隸必須登記服役，可見商業中用奴隸勞動不是個別現象。范蠡、白圭、刁閑、呂不韋等大商人，都擁有大量的奴隸。但是，不能把這種現象看得太興旺了，商人趨使奴隸的方法與奴隸社會相比，已有很大的變化。如白圭「能薄飲食，忍嗜欲，節衣服，與用事僮僕同苦樂」，奴隸給他幹活時才像「猛獸鷙鳥」一樣賣勁。他如何與奴隸同苦樂？雖無明文，但可推知他除了在衣食上對奴隸優待外，利潤多了給奴隸多賞些，利潤薄了給奴隸少賞些。參之刁閑，可知此說不誣。刁閑怎樣用奴隸「逐漁鹽商賈之利」呢？他的辦法「能使豪奴自饒而盡其力」㊺。所謂「自饒」就是讓奴隸自己饒富，這說明奴隸不僅可以分享一部分商業利潤，還可以積攢私財。這絕不是亂猜，在漢武帝實行鹽鐵專賣以後還有類似情形：官吏要利用奴婢「私作產為奸利」，就不得不對奴婢有些好處，因而有的「官奴」有「累百金」的私財㊻。用分割利潤的辦法驅使奴隸的不是典型的奴隸主，有自己財產的奴隸也不是典型的奴隸。這只能算是奴隸制的殘餘。

正因為商業中的奴隸勞動已不可能用奴隸社會的辦法維持，也就不大有利可圖，所以至遲到戰國晚期就產生了新的剝削關係。如雇傭關係的出現：秦簡《治獄程式》中有「市庸」，即市場中的傭役。彭越和欒布在「為家人」時，「窮困，賣傭於齊，為酒家保」㊼。高漸離曾「變姓名，為人庸保，匿作於宋子」。顏師古注：「庸作受雇」，「保可任使」㊽。可見傭保就是人身束縛較嚴的雇傭關係。這三個大名鼎鼎的人物都曾做過商店裏的雇

㊹　《商君書·墾令篇》。

㊺　《史記·貨殖列傳》。

㊻　《鹽鐵論·散不足》。

㊼　《漢書·欒布傳》。

㊽　《史記·刺客列傳》。

工，因他們有名而見於史冊，湮沒無聞的商店雇工一定很多。

再如夥計制度也萌芽了。《史記·貨殖列傳》載：「周人既纖，而師史尤甚，轉轂以百數，賈郡國，無所不至。洛陽街居在齊、秦、楚、趙之中，貧人學事富家，相矜以久賈，數過邑不入門，設任此等，故師史能致七千萬」。師史經營大規模的轉運貿易不是靠奴隸，而是用洛陽街居的貧民。這些貧民替富家趕上貨車，走遍天下各都市，長期不回家。師史依靠剝削他們的勞動，財產增殖到七千萬。范老說：這些貧民是大商人所使用的「夥計」㊾，至確。商業中用夥計，封建社會後期很普遍，追其淵源，應當濫觴於戰國。

在封建社會，農業是最主要的生產部門，農村是歷史的出發點，農業中的生產關係必然滲入城市工商業中㊿。如商業中的「傭保」，是農業中「賣傭而播耕」的滲入。商業中的夥計，是農業中封建依附關係的滲入。商業中的奴隸勞動，也和農業中的奴隸勞動一樣，都是奴隸制殘餘的表現，不過由於商業中的高額利潤，使其可以不惜重價去買奴隸，可以採取許多變通手段維持奴隸勞動，因而工商業中使用奴隸比農業要普遍得多。

六・商業發展的作用

在奴隸制向封建制轉變的過程中，商業的發展對奴隸制經濟有瓦解作用。因為「商業和商業資本的發展，到處都發展著生產面向交換價值的趨勢，擴大它的範圍，增加它的種類」，「到處對於各種已有的在它們的不同形式上主要面向使用價值的生產組織，都或多或少發生著解體的作用」51。

㊾　范文瀾：《中國通史簡編》第一編，第一七九頁。
㊿　馬克思：《資本主義生產以前各形態》第十五頁。
51　馬克思：《資本論》第三卷，第三七一頁。

商業的活躍對於閉塞的井田制經濟有衝擊作用，使奴隸主貴族及舊官僚都不同程度和市場發生了聯繫。如齊景公的大臣晏嬰也「待市食，而朝暮趨之」，不願意遠離市場(52)。那時「千乘之王，萬家之侯，百室之君，尚猶患貧」(53)。奴隸主沒有錢就只得借債，因而「爲高利貸者所困倒」。「結局就是讓位給高利貸者，讓這種高利貸者，成爲土地所有者或奴隸所有者」(54)。這就對奴隸制所有權發生了覆滅和破壞的影響，同時也促進了地主經濟的發展。

由於商業的發展，溝通了生產者和消費者的聯繫，打破了地域界限，在一定程度上滿足了人民生產和生活的需要。如《管子》說：「無市則民乏」(55)。《荀子》說：通過交換可以使「澤人足乎木，山人足乎魚，農夫不斫削、不陶冶而足械用，工賈不耕田而足菽粟」(56)。司馬遷說：各地的土特產，都是中國人民所喜好，「謠俗被服飲食奉生送死之具」，不經官府徵調而通過商品交換，可以使「人各任其能，竭其力，以得所欲」(57)。商業使各地的土特產大量捲入流通領域，促進了土特產的商品化，加强了各地區的經濟聯繫，有利於國家的統一。

由於商人的轉運貿易，使「羽旄（音毛，牦牛尾）不求而至，竹箭有餘於國，奇怪時來，珍異物聚」(58)。使「四方來雜，遠鄉皆至，則財用不匱，上無乏用」(59)。因而滿足了封建統治階級的需要，當然也助長了統治階級對社會財富的揮霍浪費。這也足證商品經濟當時確實在爲封建主義服務。

---

(52) 《韓非子·難二》。
(53) 《史記·貨殖列傳》。
(54) 馬克思：《資本論》第三卷，第七七五頁。
(55) 《管子·乘馬篇》。
(56) 《荀子·王制篇》。
(57) 《史記·貨殖列傳》。
(58) 《管子·小匡篇》。
(59) 《呂氏春秋·仲秋紀》。

商業促進了城市經濟的繁榮。其中有被譽爲「天下之中」的陶（今山東定陶縣附近）、與陶並稱的衛都濮陽（在今濮陽縣城南十八華里故縣村）、位於楚夏之交的陳（今河南淮陽）等，顯然是由於轉運貿易而發展起來的經濟都會。

貨幣是商品經濟的伴侶。適應商業發展的需要，金屬貨幣在春秋時期即已出現，到戰國時期流通量越來越大。銅幣有刀幣、布幣、貝幣、圓錢等形式，各有不同的流通範圍。戰國晚期圓錢的流通範圍不斷擴大，反映了貨幣統一的趨勢。黃金也作爲貨幣使用，在統治階級和大商人之間的大數目支付，常常以黃金計算。

七・抑商政策及其影響

商品經濟的發展對一切以自然經濟爲基礎的生產方式，必然有分解作用。在從奴隸制向封建制轉變時期，它對奴隸制生產方式已經起過分解作用，新興地主階級那時把工商業者當作反對奴隸主貴族的力量而加以支持和放縱；但到戰國中後期，隨著封建生產方式的確立，商品經濟對封建生產方式仍然起着分解作用，它超越軌道的活躍，與地主階級的根本利益日漸發生衝突。因爲按封建制度，要求把一切關係都僵化爲一成不變的傳統，要求把一切人都固定在他生就的階級、地位、職業上永不變遷，這是封建生產關係賴以存在的基礎，也是封建統治階級的根本利益所在。然而，商品經濟特別是其中商業的發展，對封建經濟結構不斷衝擊，對作爲封建專制主義經濟支柱的小農經濟剝蝕不已，成爲封建社會動盪不安的酵酶。如《管子》疾呼「野與市爭民」⑥⓪，即商人和地主階級爭奪對農民的剝削。韓非斥責商人

---

⑥⓪ 《管子・權修》。

「蓄積待時，而侔農夫之利」，是蛀蝕封建國家的五種蠹蟲之一[61]。《呂氏春秋》載：「民舍本而事末則不令，不令則不可以守，不可以戰；民舍本而事末則其產約，其產約則輕遷徙，輕遷徙則國家有患皆遠志，無有居心；民舍本而事末則好智，好智則多詐，多詐則巧法令，以是為非，以非為是」[62]。農民之棄農經商，使封建政權失去對農民的控制，因而徵不到兵，收不到租，連法令也要落空。這是封建統治階級不能長期容忍的，他們必須設法把商品經濟遏制在能夠許可的範圍內，因而推行抑商政策。其中以秦國的抑商政策最為嚴厲。商鞅變法時規定：凡是棄農經商或怠惰以致貧窮而交不起租稅的人，沒收為官府的奴婢[63]；令商人的奴僕登記服徭役；不准商人販賣糧食；加重關卡和市場上的商品稅等[64]。可能在部分地區還實行過鹽鐵官營[65]。魏國李悝推行平糴法，也有抑商作用。

由於封建政權的摧殘，關卡的盤剝，商業成為冒險的事業；加之社會分工不發達，商業資本活動的天地比較窄狹；因而商業資本積累到一定數量時，不是與產業資本結合，而是向土地投資，與地主經濟結合。所謂「以末致財，用本守之」[66]，靠經營工商業發財，用購買土地守財，是古代商人普遍遵循的道路。因為在封建社會，「土地對土地所有者來說，既是一個有利的生息資本，又是財富的一個穩妥保障」[67]。這樣，一度脫韁的商業資本，也就逐漸被封建主義所馴服。

但是，在諸侯割據時期的抑商只能抑制本國商業，各國為了增加關稅收

[61]　《韓非子·五蠹》。

[62]　《呂氏春秋·上農》。

[63]　《史記·商君列傳》：「事末利及怠而貧者，舉以為收孥」。

[64]　《商君書·墾令篇》。

[65]　《華陽國志》：張若在成都「置鹽鐵市官并長丞」；《史記·太史公自序》：司馬昌「為秦主鐵官」。

[66]　《史記·貨殖列傳》。

[67]　傅築夫：《中國經濟史論叢》（下），第五四〇頁。

人，對外來商人仍然採取招徠的政策。即是主張嚴厲抑商的韓非，同時又主張「利商市關梁之行，能以所有致所無，客商歸之，外貨留之」⑱。他也不否認招徠外商可以增殖本國的財富。對本國商業抑制的程度，與專制主義中央集權發展的程度有關，因而很不一致。如韓、魏到戰國晚期仍然是「上無通名，下無田宅，而恃姦務末作」的工商業者不少⑲，可見抑商的效果不顯著。許多小諸侯根本就沒有抑商，如宋國、衛國的商業一直非常發達。「周之衰」，「稼穡之民少，商旅之民多」⑳。鄒、魯「及其衰，好賈趨利，甚於周人」㉑。這說明，終戰國之世抑商的作用是有限的，商業利用封建割據局面，還一直在發展著。

⑱ 《韓非子·難二》。
⑲ 《商君書·徠民》。
⑳ 《漢書·食貨志上》。
㉑ 《史記·貨殖列傳》。

論戰國手工業的發展

一・西周官府壟斷手工業制度的破壞

西周的手工業和商業一樣，是由官府壟斷的，工人大都是奴隸。周文王認為「工不族居，不足以給官，族不鄉別，不可以入惠」（《逸周書・程典》）。官府把手工業者按族居鄉別的辦法加編制，其生產以「給官」、「入惠」為目的，也就是為官府和奴隸主貴族的需要服務。這種制度直到春秋前期仍然存在，如齊桓公時管仲恢復的「昔聖王」的辦法之一是「處工就官府」，「工立三族」，「工之子恒為工」（《國語・齊語》）。晉文公即位時也宣稱要維護「工商食官」（《國語・晉語》）的舊制度。那時市場也被官府所壟斷，民間的交換很有限，平民即使可以經營手工業，但很難依靠手工業養家糊口，所以民間私營手工業微乎其微。

春秋後期到戰國前期，官府壟斷制度逐漸破壞，民間私營手工業接踵而起。這個變化的主要原因有三：

首先，這個變化與整個社會由奴隸制度向封建制的轉變過程緊密聯繫在一起。因為前資本主義時期的手工業和商人資本一樣，在社會經濟中占的比重極小，本身「還不足以促成和說明一個生產方式到另一個生產方式的過渡」（《馬克思恩格斯全集》第二五卷第三六六頁），只能伴隨著農業中的生產方式的變更而變更。由於井田制度的崩潰和封建土地私有制的發展，地

主階級和農民階級的形成，他們的需要不可能通過官府工商業來滿足，必須和私人經營的工商業發生關係。社會上的需要，勢必促使民間手工業的發展；社會上的擯棄，也必然加速「工商食官」制度的衰落。如齊景公時「工賈不變」（《左傳‧昭公二十六年》）的舊秩序再也無法維持了。

其次，官府手工業中的工匠不斷進行反對剝削和奴役的鬥爭。例如：西元前五二〇年，周景王死了，「百工」利用貴族爭奪王位的機會發動暴動，在洛陽城裏與貴族的軍隊展開反覆的搏鬥（《左傳‧昭公二十二年》）。「百工」雖然指的工官，但工官依靠的力量必然是工匠。公元前四七八年，由於衛莊公「使匠久」，貴族石圃借機利用「匠氏攻公」，工匠包圍了衛莊公的宮門（《左傳‧哀公十七年》）。公元前四六九年，又因衛侯輒「使三匠久」，有些對衛侯不滿的貴族利用「三匠」暴動，工匠「皆執利兵，無者執斤」，攻入宮門，「噪以攻公」（《左傳‧哀公二十五年》）。這些史實說明，在官府手工業中矛盾非常尖銳，手工業工匠常常利用貴族之間的矛盾起來反抗公室，工匠鬥爭的目的就是要砸碎官府奴役的枷鎖，爭取成為獨立經營的手工業者，其中一部分工匠達到了這個目的。

第三，新興地主階級開始登上政治舞台時，對私營手工業都是支持的。春秋戰國之間幾個重要地主集團的發跡，都與經營手工業有關。例如：齊國田氏的祖先陳完，原是陳國的公子，為避難逃到齊國，齊桓公命他「為工正」，管理官府手工業。以後田氏代代世襲工正，逐漸化公為私而成大富（《史記‧齊太公世家》）。晉國的權臣趙盾「為旄車之族」（《國語》晉語注），其家族是經營造車手工業的，趙盾就是趙國君主的老祖先。地主階級在向奴隸主貴族奪權時，對手工業者是極力拉攏的。如宋國有一家三世造車輗的工人，其住宅對相國司城子罕的府第有妨礙，司城子罕命他遷徙，他說，「今徙之，是宋國之求輗者不知吾處也，吾將不食，願相國之憂吾不食

也。」相國也就作罷了①。司城子罕對這家工人毫不濫施淫威，但他不久就奪取了宋國政權②，這和田氏在齊國拉攏人民的手段類似。地主階級這時支持私營手工業，是因為私營手工業生產是商品生產，其發展就表現為商品經濟的發展，而商品經濟的活躍對閉塞的井田制經濟有分解作用，對以土地私有為特徵的中國式的封建制有催生作用。在這新舊交替時期，由於新興地主階級的支持和保護，私營手工業就得以相當自由的發展，官府壟斷的局面也就被徹底打破了。

二‧戰國手工業的類別

戰國時期的手工業，按經營的方式可分為四類：

一、個體經營的小手工業蓬勃發展。這是民間具有專門技能的工匠，依靠「技藝」從事小商品生產的手工業者。他們有的以家庭為作坊，產品製成後等候顧客登門購買，有祖傳的技術秘密，如宋國有一家工人在自己家裏生產，「三世恃輓以食」；有的在城內市場中設立作坊，一面生產，一面銷售。由於同行業的作坊或店鋪聚居於一定地點，列「肆」而居，所以有「百工居肆，以成其市」之說（《論語‧子張》）。墨子把他們叫「工肆之人」（《墨子‧尚賢上》）。他們分別經營木工、漆工、車工、陶工、冶工、皮革工、修補工等，凡屬人們生產和生活的需要，大抵應有盡有。他們經常盤算如何迅速出賣產品，「輿人成輿，則欲人之富貴；匠人成棺，則欲人之夭死」（《韓非子‧備內》）。但謀生比農民容易，能夠「一日作而五日食」（《管子‧治國》），所以農民脫離農業而從事手工業的日漸增多。這種小

---

① 《呂氏春秋‧召類》輓有兩解，一曰：輓，履也，作履之工也。一曰：輓，靷也，作車靷之工也。

② 楊寬《戰國史》一五〇頁，認為此事當在公元前三五六年以後。

手工業由於經營的是小商品生產，經常受價值規律的刺激，生產技術的改進較快，是戰國社會創造物質財富的重要因素。

二、「豪民」經營的大手工業迅速崛起。在奴隸社會山林川澤完全由官府控制，用奴隸生產。隨著奴隸制的瓦解，官府如果繼續強迫「徒隸」去開採，就會「逃亡而不守」；如果徵發人民服役，不僅會引起人民對官府的怨恨，就連他們當兵的子弟也不願爲官府打仗了，因而只有用抽十分之三的稅的辦法讓「民」去經營（《管子·輕重乙》）。但是這種「民」決不是小手工業者，而是有錢有勢的「豪民」。因爲這種生產是在深山大澤之中進行的。需要投資，需要一定數量的勞動力，小手工業者是無能爲力的，「非豪民不能通其利」（《鹽鐵論·禁耕》）。這種「豪民」經營的大手工業，主要從事採礦、冶鐵和煮鹽，用的勞動力是依附農民、雇工和奴隸。如猗頓以經營池鹽起家，魏國的孔氏、趙國的卓氏和郭縱以冶鐵致富，他們對開發山林川澤的資源是有貢獻的。

三、與農業相結合的家庭手工業普遍存在。西周以來，統治階級採取井田制村社形式剝削勞動人民，不但監督男子在井田上集體耕作，還要監督婦女在閭巷裏集體紡織。所謂「婦人同巷」，「相從夜績」（《漢書·食貨志》），就是當時婦女集體紡織的情形。進入戰國，隨著井田制度的瓦解，小農經濟成爲封建生產方式的基礎。小農經濟的主要特色是男耕女織，那時「丈夫耕稼樹藝」，「婦人紡績織紝」（《墨子·非樂上》），家家種植桑麻，農婦養蠶、繅絲、紡織布帛。商鞅變法時對農民的耕和織是同樣獎勵的。各國封建政權向農民徵收的賦稅，也有「粟米之徵」和「布縷之徵」（《孟子·盡心》）。如果「丈夫盡於耕農，婦人力於織紝」（《韓非子·難二》），封建國家的收入就會增多。男耕女織的生產，剩餘部分也參加商品交換，如不交換則「農有餘粟，女有餘布」（《孟子·滕文公下》）；但這是極次要的，這種生產主要是爲了滿足農民家庭的衣食需要，是一種自給自足的自然經濟。由於國家利用政權的力量竭力促使農業與手工業的緊密結

合，這種經濟就成爲中國封建社會的基本經濟結構。

　　四、官營手工業規模逐漸擴大。各封建政權經營的官手工業，有些是從奴隸制政權那裏留傳下來的，有些是根據需要新辦的。各國中央政府和郡縣地方政府都辦有各種手工業，在臨淄、邯鄲、燕下都等都城中發掘出很多規模巨大的官營手工業作坊遺址。這種官營手工業是直接爲封建統治階級服務的，主要生產軍用品、奢侈品和禮器。手工業品的製造，一般由製造者、主造者、監造者三級負責，器物上銘刻著三級的名字。三晉的兵器主要由中央或縣的武庫所屬作坊製造，製造的工匠叫「冶」，主造的工官有工師、冶尹等。監造的長官中央有相邦、邦司寇、大攻（工）尹等，縣有令、司寇等。秦國的兵器製造也是三級刻名，製造的工匠有身份自由的「工」，有鬼薪、城旦、隸臣妾等刑徒和官奴，還有稱爲「更」的一月一換的更卒，主造的工官有工師、丞、工大人等；監造的長官中央有相邦，郡一級有郡守。由於官營手工業的規模大，分工較細，如記述齊國官營手工業狀況的《考工記》中，舉出攻木之工有七種，攻金之工有六種，攻皮之工有五種，刮摩之工（玉石工）有五種，搏埴之工（陶工）有二種。細密的專業分工，嚴格的質量要求，促進了技術的發展，所以官營手工業中培養了很多有熟練技巧的工人，這必然會影響民間手工業技術的提高。另一方面，官營手工業生產是非商品生產，如果越來越多的手工業品由官府自行製造，貴族官僚的需求通過官府的供給可以滿足，那就會影響私營手工業品的銷路，因而阻礙商品經濟的發展。

三・採礦技術的進步

　　戰國時，人們已經積累了一定的找礦和採礦知識。《管子·地數篇》說：「上有丹砂者，下有黃金；上有慈（磁）石者，下有銅金；上有陵石者，下有鉛、錫、赤銅；上有赭者，下有鐵，此山之見榮者也。」「榮」就

是礦苗，人們已懂得以礦苗爲線索去找礦藏。如「赭」就是赤鐵礦的碎塊或細粒，也就是赤鐵礦的礦苗。還説：發現「出銅之山四百六十七」，「出鐵之山三千六百九」。《山海經·五藏山經》中，著錄有明確地點的產鐵之山三十四處，分布於今陝西、山西、河南和湖北等地，即戰國時秦、魏、趙、韓、楚等國統治地區。還記載有出金之山一百二十九處，出銀之山二十處，出錫之山五處。這些數字不一定準確，但表明當時確已發現了許多礦點。

一九七四年，在湖北銅綠山發現了春秋戰國的古礦井遺址。礦井深達五十公尺以下，一般爲一百一十至一百三十平方公分。在開礦方面已有效地採取了豎井、斜井、斜巷、平巷相結合的採掘法，初步解決了井下通風、排水、提升、照明和巷道支護等一系列複雜的技術問題。在通風方面，利用不同井口氣壓的高低差形成了自然風流，並採取密閉已廢棄的巷道的辦法控制風流沿著採掘方向前進，從而使風流達到最深處的工作面。在排水方面，利用水槽等工具構成的井下排水系統，把水引向井下積水坑，再用水桶提升上去。當時已創造了轆轤等提升工具，分層分級將礦石和積水提上來。在巷道支護方面，已對井下壓力分布情況有了初步認識，創造了《榫接」和「搭接」相結合的支架形式，有效地承受了巷道的頂壓、側壓和低壓。有些支架至今還相當堅固。還創造了分段充填的上行採礦法，即從礦層低部由下而上逐層開拓平巷，在井下將採的礦石經過分選，以貧礦、碎石和泥土充填廢巷，以保證運出富礦。發明了井下利用船形木盤等器具進行重力選礦以及測定礦石的品位，決定採掘的方向。在古礦井中發現的採掘工具表明，青銅工具已全部爲鐵工具所代替。工具有鐵斧、四梭鐵鑽、鐵錘、鐵耙、鐵鋤等，大鐵錘重達六公斤。此外，還發現有運載工具竹箕、竹筐、藤簍、木轆轤、木鈎、大繩；排水工具木槽、木桶、木瓢等。這些工具基本上適應了採礦各個環節的需要，大大提高了採掘效率。但礦工的勞動是十分艱苦的，有的巷道很狹窄，只能伏地爬行，側身曲臂，手持重錘進行開鑿。銅綠山古銅礦的發現證明：早在春秋戰國時代，我國勞動人民不僅能找到富礦、大礦，而且

能開掘深礦井，金屬礦的開採在此時已粗具規模了③。

四・冶鐵技術的發展

　　冶鐵業是戰國時期最重要的手工業。當時，各諸侯國都有重要冶鐵手工業中心，其中以韓、楚兩國的冶鐵手工業最爲發達。例如韓國著名的鐵武器出産在冥山（今河南信陽東南）、棠溪、墨陽、合脯（今河南西平西）、鄧師、宛馮（今河南榮陽西北）、龍淵（今河南西平西）等地（《戰國策・韓策一》）。楚國的宛（今河南南陽）能製造非常鋒利的兵器，有所謂「宛巨鐵鉆，慘如蠭蠆」之說（《荀子・議兵》）。

　　當時冶鐵技術的進步和冶鐵鼓風爐的改進分不開。春秋末年吳王闔閭製鐵劍，曾使用「童女童男三百人鼓橐裝炭」（《吳越春秋・闔閭內傳》），「橐」是煉鐵爐上用於鼓風的大皮囊。戰國作品《墨子・備穴》中說：「灶用四橐」，可知當時爐灶上可以同時用好幾個「橐」來鼓風。由於煉鐵爐上有鼓風設備就大大提高了爐溫，因而在戰國早期已出現白口鑄鐵柔化技術。人們將白口鐵長期加熱（攝氏九百度左右，三至五天），讓原來很硬的生鐵組織經過氧化脫碳，轉化爲較柔軟的組織，克服了白口鐵的脆性，成爲一種經得起鍛打的「可鍛鑄鐵」，也稱展性鑄鐵。這種柔化處理方法的發明，對於鐵工具的推廣有著重大作用。因爲用「塊煉法」來煉鐵製造工具，很費工，不可能廣泛應用；而用白口鐵鑄成的工具性脆，不耐用；用可鍛鑄鐵製造工具，既耐用又省工。

　　在生鐵鑄造工藝方面，由於繼承和發展了青銅鑄造的優良傳統，戰國時

③　參見銅綠山考古發掘隊：〈湖北銅綠山春秋戰國古礦井遺址發掘簡報〉；石文：〈湖北銅綠山春秋戰國古礦井遺址是奴隸創造歷史的光輝見證〉；冶軍：〈銅綠山古礦井遺址出土的鐵製及銅製工具的初步鑒定〉，均見《文物》，一九七五年第二期。

代很快就發展到相當高的水平。鑄範從陶發展到金屬範，據統計現已發現戰國時的鐵工具鑄範八十七套④。在河北興隆縣發現的戰國後期燕國冶鐵遺址中，出土的鐵鑄範有鐵钁範、鐵鋤範、鐵鐮範、鑿範和車具範。鐵範有較複雜的雙合範，還採用了難度較大的金屬型蕊。例如鋤範就有內範、外範及範蕊，鑄造時將範蕊插過雙合範，即可加強結構，防止鑄件變形，又使鑄出的鐵鋤自行留下供安裝木柄的孔。在河南新鄭縣和登封縣告城鎮發現韓國冶鐵遺址中，有許多原始性的臥式層疊鑄範，可知當時人們已經掌握了層疊鑄造技術。其鑄法是把許多範片層層疊合起來，一次澆鑄出許多鑄件。不過戰國時的疊鑄法還是兩孔澆鑄，比較原始，到漢代就變為一孔澆鑄了。

戰國出土鐵器的器類，有農具、手工具、兵器、生活用器、裝飾品等，而以鐵製農具為大宗。如河南輝縣固圍村戰國晚期的五座魏墓，出土鐵器九十五件，其中農具有犁鏵七件、钁四件、鏟十件、锸三十三件、凹字形鐵口鋤三件、鐮一件。我國古代人民對鐵的認識是很早的，但真正把鐵器作為一種新的、重要的生產工具，是春秋後期開始的。隨著冶鐵業的發展，戰國時期的農業已經基本上使用鐵製農具，對當時農作物產量的提高是一個巨大的促進。

在冶鐵技術發展的基礎上，此時勞動人民已掌握製造滲碳鋼的技術。戰國時代成書的《禹貢》說：梁州（約當今四川地區）貢物有「鏤」；注釋者一般都認為「鏤」是指可作刻鏤工具的鋼鐵。戰國時代的鋒利兵器有稱為「白刃」的⑤，白色的刃部該是鋼製的。據對河北易縣燕下都出土的部分鐵器檢查的結果，有些劍、戟、矛是用「低溫固體還原法」煉出來的鐵（塊煉鐵）經過滲碳處理，使成為鋼片，再把許多鋼片經過對折疊打而成。煉鋼技術的發明，有利於生產工具的改進，有利於生產力的進一步發展。

---

④　〈戰國秦漢的金相學初步考查報告〉，《考古學報》，一九六○年第一期。
⑤　《戰國策·韓策一》、《荀子·強國》、《呂氏春秋·節喪》。

五・青銅鑄造業的進一步發展

戰國時的青銅器，已經從奴隸主貴族獨占物，變成為主要是地主階級享用的日常用品。器的造型和紋飾，也一反殷商和西周時代呆板、神秘的格局，趨於生動寫實的作風。日用青銅器和青銅製品，不僅數量迅速增多，而且大多數產品靈巧精緻，已為更多的人所使用，出現了商品化的傾向。

戰國著作《考工記》中記錄了配製青銅的六種方劑：造鼎的青銅，銅和錫的比例是六比一；造斧斤的是五比一；造戈戟的是四比一；造刀劍的是三比一；造削刀及箭鏃的是五比二；造鏡及燧（日光下取火的鏡）是一比一。大凡青銅中錫的成分占百分之十七到二十的最為堅韌，過此即逐漸減弱。錫的成分占百分之三十到四十硬度最高，過此即會減低。斧、斤、戈、戟等工具和武器需要堅韌，所以含錫成分少；刀劍、箭鏃等武器需要堅硬鋒利，所以含錫成分多。這個合金比例標準，是根據當時的實踐經驗總結出來的。近年出土的戰國時代各類銅器的成分，經化驗分析，多近於這個標準。

當時鑄造青銅器講究「型範正，金（銅）錫美，工冶巧，火齊得」（《荀子・強國》）。山西侯馬晉故城遺址等地發現的鑄造青銅器的陶範，器形有容器、樂器、車器、人像、動物等，都製作得很精緻。在鑄造方法上，普遍採用器身和附件分別鑄造，接合時或將先鑄好的附件嵌入器身和範中，然後灌注銅液，使之成一體，或用合金焊接。在器物上嵌入金銀絲的「金銀錯」工藝，也有新的發展。如陝西咸陽出土的錯金雲紋銅鼎，陝西寶雞出土的錯金嵌松石蟠螭紋銅壺等，都十分精細美觀。

六・紡織和染色業的發達

戰國絲織技術進步很快，已能生產羅、紈、綺、錦、繡、絹帛、縑等新

產品。不但能織細密平紋、斜紋、矩紋、單色菱紋、複色菱紋，還能提花和繡花。在長沙左家塘一座楚墓中，發現有深棕地紅黃色菱紋錦、褐地矩紋錦、褐地紅黃矩紋錦、朱條暗花對龍對鳳紋錦、褐地雙色雙格紋錦，能織出這些組織結構和紋飾相當複雜的錦，説明工藝水平已相當高⑥。著名的「蜀錦」，在戰國時代已引起官方的注意，《讀史方輿紀要》卷六七引《華陽國志》説：秦滅巴蜀以後，張儀、張若修成都城，「於彝里橋南立錦官」，過問錦的生產。絲織物各諸侯國常用作賞品，如秦王曾贈送義渠君「文繡千匹」（《戰國策·秦策二》），趙王曾賞賜蘇秦「錦繡千純（五千匹）」（《秦策一》）；是王后貴族官僚地主的主要衣料，他們「糅羅紈（細絹），曳綺（有紋絹）」（《齊策四》）。繡除服用外，還是書寫繪畫的材料。絲織品有一部分已作爲商品投入市場，如齊國女紅生產出來的絲織物行銷各地，享有「冠帶衣履天下」（《史記·貨殖列傳》）的聲譽。

麻織物是當時勞動人民的主要衣料，由於庶民多穿麻布，故稱「布衣」。麻布也是當時的主要商品。在市場上銷售時長寬粗細有一定的規格。在長沙五里牌楚墓出土的一塊白色麻布殘片，經鑒定，經緯密度爲經紗每一公分二百八十根，緯紗每一公分二百四十根，同近代的龍頭細布差不多（郭寶鈞：《中國青銅器時代》第84頁），可見紡織技術也相當高。

從紡織品的遺物來看，當時應該有機架式的織機，據《淮南子·氾論訓》説：西漢前期有《機杼勝復，以便其用，而民得以掩形禦寒」。機是織機；杼是梭子；勝、同縢，是持經線的軸；復、同複，是捲布軸，也叫肚前軸。再看漢代畫像中的織女星和紡織圖（《中國青銅器時代》圖版壹拾），戰國時也應該有粗具規模的織機。

與紡織業有密切關係的染色業也有進步。當時人們已經掌握了漂白技術，絲麻織品經過漂白和除垢，會變得更富光澤。染料有草染和石染兩種，

---

⑥　熊傳新：〈長沙新發現的戰國絲織物〉，《文物》一九七五年第二期。

草染就是植物染物，當時應用最廣的是藍，藍草可提煉出靛青，所謂「青，取之於藍，而青於藍」（《荀子·勸學》）。石染就是用礦物質作染料，如用朱砂染紅色，用「涅」（青礬溶液）染黑色，有一染、再染，多至六染、七染的。據《呂氏春秋·六月紀》載：「命婦官染采黼黻文章，必以法」，「黃、黑、蒼、赤，莫不質良」，這是說要求負責染色的工官監督工人按規定的染法和色料去染，質量要求是很嚴格的。近年來，長沙、江陵等地出產的錦，花紋就是用染著不同色彩的絲線織成的。

七・製鹽業的發展

製鹽業和冶鐵業一樣，是當時關係國計民生的重要手工業。產鹽的地區分布很廣，司馬遷說：「山東食海鹽，山西食鹽鹵。嶺南山北固往往出鹽」（《史記·貨殖列傳》）。鹽有海鹽、池鹽、鹵鹽、井鹽。海鹽是煮海水爲鹽。齊國有「渠展（沛水入海處，即今之萊州灣）之鹽」，是由私人經營的，由於鹽場主雇佣很多農民煮鹽，影響農業生產，因而齊國政府下令不准在農忙時節「聚庸煮鹽」（《管子·地數篇》），可見齊國煮鹽業的興盛。燕國「有遼東之煮」，即勃海沿岸的鹽田一直發展到遼東一帶，成爲燕國的主要財源（同上）。泛指江浙一帶的吳，從吳王闔閭、楚令尹春申君以來，就「招致天下之喜遊子弟」，利用遊民作爲勞動力，東煮海水爲鹽（《史記·貨殖列傳》）。池鹽晉人叫做鹽，積鹹水於池，水中含鹽分甚高，每年春夏借日光蒸曬成鹽，「直用而不煉」。以河東大鹽池最早享有盛名，在安邑（今山西夏縣西北）、猗氏（今山西臨猗）一帶，戰國時屬魏國所有，猗頓就是在猗氏經營鹽鹽起家的。鹵鹽，據《廣韻》云：天生曰鹵，人造曰鹽。《本草·鹵鹽》李時珍解釋：山西諸州平野及大谷榆次高亢處，秋間昆生鹵，望之如水，近之如積雪，土人刮而熬之爲鹽。陝西《蒲城縣志》載：西鹵池，在縣西南四十里，即今高春煮地，遇旱不固，鄉人取水熬鹽，供一方

用。這些說法雖屬後出，亦可見戰國秦漢時代太行山以西「食鹽鹵」的大概。井鹽，從井中汲取鹽汁，經蒸濃即得粗鹽結晶，產於巴蜀。據《華陽國志·蜀志》載：秦昭王時的蜀守李冰「穿廣都鹽井諸陂池，蜀於是有養生之饒焉。」可見四川的鹽井戰國時已開鑿了。

八·木工技術的進步

戰國時期木工所用的工具已相當齊全，除斧、鑿、鋸等外，已有畫方形的「矩」（曲尺），畫圓形的「規」（圓規），彈直線的「繩」（墨斗），測量垂直線的「懸」（懸掛的線）（《墨子·法儀》），測量水平線的「水」（水平儀）（《周禮·冬官·考工記》）。還發明了一種矯正木料曲直的工具，叫做隱括。把木料經過蒸煮放在隱括中矯正，過一定時間可以把曲木壓直或把直木壓曲，使其符合製作上的需要（《荀子·性惡》）。公輸班是春秋戰國之交的能工巧匠和創造發明家，他創製了攻城工具雲梯和舟戰工具鈎拒。相傳他爲母親製作一種木車，有機械裝置，「機關備具」，用木人駕馭（《論衡·儒增篇》）。戰國時木製的車子，長、寬、輪、輻都有一定的規格。木製的弓弩，有的要十餘石的重力才能拉開。那時各國就建了許多高大的宮殿，宮殿的柱架、斗拱都是木結構的。長沙楚墓出土的棺槨，都是用巨大的楠木或柏木製成，已採用複雜的榫卯結構[7]。木俑和雕花板的製作，已能採用透雕和浮雕兩種表現手法。

九·髹漆工藝的成熟

髹漆工藝，戰國早期還是木器業的附屬部門，戰國中期以後，開始脫離

---

[7]　湖南博物館：《長沙楚墓》、《考古學報》一九五九年第一期。

木器業而成爲一個獨立的手工業部門。由於髹漆不僅可增强器物的防腐性能，而且可以在漆面畫上瑰麗的花紋和圖案，使器物成爲工藝美術品。所以使用漆木器，特別是施繪彩漆的瑟、鼓等；飲食用具豆、俎、杯、盤、勺、壺、盒、奩等；兵器如弓、盾、劍、鞘等；還有漆畫的棺木和笭床。漆器有木胎、夾紵胎、籃胎和皮胎的，漆的顏色有黑、朱、黃、白、綠等種。彩繪的花紋有龍鳳紋、幾何紋、狩獵圖案等。今天我們見到的湖南長沙、河南信陽、湖北江陵、四川成都、河北平山等地出土的戰國漆器，花紋流暢，圖案勻稱，絢麗奪目，可見當時調漆和漆繪的技巧相當成熟。

一〇‧陶瓷業的發達

洛陽、侯馬、武安等地發掘的戰國陶窰，窰的分布相當密集，數量和容量較前代大有增加。洛陽清理的一座戰國陶窰，實測窰腔面積達十平方公尺，約爲西周陶窰的五倍。爲了適應宮廷和城市建築的需要，已能燒製多種形式的磚、瓦、瓦當、瓦釘、管道等建築材料。燒製「空心磚」是戰國後期陶工們的一項重大創造。春秋時期已萌芽的暗紋彩繪，戰國時獲得很大發展。

陶瓷燒製技術也有進步。侯馬、紹興、南京、上海等地發現的早期青瓷，以高嶺土作原料，在化學成分上以及胎、釉外貌特徵上，都與後來的青瓷器比較接近，而比商周原始瓷器有所進步。侯馬出土早期青瓷，燒成溫度已經高達一千二百三十度。

此外，琉璃器、金銀器、玉石器、製革、編織等手工業技術都有所發展。

一一・戰國中後期「抑末」的思想和政策

新興地主階級爲了打倒舊貴族，曾對私營手工業表現出某種青睞，但是，封建制度也只能建立在自然經濟的基礎上。民間私營手工業超越限度的發展，亦即商品經濟失卻控制的活躍，勢必對已確立的封建生產方式起分解作用，使自耕農的貧富分化加速，勞動力不易控制，社會秩序動蕩，給江山坐穩的地主階級造成許多麻煩。如李悝說：「雕文刻鏤，害農之事也；錦繡纂組，傷女工者也」（《説苑·反質篇》）。認爲專職經營的手工業者增多，奢侈品生產的增加，對農業和家庭手工業都有妨害。商鞅說：農夫「爲技藝」和「事商賈」一樣，「皆以避農戰」（《商君書·墾令篇》），妨礙國家耕戰政策的推行。韓非也說：「纂組錦繡刻劃爲末作者富」（《韓非子·詭使》），國家的倉庫就不能充實。因而戰國中後期很多地主階級思想家主張「重本抑末」，所謂「抑末」，即抑制商業也抑制手工業，這裏所說的手工業只限民間私營的大手工業和小手工業，至於官營手工業和農民的家庭手工業，對封建政權有利無害，不在抑制之列。如《管子》主張「禁末作，止奇巧，而利農事」（《管子·權修》）。把禁止生產「奇巧」的私營獨立手工業，作爲「利農事」的措施。荀子主張「使雕琢文采不敢專造於家」（《荀子·王制》），即不讓私人經營「雕琢文采」之類的奢侈品生產，而由官營手工業生產來代替。這個主張實際上已變成許多封建政權的政策，戰國晚期許多國家的官營手工業有不斷擴大的趨勢。從雲夢秦簡看，統一前夕的秦國官手工業，規模就相當大，不僅生產奢侈品、軍用品，也生產民用品，而且還設立「官府市」推銷其產品。這就使私營手工業既受到壓制、排擠，不但無法擴大其產業，有時竟無法維持下去。雖然戰國時期由於諸侯割據的存在，私營手工業和商業一樣，可以鑽著各種空子得以持續發展，而「抑末」政策的推行畢竟逐步在限制它的經營範圍和發展程度，此後，隨著

封建專制主義鉗制力量的一張一弛，民間私營手工業只能一起一伏地向前爬
行。

略論戰國時期的雇傭勞動

一‧中國古代的雇傭勞動產生於春秋戰國之際

雇傭勞動就世界範圍來説，是一種古老的奴役形式。據恩格斯説：「隨著財産不均現象的産生，亦即早在野蠻時代高級階段，與奴隸勞動並存就零散地出現了雇傭勞動」（《馬克思恩格斯選集》第四卷，第六二頁）。古代希臘，在氏族制度趨於解體的荷馬時代，已有失去土地的農民淪爲雇工的記載。然而，中國直到商周時期似乎還没有出現雇傭勞動。

中國的歷史是在中原地區進入文明門檻的。中原是黄河流域的沖積平原，土質疏鬆，易於耕作，用木石工具就可以創造出一定數量的剩餘産品。但是，木石工具畢竟不如鐵器鋭利，因而生產水平較低，社會分工不發達，氏族內部貧富分化的進程很緩慢。夏商周三代爲了爭奪中原的統治權，輪番進行征服戰爭。征服戰爭促進了國家機器的早熟，使軍隊、刑罰、禮制等都漸臻完備；但「由於被征服者和征服者差不多處於同一經濟發展階段，社會的經濟基礎仍然和從前一樣」（《馬克思恩格斯選集》第四卷，第一六六頁），所以血緣關係仍然是商周時期維繫統治權力的紐帶。這表現在統治階級是按宗族關係組成寶塔式的統治，如宗法制、分封制、世襲制都是按血緣關係建立的；被統治階級也不打亂其宗族組織，如周初把「殷民六族」、「殷民七族」、「懷姓九宗」整族分封給某些貴族（《左傳‧定公四

年》），按「族居鄉別」（《逸周書·程典》）的原則加以編制。於是在基層氏族制度就以改變了的地區的形式，即以井田制公社的形式長期保存下來。在這種農村公社共同體內，土地是公有的，作為村社成員的「眾人」、「庶人」、「野人」、「農夫」的生、老、病、死、衣、食、住、行及其生產活動，全都處於「田畯」、「里胥」、「鄰長」之類的村社首領或農官的監護之下，沒有出賣勞動力的自由，因而不可能產生雇傭勞動。所以在商周史料甲骨文、金文、《尚書》、《詩經》①中都找不到使用雇傭勞動的材料。

然而，當進入封建制時代，情況恰恰相反。西歐在封建社會早期不存在雇傭勞動，中國卻伴隨著地主經濟的形成和發展，在春秋戰國之際就產生了雇傭勞動。這又是甚麼原因？

西歐在封建社會早期，農村中有莊園制度的束縛，城市中有行會制度的束縛，農奴或學徒的人身依附關係很強，沒有出賣勞動力的自由，因而沒有產生雇傭勞動的可能。

中國在春秋戰國之際，井田制村社逐漸瓦解，「田里不鬻」的傳統漸被打破，地主制經濟日益取得統治地位。地主制經濟的特徵是小農經營、土地買賣和租佃關係。它有產生雇傭勞動的下列誘因：

一、西歐的封建莊園是一種自給自足的自然經濟單位，莊園內的一切生產都是為了供應領主消費和依附農民及其家庭的生活需要。中國的地主制經濟採取小農經營的方式，雖然也以自然經濟為存在條件，但是，地主需要把以粟米為主的地租的一部分投入市場以換取奢侈品及其他生活用品，農民也

---

① 《詩經·周頌·載芟》有「侯彊侯以」句，東漢鄭司農注：「春秋之義能東西之曰以，此傭民者」。鄭眾把「以」解為「傭民」不是「以」的本義，不足為據。此句高亨先生注：侯，發語詞。彊，當讀為臧，男奴，以，當作佽。佽是古奴字，指女奴。「侯彊侯以」即男奴女奴（《詩經今注》五○一頁），這解釋是正確的。

需要出賣一部分「餘粟餘布」，以購買鐵農具和食鹽，地主和農民都必須和市場保持一定的聯繫，因而商品交換較爲活躍。由於商品經濟的活躍，促進了社會分工的發展，個體手工業者數量較多。這些有手藝的工匠，除在肆內開設作坊或店鋪外，一部分則自帶家俱周遊四方，沿門求雇，出賣手藝；富貴人家修建房屋，製作家俱，都需要雇用這種工匠。金屬貨幣的大量流通，也爲雇主和雇工之間建立雇傭關係提供了有利條件。

二、因爲土地可以買賣，地主不能世代占有一塊固定的土地，也就無法終生占有佃農。地主在出賣土地後，就會削減自己的佃戶，甚至全部解除租佃關係；商人循著「以末致財，用本守之」的途徑，一旦購買了土地就會成爲地主，需要建立新的租佃關係。由於地主對佃農的占有不穩定，常常需要通過雇傭的形式補充勞動力。

三、小農經濟從來是不穩定的。在天災人禍的打擊下，佃農比西方的農奴在生活上缺乏「保障」，容易破產；數量巨大的自耕農，在生活上比佃農更缺乏「保障」，更易於破產。這就使社會上經常出現大批失業破產的農民，他們在飢寒交迫、走投無路的時候，除一部分「嫁妻賣子」轉化爲奴婢外，一部分就暫時依靠出賣勞動力謀生。（胡如雷：《中國封建社會形態研究》第一三七頁）

春秋晚期已出現了雇工，例如，齊國發生崔氏之亂，西元前五四六年，齊大夫申鮮虞爲避亂逃到魯國，「僕賃於野」（《左傳》襄公二十七年）。據《說文解字》「賃」字與「庸」字同義，「僕賃於野」就是在魯國田野裏爲人傭耕。按西元前五九四年，魯國實行「初稅畝」，即打破公田、私田的限制，一律按畝取稅。這件事標誌著封建土地所有制在魯國取得合法地位，比申鮮虞奔魯早將近半個世紀。申鮮虞之所以能「僕賃於野」，顯然與魯國封建化的進程有關。

如果說雇傭勞動在春秋晚期還只能算是個別地區出現的例外，那麼，到戰國時期就逐漸普遍了。在戰國文獻中可以看到雇工的名稱如庸客、庸夫、

庸民、庸耕、庸徒、庸保、賃庸等，買賣勞動力的辭匯如取庸、賣庸、買庸、聚庸、反庸、賃市庸等。這些辭彙的屢見，說明戰國時期雇傭勞動已是常見的現象。

值得注意的是，有些地方已有了出賣勞動力的市場。如莊周說當時已有「傭肆」（《說苑·善說》），「傭肆」是城市中專爲賣傭而設的肆列。再如雲夢秦簡中有一案例：甲因盜牛逃亡，丙因殺人逃亡，有一天白晝，甲發現丙隱藏在「市傭中」，甲爲了立功贖罪，將丙抓住去官府自首（《睡虎地秦墓竹簡》第二五二頁）。「市傭」就是在市場上等待別人雇傭的人，逃犯能白天隱藏在「市傭中」，可見有成群的勞動力在市場上待雇。莊子的話反映戰國中期的情況，秦簡是反映戰國末期的史料。

二·戰國使用雇傭勞動的範圍

土木建築工程中使用雇工的事例在戰國前期就有。如《墨子·尚賢中》云：「傅說被褐帶索，庸築乎傅岩」。這雖說的商王武丁用傅說爲相的故事，但有戰國初年的時代烙印。因爲商代的文獻《尚書·說命上》云：「（傅）說築傅岩之野」，只說「築」而沒有說「庸築」。所謂「庸築」，舊注「受雇爲人任建築之役」，這顯然是墨子把他看到的戰國初年的雇工建築附會在商代傅說的身上。由於貴族、官僚、地主家家都需要建築房屋，自己又不可能豢養大批工匠，必須雇傭工匠，所以到戰國中期建築業中的雇傭勞動已比較普遍。如《商君書·墾令篇》云：「無得取庸，則大夫家長不建繕……而庸民無所於食，是必農。大夫家長不建繕，則農事不傷」。據《商君書·更法篇》可知，墾令篇就是墾草令，是商鞅變法時公布的第一號命令，公布的時間在公元前三五六年。從這條材料可以看出：當時秦國的大夫們用雇工建築房屋的不少，已經對農業生產有妨礙了，所以政府下令禁止「取庸」修建。又見《管子·乘馬數》云：「若歲兇旱水洗（溢），民失

本，則修宮室台榭，以前無狗，後無彘者爲庸」。②這是在遭災時齊國政府用連豬狗也養不起的貧民作傭工，修建宮室台榭，實行以工代賑。

貴族官僚美化墓室有使用雇工的。《管子‧山至數》云：「大夫高其壟（墳墓），美其室（墓室），此奪農事及市庸」。這是説：大夫們役使農民給他們築高墓堆，所以奪「農事」；又雇傭工匠給他們美化墓室，所以奪「市庸」。

官營青銅器鑄造中也有使用雇工的。楚國銅器上常有「鑄客」的題銘，如「鑄客爲集胆（廚）爲之」，「鑄客爲太句（后）胆（廚）官爲之」。「鑄客爲王句（后）六室爲之」。「鑄客爲集糙爲之」。「鑄客爲集醻爲之」，「鑄客爲集醶爲之」等等（李學勤：〈戰國題銘概述〉，《文物》1959年第九期）。楊寬教授認爲：這種「鑄客」就是官府所雇用的民間個體手工業者，他們給太后廚官、王后七府、王后六室等鑄造青銅器皿（楊寬：《戰國史》第二版，第八四頁）。

煮鹽業中有使用雇工的。《管子‧地數篇》云：陽春農事方作，「北海之衆，毋得聚庸而煮鹽」。（《管子‧輕重甲篇》所説略同。）齊國的煮鹽業當時是由私人經營的，北海的鹽場主用的勞動力是雇傭農民。由於受雇的農民較多，齊國政府下令禁止在春耕時節聚庸煮鹽，只准鹽場主在農閑時使用季節性的雇工。

酒店中有使用雇工的。如音樂家高漸離支持荆軻刺秦失敗後，「變姓名爲人庸保，匿作於宋子（今河北省趙縣東北）」。（《史記‧荆軻傳》）庸保就是「庸作於酒家」的酒保。高漸離是名人，名人作酒保被記載下來，不

---

② 《管子》著作的時代説法不一，特別是其中的〈輕重篇〉，分歧很大。馬非百《管子輕重篇新詮》云：「它是西漢末年王莽時代的人所作。」胡家聰在〈《管子‧輕重》作於戰國考〉一文中，從四個方面考證，《管子‧輕重》「作於戰國時的齊國」，力駁馬先生的王莽説（《中國史研究》一九八一年第一期）。筆者同意胡家聰先生的考證。

見於經傳的酒保一定還有。

在運輸工作中有雇傭車輛的。《商君書·墾令篇》云：「令送糧無取僦，無得反庸」。意思是爲了保證送糧的車輛來往迅速，政府規定給官家送糧不許雇別人的車，車回來時不能攬載私人貨物。可見當時已有雇傭車輛搞運輸的現象，不然政府何必下令禁止。

農業中使用雇工的事例是常見的。《韓非子·外儲說左上》云：

「夫賣庸而播耕者，主人費家而美食，調布而求錢易者，非愛庸客也，曰：如是，耕者且深耨者熟耘也。庸客致力而疾耕耘，盡巧而正畦陌畦畤者，非愛主人也，曰：如是，羹且美，錢布且易云也」。

這段材料說明，戰國時期有些地主或富裕農民往往用雇工進行播種、深耕、鋤草、打畦子等農活。這種勞動力買賣是雙方自願的，主人爲了深耕熟耘才給庸客供美羹與錢布，雇客爲了美羹與錢布才替主人疾耕耘。這種庸客似乎做的是日工，時間短，主雇關係不固定，所以雇主在剝削雇工時較多地採取經濟手段。

《呂氏春秋·爲欲篇》有「疾庸耤，爲煩辱，不敢休矣」的話，據《廣雅》釋：耤爲古耕字。庸耤即庸耕，是當時的雇農。由於戰國末年已有不少地主使用雇農，《呂氏春秋·上農篇》才主張有「農不上聞，②不敢私籍於庸」的限制。這就是說：如果沒有國君賜給的爵位，就不准私自用雇農，有爵位的人才准用雇農。到了秦朝，由於破產農民的增加，爲人傭耕的雇農也隨之增多，秦末農民起義領袖陳勝，就是一個爲人傭耕的雇農。

在排澇抗旱中使用的傭工。《韓非子·五蠹篇》云：「澤居苦水者，買庸而決竇」。這說明當時已有用傭工開渠排澇的。《管子·治國篇》云：「耕耨者有時而澤不必足，則民倍貸以取庸矣」。這是說，在耕種和除草時

---

② 孫詒讓曰：「上聞謂賜爵也。」古時因功勛上聞於天子，天子賜以上聞爵。

節如果雨水不足，農人爲了抗旱，即使没有錢也要以加倍的利息借債雇工，進行人工灌溉。

在園藝業中使用的傭工。如樂毅破齊之後，齊太子法章變姓名，解衣免服，逃到太史家做「灌園」的「庸夫」。（事見《戰國策·齊策六》，《史記》卷八十二《田單列傳》）

從上述材料可知，戰國時期使用雇傭勞動的範圍較廣泛，如建屋、修墓、煮鹽、沽酒、運輸、耕種、排澇、抗旱、灌園等工作中都有使用雇工的事例。雇傭的形式有日工，如建築房屋、美化墓室等；有季節工，如煮鹽等；有長工，如灌園的庸夫、酒店的酒保等。

雇工的來源，除沿門求雇的手工工匠和農民利用農閑時間作傭外，還有經濟上破産的貧民，如「前無狗，後無彘者爲庸」（《管子·山至數》）。「家貧，無以妻之，庸未反」（《韓非子，外儲説左下》）。有政治上受挫的逃亡者，如齊太子法章、高漸離都是逃亡而作傭的；范睢作秦相時，見了他原在魏國的讎人須賈，僞裝説：「臣爲人賃庸」，須賈竟深信不疑（《史記》卷七十九〈范睢列傳〉），可見當時逃亡者賣傭謀生已是常事。

雇工的工資，一般是用貨幣支付的。如荀況把用獎賞「錙金」的辦法鼓勵戰士殺敵，比作「賃市傭而戰」或「庸徒鬻賣之道」（《荀子·議兵篇》）。《韓非子》中所説「庸客」的工資也給的錢布。當然一定還有用實物支付的。由於封建經濟發展的不平衡，不同地區的工資也有差別。《管子·輕重丁篇》云：「齊東豐庸而糶賤」。郭沫若解釋：「庸者傭也，豐庸謂工價高」。這是説，齊東地區比其他地方糧價便宜而工價高些。雇工經常處於競爭之中，當破産農民大量增加時，競爭隨之加劇，雇價也必然大爲降低。因此到戰國後期，隨著土地兼併的興起，雇工的工資一般是微薄的。據《韓非子·外儲説右下》載：一家有三個壯年勞力出外作庸，連一個老人也養活不了。

三‧戰國雇傭勞動的性質

　　戰國時期的雇傭勞動是封建性的雇傭，與資本主義的自由雇傭有本質的區別。構成資本主義的自由雇傭有兩個條件：一是勞動者擺脫了封建制度下的人身依附關係，取得了人身自由，能把自己的勞動力當作商品來出賣；一是勞動者失去了生產資料，他們自由到一無所有的地步。然而，戰國時的雇傭勞動卻是另一種情形：第一，勞動者雖然可以出賣自己的勞動力，但在勞動力出賣期間帶有封建性。如酒店裏的「庸保」，顏師古解釋是「庸作受雇」，「保可任使」的意思。這種討保作傭的雇工，就是一種封建束縛較嚴的雇傭關係。凡是較長期的雇工大都與雇主有主僕關係，這種雇工隨時有降為奴婢的可能。至於官府使用的雇工，更不可能是自由的。不僅帶有封建色彩，甚而還有奴隸制殘餘的烙印。如墨子所說的「庸築」，勞動時還「被褐帶索」近似債務奴隸；還有與奴隸相連的稱呼如「僕賃」（《左傳》襄公二十七年），「庸奴」（《漢書‧張耳傳》）、「庸徒」（《荀子‧議兵篇》）等；可見最初有一部分雇工是從奴隸脫胎來的。由於雇工的身分不如後代自由，因而在剝削方式上超經濟強制也比後代嚴重。第二，這時的雇工除流亡異鄉的以外，多數不是一無所有，而是有小塊土地的小私有者，不賣傭也可以維持其貧困的生活。如那些日工及季節性的傭工，都是家有少量薄田的農民。至於賣傭的手工業工匠，大都不僅有小塊土地，還備有全套生產工具，他們都沒有「自由到一無所有」的程度。

　　當時雖然許多生產部門有使用雇傭勞動的事例，但雇工不是生產上的主要勞動力，而是封建生產關係的補充。對勞動者來說，大多數賣傭只是一種副業，如煮鹽業中的傭工，農閑時「聚庸煮鹽」，農忙即返鄉務農。他們沒有完全擺脫封建自耕農和佃農的地位，雇價只是他們的補充收入。對剝削者來說，雇工也只能是其補充的勞動力，而不是主要的剝削對象。他們的主要

剝削對象則是較爲適應生產力發展水平的佃農、依附農民、國家賞賜的「庶子」。在地主制經濟的範圍內，雇傭勞動作爲一種附庸受著起主導作用的封建生產關係的制約，封建生產關係決定著它的性質、面貌、作用和發展的程度。

　　雇傭勞動在當時受到許多因素的束縛：一、當時雇工所從事的生產除滿足主人生活需要外，一部分是封建性的商品生產，這種生產從戰國中後期就受到封建政權「強本抑末」政策的遏制。由於商品生產不能得到順利發展，不能解決擴大再生產的問題，生產上就不能容納較多的雇工。二、官府爲了鞏固封建生產方式，把雇傭勞動常常當「末業」加以限制。例如：規定沒有得到國君賜爵的地主不准使用雇農；農忙時不准鹽場聚傭；甚至下令不准「取庸」，企圖整得「庸民」沒有飯吃，只得歸農等等，使雇工的職業處於非法或半合法狀態。三、由於雇工的待遇菲薄，工作又無保障，作傭不是一條可靠的謀生道路，所以破產農民或從事工商，或作佃農和依附農民，甚至寧可「嫁妻賣子」爲奴，也不願長期依靠賣傭爲生。因爲賣身爲奴還可以得到一筆賣身錢，賣傭卻常常爲尋覓飯碗而發愁，所以賣傭是貧苦人民暫時的、過渡性的工作。四、封建政權總是把小農經濟作爲它的基礎，千方百計把農民束縛在土地上，「使民無得擅徙」（《商君書・墾令篇》），這就使農村不能經常地給城市提供自由的勞動力。諸如此類的因素，就把雇傭勞動禁錮在一定範圍內，使其不能突破封建生產關係的藩籬而得到充分的發展。

戰國鐵兵器管窺

一・鐵兵時代的來臨

　　我國古代人民對鐵的認識是很早的，但是，真正體現社會生產力水平的冶鐵手工業是春秋中葉以後發展起來的。戰國時期，冶鐵煉鋼技術又有新的進步。鐵器登上歷史舞臺，引起農具和手工業工具的大變革，成爲社會經濟飛躍的重要因素。武器的生產是以整個生產爲基礎的。即受生產力水平的制約，又必然靈敏地反映最新的生產技術成就。由於統治階級的重視，這種先進的冶鐵技術必然被利用來製造武器，於是，鐵兵器就出現在戰場上。

　　《越絕書》卷十一載：春秋晚期，楚王請吳國名匠干將及其師兄歐冶子作鐵劍。「歐冶子、干將鑿茨山，泄其英（即鐵礦石），作爲鐵劍三枚。一曰龍淵，二曰泰阿，三曰工布」。風胡子認爲，這時繼石兵、玉兵、銅兵之後，歷史便進入鐵兵時代。「當此之時，作鐵兵，威服三軍，天下聞之，莫敢不服，此亦鐵兵之神」。不僅有鐵兵器，鋼製兵器也出現了。《吳越春秋・勾踐入臣外傳》載：「舀鐵之矛，無分髮之便」。即把鋼刃陷入鐵矛中去，非常鋒利，說明當時已有刃口貼鋼的工藝。

　　上述文獻記載，有考古資料可參證。在河南陝縣東周墓中出土金質臘首

鐵劍一把，屬於春秋晚期遺物①。在湖南長沙鐵路車站建設工程中，從一座春秋晚期墓葬中發現一口鋼劍，長三十八點四公分。經取樣分析，這把劍是用含碳量百分之零點五左右的中碳鋼，經高溫回火處理反覆鍛打製成的②。此後，戰國的鋼鐵兵器屢見不鮮。這反映了鐵器時代的一個側面──鐵兵時代的來臨。

二‧至今所知戰國的鐵兵器

周緯在所著《中國兵器史稿》中，提到周末的鐵兵器有流傳國外的鐵戟，出土於北方各地的「銅頭鐵尾鏃」（即鐵鋌銅鏃），山東濟南附近掘出粘於銅兵之上的「鐵兵」③。所謂周末似指春秋戰國。由此可知，解放前戰國鐵兵器出土甚少，斷代亦不明。解放以來，考古發掘所得漸多。現將考古所獲和文獻記載的戰國鐵兵器分類敘述於下：

㈠長兵

鋼鐵矛：南方、北方均有發現。河南登封告成鎮韓國鑄鐵遺址中發現鐵矛鑄範，可見韓的鐵矛已用液體還原法鑄成。河北易縣燕下都四四號墓出土鐵矛十九件，矛頭有小、中、長三式，其中一件經金相鑒定，為低碳鋼製成④。楚國的鋼鐵矛也很著名，《荀子‧議兵》：「宛鉅鐵釶，慘如蜂蠆」。鉅即鋼，徐廣曰：「大剛曰鉅」。釶（shī 施）即矛，《方言》：「自關而西謂之矛，吳、楊之間謂之釶」。荀子言楚國宛地所產的鋼鐵矛非

---

① 〈一九五七年河南陝縣發掘簡報〉，《考古通訊》一九五八年十一期。
② 〈長沙新發現春秋晚期的鋼劍和鐵器〉，《文物》一九七八年十期。
③ 《中國兵器史稿》第六三頁、二二四頁，圖版第五七。
④ 〈易縣燕下都四四號墓葬鐵器金相考察初步報告〉，《考古》一九七五年第四期。

常鋒利。《墨子·備穴》：「穴矛以鐵，長四尺半」，指從地道裏攻城或守城用柄長四尺半的鐵矛。

鋼鐵戟：在長沙市郊楚墓、衡陽六區公行山楚墓，均有戰國鐵戟出土。燕下都四四號墓出土鐵戟十二件，作卜字形，刺、胡大多同在一條直線上貫通，戟援橫出，大體與刺胡垂交。附有青銅柲帽爲裝柄用。取其中一件作金相鑒定，是經折疊鍛打焠火處理製成的鋼戟⑤。

鐵椎：長柄打擊武器。器形據《墨子·備城門》載：「長椎，柄長六尺，頭長尺，銳其兩端」。文獻記載頗爲重大，《史記》卷七七〈魏公子列傳〉：信陵君唆使「朱亥袖四十斤鐵椎，椎殺晉鄙」，奪得軍隊指揮權。《史記》卷五五〈留侯世家〉：張良「得力士，爲鐵椎重百二十斤」，「擊秦皇帝博浪沙中」。但出土的均較輕、小。燕下都22號遺址出土鐵椎十七件，椎頭最長者僅一·七公分。

鐵殳：殳是一種打擊兵器，鋒端爲三稜錐，裝以長木柄。戰國時鋒端已有用鐵製的，《韓非子·南面》：商鞅身邊常有衛士持「鐵殳、重盾而豫戒」。

鐵銛（xiān 先）：古代類似鍤的兵器。《韓非子·八説》：「摺笍干戚，不適（敵）有方鐵銛」。言舞蹈用的兵器，抵不住對方實戰用的兵器。《韓非子·五蠹》：「鐵銛短者及乎敵」。言鐵銛必有長柄，如果短就會被敵人擊中。

鐵杖：打擊兵器。《越絕書》卷十：吳王夫差「使力士石番，以鐵杖擊（公孫）聖」。《呂氏春秋·貴卒》：中山國的大力士「操鐵杖以戰」。

鐵鉤距《墨子·備穴》：「爲鐵鉤距長四尺者，財自足，穴徹，以鉤客穴」。此言自己鑿的地道與敵人地道相通時，可用四尺長的鐵鉤距去鉤敵方

---

⑤ 〈易縣燕下都四四號墓葬鐵器金相考察初步報告〉，《考古》一九七五年第四期。

挖地道的工兵。鉤距原爲公輸般發明，水戰時對敵船「退者鉤之，進者拒之」。（《墨子·魯問》）此處作守城用。

鐵鈇（fū 夫）：類似砍刀，守城兵器。《墨子·備穴》：「爲鐵鈇」，長四尺，以阻止敵人從地道進攻。

鐵鐏：爲長兵的附件，鑲於木柄之端。河北易縣燕下都44號墓出土十一件，均用雙合範鑄製，器表留有範縫凸痕，銎內多存朽木，爲裝柄的痕迹。

㈡短兵

鋼鐵劍：楚國鑄造的最馳名，秦昭王曾説：「吾聞楚之鐵劍利」，因此憂慮「楚之圖秦」。（《史記·范睢列傳》）解放後在楚國故地湖南、湖北發現戰國鐵劍十多把，其長度多數超過青銅劍，其中郴州市馬家坪楚墓出土的鐵劍長達一公尺四，大約是一般青銅劍長度的三倍，這顯然是爲了適應步兵或騎兵實戰的需要。由於這種需要，春秋末及戰國人漸尚長劍，如《六韜·犬韜·練士》：「奇表長劍，接武齊列」。《莊子·盜跖》：「子路去其危冠，解其長劍」。《楚辭·九歌》：「撫長劍兮玉珥，璆鏘鳴兮琳琅」。燕下都四四號墓出土鐵劍十五把，長度平均八·八公分。其中三把經金相鑒定，一把是用塊煉鐵鍛造成的鐵劍，兩把是將塊煉的海綿鐵鍛成薄片，經過多次折疊鍛打，再經焠火處理製成的低碳鋼劍[6]，代表了戰國兵器的新水平。秦地出土的鐵劍也頗可觀。在陝西鳳翔秦墓發現鐵劍五把，其形制、長度均與燕下都鐵劍相似，當爲戰國晚期秦國兵器。宜昌前坪二二號墓發現鐵劍一把，從同出土的銅印文字可證，爲戰國末年秦一下級軍官的陪葬品。在少數民族地區也發現有鐵劍，如寧夏固原出土一鐵器殘段，可能是鐵劍的殘件，當屬戰國匈奴族遺物。雲南江川李家山二一號墓，獲銅柄鐵劍一把，是

---

⑥ 〈易縣燕下都四四號墓葬鐵器金相考察初步報告〉《考古》一九七五年第四期。

戰國末期滇族的遺物。也許是他們與內地交易所得。

鐵刀：秦、楚、燕、趙、韓、周、匈奴等故地均有出土。燕下都二二號遺址出土鐵刀十二把，典型器刀身剖面爲楔形，刀把較窄後端延伸拗曲成橢圓形環柄。器形小，最長十七·八釐公尺左右，似爲隨身佩帶的護體武器，有些是從墓葬填土中發現，還可能是生產工具。

鐵匕首：在邢臺東董村趙墓，長沙、衡陽、湘鄉楚墓，燕下都燕墓，朝邑秦墓均有發現。燕下都44號墓出土的鐵匕首四件，形制相同，其一鋒銳短刃，凸面凹背，背上附有朽木，應爲裝柄痕迹，長十六·六，寬一·六釐公尺。長沙衡陽出土的四件，形制與燕器略似，器身也用絲質小繩纏紮在木柄上。

㈢遠射兵器

鐵矢：即鐵箭。《墨子·備城門》：「益求齊鐵矢」，分布於城上，用弓弩發射，作爲守城兵器。矢分鏃、鋌、箭竿、箭翎四部分，前三部分戰國時均有鐵製品。鐵鏃：在楚國故地常德德山、長沙近郊、楚皇城，韓國故地鄭州白家莊，趙國故地邢臺曹演莊均有發現。鐵鋌：箭頭裝入箭竿的部分，三稜形，遼寧敖漢旗老虎山出土。鐵箭竿：在登封告成鎮韓國鑄鐵遺址出土鐵箭竿鑄範。範底爲扁平長方形，鑄面上有四根、五根或六根的方稜形長條箭竿腔，腔的末端都連在一個澆口上，一次可以鑄造四根、五根至六根鐵箭竿。各地還出土大量鐵鋌銅鏃，爲銅鐵合製品，箭頭是銅的，箭頭裝入箭竿的鋌是鐵的。

易縣燕下都四四號墓出土弩機一件，存鐵廓底座長十八·五釐公尺，底座兩端豎起而向前鈎曲。弩機其餘部分似爲銅製。

㈣防護裝備

鐵胄：又稱鐵兜鍪（dōu máo 都矛），古代戰士作戰時戴的頭盔。燕下

都四四號墓出土一頂較完整，用八十九片鐵甲片編成，雖散失三片甲片，但基本保存原狀，現已復原。全高二六釐公尺，頂部用兩片半圓形甲片合綴成圓形平頂，以下主要用圓角長方形片自頂向下編綴，共七層。甲片編法是上層壓下層，前片壓後片。僅用於護頰、護額的五片甲片形狀較特殊，額部正中一甲片向下伸出護住眉心。在燕下都其他遺址屢見與此相同或類似的鐵甲片，當為鐵冑的殘迹。

鐵幕：鐵臂甲和脛甲，以保護臂部和腿部。《史記·蘇秦列傳》：蘇秦說韓王時，說韓卒無不裝備「堅甲鐵幕」，司馬貞云：「以鐵為臂脛之衣」。

鐵甲：鐵鎧甲，指前胸後背的護體甲。《呂氏春秋·貴卒》：「趙氏攻中山，中山之人多力者曰吾丘鳩，衣鐵甲，操鐵杖以戰」。可證中山軍隊已裝備有鐵鎧甲。

㈤其他軍用設施

鐵蒺藜：把狀似蒺藜籽的鐵刺聯綴成串，布於防地周圍或行軍要道，以阻止敵軍前進。《孫臏兵法·陳忌問壘》：「蒺藜者，所以當溝池也」。《六韜·虎韜·軍用》：「狹路微徑，張鐵蒺藜，芒高四寸，廣八寸，長六尺以上」。

鐵籠：用鐵包裹戰車的軸頭。《史記·田單列傳》：燕師長驅平齊，而田單走安平，「令其宗人盡斷其車軸末而傅鐵籠。」

鐵鍱：鐵包的門關，以加固城門。《墨子·備城門》：「門關再重，鍱之以鐵，必堅。」

鐵鎖：守城設施。《墨子·備穴》：「以車輪為轀，一束，樵染麻索塗中以束之，鐵鎖縣（懸），正當寇穴口，鐵鎖長三丈，端環，一端鈎」。言車輪用麻索等捆紮起來，用三丈長的鐵鎖懸起，對準敵人地道口，以堵塞敵人地道。

三・戰國鐵兵器使用程度的估計

　　從文獻所見與考古發現並不完全一致。文獻中對燕國的冶鐵手工業從未提及，鐵礦亦無記載，《山海經·五藏山經》中著錄有明確地點的產鐵之山三十四處，無一處在燕，但燕國出土的鋼鐵兵器水平最高。文獻中韓國的「堅甲鐵幕」、中山的「鐵杖」等，至今還未見出土實物。可見，考古發現補充文獻之不足，文獻記載還證明考古所獲很不全面，有待進一步發掘。

　　從這些不完全的資料可知，戰國時期無論長兵、短兵、遠射兵器、防護裝備以至軍用設施，都已有用鐵製或銅鐵合製的。不僅七大國有，南至西甌，北至匈奴，東北至東胡活動的地區，也有鐵兵器出土。但是，直到戰國中晚期，鐵兵器在戰爭中使用的程度，遠不及鐵農具在農業中普遍。考古證明，戰國中晚期農業已基本上使用鐵農具了⑦，鐵兵器卻大都是零星地出現。許多規模宏大的冶鐵作坊根本不鑄鐵兵器，如齊都臨淄故城發現煉鐵遺址六處，分布面積達九十餘萬平方公尺，卻沒有發現一件鐵兵器及鑄造鐵兵器的遺迹⑧。河南輝縣發現魏國冶鐵遺址多處，出土大量鐵農具及手工業工具，卻只在固圍村發現一柄鐵刀，還不敢完全肯定是兵器。許多遺址中雖發現鐵兵器，但與並存的銅兵器相比所占比重非常微小，如在長沙清理戰國楚墓二○九座，出土兵器一八二件，其中銅兵器一七三件，鐵兵器只有九件，占兵器的百分之二·二。在常德德山清理四四座戰國墓，出土兵器十四件，其中銅兵器十三件，鐵兵器只有一件。可見楚國的鐵兵器雖然著名，但仍然以銅兵器為主。韓國素以兵器精良著稱，但在新鄭「鄭韓故城」發掘的韓國

⑦　〈戰國鐵農具的發現及其意義〉，《考古》一九八○年第六期。
⑧　〈臨淄齊國故城勘探紀要〉，《文物》一九七二年第五期。

兵器窖藏中全是銅兵器⑨。在已發掘的七大國墓葬陪葬品中，只有銅兵器而沒有鐵兵器的很多。至於燕國，過去發現很多燕王兵器均為銅製，燕下都四四號墓出土的大量鋼鐵兵器，雖然反映了當時武器生產的新水平，但這是個叢葬坑，不是正常的陪葬品，許多問題還有待研究，尚不能依此遽然斷定燕國軍隊鐵兵器使用的程度。

鐵兵器代替銅兵器是一個漫長的過程。大抵戰國秦都是以銅兵器為主，鐵兵器為輔，兩漢還是鐵兵與銅兵並用時期，但漸以鐵兵為主銅兵為輔。東漢以後鐵兵器才完全取代青銅兵器。

為什麼鐵兵器的推廣不如鐵農具快？原因是多方面的，且舉一孔之見。青銅早已大量用來鑄造兵器，卻很少用於鑄造農具。青銅時代的農具主要是石器、木器、蚌器。鐵農具一旦登上歷史舞臺，就表現出無比的銳利和耐用，因而迅速代替了以前的農具。在戰國遺址中雖有鐵農具與木、石、蚌器共存的情況，那是由於奴隸勞動的殘存，奴隸主不願給奴隸更新農具，或由於生產者的購買力低下，暫時無力更換舊農具，絕不是木石蚌器還可以與鐵農具抗衡，所以木石蚌器不久就完全消失了。然而，鐵兵器的對手卻是青銅兵器，兩者都是金屬武器，初出現的鐵兵器還不一定在各方面能超過有悠久歷史的青銅兵器。青銅兵器的冶鑄技術戰國時期有很大的提高，據湖南文管會對長沙楚墓出土的青銅劍矛進行化驗，得知這兩件兵器所含金屬有銅、錫、鉛、鋅、銻、鎳、鐵七種，此外還含少量硅、鋁、砷等雜質⑩。秦俑坑出土的青銅劍，經光譜鑒定其成分與楚劍基本相同，「其硬度已達中碳鋼」⑪。鐵兵器的製造還在草創階段，不僅工藝水平粗糙，而且生鐵脆，塊煉鐵柔軟而多雜質，因而造成的鐵兵器殺傷力不一定比精工製作的包含有鐵

---

⑨　《新鄭「鄭韓故城」發現一批戰國銅兵器》，《文物》1972年第10期。

⑩　〈揭開兵器合金的秘密‧湖南文管會對楚兵器進行化驗〉，《文物參考資料》一九五七年第八期。

⑪　王家廣：《考古雜記》。

元素的青銅兵器强。大量鐵鋌銅鏃出土就是證明，其附件鋌用鐵鑄，而表現殺傷力的鏃用青銅製作，可見初期鑄鐵的殺傷力還不如青銅。鋼製武器雖然銳利，但要經多次鍛打，工藝比較複雜，所需富鐵礦的礦石亦不易得，似乎還在試作時期，不能像青銅武器那樣批量生產。

四・戰國鐵兵器的影響

　　鐵兵器的生產必然促進鋼鐵冶煉技術的提高。由於兼併戰爭的需要，各國統治集團非常重視武器製造，所以兵器生產由官手工業經營。官營手工業規模大，分工細，質量要求嚴格，技術改進較快。鐵兵器的出現雖然比鐵農具晚[12]，使用也遠不如鐵農具普遍，但技術水平卻比鐵農具高。如取燕下都四四號墓有代表性的鐵器九件作金相鑒定：兩劍、一戟、一矛都是以塊煉鐵爲原料經反覆鍛打和焠火而成的鋼製品，一劍、一鏃鋌爲純鐵製品，鐏、鐓、鋤各一均爲生鐵鑄件[13]。可見兵器生產由於統治者的特別關心，首先使用了最新技術——滲碳製鋼技術，農具及兵器附件的製作工藝較簡單，技術較落後。官手工業中生產兵器的工匠有官奴婢、刑徒、雇工。刑徒刑滿釋放後可以自由，雇工是從外地用重金徵聘去的[14]，他們可以引進外地的技術，也可能把官手工業中的技術傳播到民間，使官府和民間的生產技術起交流作用。這樣一來，製造鋼鐵兵器的先進技術，必然促進鋼鐵冶煉技術的進步，並會逐漸推廣到農具、手工業工具的生產中去，從而影響社會生產力的發展。

[12]　《國語・齊語》：「美金（青銅）以鑄劍戟，試諸狗馬；惡金（鐵）以鑄鉏夷斤斸，試諸壤」。可見春秋中期齊國已使用鐵農具，而鐵兵器此時還未出現。

[13]　同[4]。

[14]　吳榮增：〈秦的官府手工業〉，《雲夢秦簡研究》第四八—四九頁。

　　鐵兵器的使用對戰爭的發展有一定的影響。秦昭王說：「鐵劍利則士勇」（《史記·范雎列傳》）。荀子說：「械用兵革攻完便利者強，械用兵革窳楛不便利者弱」（《荀子·議兵》）。可見鋼鐵兵器的裝備能提高士兵的戰鬥力，是影響交戰國力量對比變化的因素。當時武器的改良適應了戰爭方式的變化，增強了戰爭的殘酷性。但是，武器的利鈍對戰爭勝敗不起決定作用，亦如荀子所言：「堅甲利兵不足以為勝」，楚國雖有「宛鉅鐵鉈，慘如蜂蠆；輕利僄遬，卒如飄風；然而兵殆於垂沙，唐蔑死；莊蹻起，楚分而為三四」。不是沒有「堅甲利兵」，而是缺乏統帥一切的「道」（《荀子·議兵》），即良好的政治。

戰國興起的幾項軍事體育運動

　　體育運動在我國有悠久的歷史。但是，殷周奴隸主貴族把體育納入制禮作樂的範圍，為他們的等級特權服務，使許多體育項目長期停滯在蓓蕾狀態。進入戰國，蓓蕾怒放。如班固所言：「春秋之後，滅弱吞小，并為戰國，稍增講武之禮，以為戲樂，用相夸視，而秦更名角抵。先王之禮，没於淫樂中矣」（《漢書·刑法志》）。這段史料說明：戰國時期地主階級掌權，打破了奴隸制的禮治，使體育從禮樂的束縛下解放出來；各國統治集團為適應「滅弱吞小」的戰爭需要，積極開展帶有軍事目的的體育運動，藉以練習武藝、選拔士卒、誇耀國威、增加娛樂活動，因而使這種「戲樂」在軍隊、宮廷、民間活躍起來。現將其中幾項重要的軍事體育運動略述如次。

拔河

　　拔河最早叫「牽鈎」，大約興起於春秋戰國之際，與楚、吳、越諸國訓練水軍有關。據《隋書·地理志》載：牽鈎之戲，「從講武所出，楚將伐吳，以為教戰，流邅不改，習以相傳」。為什麼叫「牽鈎」？據說巧匠魯班給楚國設計製造了一種水戰的兵器，叫做「鈎拒」，能在敵船退時鈎之不得

退，進時拒之不得進①。又云：南方有一種叫「大翼」的大型戰船，可乘九十餘人，其中四人手執長鈎，在「兩船接舷時鈎推敵船」②。牽是拉的意思，鈎指鈎拒或長鈎，這項運動目的在訓練水軍使用「鈎拒」或「長鈎」的能力，以便在水戰時能把逃跑的敵船拉住，衝來的敵船擋住，故稱「牽鈎」。當時用薄竹片做成篾纜代替長鈎，分成兩隊對拉，「鈎初發動，皆有鼓節，群噪歌謠，震驚遠近」（《隋書・地理志》）。起初是楚國水軍中的「教戰」項目，以後逐漸普及到民間，成爲一項娛樂活動。從戰國到南朝，在楚國故地湖北地區已形成一種習俗，每逢正月十五元宵節，民間就用「牽鈎之戲」來歡度佳節，喜慶豐收。

　　唐時已改牽鈎爲拔河。拔河的器材改爲一條長四、五十丈的大麻繩，大繩中間立一面大旗爲界。比賽時由人數相等的兩隊各執繩的一端，雙方用力對拉，觀衆擂鼓助威，以把對方拉過旗界爲勝。這與現代的拔河已差不多。唐朝統治集團常以拔河爲樂。唐中宗李顯有一年清明節去梨園球場看大臣們拔河，宰相二駙馬分在東隊，三宰相五將軍分在西隊，東隊貴人多，西隊拉勝了，東隊不認輸，要求再拉一次以決勝敗，再拉的結果西隊竟輸了。西隊有僕射韋巨源和少師唐休璟，因年老體弱，隨繩而倒，很久爬不起來，中宗看罷大笑。唐玄宗李隆基也喜看拔河，他令守衛京師的北軍在「橫街」舉行拔河，參加比賽的達千人之多，玄宗登禦樓觀看，大食、波斯等國商人旅客也來參觀，觀衆歡呼動地，可謂盛極一時（《封氏見聞記》卷六，《唐音癸簽》卷十四）。

---

① 　鈎拒，亦作「鈎強」。《墨子・魯問》：「公輸子自魯南遊楚，始爲舟戰之器，作爲鈎強之備。退則鈎之，進者強之」。畢沅曰：《太平御覽》作「鈎拒」，「退則鈎之，進則拒之也」。孫詒讓云：「凡強字幷當從《太平御覽》作拒」。

② 　《太平御覽》卷三一五引《越絕書》。

踢足球

　　我國古代把踢足球叫「蹴（音促）鞠」。蹴是用腳踢，鞠是一種裝毛的皮球。劉向《別錄》說：「蹴鞠，兵勢也，所以練武士知有材也」。可見原是軍隊中訓練武士選拔人材的一項活動。又說：「傳言黃帝所作，或曰起戰國時」。戰國時代各國軍隊中常舉行「蹴鞠」運動，當時已有踢足球的著作流傳，漢人看到的叫《蹴鞠新書》，又名《蹴鞠家二十五篇》③，此書因與練兵有關，班固在《漢書·藝文志》中把它列入兵技巧類。這是世界上最早的足球叢書。民間也有「蹴鞠」活動，蘇秦說臨淄城中「其民無不吹竽、鼓瑟、擊築、彈琴、鬥雞、走狗、六博、蹹踘」④，可見戰國中期齊都臨淄的居民對踢足球與其他遊戲一樣，相當喜愛。

　　《蹴鞠新書》失傳了，最早的足球踢法不得詳知，只能從漢魏有關材料中略窺一斑。

　　最早的足球外殼用皮做，裏面塞著毛或其他軟東西，有彈性。如揚雄的《法言》說：「捖革為鞠」，可見球是皮革經加工刮摩製成的。顏師古注《漢書·枚乘傳》中也說：「鞠，以韋（皮）為之，中實以物」。足球場的建設很講究。《蹴鞠新書》中有《說域篇》，域即「鞠域」，足球場的稱謂，從名目上可知此篇是專講足球場的規格的。「鞠域」上有屋頂的稱「鞠室」，規模宏大者稱「鞠城」。漢代宮中有「含章鞠室」、「靈芝菊室」（《全晉文》卷九十八，陸機《鞠歌行序》）。這些「鞠室」是專供皇帝及其后妃娛樂的，附在宮殿旁邊，為了安全和隔音，封閉得十分嚴實，門一關

---

③　《蹴鞠家二十五篇》，成書於戰國。見鄭樹榮：〈我國最早的一部蹴鞠專著《蹴鞠家二十五篇》〉，《體育報》一九六二年十二月三一日。

④　見《戰國策·齊策一》。據唐蘭《蘇秦事迹簡表》，蘇秦在齊國的活動始於西元前三〇六年，終於前二八四，相當戰國中期。蹹踘即蹴鞠。

就完全與外界隔絕，所以呂后把戚夫人囚禁在「鞠室中」（《漢書·外戚傳》），把它當「冷宮」用。驃騎將軍霍去病在邊塞打仗時，不便在地面築「鞠室」，「尚穿域蹋鞠」（《漢書·衛將軍驃騎列傳》），「穿域」即挖地下球場。

東漢安帝大臣李尤寫的《鞠室銘》，是對踢足球較早且較具體的描寫。銘曰：「圓鞠方牆，仿象陰陽，法月衡對，二六相當。建長立平，其例有常，不以親疏，不有阿私，端心平意，莫怨其非，鞠政猶然，況乎執機」⑤。大意是：圓形的球，四方牆壁圍著的球場，仿照天象把球場分爲兩面，一面爲陰，一面爲陽，圓月形的球門均衡對稱。足球手分爲兩隊，每隊有六人參加比賽，設有鞠室長和裁判，有比賽的規則，裁判時不分親疏，不徇私情，存心端正，用意公平，雙方都不怨裁判不公。足球場的政治尚須如此，何況執掌朝廷大權！

魏明帝在位時，不僅在首都建有「洛陽宮鞠室」（《資治通鑑》卷七十二），而且東巡許昌時建的行宮——「許昌宮」及「景福殿」，亦有規模宏大的鞠室。卞蘭寫的《許昌宮賦》云：「設御坐於鞠域，觀奇材之曜暉，二六對而講功，體便捷其若飛」（《文選》卷十一，《景福殿賦》注）。這是說在足球場裏給皇帝設有御坐，觀看足球健將的精彩表演，兩隊各六人進行比賽，一個個動作敏捷像飛一樣。何晏寫的《景福殿賦》云：景福殿的西側「有左城右平⑥，講肄之場。二六對陣，殿翼相當。僻脫承便，蓋象戎兵」（《文選》卷十一，《景福殿賦》）。這是說足球場的右面有乘車上的臺階，左面有人上的臺階，那裏是練武的地方。兩隊各有六人對賽，隊形像宮殿的兩翼一樣擺開，一個個動作敏捷，像打仗的士兵一樣。

---

⑤ 《古今圖書集成》第八百二卷作「鞠城銘」。此從《文選》卷十一，《景福殿賦》注。

⑥ 左城右平：場外兩邊觀眾的看臺。城：臺階。《三輔黃圖》二〈漢宮〉：「右乘車上，故使之平；左以人上，故爲之階」。

到唐代，足球的製作有很大的改進，外皮內毛的球改爲氣球。如晚唐詩人皮日休自號間氣布衣，當時有人作詩嘲笑他道：「八片尖皮砌作球，火中燀了水中揉，一包間氣如常在，惹踢招拳卒未休」（《古今圖書集成》第八百二卷）。可見那時球殼用八片兩頭尖的皮製成，球內是一包氣，氣球的彈性大，便於足踢、拳打。球場內的球門用長達數丈的竹竿搭成，竹竿上絡網，網是用來判斷球是否射進球門的。比賽時也是分成兩隊，以角勝負（《唐音癸籤》卷十四）。這種比賽方式與近代的足球賽已很接近。

摔跤

唐以前把摔跤叫「角抵」，亦作「角觝」。據《漢武故事》解釋：「角抵者，使角力相抵觸者也」。角是比賽，抵是兩人以力相抵觸，即「兩兩相當」，以把對方摔倒爲勝。興起的時間據云「六國所造」（《漢武故事》輯本，見魯迅：《古小說鈎沈》）。戰國時代，各國統治者爲適應戰爭的需要，把過去「講武之禮」中一種「角力」的方式，發展成摔跤⑦，屬於軍事性的娛樂活動。六國似仍用「角力」舊稱，秦國才把摔跤定名爲「角抵」（《漢書·刑法志》）。江陵鳳凰山秦墓出一篦，畫有兩人赤身束帶而摔跤。在長安縣客省莊一〇四號墓，發現墓主腰側有兩塊銅牌，一塊銅牌上透雕兩人互抱摔跤。屬戰國末年秦墓。（一九五五—五七〈陝西長安津西發掘簡報〉，《考古》一九五九年十期）。秦統一後，宮廷中常舉行摔跤表演，如李斯一次求見秦二世，二世在甘泉宮「方作觳（同角）抵優俳之觀，李斯

---

⑦ 《禮記·月令篇》：（孟冬之月）「天子乃命將帥講武，習射禦、角力」。《呂氏春秋·孟冬記》、《淮南子·時則訓》亦抄有這條材料。此即西周、春秋以來的「講武之禮」，「角力」是比賽體力的禮。戰國時秦國把角力發展成兩種運動，一爲角抵，一爲舉鼎。六國似把這兩種運動仍統稱角力。唐代有時把摔跤也稱角力，見《唐音癸籤》卷十四。

不得見」（《史記·李斯列傳》）。秦二世對觀賞摔跤如此入迷，當然不是尚武，在他眼裏看摔跤同看樂舞（優俳）一樣，是一種單純的享樂。

西漢初年，統治者爲了吸取秦朝滅亡的教訓，凡秦二世的所好在漢宮中一律加以禁止，角抵也在被禁之列。漢武帝時又大力提倡角抵，在宮廷、廣場、御花園都設有高臺，舉行摔跤比賽，有時也讓民眾參觀。如武帝「元封三年春，作角抵戲，三百里內皆來觀」。元封六年夏「京師民觀角抵於上林平樂館」（《漢書·武帝紀》）。爲了誇耀國威，每次招待西域使者，均有「大角抵，出奇戲」。因花樣屢變，使「外國使者」看過的還想再來（《漢書·張騫傳》）。由於西漢時「角抵」每與「奇戲」相連，馬端臨認爲角抵是「雜技之總稱」，不專指摔跤（《文獻通考》樂考二十）。這說法是錯誤的。《漢書·西域傳》贊：漢武帝「設酒池肉林，以饗四夷之客，作巴俞（巴俞舞，漢代西南少數民族的舞蹈）、都盧（古代緣竿的雜技）、海中、碭極（樂名）、漫衍、魚龍（古代的幻術）、角抵之戲，以觀視之」。角抵既與雜技、舞蹈、幻術並列，可見不是雜技的總稱。漢武帝喜看摔跤但嫌其單調，所以在看角抵時，「并四夷之樂，雜以奇幻」（《漢武故事》）。這所雜的奇幻等才是「奇戲」。河南登封縣漢代畫像石刻中有畫角抵的石刻，畫中有兩人窄袖束帶，頭戴角形帽，作摔跤狀（《大公報》一九五七年三月十一日，《我國古代的雜技》），這證明漢代的角抵確是兩人摔跤。

唐時常在戲演完畢安排摔跤。《唐音癸籤》云：「角力戲，凡陳諸戲畢，左右兩軍擂大鼓，引壯士裸袒相搏較力，以分勝負」。唐僖宗光啓年間，藩鎮王卞招待賓客，也是「樂戲既畢，乃命角觝」。一個從鄰州來的大力士，竟先後摔倒王卞軍中十數個摔跤手（王仁裕《玉堂閒話》）。摔跤仍然是軍隊中練武的項目之一。周緘《角觝賦》云：「前衝後敵，無非有力之人，左攫右挐，盡是用拳之輩」（《唐摭言》）。前衝後敵，左攫右挐（通拿）都是摔跤的動作，摔跤可以鍛煉拳腳，增強體力。五代後唐莊宗李存勖「好角觝」，與人摔跤多次獲勝，很有些沾沾自喜。他的大臣李存賢亦「善

角觝」。一天莊宗對存賢説：「爾能勝我，與爾一鎮」。結果莊宗輸了，莊宗就授李存賢以盧龍軍節度使（《新五代史·李存賢傳》）。李存勖、李存賢都是少時在晚唐軍隊中學的摔跤。

唐代對摔跤的稱謂既沿用「角抵」、「角力」等舊稱，又開始用「相撲」的新稱。如有臣子向唐文宗「進相撲人」，唐文宗不願看，讓他們「向外相撲」（唐趙璘撰《因話錄》）。有人認爲宋代始稱相撲，失之過遲。到宋代已普遍稱摔跤爲相撲或爭交，對角抵之稱反而陌生了，所以吳自牧在《夢梁錄》中需要釋名：「角抵者，相撲之異名也，又謂之爭交」。

宋代官辦的相撲有兩種：一是每逢朝廷聖節、御宴或大朝會時，由「左右軍相撲」。摔跤手是從軍隊中選有膂力的人充當，稱虎賁郎將，又名內等子。常額一百二十名，按體質分上中下三等，分等配對比賽。據目擊者言：在旗幟招展鼓聲冬冬的配合下，一對對彪形大漢登場比賽，相撲時如嘯風吟雨，如怒龍彪虎一樣。再一是在東京「護國寺南露臺爭交」，從各地選拔膂力高強者來比賽。獲勝者發給獎品，頭賞的獎品有旗帳、銀盆、彩緞、錦襖、官會、馬匹等（《夢梁錄》卷二十）。至於民間的相撲，不見於史書。《水滸》七十四回，燕青與擎天柱任原在東嶽廟獻臺上相撲的情形，大體可以反映宋明間民間摔跤的實況。

舉重

我國古代的舉重一般以鼎爲器材，故稱舉鼎。鼎爲古食器，多用青銅鑄成。圓形、三足兩耳；也有長方四足的。貴族祭祀時往往由士舉鼎陳放祭品。西周春秋時期舉行公食大夫禮時「士舉鼎」，「陳鼎於碑南西上」（《儀禮·公食大夫禮》）。舉行士的加冠禮時，「若殺，則舉鼎陳於門外」（《儀禮·士冠禮》）。舉鼎可以鍛煉體力，因而貴族中有以力聞名的。如孔子之父孔紇就是一個大力士。西元前五六三年晉人率諸侯兵進攻逼

陽國的都城（今山東棗莊南），逼陽人開城門誘敵，諸侯軍剛進城，所懸城門突然下降，孔紇急忙用手舉起懸門，放出諸侯軍隊，使其免遭圍殲（《左傳》襄公十年），可見他在舉重方面的功夫。

　　如果說春秋時的舉鼎僅是祭祀中的儀式之一，沒有比賽，還不能算體育運動；那麼戰國時的舉重就成為有比賽的體育運動了。當時大力士們大出風頭，名噪一時。如孟說（音悅），亦叫孟賁，其力「能生拔牛角」（《帝王世紀》），「水行不避蛟龍，陸行不避兕虎」（《史記‧袁盎列傳》索隱引尸子）。烏獲「能舉千鈞」，讓他「疾引牛尾」，能把牛尾拉斷（《呂氏春秋‧重己篇》高誘注），《孟子》、《荀子》都盛贊其力[8]。任鄙，在秦國以力與智囊樗里疾齊名，秦人諺曰：「力則任鄙，智則樗里」（《史記‧樗里子傳》）。夏育，衛國的大力士，傳說力能拔牛尾，勇能「叱呼駭三軍」（《史記‧蔡澤列傳》），以舉鼎聞名。隋煬帝在東都洛陽觀看舉重比賽時，還以「夏育扛鼎」作為舉重的代稱（《文獻通考》樂考二十）。秦武王為了兼併六國，優待武人，壯士紛紛前往「叩關自鬻」，「力士任鄙、烏獲、孟說皆至大官」（《史記‧秦本紀》）。周王室有九個大鼎，作為立國重寶和王權的象徵。秦武王企圖取代周天子的地位，因而常模擬周鼎進行舉鼎比賽。他有一身力氣，往往也親自參加比賽。有一次在洛陽，武王與烏獲比賽舉鼎，烏獲用力過度，兩目竟至出血（見《孟子‧告子篇》疏引《帝王世紀》）。西元前三〇七年，武王和孟說比賽舉鼎，這次用鼎重量很大，孟說舉起來了，武王舉時力不能勝，失手墮鼎，膝蓋骨被砸斷，當年八月死去。孟說因此獲罪，遭到滅族。但秦國重視大力士的政策沒有改變，秦昭王十三年任用任鄙做漢中郡守，在任七年老死（《史記‧秦本紀》）。

---

[8]　《孟子‧告子下》：「今日舉百鈞，則為有力人矣。然則舉烏獲之任，是以為烏獲而已矣」。《荀子‧富國篇》：「強暴之國莫不趨使，譬之是烏獲與焦僥搏也」。俱以烏獲為力最大者。

秦漢時期，舉鼎還相當盛行。如項羽「力能扛鼎」（《史記·項羽本紀》），扛與舉同義，索隱引《說文》云：扛為「橫關對舉」，即把鼎橫過膝關節然後兩手舉起。西漢初的趙國有「鼎士」，即「舉鼎之士」，常在邯鄲叢臺舉鼎練武（《漢書·鄒陽傳》）。漢武帝時朝廷設有「鼎官」，專管「殿前舉鼎」比賽（《漢書·東方朔傳》）。

賽馬

賽馬古代叫「馳逐」，是我國邊疆草原地區兄弟民族傳統的體育運動，在中原大約興起於戰國。在內地，商周時期馬多用於駕車，不用於單騎。春秋戰國之際，出於防禦遊牧部族騷擾的需要才有了騎兵。西元前三〇七年，趙武靈王實行胡服騎射，開始組建正規的騎兵部隊，國力隨之大強，各國爭相倣法，騎兵逐漸成為戰國的重要兵種。無論作戰的騎兵或傳遞公文的驛馬，不但要有善於騎馬的人，而且需要選擇和馴養捷足而有耐力的良馬。於是產生了相馬法。出了趙的伯樂（王良）那樣擅長相馬的專家，賽馬也成為一項重要的軍事體育運動。

「馳逐」起初和訓練騎兵有關，吳起就很重視對戰士騎馬的訓練，《吳子·治國篇》強調，必須「習其馳逐，閑其進止，人馬相親，然後可使」。趙國自趙武靈王推行胡服騎射以後，經常通過「習馳射」（《戰國策·趙策》）訓練騎兵，賽馬屬於訓練騎兵的方式之一。其後馬服君趙奢及廉頗、李牧，都因善於訓練和指揮騎兵而成為名將。

齊國的君臣常以賽馬取樂。齊將田忌曾多次與齊威王及諸公子賽馬，比賽時押有賭注，按馬的體質分上、中、下三等，分等賽跑，三比二勝。孫臏新到田忌府中，他參觀過賽馬後對田忌說：你下次跟他們比賽，可以把賭注加大，我有辦法使你獲勝。田忌相信孫臏的話，便主動要求與齊威王及諸公子賽馬，賭注是千金。到臨場比賽時孫臏告訴田忌：請用你的下等馬對他的

上等馬，用你的上等馬對他的中等馬，用你的中等馬對他的下等馬。田忌依計而行，比賽結果田忌輸一場而贏兩場，贏得齊威王千金（《史記·孫子吳起列傳》）。

秦漢時期的賽馬日益脫離軍事體育的軌道。一是日益賭博化。馳逐與搏戲、鬥鷄、走狗等賭博一樣，比賽時雙方「作色相矜，必爭勝者，重失負也」（《史記·貨殖列傳》）。二是日益成爲統治階級中一種奢侈活動。如漢武帝看賽馬不要武將陪同，卻要幸臣董偃陪同，與董偃常「遊戲北宮，馳腔平樂，觀鷄鞠之會，角狗馬之足」，常在宮中「教馳逐，飾文采」。東方朔認爲這是「淫侈」的表現，建議他「卻走馬，示不復用」（《漢書·東方朔傳》）。雜技中的馬戲與賽馬不同。

擊劍

劍是一種隨身佩帶的武器。用劍擊刺的技術就叫擊劍。劍是青銅時代的產物，最早發現於商代，西周漸多，但車戰中不多用。時至戰國，隨著步兵的發展，劍在戰爭中的作用日益重要，成爲步兵的標準裝備之一。魏國的武卒都佩劍，汲縣三彪鎮出土的水陸攻戰紋銅鑒中的戰士即佩劍或揮劍戰鬥。成都百花潭出土的銅壺上也有用劍戰鬥或佩劍的戰士。秦國命令官吏一律帶劍。由於劍在刺殺和衛體方面的重要作用，擊劍運動也就隨之興起。如滕國的太子愛「馳馬試劍」（《孟子·滕文公上》）。荊軻在成爲大刺客以前「好讀書，擊劍」，過趙國時曾「與蓋聶論劍」（《史記·刺客列傳》）。司馬遷說他的祖先一支「在趙者，以傳劍論顯」（《史記·太史公自序》）。劍論大概是講擊劍方法的著作。擊劍的方法，據裴駰集解引《呂氏劍技》說：「持短入長，倐忽縱橫」。即講究在刺、擊、扎、挑時動作敏捷靈活。專門從事擊劍的人稱爲劍士。據說趙惠文王喜看擊劍，「劍士夾門而客三千人，日夜相擊於前，死傷者歲百餘人，好之不厭」。有一次他檢閱劍

士們的本領，七天中死傷六十餘人，最後只選出五六人，「使奉劍於殿下」（《莊子·說劍篇》）。統治者以觀賞劍士的互相殘殺爲娛樂。

　　秦漢擊劍之風甚盛。如項羽少時曾「學劍」（《史記·項羽本紀》）。司馬相如「少時好讀書，學擊劍」（《史記·司馬相如傳》）。東方朔「十五學擊劍」（《漢書·東方朔傳》）「齊張仲、曲成侯以善擊刺、學用劍、立名天下」（《史記·日者列傳》）。「漢制，自天子至於百官，無不佩劍」（《晉書·輿服志》）。由擊劍發展而爲舞劍。如在「鴻門宴」的故事中，范增見項羽不忍殺劉邦，即召項莊假借舞劍以殺劉邦。項莊人對項羽說：「君王與沛公飲，軍中無以爲樂，請以劍舞」。項王曰：「諾」。「項莊拔劍起舞，項伯亦拔劍起舞，常以身翼蔽沛公，莊不得擊」（《史記·項羽本紀》）。

　　三國以降，劍在戰爭舞臺上的位置雖被長刀所代替，但擊劍之風歷久不衰。風雲人物如劉備、孫權、曹丕等，都是擊劍能手。唐代的許多文人愛好擊劍，大詩人李白曾「學劍來山東」。裴旻以擊劍聞名於當時，人們把李白的詩、張旭的草書和裴旻的擊劍合稱爲「三絕」，可見唐人對擊劍的重視。

投擲、跳高、跳遠

　　西元前225年，秦始皇派王翦率領六十萬軍隊攻打楚國，楚國也集中全力抵抗。王翦爲了避免打消耗戰，採取堅壁不戰、麻痺楚軍、等待進攻時機的戰略，命令士兵堅守陣地，只准練武，不准出擊。有一次他到軍營中去考察，問軍中有什麼遊戲？回答說：正在「投石超距」（《史記·王翦傳》）。這《投石超距》既是遊戲，也是一種練武活動。「投石」，應劭注：「以石投人也」，即扔石頭練臂力，相當於現代田徑運動中的投擲。「超距」，司馬貞注：「猶跳躍也」。相當於現代田徑運動中的跳高、跳遠，鍛煉超越障礙物的能力。又見《管子·輕重丁》云：在齊國有青年男女

「相睹樹下，戲笑超距，終日不歸」。可見跳高、跳遠在戰國時期，不僅是軍營中的體育運動，民間也有此遊戲。

西漢大將甘延壽在羽林軍當兵的時候，軍中比賽「投石拔距（同超距）」，他的成績最優。他跳高能跳過「羽林亭樓」，投石能把十二斤重的石頭擲出三百步以外⑨。王充說：東漢有「投石超距之人」（《論衡·刺孟篇》）。左思說：三國時的吳都建業（今南京）也有「拔距投石之部」（左思：《吳都賦》）。由於投擲、跳高、跳遠等運動簡便易行，因而在城市和鄉村都長久流傳。

餘論

上述史實說明，拔河、踢足球、摔跤、舉重、擊劍、賽馬、投擲、跳高、跳遠等體育項目，遠在戰國時代就已興起，這是我國古代人民的創造。這些項目對世界體育運動的發展有一定的影響。如拔河、踢足球等，漢唐時期就經西域使者或波斯商人傳入西方，中國式的摔跤大約唐宋時期傳入日本，相撲至今仍為日本人民所喜愛。

我國封建社會，由於農民的極端貧困，除布衣粗食別無可求；手工業者勞作繁重，商人販運貿易生活不穩定，亦無暇參加體育比賽；故以上項目很難普及到民間成為群眾性的健身運動，倒被統治階級所專利。專制皇帝喜怒無常，時而出於某種需要，在宮廷或軍隊中加以提倡，時而犯了什麼忌諱，便不分皂白嚴令禁止。如湖北襄陽一帶的農民舉行拔河由來頗久。南朝梁簡文帝怕農民聚眾起義，就下令禁止（《隋書·地理志》）。在西漢初年和元

---

⑨ 《漢書·甘延壽傳》：甘延壽「投石拔距，絕於等倫，嘗超逾羽林亭樓」。張宴曰：「范蠡兵法，飛石重十二斤，為機發，行三百步，延壽有力，能以手投之」。

帝時，摔跤亦多次遭到禁止（《漢書‧元帝紀》初元五年）。蹴鞠、賽馬往往被視爲「淫侈」，連唯物主義思想家王充也認爲「投石超距」是無益的遊戲（《論衡‧刺孟篇》）。即使在提倡的時候，由於統治者的窮奢極欲，使體育運動不能正常發展，有些項目甚至成爲他們觀賞勞動人民互相殘殺的惡作劇。如擊劍，據說「吳王好劍客，百姓多創瘢」（《後漢書‧馬援傳》）。趙惠文王用的劍士，「皆蓬頭突鬢垂冠」，形同奴隸（《莊子‧說劍篇》）。統治階級爲了尋開心，致使劍士傷瘢滿身或慘遭犧牲，這種擊劍同古羅馬奴隸主觀賞角鬥士的野蠻娛樂差不多。又如唐敬宗在三殿看摔跤，看到摔跤手「碎首斷臂，流血廷中」，他才罷休（《新唐書》卷二百八），這也是用勞動人民的血肉相殘來尋歡作樂的。

我國古代體育曲折發展的歷史昭告我們，體育總是受一定社會政治、經濟條件制約的，只能隨著社會的發展而發展。在戰國社會大變革中，由於新興地主階級的提倡和舊束縛的解除，許多體育項目蓬勃興起；封建社會鼎盛的漢唐，統治階級在錦衣玉食之外，狂熱地追求精神刺激，使許多體育項目在宮廷中得到畸形發展；明清以至近代，中國社會落後了，傳統的體育項目也停滯不前，因而上述項目的比賽方法及規則都不是祖傳的而是從西方學來的。解放以來，在社會主義制度下，許多傳統的體育項目才又迅速放出異彩。

田忌事迹述評

　　田忌和孫臏,在戰國軍事史上是兩位蟬聯而出的重要人物。司馬遷說:「齊威王、宣王用孫子、田忌之徒,而諸侯東面朝齊。」(《史記·孟子荀卿列傳》)戰國中期,齊威王之所以連挫魏惠王而稱霸關東,與軍師孫臏和將軍田忌赫赫的戰功是分不開的。《孫臏兵法》足以證明孫臏是一位傑出的軍事學家,田忌卻既無宏篇巨製流傳,《史記》又沒有給他立傳,因而就不大爲人瞭解。現將田忌的事迹,就我所知略述如次:

田忌與孫臏的初交

　　田忌出身於齊國的田氏貴族,早年活動不詳。他的事迹最早見《史記·孫子吳起列傳》,云:「齊使者如梁,孫臏以刑徒陰見,説齊使。齊使以爲奇,竊載與之齊,齊將田忌善而客待之。」桂陵之戰以前,齊與魏爭霸的苗頭已顯露出來,兩國關係相當緊張,往來很少。唯齊威王二年魏惠王與齊威王在臨淄城郊打獵(《史記·田世家》),這是兩國之間的摸底活動。齊使入魏,孫臏竊載入齊,田忌對孫臏始以「客待之」,都當在此年,即西元前三五五年。當時田忌已爲齊將,初作將軍者一般不小於三十歲,以此推之,田忌應生於西元前三八四年左右。

　　齊使對孫臏並不瞭解,僅僅是把他當一樁奇貨偷運回來,在齊國最早發現孫臏這個人才的是田忌。由於孫臏的策劃,使田忌在一次賽馬中以與對方

相同的馬力而二比一獲勝。像孫臏這樣多謀善斷的軍事人才，在戰國時代要
發揮其才能也是很不容易的。在魏國龐涓爲了掠奪其研究成果，給孫臏加以
「窺宮」的罪名（《法經》：「窺宮者臏」），挖掉了他的膝蓋骨。與龐涓
同時的田忌卻恰恰相反，他不嫉才，不害才，也不想把人才據爲己有。按他
的權勢滿可以把孫臏變爲他的門下食客，做他私人的智囊，給他著書立說，
爲他出力賣命，但他沒有這樣做。當他發現孫臏的才能之後便忠實地把他推
薦給齊威王，讓孫臏爲齊國效力。這不僅證明田忌具有伯樂識馬的眼力，也
是他對自己宗國忠誠的表現。由於相互的瞭解與信賴，田忌與孫臏結下了深
厚的友誼，這對田忌後日的事業有重大的影響。

桂陵之戰中的田忌

西元前三五四年，魏惠王派大軍圍攻趙都邯鄲，魏國和齊國爭奪霸權的
矛盾激化了。齊相鄒忌與田忌不和，將相之間展開了明爭暗鬥，這種鬥爭也
通過救趙伐魏的戰爭表現出來。據《史記·田世家》載：

> 「成侯騶忌與田忌不善，公孫閱謂成侯忌曰：『公何不謀伐魏，
> 田忌必將。戰勝有功，則公之謀中也：戰不勝，非前死則後北，而命
> 在公矣。』於是成侯言威王，使田忌南攻襄陵。」（《戰國策·齊策
> 一》所載略同）

這條記載證明鄒忌謀害田忌的活動，在桂陵之戰以前就開始了。其陰謀就是
把田忌綁上伐魏的戰車，如果打了勝仗，鄒忌也有一份決策之功；如果打了
敗仗，田忌不是死於沙場便是敗逃而歸；如果田忌戰敗而歸，鄒忌就可假以
懲辦敗將的罪名把他殺掉。

西元前三五三年趙向齊求救，齊威王便派田忌爲將，領兵進攻魏的襄陵
（今河南睢縣北），初戰告捷，使魏陷於兩面作戰的境地。同年十月，魏將

龐涓加緊攻擊邯鄲，終於把邯鄲城攻破。當邯鄲快被攻下的時候，趙向齊再次告急，齊威王派田忌爲將軍，孫臏爲軍師，率主力救趙。當時田忌主張領兵直趨邯鄲，孫臏不贊成。孫臏根據兵法中「避實擊虛」、「攻其必救」的原則，建議田忌乘魏都空虛之際率軍直搗大梁（今河南開封），迫使龐涓回兵自救，在龐涓回兵時選擇有利地勢進行襲擊。如果按田忌的方案，直趨邯鄲，好像忠實執行了救趙的使命，但魏軍以逸待勞，居於主動地位，齊軍長途行軍，居於被動地位。這種態勢有利於魏而不利於齊，按當時的兵力對比，齊軍不但救不了邯鄲，而且很可能遭受巨大損失。如果按孫臏的方案，似乎有違王命，但可以調虎離山，使魏軍變主動爲被動，使齊軍奪得主動權，故有利於齊而不利於魏。對於這兩個方案，田忌絲毫不懷個人偏見，從戰爭前途著想，從國家利益考慮，他堅決拋棄了自己的主張，採納了孫臏的作戰方案。在那適宜於個人專斷的社會裏，田忌竟如此善於採納他人的正確意見，這種從諫如流的精神不可多得。

爲了實現這個方案，孫臏「居輜車中，坐爲計謀」（《史記‧孫子吳起列傳》），田忌親臨前線，調兵遣將。他們先派兩個都大夫率弱兵進攻平陵，一與魏軍接觸即潰敗，給魏軍造成齊軍軟弱無能的錯覺。然後又遣輕快戰車直趨大梁城郊，大肆騷擾，迫使魏惠王急令龐涓回救大梁；又把大梁城外的齊軍故意分散開來，讓魏軍感覺齊軍兵力單薄，誘使龐涓拋掉輜重，晝夜兼程趕回應戰。孫臏和田忌指揮齊軍在桂陵（在今河南省長垣縣）設伏襲擊，大敗魏軍，生擒龐涓。這就是歷史上「圍魏救趙」的著名戰例。

齊軍在桂陵首次擊潰處於優勢的敵人，固然表現了孫臏卓越的軍事謀略，同時也顯示出田忌是一位出色的實幹家。無論多好的謀略，在執行中如果出了偏差也不能成功，孫臏與田忌，一個善於謀，一個長於行，兩相密切配合，就獲得了巨大的成功。

馬陵之戰中的田忌

　　桂陵之戰的勝利，使鄒忌找不到迫害田忌的藉口，但是，他們之間的矛盾卻像毒瘤一樣潛伏下來，而且時隱時現地發展著。

　　在齊魏馬陵（臨沂郯城之間馬陵山）之戰以前，魏攻韓，韓向齊求救。齊威王詢問大臣早救還是晚救？鄒忌主張不救，田忌主張早救，孫臏主張在韓國招架不住的時候去救。威王採納了孫臏的主張。

　　馬陵之戰齊的軍師仍是孫臏，不成問題。將軍都有誰？統帥各軍的主將是誰？記載不大一致。〈孫子吳起傳〉和〈田世家〉都說田忌、田嬰為將，沒有田盼。〈六國年表〉則記：田忌、田嬰、田盼為將。這裏提到田盼，但列於末位。然而，據〈田世家〉索隱引《竹書紀年》云：「威王十四年，（西元前三四三年），田盼伐梁，戰馬陵。」〈孫子吳起傳〉索隱王劭引《竹書紀年》云：「梁惠王十七年，齊田忌敗梁於桂陵，至二十七年十二月（前三四三年），齊田盼敗梁馬陵。」《水經注·泗水注》引《竹書紀年》云：「魏惠王二十九年（西元前三四一年），五月，齊田盼及宋人伐我東鄙，圍平陽。」《竹書紀年》分得很清，桂陵之戰只載田忌，馬陵之戰只載田盼。又見《戰國策·魏策三》，馬陵之戰前有客勸阻太子申出征說：「田盼宿將也，而孫子善用兵。戰必不勝，不勝必擒。」也是馬陵之戰只提田盼。司馬遷言，在馬陵之戰中三田都為將軍，似有所據，但把田忌列於首位是從桂陵之戰托來的，不符合實際。《竹書紀年》和《戰國策》均為戰國原始材料，可信程度較高。其中幾條有關馬陵之戰的材料都只載田盼，是值得注意的，可能是只記主將，不記副將。在馬陵之戰中很可能田盼是主將，田忌、田嬰都是副將。這種權力上的分配，也可能與鄒忌企圖壓制田忌有關。

　　由於孫臏的巧為運籌，田忌在馬陵之戰中仍然立了大功。大戰開始孫臏派「田忌將而往，直走大梁」，迫使龐涓「去韓而歸」。（〈孫子吳起列

傳〉）《孫臏兵法》中的《陳忌（即田忌）問壘》，孫臏向田忌解釋怎樣誘使魏軍陷入「隘塞之地」，即馬陵山道，從而得到「取龐涓而擒太子申」的勝利。田忌稱贊説：「事已往而形不見」，經孫臏的總結他才對馬陵之戰指揮的經驗有了明確的認識。可見馬陵之戰田忌確實是參預指揮的將領之一。田忌後來曾表示對田盼非常佩服，可能在馬陵之戰中他們也配合得不錯，他通過實戰看到了田盼的優點。田忌能夠以能者爲師而甘居人下，這在戰國上層人物中也是難能可貴的。

田忌被逼奔楚

西元前三四一年，即齊威王十六年，魏惠王二十八年，齊在馬陵之戰中剛取得勝利，鄒忌就向田忌下毒手了。據〈齊策一〉載：

> 「田忌三戰三勝，鄒忌以告公孫閈（史記作公孫閲），公孫閈乃使人操十金而往卜於市，曰：『我田忌之人也，吾三戰而三勝，聲威天下，欲爲大事，亦吉否？』卜者出，因令人捕爲人（〈田世家〉作之）卜者，亦驗其辭於王前。田忌遂走。」

《史記·田世家》和〈孟嘗君傳〉所記略同，足證此事之確鑿。這是鄒忌對田忌進行的栽贓陷害。鄒忌爲了使齊威王對自己專寵，不惜用製造假案的手段去打擊自己的對手。所謂三戰三勝即指田忌指揮和參預所取得的襄陵之戰、桂陵之戰和馬陵之戰的勝利，他竟利用田忌的戰功設置假象，煞是可惡！但這不能用「四人幫」的「復辟與反復辟鬥爭」的模式去套，鄒忌是著名的革新家，田忌也絕不是反動人物，這樁冤案完全是由鄒忌圖謀專權固寵造成的。齊威王被假象所迷惑，田忌恐身陷牢籠無法明辯，只好逃走。

田忌是怎樣出奔的？史籍所載不同。〈田世家〉載：田忌聽到鄒忌陷害他，「因率其徒襲攻臨淄，求成侯（鄒忌），不勝而奔。」這個説法與《戰

國策·齊策一》大異。〈齊策一〉載：「孫子謂田忌曰：將軍可以爲大事乎？田忌曰：奈何？孫子曰：將軍無解兵入齊……必一而當十，十而當百，百而當千。然後背太山，左濟，右天唐（即高唐），軍重踦高宛，使輕車銳騎衝雍門（齊西門名）。若是，則齊君可正，而成侯可走。不然，則將軍不得入於齊矣。田忌不聽，果不入齊。」孫臏建議田忌把軍隊帶回去，控制要塞，衝擊臨淄西門，對齊威王實行兵諫，把鄒忌趕跑。「田忌不聽」，說明田忌「没有率其徒襲擊臨淄。」又見〈六國年表〉：齊威王三十五年，「田忌襲齊，不勝。」《孟嘗君傳》云：「成侯賣田忌。田忌懼，襲齊之邊邑，不勝，亡走。」這是說，由於鄒忌所逼，田忌不得已而在邊境上發動了兵變，「襲齊之邊邑」，失敗以後就逃走了。

從西元前三四〇年至西元前三一九年，在齊國找不到田忌的踪跡。他逃到哪裏去了？這二十一年他住在楚國。據《戰國策·齊策一》載：

> 田忌亡齊而之楚，鄒忌代之相「誤，鄒忌早已爲相」。齊恐田忌欲以楚權復於齊，杜赫曰：「臣請爲留楚。」謂楚王曰：「鄒忌所以不善楚者，恐田忌之以楚權復於齊也。王不如封田忌於江南，以示田忌之不返齊也，鄒忌以齊厚事楚。田忌亡人也。而得封，必德王。若復於齊，必以齊事楚。此用二忌之道也。」楚果封之於江南。

這是說田忌逃到楚國，鄒忌怕田忌利用楚國的力量回到齊國。楚臣杜赫向楚威王獻策說：把田忌封在江南，以示其不再回齊國去了，鄒忌一定會感激楚王，以齊國侍奉楚國；田忌也一定會感恩戴德，如果將來他回到齊國，也一定會以齊侍楚的。楚威王採納了杜赫的建議，就把田忌封到江南了。

田忌奔楚當然屬於政治避難，楚威王之收容田忌，與他謀求插足中原和齊國爭鋒的鴻圖分不開。在此期間楚威王詢問過田忌有關齊國將領的情況。《說苑·尊賢篇》記有他們的對話：

田忌去齊奔楚，楚王郊迎至舍，問曰：「楚萬乘之國也，齊亦萬乘之國也，常欲相并，爲之奈何？」對曰：「易知耳，齊使申孺將，則楚發五萬人，使上將軍將之，至禽將軍首而反耳，齊使田居將，則楚發二十萬人，使上將軍將之，分別而相去也。齊使盼子將，楚發四封之內，王自出將而忌從，相國、上將軍爲左右司馬，如是則王僅得存耳。」已而果然。楚王問田忌曰：「先生何知之早也？」忌曰：「申孺爲人侮賢者而輕不肖者，賢不肖俱不爲用，是以亡也。田居爲人，尊賢者而賤不肖者，賢者負任，不肖者退，是以分別而相去也。盼子之爲人也，尊賢者而愛不肖者，賢不肖俱負任，是以王僅得存耳。」

在田忌居楚期間，齊國的將領確有申縛（即申孺、申紀）、田盼（即盼子）和田居。田忌之論將，頗具軍事家的卓識，他認爲戰爭的勝負與將領能否團結部下有密切關係。他對這三人的評論，當時的事實也證明是正確的。如西元前三三三年，楚威王發兵圍攻徐州，楚果然大敗齊將申縛。當時就有人說：楚勝於徐州，是齊國沒有用田盼的緣故。（見《史記‧楚世家》）

田忌返齊

田忌是什麼時候從楚國回到齊國的？〈孟嘗君傳〉載：「會威王卒，宣王立，知成侯賣田忌，乃復召田忌爲將。」〈田世家〉亦載：齊宣王二年，「宣王召田忌復故位。」據此可知，齊威王死後，齊宣王即位，知道了鄒忌誣害田忌的真象，給田忌平了反，於宣王二年，即西元前三一八年，又把田忌召回，恢復了田忌將軍的職位。

許多學者否認田忌返齊。如元人吳師道《戰國策》注云：「忌既襲齊，豈得再復？成侯又在，豈宜並列？」清人梁玉繩認爲：「忌無召復位之

事」，因司馬遷「錯認忌出奔在威王時，而其後馬陵之功自不能没，遂又撰出復位一節。」（《史記志疑》卷二十四）這些質疑雖不正確，但與《史記》記載的失誤有關。如《史記》各篇均將馬陵之戰記在宣王時，這就比《竹書紀年》的時間推後了一代，因而使許多事説不通了。今考此戰在威王十四年至十六年，即西元前三四三年至三四一年。田忌出奔確在馬陵之戰以後，這自然不是司馬遷爲承認田忌馬陵之功，才杜撰出復位之事。至於鄒忌，據〈齊策一〉載：「鄒忌仕宣王，仕人衆，宣王不悦。」可能在宣王初立時，鄒忌以先王老臣擅權用事，黨羽滿朝，與宣王的權力發生衝突。鄒忌從此退出政治舞臺，或死去。此事當在宣王元年，即西元前三一九年。宣王既然發現田忌當年出奔的原因是「成侯賣田忌」，田忌是受害者，當然可以召田忌復位。鄒忌已於宣王元年垮臺或死去，田忌於宣王二年復位就没有什麼障礙了。

田忌返齊以後，似乎没有大的作爲。據考古時忌、期同音，故田忌一作田期，又作田期思，田臣思。按清人錢大昕的解釋，臣當作𦤶，音怡，與期音相近。（《廿二史考異》卷四）如果田臣思就是田忌，據《戰國策・齊策二》載，田臣思曾參預齊宣王伐燕的策劃，但他没有參加西元前三一四年的伐燕戰爭，可能在戰爭前就死了。那麼，田忌的卒年大約爲西元前三一五年，如果以西元前三八四年生計算，田忌大約活了七十歲。

趙武靈王與胡服騎射

趙武靈王（？—前二九五），戰國中期趙國國君。名雍。諡武靈。西元前三二五—前二九九年在位。他作了二十七年國君之後，把王位傳給次子趙何，是爲趙惠文王，自號主父，因此人們稱他趙主父。西元前二九五年在趙國統治集團內訌中死去。他是一位很有作爲的封建君主，爲趙國的強盛頗多貢獻。本文只介紹他推行胡服騎射的軍事改革。

戰國時代傑出的軍事改革家

如何對付遊牧部族的騷擾，是春秋以來的老問題。北方的遊牧部族，在草原的逐水草而遷徙，在內地的則「分散居溪谷」。每個男子都是從小練成的騎兵，「兒能騎羊，引弓射鼠鳥」，「士力能彎弓，盡爲甲騎。」（《史記‧匈奴列傳》）由於騎術特有的熟練，裝備十分簡單，不用馬鐙馬鞍可以躍上馬背拉弓射箭，而且非常自如。胡人的奴隸主貴族很富於掠奪性，經常率騎兵掠奪農業地區的財物和人口，邊胡地區累受胡馬踐踏之苦。華夏人的戰法是車戰，只適於平地會戰，胡騎一鑽進山谷，車戰就無法施展。正如顧炎武說：「戎翟之雜居中夏者，大抵皆在山谷之間，兵車之所不至。齊桓、晉文僅攘而卻之，不能深入其地者，用車故也。」（《日知錄》卷二七）

趙武靈王即位時（前三二五）趙國的疆域，大體有今陝西東北部，山西北部，太行山的東南山麓，北至河北省張北縣南，南至河南省北端，東面與

强齊及其附庸中山毗鄰，西面與强秦接壤，綿長的北方俱與東胡、樓煩、林胡交錯雜處。東胡、樓煩、林胡合稱三胡，都是遊牧部族，精於騎射。東胡本來遊牧於燕國以北，自從趙襄子領兵越過現在山西寧武縣西面的句注山，佔領了代地（今河北蔚縣），在代北邊界築城，其要塞叫無窮之門（今河北省張北縣南）（《戰國策·趙策二》），東胡就成了趙國東北角的鄰居。樓煩大體分布在今山西嵐縣以北，內蒙古大青山以南，沿黃河一帶。林胡分布在今黃河以西，內蒙古毛烏素沙漠一帶。趙武靈王每與齊、秦、中山發生戰爭，三胡便從背後襲來，趁火打劫。東胡的騎兵從無窮之門進來，騷擾代地；樓煩、林胡的騎兵則縱橫馳騁於趙國西北山區，大肆掠奪。趙國當時的主力部隊仍然是車兵和步兵，而且裝備笨重，與三胡那種輕捷而長於運動的騎兵作戰，處處被動挨打，一到山谷和草地就更不中用了。屢次失敗的教訓，使武靈王認識到用老辦法對付三胡是無效的，「今重甲循兵，不可以逾險；仁義道德，不可以來朝。」（《戰國策·趙策三》）要抗擊三胡，如果沒有一支能騎善戰的騎兵，就無法向山地和草原進軍，就不能指望作戰的勝利。

趙武靈王是戰國時代傑出的軍事家。他眼光遠大，思想銳敏，善於學習，勇於革新。他反對從書本出發，事事在本本中找現成答案。如說：「以書為御者，不盡馬之情；以古制今者，不達事之變」。（《史記·趙世家》）他主張從當時的客觀實際出發，研究新情況，凡對自己國家不利的東西就堅決改革。他說：「兵不當於用，何兵之不可易？教不便於事，何俗之不可變？」他從抗胡的實際需要出發，決心拋棄傳統的兵制，學習「敵人」的長處，模仿胡騎的訓練和裝備，建設自己的騎兵部隊。然而，向胡人學習當時卻是「離經叛道」的行為，除肥義、樓緩等少數開明大臣支持外，「群臣皆不欲」，趙氏貴族如公子成、趙文、趙造、趙俊、趙燕等反對尤烈。武靈王以大無畏精神，寧願「負遺俗之累」，「任驚民之怨」，毅然決然推行這場軍事改革。（《史記·趙世家》和《戰國策·趙策二》）

胡服騎射始於何年？

胡服騎射是從那一年開始的？據《史記·趙世家》載：武靈王十九年即西元前三○七年，始下胡服令，招騎射。以後陸續采取了許多措施，發佈過多次命令。但史學界有不同説法，如一九七九年版《辭海》趙武靈王條，把胡服騎射開始實行的年代訂在武靈王二十四年，即西元前三○二年，比〈趙世家〉遲了五年。

西元前三○二年説的根據是《古本竹書紀年》載：魏襄王十七年「邯鄲命吏大夫遷奴於九原，又命將軍大夫適子戍吏皆貉服。」魏襄王十七年即西元前三○二年。我以爲這條史料是可信的，倘據以訂胡服騎射開始的年代則是錯誤的。首先，所謂「又命」云云，並非「始命」，顯然是重申胡服令。如果視此爲始令，同時下令遷奴九原就説不通。趙國西北方原控制的地區在今山西嵐縣以南，九原在今内蒙古自治區包頭市以西，屬於林胡的活動範圍。（《中國歷史地圖集》第一册三七―三八頁）由於武靈王十九年「招騎射」，有了向胡地進軍的騎兵，二十年才「西略胡地，至榆中。」（《史記·趙世家》）榆中在九原以南，趙軍占九原應是這次「西略胡地」的戰果。只有趙國的控制能力達到九原，才能在二十四年「遷奴於九原」。既然遷奴於九原在招騎射後第五年，那麼同時下的「又命」皆貉服，絶不是胡服騎射的初令。再者，《古本竹書紀年》固然可以校正《史記》所載戰國史事年代的錯誤，但它畢竟是以魏國爲主的編年史，對趙國的歷史免不了有漏記的，況且此書宋代已經散佚，今本是清儒從許多注家引文中輯成的，不可能恢復竹書紀年的原貌，散失的史料在所難免。因此，不能認爲凡是《古竹書紀年輯校》中没有，而《史記》中有的史料都不可信。第三，《史記》中的錯誤年代，多數在《史記》本身就暴露出事理不通，或幾處的年代互相矛盾。但〈趙世家〉載武靈王十九年「始出胡服令」、「招騎射」，同時記有大量相

關的活動，是互相依存，不是事理不通。〈六國年表〉也記在此年趙國「初
胡服」，這與〈趙世家〉完全一致。與此相矛盾的沒有。由此可以肯定，西
元前三〇七年開始推行胡服騎射是無疑的。

胡服騎射的推行

　　所謂「胡服騎射」就是仿傚北方遊牧部族騎兵的裝束、裝備、訓練、戰
法，組建趙國的輕騎兵部隊。穿胡服便於騎馬射箭，爲了有效地騎射必須穿
胡服，這是互爲作用的。其内容相當豐富，在騎射方面，武靈王採取了以下
措施：

　　一、「招騎射」。趙國原來的兵制是「國有固籍，兵有常經」，人民按
固定不變的兵籍，到一定年齡就被徵去服兵役，軍隊按地區編制。這是徵車
兵和步兵的辦法。當時的騎兵需要具有難度很大的騎馬射箭技術，從頭訓練
很不容易，按原來的兵制就無法在短時間内建設一支足以抗胡的騎兵。但
是，在靠近胡人的地方，人民爲了保衛家鄉，保衛生產，自發地「習其
兵」，「便其用」，（《戰國策·趙策二》）學會了騎馬射箭。因而國家採
取打破「固籍」，不分地區，以優厚的待遇招募會騎馬射箭的人充當騎兵。

　　二、設置騎兵基地集中訓練。除在都城西北郊的插箭嶺設練武場訓練騎
兵以外，後又把西北重鎮原陽作爲訓練騎兵的基地。據《戰國策·趙策二》
載：武靈王把原陽改爲「騎邑」，「破卒散兵，以奉騎射」。所謂「破卒散
兵」，就是解散步兵和車兵的編制；「以奉騎射」，就是把那裏的軍隊改編
爲騎兵而加以訓練。原陽在内蒙古呼和浩特市東南，大黑河的南畔，迤北是
峰巒起伏的陰山，迤南是水草豐茂的草原，其大黑河河谷是胡人出没的通
道。騎兵需要經常練習騎術，進行乘馬通過起伏地、超越障礙、長途奔馳、
實戰等項目的訓練，在原陽是最適宜的。所以，武靈王派將軍牛贊在原陽訓
練一支能獨立作戰的騎兵部隊。

三、收編胡兵。據〈趙世家〉載：武靈王二十年（前三〇六），命「代相趙固主胡，致其兵。」惠文王二年（前二九七），「主父行新地，遂出代，西遇樓煩王於西河而致其兵。」致作招引解，顏師古注：「致，謂引而至也。」「致其兵」就是招引收編胡人補充騎兵。趙固在代地主持招引胡兵，武靈王又在西河收編了一部分樓煩兵。趙國用胡兵補充自己的騎兵，實行以胡制胡，擴大了自己的騎兵部隊。

四、用胡馬。騎兵的戰馬要求長得驃悍、善跑，機靈而有耐力，但中原農業區的馬匹早已退化成笨拙的牲畜，用於駕車還不錯，一般不適宜做戰馬用，因而趙國需要從氣候和青草適宜於馬匹生長的畜牧地區，得到馬匹來裝備騎兵。武靈王打敗林胡，迫使「林胡王獻馬」。趙國之所以把代和原陽作爲訓練騎兵的基地，原因之一是「地邊胡」容易得到畜牧區的馬匹。後來蘇秦給趙惠文王寫信說：如果秦軍從上黨攻趙，扼住句注山和常山的這條農牧業分界線，那麼「代馬胡駒不東」畜牧區的馬就「非王所有」。（《戰國策·趙策一》）可見，趙國的騎兵一直用的是畜牧區的馬匹。

五、騎兵配備的武器是弓矢和劍矛。據《史記·匈奴列傳》載：胡人用的武器「其長兵則弓矢，短兵則刀鋋」。刀鋋是短劍和小矛。趙騎兵的武器裝備也模仿胡人，遠距離或衝鋒時騎兵在馬上彎弓射箭，短兵相接時就靠白刃格鬥殺傷敵人。關於騎兵帶劍的資料，《釋名》說：「鞞本胡服也，趙武靈王服之。」鞞是劍鞘，武靈王既佩帶劍鞘當然也就用劍。《莊子·說劍篇》說「昔趙惠文王喜劍，劍士夾門而客三千餘人，日夜相擊於前，死傷者歲百餘人。」趙惠文王繼承了其父武靈王胡服騎射的傳統，騎士練習擊劍也應該在武靈王時就有。洛陽金村出土的銅鏡上，刻畫著一匹駿馬背上蹲著一個披甲戴冑的騎士，一手持劍和老虎搏鬥。這雖不是趙國的遺物，但也提供了那時騎兵能夠用劍的形象資料。（楊泓：《中國古兵器論叢》九五頁）

趙武靈王把按禮規定的傳統服裝改爲胡服是一次模仿遊牧民族的服飾進行的服裝改革。對騎兵來說，是爲了騎馬射箭和爬山涉草的需要；對貴族大

臣來説，是爲了革除他們因循守舊的積習，增强抗胡的觀念。在這方面，僅知如下情況：

一、王冠：一種叫貂蟬冠。據應劭《漢官儀》説：漢時的貂蟬冠始於趙武靈王行「胡服」。趙惠文王也戴此冠，故又稱惠文冠。其樣式是冠上「加金璫，附蟬爲文，貂尾爲飾，謂之貂蟬。」就是用黄金璫裝飾王冠，冠上飾蟬文，冠下垂兩條貂鼠尾直達胸前，以表尊貴。「其後秦始皇破趙，得其冠，以賜侍中。以後皇帝常以此冠賞賜大臣，如宋代皇帝曾賞范仲淹貂蟬冠。另一種叫鵕鸃冠。《淮南子·主術訓》載：「趙武靈王貝帶鵕鸃以朝，趙國化之。」顔師古説：鵕鸃是「鷩鳥」鷩鳥就是「尾毛紅赤」的錦鷄。鵕鸃冠是用錦鷄的羽毛裝飾的王冠。

二、武冠：《後漢書·輿服志》載：武冠，俗謂之大冠。環纓無蕤，以青系爲緄，加雙鶡尾，豎左右，爲鶡冠云。「鶡者，勇雉也，其鬥對一死乃止，故趙武靈王以表武士」。趙武靈王可能作爲騎兵軍官的帽子，東漢時「五官、左右虎賁、羽林、五中郎將：羽林左右監皆冠鶡冠」。這種帽子上有一圈纓子而不下垂，用青絲繩做帽帶子，左右插著兩根野鷄翎子。其名亦稱鶡冠，鶡是産於上黨的一種勇猛好鬥的野鷄，用來象徵武士的勇敢精神。

三、爪牙帽子：《中華古今注》云：「搭耳帽之制，本以韋爲之，以羔毛絡縫。趙武靈王更以綾絹皂色爲之始，並立其名爪牙帽子，蓋軍戎之服也。」這可能是普通騎兵的帽子，原來胡人用皮做，武靈王改用黑色綾絹做。這種帽子像爪牙一樣緊緊扣在頭上，大概爲防禦北方風沙的需要。

四、變履爲靴：《學齋佔畢》卷二説：古時「有履而無靴，故靴字不見於經。至武靈王作胡服，方變履爲靴」。《釋名疏證》説：「靴，跨也。兩足各以一跨騎也，本胡服，趙武靈王服之。」《實錄》説：「靴，始起於趙。武靈王好服短靿靴，黄皮爲之，漸以長靿靴，軍戎通服之。皂靴之制，自武靈至始也」。魏文帝《典略》説「秦世參用絲革靴。本趙武靈王易初服，令有司衣袍者宜皂靴。」（《實錄》《典略》均轉引《七國考》二五九

頁）綜上所說，爲了便於騎馬和涉草，武靈王仿胡服，把布鞋改爲皮靴。他起初穿黃皮短勒靴，後來改爲長勒靴，規定從軍官到士兵都必須穿靴子，穿長袍的文官也要穿黑勒靴子。

五、改重甲爲輕甲：遊牧部族都是輕騎兵，鎧甲用皮做，由於裝備輕而動作靈活。趙國車兵的甲士，穿的寬袍大袖，再披上銅做的鎧甲，比較笨重，不利於騎馬作戰，所以武靈王說：「重甲循兵不可以逾險」。鮑彪注：「趙甲重，不若新甲之輕。」武靈王把原來的重甲改爲輕甲，以適應爬山越險實戰的需要。

六、騎兵的服裝：據《莊子·說劍篇》說趙惠文王的劍士穿的「短後之衣」，這應是武靈王時沿襲下來的。據王國維推測，趙騎兵的衣服應該是「上褶，下袴。（《觀堂集林》第四冊，〈胡服考〉）褶袴皆騎服，褶爲後短前長的上衣，袴爲窄褲口的褲子。洛陽金村戰國墓出土的銅人俑，上衣掩及膝蓋，似爲上下相連的深衣，窄袖，束帶，下穿褲子，（郭寶鈞：《中國青銅器時代》圖版壹伍）可能就是上褶下袴。要之，騎兵穿的後短前長束腰窄袖的上衣，下穿馬褲，足登皮靴，頭戴爪牙帽。

七、貴族大臣的服裝似乎變化不小，武靈王三令五申要求他們穿胡服。多次賜給他們胡服。他們反對胡服最激烈。但這種胡服究竟什麼樣式，不清楚。只知道武靈王賜周紹「胡服衣冠，具帶，黃金師比」。（《戰國策·趙策二》）具帶亦作貝帶，以貝殼裝飾腰中大帶。師比，顏師古注：「胡之帶鈎也」。腰裏的帶子用黃金做帶鈎，這也是胡人貴族的一種風尚。

反擊三胡的勝利

胡服騎射推行一年以後，趙國有了向山地和草原進軍的騎兵，便開始了反擊三胡的戰爭。

西元前三○六年（武靈王二十年），趙軍「西略胡地至榆中」。「西略

地」是向河西鄂爾多斯草原林胡地區進攻，到達榆中（今內蒙古伊金霍洛旗一帶），打敗林胡，迫使「林胡王獻馬」。

西元前三○二年（武靈王二十四年）武靈王派軍渡過黃河，到達九原（今內蒙古包頭以西），「命吏大夫遷奴於九原」，以解放奴隸，移民屯墾。並重申胡服令，命「將軍、大夫、適子、戍吏皆貂服。」（王國維：《古本竹書紀年輯校》）

西元前三○○年（武靈王二十六年），再次向胡地進軍，「西至雲中（今內蒙古托克托東北）、九原。」鞏固了對大青山、烏拉山南麓的佔領。

西元前二九九年（武靈王二十七年），武靈王為集中精力指揮作戰，把王位傳給次子趙何，自稱主父。他身穿胡服親自率領「將士大夫西北略胡地」。

西元前二九七年（趙惠文王二年），趙主父率兵武裝巡視新占領的地方，從代地西進，在西河一帶與樓煩王相遇，收編了一部分樓煩兵。（《史記·趙世家》）

趙武靈王打三胡屬於自衛反擊。戰爭的結果把林胡從榆中驅逐到今河北省張北縣以北，把東胡打得暫時不敢跨入無窮之門，把樓煩大部分打散而加以收編。在向胡地進軍過程中，獨立的騎兵部隊發揮了突擊作用，據《戰國策·趙策二》載：牛贊「率騎入胡，出於遺遺之門（又叫挺關，在今內蒙古毛烏素沙漠東南），逾九限之固，絕五徑之險，至榆中，辟地千里。」牛贊率騎兵能夠立如此的戰功，顯然不是車兵、步兵混編的騎兵，而是作為一個獨立兵種出現，進行獨當一面戰鬥的部隊。

趙武靈王在打敗三胡之後，為了防禦其再度騷擾趙國北疆，「築長城自代并陰山至高闕為塞。」（《史記·匈奴列傳》）經考察這條長城東起今河北張家口北，向西沿內蒙古境內大青山、烏拉山下，在烏拉山西端某谷口築高闕塞，以堵塞胡人南下的通道，這是一項偉大的防禦工程。並在胡人經常出沒的插花地設置雲中郡（故城在今內蒙古托克托東北）、雁門郡（今山西

寧武迤北至大同、內蒙古豐鎮一帶）、代郡（治今河北蔚縣東北）三郡。郡下設縣，組織人民的生產和生活，加強了禦胡力量，也加速了趙北地區的封建化進程。

中原騎兵史的新篇章

我國自古就是盛產馬匹的國家。在山西襄汾發現的丁村文化已有馬的化石，證明在二〇萬年前我國就有了馬匹；在仰韶文化遺址中已發現馬骨，我國人工養馬可追溯到龍山文化時期。（靳生禾；《趙武靈王評傳》，山西人民出版社一九九〇年二月版）然而，我國幅員廣大，很早就形成中原華夏族地區的農業文化與北方遊牧族地區的草原文化的差異。馬匹用於騎乘和軍隊編有騎兵，這自然首先發生於氣候和青草適宜馬匹生長的遊牧區。遊牧族較落後，抵禦自然災害的能力薄弱，一發生饑荒，就只得率騎兵到農業區掠奪，因而騎馬打仗成為遊牧族的特長。中原人工養馬不少，但馬匹多用於駕車運輸，或駕車作戰，商周時期統治者用大量馬匹駕車旅遊，死後有殉葬的「車馬坑」。中原的士兵從來不善騎馬，孔穎達說：「古人不騎馬，故經但記正典無言騎者」。（《禮記·曲禮上》疏）春秋時期才有騎馬的風氣。騎兵與車兵相較在中原是後起的兵種。春秋中期秦晉始有騎兵。但《孫子兵法》十三篇沒有騎戰的內容。戰國前期在中原地區才有打仗用騎兵的可靠記載。例如馬陵之戰以後，孫臏叫田忌「使輕車銳騎沖雍門」（《戰國策·齊策一》）。《孫臏兵法·八陣》中還提出「易則多其車，險則多其騎」的布陣原則。西元前三四〇年，商鞅「伏卒與車騎以取公子卬」。（《呂氏春秋·無義篇》）可以看出那時騎兵數量很少，不是獨立作戰的部隊，是與車兵、步兵混合編制的，偶爾承擔攻險或奇襲的任務，根本不足以和遊牧騎兵抗衡。由於在內地的戰爭中作用不大，發展異常緩慢，直到武靈王時各國軍隊的主力仍舊是車兵和依附於它的步兵，很少用騎兵。如西元前三一七年，

陳軫建議楚王起師反韓，作「戰車滿道路」。（《史記·韓世家》）屈原作品《國殤》中的車錯轂兮短兵接，還描寫的是典型的車戰。武靈王起初和中山打仗，「以車投車，以人投人」，（《呂氏春秋·貴卒篇》）雙方還是用的車兵和步兵。

　　趙武靈王推行胡服騎射，組建能夠獨立作戰的騎兵部隊，以抵抗遊牧部族的騷擾，保衛華夏族的農業文化，這在中原地區是個創舉，開創了中原騎兵史的新紀元。其後趙奢、廉頗、李牧等，繼承了胡服騎射的傳統，不斷加強趙國的騎兵建設。僅李牧的部隊就有「車三百乘，彀騎（張弓之騎）萬三千，百金之士十萬。是以北逐單于，破東胡，滅澹林，西抑強秦，南支韓魏。」（《史記·張釋之馮唐列傳》）使趙國一度成為關東強國。在趙國的影響下，各國也陸續建立了騎兵部隊。從秦兵馬俑坑出土的兵種來看，反映了騎兵日益發展，車兵日趨衰落。到漢武帝時代，騎兵就成為抵抗匈奴的主要兵種了。

試談趙滅中山的幾個問題

　　中山在戰國中期是個「方五百里」的小國，由於強齊的支援，武力頗盛，非常好戰，「不奢於攻戰之患」①，終因「數伐數割，而隨以亡」②。中山在當時的歷史舞臺上是一個不可忽視的角色。但《史記》没有爲中山立世家，零星記載很難聯繫起來，所以過去對中山國的歷史相當茫然。河北平山縣中山三器的出土，爲研究中山國後期的歷史提供了重要資料，在考古界和史學界的共同努力下，不可捉摸的中山國已經大體現出輪廓。在大家討論的啓發下，我也對中山的史料稍有涉獵，現就趙滅中山的幾個問題提出一些初步看法，向學界同仁求教。

趙與中山的關係

　　趙武靈王説：「中山在我腹心」③，這話當然有政治上的含義，僅從地域上看也確是如此。中山除東北與燕國爲鄰外，三面都與趙國毗連，趙國像一隻袋鼠把中山包在東面腹部。中山的疆域大體包括現在河北省保定地區南部和石家莊地區大部，位於太行山東平原，廣袤五百里，南北呈長方形。後

---

① 《戰國策·齊策五》。
② 〈魏策三〉。
③ 〈趙世家〉。

期都於靈壽，現已在平山縣三汲公社發現了古靈壽城遺址。太行山東麓的南北大道縱貫中山，趙國從邯鄲「北通燕涿」④，必須經過中山；趙與北部的代郡聯繫，不便垮越重巒疊嶂的太行山，也得向中山借道。中山國的戰略地位，足以「控太行之險，絕河北之要」⑤，是兵家必爭之地。對趙國來說，陸路可以隔斷從邯鄲到代郡的南北通道，水路可以溯漳水中段的薄洛津南進而襲擊邯鄲。

使趙國更爲不安的，中山是個親齊仇趙的鄰居。當時正是齊代替魏而稱霸關東的時期，中山充當齊國在黃河西面的打手，多次侵犯趙、燕的土地。據趙武靈王說：「先時中山恃齊之強兵，侵暴吾地，係累吾民，引水圍鄗，微社稷之神靈，則鄗幾於不守。」這可能是武靈王的父親趙肅侯在位時的事。鄗在今河北高邑縣東，是趙與中山長期爭奪的地方，武靈王即位的第三年（西元前三二三年），在鄗築城以防禦中山⑥，但不久鄗還是被中山奪去了。

西元前三二三年，武靈王和公孫衍爲了使中山脫離齊國的控制，拉攏中山參加趙、魏、燕、韓五國相王。齊國先反對中山稱王，阻撓不成又轉而支持中山稱王。正如張登當時指出：「齊欲伐河東。何以知之？齊羞與中山之爲王甚矣，今召中山，與之遇而許之王，是欲用其兵也。」⑦趙武靈王爭取中山的目的沒在達到，中山仍然是齊國的軍事夥伴。據考當時開始稱王的可能是中山成王，其相是藍諸君，藍諸君也寫作望諸君⑧。大約在此後不久，「望諸相中山也使趙，趙劫之求地，望諸攻關而出逃」⑨。趙國討還土地的

────────────────

④　《史記·貨殖傳》。
⑤　《讀史方輿紀要》卷十四。
⑥　〈趙世家〉。
⑦　〈中山策〉。
⑧　吳靜安：〈中山國始末考述〉，《南京師院學報》一九七九年第三期。
⑨　〈燕策二〉。

要求失敗，趙與中山的關係又惡化了。

西元前三一四年，齊宣王派兵對燕國進行武裝佔領，中山也是齊國的幫兇。據《中山王鼎》銘文所記：中山相邦司馬賙也打起討伐子之的旗號率軍攻燕，奪得燕國土地「方數百里，列城數十」⑩。這不僅幫齊國打破了大國之間的均衡，更直接威脅著趙國的安全。武靈王聯合諸侯醞釀伐齊救燕，雖然迫使齊國從燕都撤兵，但中山仍然佔據著從燕搶來的「新地」⑪。這個司馬賙很可能就是文獻資料中的司馬喜。據李學勤等先生考證：司馬賙與司馬喜活動的時代和身分都相同，喜、賙兩字又是可以相轉為訓的同義字。按當時名與字相配合的一般規律，喜與賙可能是一名一字。《呂氏春秋‧應言篇》載：司馬喜在中山王面前駁難墨者師的非攻，司馬喜問：「今王興兵而攻燕，先生將非王乎？墨者師對曰：然則相國是攻之乎？司馬喜曰：然。墨者師曰：今趙興兵而攻中山，相國將是之乎？司馬喜無以應。」中山認為它們攻燕是理所當然的，而又怕武力比自己強的趙國攻打自己，這反映了當時中山欺燕而懼趙的情緒。

中山王䚟告誡他的後嗣說：「鄰邦難親，仇人在旁」⑫。中山王眼中的「鄰邦」、「仇人」固然可能包括燕國在內，但主要指趙國。臣下如能獻「弱趙強中山」的計策，就能得到中山王的重用⑬。遊說之士往往因「為趙間中山」的嫌疑而被中山王「索而罪之」⑭。可見中山對趙的仇恨確是刻骨銘心的。

由於地理和政治的關係，中山真夠上趙國「腹心之患」。趙武靈王把防

---

⑩　〈河北省平山縣戰國時期中山國墓葬發掘簡報〉，《文物》一九七九第一期第六頁。

⑪　《𡚁𨥏壺銘》。

⑫　《中山王鼎銘》。

⑬　〈中山策〉。

⑭　《韓非子‧說林上》。

中山和防齊總是聯繫在一起的。他在位的第十七年，即親自出巡趙國伸進中山的據點九門（今河北正定東南），在九門築了一座望臺，站在望臺上了望中山的動態。武靈王爲了對付四周的強敵，大刀闊斧地推行軍事改革，一面實行胡服騎射，「以備燕、三胡、秦、韓之邊」；一面在黃河和漳水兩岸訓練水兵，「以守河、薄洛之水」，決心防齊和「報中山之怨」⑮。

趙進攻中山的戰爭

從武靈王十九年（西元前三〇七年）開始，趙向中山展開主動攻擊。此年武靈王率軍「北略中山之地」到房子（今河北省高邑縣東）；第二年，又攻中山到寧葭（今石家莊市西北）。但似乎都是試探性的進攻，到房子和寧葭後沒有繼續前進。

趙武靈王二十一年（西元前三〇五年），趙國分兵兩路進攻中山。北路有牛翦⑯率領的車兵和騎兵同趙希率領的胡兵及代軍，主要在中山西部及北部活動。先從寧葭進攻中山西邊的要塞陘山⑰，接著向東北方向進軍，趙希和牛翦兩軍在曲陽（今河北曲陽縣）匯合，然後向西北推進，攻取丹丘（曲陽縣西北）、華陽⑱和恒山上的關隘鴻上塞⑲。鴻上塞是中山北面的門戶，趙據有鴻上塞就把從代入中山的北門打開了。南路軍以「趙袑爲右軍，許鈞爲左軍，公子章爲中軍，王并將之。」由趙武靈王親自統帥的三軍是這次進攻中山的主力。攻佔了中山南端的鄗（今河北高邑縣東）和西南部的石邑

---

⑮　〈趙世家〉。

⑯　此據〈趙世家〉，《戰國策·趙策二》作牛贊。

⑰　〈趙世家〉云，「趙與之陘」。正義：陘，陘山也。王先謙《中山疆域圖說》：「元和志，陘山在井陘縣東南八十里」。

⑱　正義説，華陽即恒山；王先謙説：中山必別有邑名華陽在恒山左近。

⑲　此據《中國歷史地圖集》。〈趙世家〉作鴟之塞。

（今石家莊西南）、封龍（在石邑南）、東垣（今石家莊東北）。石邑「當井陘之口」[20]，井陘口是由太行山裏的東西陘道進入中山國的隘口，由於「四面高平，中央下似井，故名之井陘口」[21]。趙佔據石邑就卡住了井陘口，使中山失去「太行之險」。佔據東垣就達到滹沱河的南岸，上溯滹沱河可以威脅中山國都靈壽。但也遭到中山的拚命抵抗，據《呂氏春秋·貴卒篇》載：「趙氏攻中山，中山之人多力者曰吾丘鴆。衣鐵甲操鐵杖以戰，而所擊無不碎，所衝無不陷，以車投車，以人投人」。從這裏可以看到中山同仇敵愾的情形。這使武靈王認識到滅中山的時機還不成熟，中山提出願把趙已占的鄗、石邑、封龍、東垣四邑獻出求和，武靈王接受了，就把兵撤回去。

西元前三〇三年趙又攻中山，這次可能更不得手，因而沒有戰果記錄。

趙國進攻中山很不順利，其原因有二：一是中山本身力量不弱；二是外有齊國的支援。這種情況不久有了變化。西元前三〇一年前後齊魏韓聯兵伐楚，齊國因捲入這場戰爭旋渦，無力繼續支援中山。至於中山國內的情況，武靈王派李疵去偵察，李疵回來說：中山「民務名而不存本」，「耕者惰而戰士懦」，已經到亡國的地步[22]。於是武靈王決定「復攻中山」。

西元前三〇〇年（武靈王二十六年），武靈王統帥二十萬大軍再次向中山大舉進攻，「攘地北至燕、代」，佔領了中山北部。此後連年向中山用兵。據《史記·秦本紀》載：秦昭王八年，即西元前二九九年，「趙破中山，其君亡，竟死齊。」這可能是趙國攻下了中山的國都靈壽，把中山王趕跑了。根據平山三器銘文中有關中山王世系的順序和年代來推測，這個逃到齊國死了的中山王應是王譽的兒子奴蚤。但中山還沒有滅亡，有個名尚的繼

---

[20]　《讀史方輿紀要》卷十四
[21]　王先謙：《中山疆域圖說》。
[22]　〈中山策〉。

續稱王。趙武靈王爲了鞏固已佔領的地盤，在原屬中山的土地上築了許多城。如西元前二九七年，即「趙惠文王二年，主父起靈壽」，在今河北省舊靈壽縣西北有趙王城，「相傳趙武靈王所築，中有趙王臺」㉓。西元前二九六年，即趙惠文王三年，趙利用齊與魏、韓「西困秦三年，民憔瘁，士罷弊」㉔的機會，徹底滅掉中山，佔領了貫通中山東西的滹沱河流域及東南角的扶柳（今河北冀縣西北）等全部土地，並把中山王尚遷到膚施（今陝西榆林縣南魚河堡附近）。從此「北地方從，代道大通」，從邯鄲通往代郡的南北大道暢通無阻了。趙武靈王凱旋回都，行賞，大赦，舉行宴會，大慶了五日㉕。

關於趙滅中山的年代

據《史記‧趙世家》載：趙「復攻中山」在武靈王二十六年，即西元前三〇〇年；「滅中山；遷其王於膚施」，在惠文王三年，即西元前二九六年。然而，《史記‧六國年表》把前者排在武靈王二十五年，即西元前三〇一年，提前了一年；把後者排在惠文王四年，即西元二九五年，推後了一年。史學界有人相信〈趙世家〉，有人相信〈六國年表〉，各持一説，莫衷一是。

我是相信〈趙世家〉的。有以下根據：一是趙奢説：「趙以二十萬之衆攻中山，五年乃歸。㉖」趙奢是惠文王的大將，趙滅中山他雖不一定是參加者，但一定是目睹者，他的話是可信的。二是〈趙策二〉載：「三國攻秦，趙攻中山，取扶柳，五年以擅滹沱。」事實確是在齊魏韓三國攻秦到函谷關

㉓　《讀史方輿紀要》卷十四。
㉔　〈燕策一〉。
㉕　〈趙世家〉。
㉖　〈趙策二〉。

的時候，趙滅中山的，這條記載和事實完全相符。這兩條都說趙國把中山一連打了五年才滅掉的，從西元前三〇〇年到西元前二九六年正好五年。如果按年表那就變成七年了，顯然不合。三是〈六國年表〉云：惠文王四年趙「圍殺主父，與齊、燕共滅中山」。這根本是不可能的。趙國的惠文王四年統治集團內部發生內訌，趙主父（武靈王）的長子趙章圖謀奪取惠文王的王位位，被公子成、李兌殺死，公子成、李兌又把主父包圍在沙丘宮中，一百天斷絕飲食，主父餓死。這場統治集團的互相殘殺長達半年之久，接著又不免有權力再分配的鬥爭。這一年趙國的政局十分混亂，怎麼能進行滅中山這樣的大戰爭呢？所以趙滅中山只能在西元前二九六年主父健在，武力極盛的時候；不可能在西元前二九五年主父餓死，政局混亂的時候。年表中的這個年代肯定屬於誤排。

元人吳師道、清人梁玉繩，還以〈六國年表〉武靈王二十年「趙攻中山」為趙滅中山之年[27]。陳夢家先生《六國紀年》從其說。近來吳榮曾先生也認為：「武靈王二十五年時，正逢齊無暇北顧，趙遂一舉而滅中山」[28]。這個判斷的根據如陳夢家先生所說：「是年楚表云『秦、韓、魏、齊敗我將軍唐昧於重丘』，戰國策魏策所謂『齊、魏伐楚而趙亡中山』是也。」

其實，這些根據都不足以支持這一判斷。其一，年表只說武靈王二十五年「趙攻中山」，沒有說此年「趙亡中山」，以攻為亡恐怕失妥。其二，齊發動這場攻楚的戰爭共持續五年，所謂「南攻楚五年，積散。」[29]。〈韓世家〉載：武靈王二十六年楚兵還有「十餘萬在方城之外」，「韓挾齊魏以圍楚」，可見戰爭還沒有結束。齊魏伐楚既不是武靈王二十五年一年的事，「趙亡中山」也就不能認定在這一年。其三，趙「復攻中山」按〈趙世家〉

[27]　《戰國策·燕策二》吳師道補注。梁玉繩：《史記志疑》卷九。

[28]　〈中山國史初探〉，《歷史學》一九七九年第四期。

[29]　〈燕策一〉。

訂在武靈王二十六年，比二十年要妥當些。因爲在齊魏伐楚時，武靈王的外交策略是「結秦連楚、宋之交」㉚。「觀秦之應趙宋，敗三國（齊魏韓）」，「觀韓魏之於齊」㉛。也就是利用大國之間的矛盾以牽制和削弱齊國，從而選擇進攻中山的有利戰機。既是這樣，那選擇二十六年齊已疲憊而比二十五年齊打勝仗的時候進攻中山的可能性要大。其四，魏策中的「齊魏伐楚而趙亡中山」，是說客的一句遊說辭，不可能絕對準確，只要能多少與事實沾邊就不算胡說，因而不能當信史看待。其含義可以與確鑿的事實結合起來理解，我以爲這句話可以理解爲：在齊魏伐楚時趙國開始進行滅亡中山的戰爭。

又見《史記·秦本紀》載：秦昭王「十一年，齊韓魏趙宋中山五國共攻秦，至鹽氏而還。」查秦昭王十一年即趙惠文王三年，亦即西元前二九六年，正爲趙滅中山之年，中山何以參加攻秦？齊韓魏三國攻秦時確有人勸趙國參加，但趙武靈王說：「我與三國攻秦，是俱蔽也。」堅決予以拒絕㉜。趙宋此時與秦結盟，絕無伐秦之舉。此爲齊韓魏三國攻秦之誤。

齊燕沒有佐趙滅中山

〈六國年表〉還有趙「與齊、燕共滅中山」之說。這雖與〈趙世家〉不合，卻與〈田世家〉所載齊「佐趙滅中山」一致。因而信此說者不少，如《文物》一九七九年第一期〈試談戰國時期中山國歷史上的幾個問題〉一文，修訂本《辭海》歷史地理分冊，都持趙聯合齊燕共滅中山之說。但是，這說法是不符合事實的。

㉚　〈趙策四〉。
㉛　〈東周策〉。
㉜　〈趙策三〉。

　　如前所述，齊國是中山的靠山，中山是齊國的打手，齊一貫利用中山對付趙國，「中山恃齊魏以輕趙」③③，不久前中山王尰蚤在趙國打擊下逃入齊國，還受到齊的的保護。趙攻打中山最大的顧慮是怕齊國干涉，結果趙武靈王利用齊先捲入對楚的戰爭，後捲入對秦的戰爭，無暇顧及中山的時候，才大舉進攻而滅掉中山。齊與趙在對待中山上毫無共同利益，齊怎能「佐趙滅中山」呢？

　　燕國雖然和中山有仇，但它更怕趙國勢力的擴張，絕不會助趙獨吞中山。燕一旦發現趙要獨吞中山，還可能起兵反趙。不僅可能，已有事實可證。據《竹書紀年》記載：就在西元前二九六年趙滅中山的時候，「燕伐趙圍濁鹿（今河北淶源縣），趙武靈王及代人救濁鹿，敗燕師於沍梁。」濁鹿在中山北面，這顯然是燕對趙滅中山進行的干擾，不過力不從心罷了。

　　齊燕如果佐趙滅中山，齊燕不會白效勞，一定要和趙國共同瓜分中山的土地。但事實恰恰相反。據范睢說：「昔中山之地，方五百里，趙獨擅之，功成、名立、利附，則天下莫能害。③④」中山五百里土地被趙國獨吞了。中山本來占去燕國大片領土，齊國一向垂涎黃河西面的土地，但在中山被滅之後，燕沒有收復失地，齊亦未能分肥，這更可證齊燕沒有佐趙滅中山。

關於中山的末代國君

　　《太平寰宇記》卷六二定州下：「中山武公之後復立，與六國并稱王，五葉專行仁義，貴儒學，賤壯士，不教人戰，趙武靈王襲而滅之。」黃盛璋先生根據這段文字認爲：「從武公初立，歷桓、成、王嚳與尰蚤，恰爲五

---

③③　〈魏策四〉。
③④　〈秦策三〉。

葉，與中山王銅器所記世系合。㉟」按這樣說，䤮蚉是中山的末代國君。這有兩點不合：一、中山武公亡於魏，武公之後桓公復國。上文「與六國并稱王」的「五葉」，明指「中山武公之後復立」的國君，不包括武公在內。二、中山銅器出土於中山王䂞墓中，據《䤮蚉壺銘》中山王䂞的繼承人是䤮蚉。這些銅器都不是中山亡國時的器物，不能證明「五葉」的最後一個國君必是䤮蚉，更不能據以否定文獻資料中有關中山末代國君的記載。

據李學勤等先生估定，䤮蚉大約在西元前三〇九或三〇八年繼承了王位，西元前二九九年死在齊國的中山君，可能就是䤮蚉。他之死離中山滅亡還有三年㊱。這個估定無論與銅器與文獻都比較吻合，據此可知䤮蚉不是中山的末代國君。

〈趙世家〉載：「惠文王三年滅中山，遷其王於膚施」。《太平寰宇記》卷六一說：趙滅中山時「遷其君尚於膚施」。《呂氏春秋·當染篇》把中山尚與吳王夫差、智伯瑤、宋康王（即宋王偃）等列為六個亡國君主之一。可見中山的末代國君名字叫尚。這六個國君都是由於「所染不當」，受了奸臣的欺騙，結果造成「國皆殘亡，身或死辱，宗廟不血食，絕其後類」。所謂「身或死辱」是說這幾個國君的下場還不一樣，如吳王夫差、智伯瑤、宋王偃等都被殺死，而中山王尚遷於膚施，那就算受辱的典型了。國亡而國王被「遷」，這是戰國時戰勝國對投降的國君常用的處置辦法。如秦統一過程中，趙「王遷降」，「流於房陵（今湖北房縣）」㊲；齊王建降，「遷於共」（今甘肅涇川）㊳。「遷」就是「流放」、貶謫，中山王尚可能是投降了趙國而被流放到膚施去的。

㉟　〈關於戰國中山國墓葬遺物若干問題辨正〉，《文物》一九七九年第五期。

㊱　李學勤、李零：〈平山三器與中山國史的若干問題〉，《考古學報》一九七九年第二期。

㊲　〈趙世家〉。

㊳　〈田世家〉。

中山尚還有無繼承人？〈趙策四〉記蘇代言：秦如果要「存亡繼絕，固危扶弱，定無罪之君，必起中山與勝焉。秦起中山與勝，而趙、宋同命」。其中的「中山與勝」，鮑彪注：勝爲中山之後。按這樣解釋，中山尚之後又有中山勝。但其解無據，「與」字亦不可解。金正煒以爲「勝當爲滕」，根據是「中山滅於趙，滕滅於宋，秦起復二國，故曰趙、宋同命」㊉。此解至確。查《戰國策·宋衛策》：宋康王「滅滕」。時間在趙惠文王元年至三年間㊉，與趙滅中山相近。在八、九年之後，即西元前二八八年，趙、齊、韓、魏、楚五國攻秦無功，趙欲與秦講和，想阻止齊。蘇代爲齊擬訂了勸告趙國的這段說辭。意在恐嚇趙國說：如果諸侯都歸順了秦國，秦會打出「存亡繼絕」的幌子，一定把中山和滕國扶起來；秦如能使中山和滕復國，趙、宋就會遭到同樣的命運，即趙失去中山的土地，宋失去滕的土地。可見所謂「中山與勝」，應作中山國和滕國解，「勝」爲「滕」之訛，「與」即今之連接詞「和」。既然沒有中山勝，中山尚恐如《呂氏春秋》所言，「絕其後類」了。

㊉　《戰國策補釋》卷四。
㊉　錢穆；《先秦諸子繫年》一三五條。

高闕地望考

　　高闕是戰國、秦、漢時期著名的軍事要塞，但由於軍事形勢的變化，漢以後似乎廢棄不用，唐人對其地望已不大清楚，出現了一些猜測性的說法。自唐曉峰先生提出高闕在今內蒙古臨河縣北的狼山口（〈內蒙古西北部秦漢長城調查記〉，《文物》一九七七年五期）後，學者多表贊同。一九八二年嚴賓先生提出高闕應在烏拉山西段（〈高闕考辨〉，《歷史地理》第二輯）是一有見地的新說，至今卻未引起應有的注意。筆者近隨秦漢長城考察隊去內蒙訪古，尋舊迹，溯往事，頗感前說論據不足，而後說較符合實際。今略陳淺見，對嚴賓先生的說法作些補充。

高闕在烏拉山西段某山口

　　一、高闕塞最初是戰國中期趙國在西北邊界設置的要塞，應在趙國的疆域之內。因此，要知高闕何在就必須弄清趙國在西北的邊界。

　　趙武靈王（？—前二九五）時的趙國，在七雄中屬二等諸侯，四面被強敵包圍。正如武靈王所說：「今中山在我腹心，北有燕，東有胡，西有林胡、樓煩、秦、韓之邊，而無強兵之救」。（《史記·趙世家》）林胡、樓煩、東胡三個遊牧民族合稱「三胡」，常以輕捷善戰的騎兵襲擊趙國的後方，趙國的車兵無法抵禦，迫使趙武靈王於西元前307年開始實行以胡服騎射為主要內容的軍事改革。今內蒙古黃河北原是林胡的活動範圍，趙國推行

胡服騎射以後，有了獨立作戰的騎兵部隊，才開始向西北進軍。武靈王二十
年趙軍打敗林胡，勢力推進到今包頭一帶。二十四年趙進佔包頭西北的九
原，武靈王命「吏大夫遷奴於九原」（《水經‧河水注》引《竹書紀
年》），實行移民農墾，以資佔領。其後似有反復，二十六年，武靈王又率
軍「西至雲中、九原。」此後再無向九原以西或以北進軍的記載。打敗「三
胡」後，武靈王爲加強對邊地的控制，設置代郡、雁門郡、雲中郡。代郡在
今河北蔚縣一帶，雁門郡在今山西右玉縣一帶（趙郡治不明，秦雁門郡治善
無，在今山西右玉縣南），都在趙國北方；雲中郡則在趙國西北，轄境相當
今內蒙古大青山、烏拉山以南的前套地區，郡治在今托克托縣東北大黑河的
南岸。雲中郡最西的邊縣就是九原，縣城遺址即今哈業胡同三頂帳房的古
城，在烏拉特前旗東、烏拉山南麓四公里處。九原縣的轄區東西不會超過一
百公里，三頂帳房向西距離烏拉山西端的西山嘴約五○公里，估計九原縣向
西管的地方不會過西山嘴，這也是趙國的西北邊界。

　　趙武靈王固然是雄心勃勃的，當時也有可能使邊界繼續向西北推移，但
他不想做蒙古草原上的單于，而熱衷於爭作逐鹿中原的霸主。形勢迫使他必
須花極大的力量與秦、齊兩強角逐。在佔據九原之後，武靈王本想從陰山之
下渡過黃河直襲秦國，爲此他化裝成趙國的使臣去見秦昭王，以刺探秦情。
他覺察到與秦正面作戰的時機尚不成熟，立即調遣主力與腹心大患中山國決
戰。從西元前三○○年至前二九六年，經過連續五年的激戰，終於消滅了中
山，孤立了齊國。至於在西北，趙武靈王實際採取以攻爲守的策略，只要能
使遊牧民族不再騷擾趙國的後方就算達到目的，故不必繼續向烏拉山西北進
軍。西元前二九五年，武靈王死於非命。此後趙的國勢每況愈下，不能自
保，更不可能向西北開拓疆土。至趙孝成王時（前二六五—前二六五），名
將李牧只能常居代、雁門，備匈奴。可見趙國已只能據守北方，在西北的云
中郡早已爲匈奴所有。其邊界不是開拓，而是內移。既然趙國鼎盛時期的西
北邊界沒有越過烏拉山的西山嘴，那麼當時所設的高闕塞也就只能在西山嘴

以東，即烏拉山西段某山口。

　　二、據《史記‧匈奴列傳》記載：趙武靈王打敗三胡之後，築長城以拒胡。這條長城「自代并陰山下，至高闕為塞」。這說明高闕塞是趙長城的終點。因此，要知高闕何在，就必須找出趙長城的終點。

　　從現存遺迹看，這條長城東起張家口北，即趙國的代郡屬地，向西經內蒙古興和縣北、集寧市南、卓資縣境，再沿大青山南麓迤邐而西，繞過呼和浩特北、包頭北，穿越昆都侖溝口，至烏拉山南麓西段，即所謂傍「陰山下」。其走向顯然考慮到地理環境的因素。現在的陰山山脈，由內蒙境內互不連貫的大青山、烏拉山、大小狼山組成，呈東西向，橫貫於河套平原之北，內蒙古高原的南緣，對南北氣流起阻擋作用。山地分南北兩側，氣候和雨量有明顯的差別，構成農牧業生產上的一條重要界限。西山嘴下是黃河的「北河」向南拐彎處，古代北河是黃河的正流，水量很大，因而這個拐彎又把烏拉山和狼山隔開，把前套和後套隔開，形成兩個不同的自然區域。在大青山和烏拉山之南，現在是農業區或半農半牧區；山北則為丘陵、砂磧、草原，全屬畜牧區。戰國時代自然條件大致也是如此。按當時趙國的力量，把遊牧民族再向北趕幾十裏是能辦到的，但趙是農業民族，佔領那種不毛之地難於經營，更難防守，它還沒有秦統一後那種巨大的囊括力。趙沿大青山和烏拉山南麓築這條土長城，目的就是把可以開墾的山南半農半牧區與山北遊牧區隔開，以保護山南地區不受遊牧民族的侵犯。

　　我們考察了烏拉山南的趙九原縣城遺址，然後西行，見趙長城遺迹沿烏拉山南的漫坡斷斷續續，呈土壟狀，距山根一〇〇至二〇〇公尺。在烏拉山南麓納林溝口、西烏不浪口、達巴溝口，均看到長城冲溝斷面。牆為夯土版築，夯層厚八至十釐公尺，有一段壟高達三‧六五公尺，頂寬四‧六公尺，從這些殘迹可以想見當年長城巍然屹立的雄姿。最引起我們注意的是位於烏拉特前旗宿荄鄉張連喜店的烏拉山大溝口，相傳是趙長城的盡頭，因長期山洪冲刷，山口兩側下陷，亂石遍布，表面看不到痕迹。但在溝東不太遠的達巴

溝口有百餘公尺的長城殘牆，而溝西以至西山嘴全無長城殘迹，故此處有可能是趙長城的終點。大溝口兩側山峰陡峭，峰頂尖如利刺，高達海拔二二〇〇公尺以上，山口約八公尺寬，有南北向的通山道約三〇公里，東距趙九原縣城約四〇公里，西距西山嘴5公里多，趙國在此築塞設防大有可能。我們在溝南口東測平臺上發現一南北九公尺，東西四公尺的石砌房基遺址，採到一灰陶片，上有篦紋間雲紋。溝南口約三〇〇公尺有古城遺址，地面採到繩紋磚瓦及陶器殘片。烏拉特前旗文博幹部李志學見告，由南口進入溝內七·五公里有古城遺址，陶片甚多；溝之北口亦有古城遺址，有陶片。這顯然都是古代設防的遺迹，這裏可能就是高闕塞。

　　三、秦漢時期有關奪取高闕的史料，亦可證明高闕在烏拉山西段。史料有三條：㈠秦始皇三十三年，「使蒙恬渡河取高闕、陽山、北假中，築亭障以逐戎人。」（《史記·秦始皇本紀》）蒙恬當時駐守上郡，從上郡向北進軍，只有沿秦昭王長城東面北行，從位於今托克托縣十二連城附近的古黃河渡口過河。這是古代通向陰山的一個重要渡口，秦昭王把長城一直築到這裏，就是爲了控制這一黃河渡口。（史念海：《河山集》二集，四八六頁）秦軍從這裏渡河就到了烏拉山腳下，西行即可取高闕，再向西北進軍纔可佔領狼山（即陽山）及狼山南黃河北的地區（即北假）。對於高闕，徐廣曰：「在五原北。」漢五原郡城與趙九原縣城同在一地，即烏拉山南的三頂帳房古城，其北當然是烏拉山。由此可見，高闕在烏拉山無疑。㈡漢武帝元朔二年，衛青「復出雲中，西至高闕」。漢雲中郡轄今内蒙古托克托至包頭市一帶，從雲中向西當然是沿烏拉山西進，所至的高闕必然在烏拉山西段。這一段和蒙恬走的路線完全一致。衛青奪取高闕後，「遂西定河南地，案榆溪舊塞」。（《漢書·衛青霍去病傳》）「河南地」包括「北河」以南，秦昭王長城以北，烏拉山西山嘴以西的地方。榆溪塞在今内蒙古準格爾旗，在秦長城線上，原是爲防禦匈奴從高闕襲來所設的軍事要塞。這是說，衛青在佔領河南地後，爲防禦匈奴突破高闕南犯，遂沿榆溪塞設防。可見高闕的位置西

漢時仍無變化。㈢元朔五年春，西漢再次發兵擊匈奴，武帝命衛青「將三萬騎，出高闕。」命蘇建、李蔡等率軍出朔方，從西面配合衛青。（《史記・衛青列傳》）漢朔方在今五原和烏拉特前旗，其東的高闕應在今烏拉特前旗東，亦即烏拉山西段。

四、北魏酈道元到過陰山，他所見的高闕：「山下有長城，長城之際，連山刺天，其山中斷，兩岸雙闕，善能雲舉，望若闕焉，節狀表目，故有高闕之名也。」（《水經・河水注》）這些描述很像指烏拉山某山口：1.「山下有長城」，趙長城蜿蜒於烏拉山下，至今遺迹猶存。 2.「連山刺天」的「連山」實指烏拉山。因爲烏拉山南坡呈東西向條帶狀展布，峰頂線大致等高，遠看連成一線，故酈氏形容爲「連山」。如說九原城「南面長河，北背連山」。（同上）三頂帳房古城確是南面黃河，背靠烏拉山。 3.「其山中斷」，指烏拉山遠古時期因受斷裂影響而形成的山間谷地；「兩岸雙闕，善能雲舉」，形容山口兩側山峰高峻。烏拉山西段的大溝口雙峰壁立，直插雲霄，據云文化革命中有一飛機觸此峰墜毀。

高闕不在狼山口

狼山口在狼山中段，東山頭稱大狼山，西山頭稱小狼山，兩山之間有一條南北向的八公里長的曲折谷道。位於內蒙古巴彥淖爾盟臨河縣北，其南口即石蘭計山口，離臨河縣城六五公里，出北口，只見一望無垠的沙丘、草原。這個山口南北較短，谷道較寬，確爲通往漠北的咽喉，無疑是秦漢時期防禦匈奴的要塞，但不是高闕所在。

一、如前所述，趙國西北的邊縣是九原，縣治在今烏拉山南的三頂帳房，與狼山口相距直線二六〇公里，中間隔內蒙古烏拉特前旗、五原縣、臨河縣。戰國秦漢時期由於交通不便，在今內蒙古所設的縣均較現在的縣小，趙九原縣的轄境雖不清楚，但估計從三頂帳房向西不會超過50公里，即最遠

不會過烏拉山的西山嘴，西山嘴離狼山口還在二〇〇公里以上。既然趙國的邊界離狼山口這麼遠，就絕不可能在狼山口設置軍事要塞。

二、《史記》明確記載高闕塞在趙長城的西端，現存的趙長城遺迹只到烏拉山的西段，相傳也只到烏拉特前旗宿荄鄉張連喜店附近。由此往西以至狼山口的廣闊地域絕無趙長城的痕迹。按酈氏所云，高闕的主要特徵是「山下有長城」，而狼山口及其東西兩面絕無長城遺迹可尋。狼山上雖有長城，但都沿山嶺而築，在山上，不在山下，建築特點是塊石乾砌，當爲秦築，與趙長城的夯土版築迥然不同。

三、現在的陰山山脈當然包括狼山，但戰國秦漢時期的陰山實指大青山和烏拉山，狼山當時叫陽山。如《史記·蒙恬列傳》：「渡河，據陽山。」《史記·秦始皇本紀》：「西北斥逐匈奴，並河以東，屬之陰山……又使蒙恬渡河取高闕、陽山、北假中」。《史記》屢次出現的陽山，顯然指今烏加河以北的狼山，陽山與陰山並出，顯然不能用陽山是陰山之誤來解釋。狼山戰國時已稱陽山，《呂氏春秋·本味》：飯之美者有「陽山之穄」，穄就是糜子，耐乾旱，北方的糧食，煮粥最佳，今狼山下仍多產。北魏時也把狼山叫陽山，見《水經·河水注》：「河水自臨河縣東逕陽山南」。這個黃河之北的陽山無疑指狼山。史載高闕在陰山不在陽山，而狼山口在陽山不在陰山，所以狼山口不可能是高闕。

四、從考古資料看，在內蒙古境內發現趙國的遺迹、遺物，有和林格爾縣土城子古城、涼城縣雙古城、包頭市窩爾吐濠遺址出土的「安陽」布範和布幣，還有三頂帳房古城，均在今包頭市東或西，屬趙國的雲中郡轄境。但在西山嘴下臥羊臺有古墓群，經發掘無一是戰國墓。再向西和北，包括狼山南北的後套地區，從未發現趙國文物。從考古學上看，高闕在狼山口說也是站不住腳的。

高闕與長城

　　探討高闕的地望，對於確定陰山地區兩條長城的主屬，關係極大。我們認爲高闕在烏拉山西段，那麼與高闕相連的烏拉山南麓的長城當然是趙長城，至於狼山嶺上石塊乾砌的長城，根據文獻記載和地面遺物無疑是秦長城。這是非常清楚的。但是，由於過去把高闕定在狼山口就産生了許多混亂。不少歷史地圖既繪有陰山南麓的趙長城，又爲遷就此説不得不把狼山口上的長城標爲秦趙長城，謂這條長城初爲趙築，秦作了修補。趙國在狼山上築長城既無必要，也無可能。武靈王僅以五年的時間，憑藉二等諸侯的國力，在對中山國進行大規模的戰爭的同時，築一條起張家口北至烏拉山西段長達千餘里的土長城已屬不易，哪有力量和時間在狼山嶺上再築一條工程更爲浩大的石砌長城呢？秦派蒙恬「發三十萬衆築北河」，「死者不可勝數」，引起民怨沸騰。所謂「築北河」，即指築狼山嶺上的長城，這哪裏像對趙長城只作修補而已？我們在考察狼山口及其東的烏不浪口、巴音哈太、小佘太等段狼山上的長城、烽燧遺迹時，採到大量秦漢陶片和一枚西漢五銖錢，沒有發現趙國的任何遺物。可見這條長城原本秦築，西漢抗擊匈奴時曾利用過，與趙國無涉。

　　有的學者好像不同意趙國在西北連築兩條長城的説法，卻把趙長城從烏拉山西段繼續向西北畫，直與狼山口相接，以便與高闕在狼山口説吻合。這雖然把趙長城畫成一條，但所畫從烏拉山西至狼山口二百多公里的長城毫無根據。

關於高闕位置的反思
——兼答鮑桐先生

一九八五年夏，我隨秦漢長城考察隊去內蒙古考察五天，其中以半天時間去烏拉山西段找尋趙長城遺迹。回校後草〈高闕地望考〉一文，刊於《陝西師大學報》一九八六年第三期。新近讀了鮑桐的《高闕地望新探》，勾起了我對這個問題的重新思索，現在把我的認識申述於下。

一

鮑文認爲「長期以來流傳的蒙恬修長城，僅僅是將燕趙秦三國長城連接起來，加以修補的觀點是不符合事實的」。秦長城北段沒有利用趙長城。趙長城循大青山、烏拉山南麓，大部土築；秦長城緣狼山、色爾騰山中支查石太山和大青山的山梁或山腰，多爲塊石乾砌。這些看法，我在〈高闕地望考〉和〈秦始皇長城北段的考察〉①中都有闡述。這是我們通過實際考察取得的共識。但鮑桐先生的考察費時幾年，同時又採取了考古的方法，因而比我取得的材料精確。當然，我們之間的分歧也不必迴避。

關於高闕的地望，據《史記·匈奴列傳》載，趙武靈王在打敗三胡之後，築長城以拒胡。這條長城「自代並陰山下，至高闕爲塞」。《漢書·匈奴傳》同。按此，在陰山下的趙長城西向終點就在高闕塞。所以，要確定高

①　何清谷〈秦始皇長城北段的考察〉，《人文雜誌》一九八九年第四期。

關的位置，關鍵在於找出趙長城的終點。

鮑文認爲「趙長城西端在巴音花旗」，巴音花旗西北爲大壩溝口東岸，發現長城呈土壟狀，高寬均不足一公尺。從大壩溝口東行有哈只蓋溝、梅力更溝、哈達門溝。哈達門溝是烏拉山最大的一條溝谷，也是唯一可通行車馬的溝谷。哈達門溝東行十五公里是昆都侖溝，昆都侖溝是烏拉山與大青山的界溝。他把「趙高闕地望推定在昆都侖溝」。理由是此溝溝身平坦寬闊。最易於車馬通行，是古往今來穿越陰山的大道；溝附近城障密集；民國時期昆都侖溝即有高闕之說廣爲流傳。

我認爲鮑桐提出趙高闕在昆都侖溝之說很值得重視，因爲此溝在趙長城線上，他提出的三條理由，都可謂言之成理，持之有據。但也有可疑之處：一是離作爲趙長城西端的巴音花旗鎮有六十餘公里，失之偏遠；再者，長城線上的軍事隘口與統一時期的交通大道往往是不一致的，軍事隘口力求取一夫當關萬夫莫開之勢，趙與塞外遊牧民族打交道不用車，只用騎兵，騎兵貴在輕捷，凡可行人的路騎兵就可通行，安知趙武靈王不是用築長城隔絕易於通行的大道，而在易於防守的隘口設軍事要塞呢？所以昆都侖溝說，還有進一步考察和論證的必要。

秦漢長城考察隊那次考察本無考察趙長城的任務，但由於一天晚上在烏拉特前旗與當地幹部座談，聽他們說烏拉山下有趙長城，其西端到張連喜店。這引起了我的興趣，隊長答應了我的要求，請李志學先生作嚮導，乘汽車在烏拉山下考察了半天。我的文章中說：「最引起我們注意的是位於烏拉特前旗宿荄鄉張連喜店的烏拉山大溝口，相傳是趙長城的盡頭，因長期山洪冲刷，山口兩側下陷，亂石遍佈，表面看不到殘牆。但在溝東不太遠的達巴溝口有百餘公尺的長城殘牆，而溝西以至西山嘴全無長城殘迹，故此處有可能是趙長城的終點。大溝口兩側山峰陡峭，峰頂尖如利刺，高達海拔二二〇〇公尺以上，山口約八公尺寬，有南北向的通山道約三十多公里。……烏拉特前旗文博幹部李志學見告，由南口進入溝內七‧五公里有古城遺址，陶

片甚多；溝口北亦有古城遺址，有陶片。這顯然都是古代設防的遺迹，這裏可能就是高闕塞。」

鮑文認爲大溝口在十萬分之一的地圖上找不到此名，「根據所說方位，當爲小廟子溝。它與其東西的烏不浪溝、哈拉大壩溝相通後，西行至德布斯格廟，再北行可至後山。三條小溝都崎嶇難行，只通行人。何文所說的達巴溝（即烏拉不浪溝）口長城，經我們仔細觀察，實乃洪水多年淤澄的層積土壟，不是取土築的夯層。所說進溝七‧五公里的土城遺址，乃是德布斯格廟的廢址。所說溝口南約五○○公尺的古城遺址（即張連喜店古城），迄今只發現漢代遺物。所以可以肯定地說，大溝口不是高闕」。

鮑桐的這一席話我都是能接受的。我的工作由於時間限制的確做得十分粗疏。有的地名可能是當地的土地名，也有可能出於我的誤記。既然可以肯定趙長城的西端在巴音花旗鎮附近，那在小廟子溝以東五○餘公里，小廟子溝離長城終點太遠，因而不可能是高闕塞。鮑文說我在〈高闕地望考〉中「更肯定高闕應是烏拉特前旗宿荄鄉境內烏拉山西段的大溝口」。我的話沒有這麼武斷，我在寫了我所瞭解的長城終點之後，分明說「這裏可能就是高闕塞」。我主張服從事實，服從真理，倘有新的調查材料足以否定我的說法，我一定心悅誠服。

我認爲鮑桐的工作還應該做得更細一點。例如，巴音花旗以西的烏拉山下顯然至今還有斷斷續續的土壟存在，鮑文肯定這不是趙長城遺迹，「經我們仔細觀察，實乃洪水多年淤澄的層積土壟」。既然幾年在那裏工作，爲什麼只「仔細觀察」而不實際發掘呢？山下的洪水冲積只能形成扇形的漫坡，學名叫冲積扇，不會冲成數公尺高數公尺寬的土壟；且烏拉山不是土山，而是石中夾土，冲下的必是土石相混，而這條土壟是比較純一的壞土。鮑先生對這些原因弄清楚了嗎？鮑文用民國時期《西北叢編》、《地學雜誌》中的說法證明，高闕在昆都侖溝；我也可以用民國時期張維華在《禹貢》第七卷八、九合期刊的〈趙長城考〉中，引當時《綏遠通志稿本》云：「最近采訪

錄載，包頭縣境有古長城，東自什拉淖起，沿大青山及烏喇山之麓西行，至西山嘴子而止，凡長二百六十餘里，爲土石所築，高二、三尺，以至五、六尺不等，或斷或續，尚多存在」。張連喜店離西山嘴約五公里，這條材料與烏拉特前旗人口碑相傳趙長城終點在張連喜店相近。鮑文應該用更充分的材料否定《綏遠通志稿本》的説法。

二

我認爲高闕在烏拉山某山口，包括昆都侖溝，秦漢三次打匈奴過高闕，也是過的趙國的高闕塞，總之只有一個高闕。但鮑桐認爲有兩個高闕，一是趙高闕，在昆都侖溝；一是秦漢高闕，在狼山石蘭計山口。由於這個分岐，我們對有關史料的解釋就截然不同。

鮑文指出我「引用的第一條史料是：秦始皇三十二年，『使蒙恬渡河取高闕、陽山、北假中，築亭障以逐戎人』。上面已經論到，趙雲中郡早已歸屬於秦，雲中郡屬下的趙高闕，自然也應同時并入，因此，蒙恬所『取高闕』，無疑不是趙高闕，更無需標明是渡河後佔領的。」

首先我要指出所謂「趙雲中郡早已歸屬於秦」的説法是錯誤的。這是需要略説匈奴的情況：匈奴是一個長期活動於蒙古草原的古老民族。大約到戰國晚期，匈奴爲了得到内地農業區的農產品和手工業品作爲經濟補充，利用他們久經訓練的「甲騎」，衝出草原，開始與中原諸侯兵戎相見，燕昭王元年（前三一二年）匈奴騎兵「驅馳於樓煩（今晉北）之下」[2]，開始對燕趙邊地進行騷擾。趙武靈王北破林胡、樓煩，秦昭王翦滅義渠，匈奴收集林胡、樓煩、義渠等族殘部而迅速壯大，活動區域不斷向南推進。「當是之

<hr />

② 劉向《説苑》卷一。

時，冠帶戰國七，而三國（趙、秦、燕）邊於匈奴」③。趙孝成王時匈奴突破趙長城，佔據趙國雲中郡（郡治在今內蒙古托克托縣古城村古城），成為趙國的嚴重邊患。李牧雖然對匈奴作了有力的抵抗，也只能「常居代、雁門備匈奴」④，無力收復雲中郡而秦在派蒙恬大舉進攻匈奴之前，只能固守秦昭王長城以防匈奴，絕無奪取雲中郡之舉。鮑文「趙雲中郡早在秦王政十三年（前二三四年）就被秦李信佔據，隸屬於秦版圖」。這說法與秦漢文獻記載不合，《史記·秦始皇本紀》：「十三年，桓齮攻趙平陽（今河北臨漳西），殺趙將扈輒，斬首十萬」。此時秦王政剛開始籌劃消滅六國的戰爭，只對趙國腹地進行試探性的進攻，匈奴佔據雲中威脅趙國北方，對秦攻趙有利。即使在以後的十多年中，秦為集中兵力消滅六國，出於策略的需要，一直和匈奴保持互不侵犯的關係。鮑文的說法可能是用兩條材料拼成的：《水經·河水注》：「秦始皇十三年，立雲中郡」。又《戰國策·燕策》三：燕太子丹對荊軻說，「今秦已虜韓王，盡納其地，又舉兵南伐楚，北臨趙。王翦將數十萬之衆臨漳、鄴，而李信出太原、雲中。趙不能支秦，必入臣。入臣，則禍至燕」。前一條「秦始皇十三年」，十前脫「三」字，當是「秦始皇三十三年」。此年蒙恬打退匈奴之後雲中郡才為秦有，秦把雲中郡的西部劃入九原郡。秦代雲中郡轄境相當今土默特右旗以東，大青山以南，黃河南岸，治所仍在托克托境內；九原郡轄境相當今內蒙古後套及其以東至包頭市，黃河南岸伊克昭盟的北部地，治所九原縣在今包頭市西。燕策所云當在秦王政十八年，太子丹風聞秦兵分路攻趙，一路王翦率兵走南路，過臨漳、鄴，向趙都邯鄲進攻；一路由李信率兵走西北路，可能出太原，也可能繞道出雲中向趙雁門郡進攻，以牽制趙李牧軍。燕策三又云：秦叛將樊於期居燕，秦令燕交出，鞠武向燕丹獻策：「急遣樊將軍入匈奴以滅口」，燕丹認

---

③　《史記·匈奴列傳》。
④　《史記·廉頗藺相如列傳》附〈李牧傳〉

爲不可行。可見匈奴與秦此時關係尚好，使燕無法利用匈奴抗秦。李信出雲中是否屬實不能肯定，即確有其事也可能是秦向匈奴借道以攻趙，不能用這條材料證明李信十三年佔據雲中，並設立雲中郡。

秦始皇二十六年消滅了六國，又經過六年的經營，內地的統一已經鞏固，於是改變對匈奴姑息防守的策略，而開展大規模的軍事進攻，以解除匈奴對北方的威脅。《史記·秦始皇本紀》：三十二年，「始皇乃使將軍蒙恬發兵三十萬人北擊胡，略取河南地」。河南地注解釋大同小異，經史念海先生考證：「河南地的範圍是北起陰山之下的黃河以南，南至朝那、膚施之間的秦昭王所修築的長城，東西兩側都達到了黃河」⑤。在佔據河南地之後，就把匈奴趕到黃河以北，秦始皇三十三年，「又使蒙恬渡河取高闕、陽山、北假中，築亭障以逐戎人」。這裏的「渡河取高闕」，鮑文認爲「無需標明渡河後佔領」高闕，但這是《史記》原文，我不能擅自篡改。鮑文說「所渡之河應是北河（今烏加河）」，這話有何根據？《史記》、《漢書》中提到北河，總是「梁北河」、「築北河」、「臨北河」，從未見用「河」作「北河」的代名詞。北假包括當時陽山之南，南河之北，夾山帶河地區。相當今內蒙古臨河、五原諸縣所在的後套⑥。鮑文說，北假是「今烏拉特前旗烏梁素海東北部」，不對，這只是北假的東北角。既然北假還在匈奴手中，蒙恬軍怎能渡北河？所以「渡河」就指渡黃河。河南地西測的黃河即今寧夏銀川西北，據寧夏考古隊言，從未發現秦墓及秦建築遺迹，估計當是秦與匈奴扯鋸的地區，從此「渡河」危險太大。「渡河」的地點應在今河南地的西北，今包頭市南。「渡河」之後即到趙長城下，奪取了高闕，再出高闕西北行佔據陽山（今狼山），再佔陽山之南、南河之北的北假。司馬遷完全是按行軍路線的先後叙述的。狼山石蘭計山口是通向漠北的隘口，蒙恬軍既不向漠北

---

⑤ 史念海〈新秦中考〉，《中國歷史地理論叢》1987年第1輯。

⑥ 史念海〈新秦中考〉。

去，當然就不必把石蘭計山口當作首先爭奪的隘口。可見把蒙恬「取高闕」說成取狼山石蘭計山口是錯誤的。

鮑文云：「引用的第二條史料是，漢武帝元朔二年（前一二七年），『衛青復出雲中，西至高闕』。何引用時，沒有聯繫上下行文和有關傳記，因而作了錯誤的解釋。從《漢書》武帝紀、匈奴傳和衛青傳，特別是衛青傳中武帝的一段談話可知，衛青這次出征的戰略目標是『取河南地』，故爾師出雲中（今托克托縣古城鄉古城）後是先『度西河』（黃河），『走白羊王樓煩王。遂取河南地爲朔方郡。』然後『絕梓嶺，梁北河』（即在今烏加河上架橋），『西至高闕』，也才有可能『復繕故秦時蒙恬所爲塞』。最後南下隴西，破符離。既然是梁北河，就不可能去烏拉山大溝口。因此，高闕只能在狼山，不可能在烏拉山」。

請看我的原文：「漢武帝元朔二年，『令車騎將軍（衛）青出雲中以西至高闕。』漢雲中郡轄今内蒙古托克托、呼和浩特一帶，從雲中向西當然是沿烏拉山西進，所至的高闕必然在烏拉山西段。這場反擊匈奴的戰爭衛青立了大功，漢武帝在賞功時説：『今車騎將軍青度西河，至高闕。』（《史記·衛青列傳》）漢西河郡治所美稷縣，在今内蒙古準格爾旗境内，其北不遠就是黃河古渡口，「度西河」即由此渡河，衛青向高闕行進的路線與蒙恬相同。」這段話除「高闕必然在烏拉山西段」應改爲「在烏拉山某山口」和衛青「度西河」的路線與蒙恬不同外都是正確的。我這裏只説的高闕位置，没有必要作脱題的引用。

鮑文有幾處明顯錯誤，如説衛青「師出雲中後先『度西河』」，那個文獻上這樣説？《漢書·衛青傳》載：「青復出雲中，西至高闕」。同一段中漢武帝説：「今車騎將軍青度西河至高闕」，這意思完全一致，只是前者在出雲中之前省略了「度西河」，後者在「度西河」之後省略了「出雲中」。衛青的軍隊明明是由南向北行進，不渡黃河怎能到黃河北的云中？又如「走白羊王樓煩王。遂取河南地爲朔方郡」。然後「絕梓嶺，梁北河（即在今烏

加河上架橋），『西至高闕』」。這個進軍順序完全顛倒了文獻記載。〈衛青傳〉先云：「出雲中，西至高闕，遂至於隴西，捕首虜數千，畜百餘萬，走白羊、樓煩王。遂取河南地爲朔方郡」。又云「度西河至高闕，……遂西定河南地，案榆谿舊塞，絕梓嶺，梁北河，討蒲泥，破符離」。這明明是「西至高闕」在前，「絕梓嶺，梁北河」等在後。鮑爲什麼要把「西至高闕」置於「梁北河」之後呢？他說：「因此，高闕只能在狼山，不可能在烏拉山」。原來是爲了證明「高闕只在狼山」，不惜把《漢書‧衛青傳》的「上下行文」有意倒置。

　　鮑文說：「衛青這次出征的戰略目標是『取河南』」，這話沒錯。匈奴乘秦漢之際楚漢相爭和漢初的國力薄弱而迅速崛起，在冒頓單于率領下東敗東胡，西擊月氏，北伐西零、堅昆，南併樓煩、白羊，重新佔領河套。形成控制著東盡遼古、西逾蔥嶺、北抵貝加爾湖、南界秦昭王長城廣大地區的強大勢力。每到秋高馬肥時，匈奴騎兵連年南下對農業區進行掠奪和破壞，對西漢王朝及其統治區的人民生產安全造成巨大威脅。當漢武帝決意反擊匈奴的時候，匈奴「諸方王將居東方，直上谷以往者，東接穢貉、朝鮮；右方王將居西方，直上郡以西，接月氏、氐、羌；而單于之庭直代、雲中；各有分地，逐水草移徙」[7]。特別是右方王將，盤踞於上郡（郡治在今陝西榆林東南）以西的「河南地」，與漢朝以秦昭王時所築長城爲界。匈奴騎兵一旦跨越長城，兩天之內就可衝到漢都長安城下。爲了維護漢都的安全，漢武帝決心要從匈奴手中奪取河南地。但河南地三面都有險可守，不宜強攻，因而採取大迂迴的戰略。當匈奴大軍進犯漢上谷、漁陽之際，武帝立即派衛青率領精銳騎兵從上郡，沿秦昭王長城外側北進，過古黃河渡口，出雲中（今托克托），向西進攻而取高闕，這當然應在烏拉山某山口，然後出高闕到北假地區，再揮師南向，趕走匈奴傀儡白羊王、樓煩王，佔領了河南地，對隴西傳

─────────────

⑦　《史記‧匈奴列傳》。

橇而定。爲了鞏固對河南地的佔領，衛青曾探尋和修秦時「榆谿舊塞」，榆谿塞大約在今內蒙古伊金霍洛旗⑧；「絕梓嶺」，《漢書補注》引沈欽韓曰：梓嶺疑即木根山，木根山在唐夏州西北。按夏州北魏置，治所在今陝西靖邊縣白城子，白城子西北方有契吳山，在今內蒙古烏審旗境內，木根山可能是契吳山的一部分，疑匈奴在此有防禦工事，「絕梓嶺」就是破壞這種防禦工事；「梁北河」是在今烏加河上架橋，但架橋之後大軍並沒有北進，而是「討蒲泥，破符離」，晉灼注：「蒲泥、符離二王號也」，顏師古注：「符離塞名也」。《漢書補注》引沈欽韓曰：「符離塞在丰州，河西北」。按：一爲王名一爲塞名，應是匈奴蒲泥王盤踞於符離塞。唐豐州治所在今內蒙古臨河縣東。這似在「梁北河」之後揮師南向，在今臨河縣東討伐蒲泥王，同時攻破符離塞，以掃除河南地範圍內的匈奴殘部。漢武帝下令在河南地設朔方郡並築朔方城，用郡縣制對河南地進行統治。既然衛青這次戰爭始終是圍繞「取河南地」進行，而狼山石蘭計山口是通向漠北的道路，衛青爲什麼要背道而馳呢？

鮑文云：「引用的第三條材料是，『元朔五年春，令衛青將三萬騎出高闕』。何引用時，更有割裂史實，爲己所用之嫌。《漢書·衛青傳》稱：『令青將三萬騎出高闕，衛尉蘇建爲游擊將軍，左內史李沮爲强弩將軍，太僕公孫賀爲騎將軍，代相李蔡爲輕車將軍，皆領屬車騎將軍，俱出朔方』。《漢書·武帝紀》載：『大將軍衛青將六將軍兵十餘萬人出朔方、高闕』。《漢書·匈奴傳》稱：『漢遣衛青將六將軍十餘萬人出朔方高闕』。三條材料都明確是朔方高闕，即是出狼山。歷代注家也都釋高闕在朔方郡。《水經注》還特別點名這次出師在狼山高闕。怎能不顧史實，硬將高闕拉到烏拉山大溝口呢！」

請看我的原文：「元朔五年春，西漢再次發兵擊匈奴，武帝命衛青『將

⑧　史念海〈新秦中考〉。

三萬騎，出高闕』。命蘇建、李蔡等率軍出朔方，從西面配合衛青。（《史記·衛青列傳》）漢朔方在今烏拉特前旗，其東的高闕應在今烏拉特前旗東」。這段我認爲毫無割裂史實爲己所用之處，只是爲行文簡明，引文對原文作了合理的節引。

　　這次戰爭打擊的主要對象是匈奴右賢王。據《漢書·匈奴傳》載：「匈奴右賢王怨漢奪之河南地而築朔方，數寇盜邊，及入河南，侵擾朔方，殺略吏民甚衆。」爲了進行反擊，元朔五年春，武帝派遣「衛青將六將軍十餘萬人出朔方高闕」。所謂「衛青將六將軍」，《史記·漢興以來將相名臣年表》云：「長平侯衛青爲大將軍擊右賢。衛尉蘇建爲游擊將軍，屬青。左内史李沮爲強弩將軍，太僕賀爲車騎將軍，代相李蔡爲輕車將軍，岸頭侯張次公爲將軍，大行息爲將軍：皆屬大將軍，擊匈奴。」據此可知六將軍就是蘇建、李沮、公孫賀、李蔡、張次公、李息。所謂「十餘萬人」是衛青率三萬騎兵，其他六將軍共率七、八萬人，包括騎兵、弩兵、步兵及輜重部隊。所謂「出朔方高闕」，如《漢書·匈奴傳》言，衛青率三萬精銳騎兵，輕裝簡行，出高闕奇襲右賢王駐牧地；另一路由蘇建、李沮、公孫賀、李蔡率領大約有四、五萬人，騎、步、弩、車俱全，浩浩盪盪，虛張聲勢，從朔方進攻，以吸引右賢王的注意力。這四將所率軍隊「俱出朔方」，顯然與衛青率騎兵「出高闕」是同時分道行進的。四將「皆領屬車騎將軍」，《漢書補注》王先謙曰：「遙領屬青」，可見王氏也認爲「出朔方」與「出高闕」是分途行軍，朔方一路歸衛青「遙領」。高闕不論是昆都侖溝或烏拉山其他溝在漢代屬五原郡轄；朔方很可能指的漢朔方縣及蘇建主持興築的朔方城，位置在今内蒙古杭錦旗北的黃河南岸附近，其地爲北河與南河相匯之處，是漢匈爭奪的重要黃河渡口，在高闕之西。如果説朔方不指朔方縣而指朔方郡，該郡轄三封、朔方、修都、臨河、呼道、窳渾、渠搜、沃壄、廣牧、臨戎等十縣，都在五原郡之西，狼山之南，黃河南北。朔方郡十個縣東西二百餘公里怎樣行軍呢？難道是十餘萬人作一字形擺開橫排前進，過河後跋涉三十餘

公里到狼山下，再集中起來魚貫而入石蘭計山口嗎？這樣才差強符合鮑説的「朔方高闕」，顯然不可能如此行軍。這是一支漢武帝派出的由衛青統一指揮的反擊匈奴的大軍，從上郡一分爲三。主力分兩路行軍：一路由衛青親自率領，以三萬精騎「出高闕」，以便對右賢王突然襲擊，這叫奇兵；另一路由蘇建等四將軍率領騎、步、車兵及輜重部隊，浩浩蕩蕩，從匈奴正在侵擾的朔方城作正面進攻，以吸引和牽制匈奴主力，這叫正兵。所以出朔方與出高闕是奇正配合的兩路行軍而不是一路，這兩地也都不在狼山。此外還分出一路偏師，即「大行李息、岸頭侯張次公爲將軍，出右北平」⑨，以阻擊匈奴左部，使其不能西進支援右部。偏師大約有一兩萬人，也歸衛青指揮，其任務是阻擊打援以配合大軍擊匈奴右賢王。

衛青指揮主力部隊「出朔方」和「出高闕」後，與匈奴右賢王在狼山之南黃河之北展開戰鬥。《史記·匈奴列傳》云：「匈奴右賢王當衛青等兵，以爲漢兵不能至此，飲醉。漢兵夜至，圍右賢王，右賢王驚，夜逃，獨與其愛妾一人壯騎數百馳，潰圍北去。」右賢王被圍的地方在窳渾附近，「都尉韓説從大將軍出窳渾，至匈奴右賢王庭，爲麾下搏戰獲王」。窳渾，後爲窳渾縣，治所即今内蒙古磴口縣西北保爾浩特土城。窳渾西北是雞鹿塞，經哈隆格乃山谷可到漠北，右賢王偕愛姬逃跑可能走的這個山谷。鮑文説：「都尉韓説出雞鹿塞，配合衛青作戰，兵分爲兩路」。這對史料顯然體會錯了，「韓説從大將軍出窳渾」，明明是隨衛青而不是分兩路，明明是出窳渾怎能説出雞鹿塞？右賢王「潰圍北去」，衛青派兵追趕，〈匈奴傳〉云：「漢輕騎校尉郭成等逐數百里，不及，得右賢裨王十餘人，衆男女五千餘人，畜數千百萬，於是引兵而還」。郭成等追逐匈奴的道路當然經過狼山的某山口，可能有哈隆格乃山口、石蘭計山口等，但文獻上沒有説這是「出高闕」；而是「出高闕」後在狼山之南大戰獲勝，下一步追趕時才過狼山某口的。

---

⑨ 《史記·衛青列傳》。

　　總之，蒙恬和衛青三次「至高闕」或「出高闕」，都是秦漢和匈奴在狼山之南進行的戰爭，石蘭計山口是兩狼山之間通向漠北的道路，只要不向漠北去就不必出石蘭計山口，而衛青部下爲追趕匈奴也經過石蘭計山口，卻不說那就是高闕。可見我對這三條材料的解釋，沒有「割裂史實，爲己所用之嫌」，鮑桐的秦漢高闕在石蘭計山之說是一種削足適履，是削《史記》《漢書》所載史實之足，以適狼山石蘭計山口之履。

三

　　高闕是武靈王爲趙長城西端的軍事要塞所取的名稱，但不見戰國文獻記載。最早見於司馬遷的《史記》，其中有四條記載：〈匈奴列傳〉趙長城西端「至高闕爲塞」；〈秦始皇本紀〉，三十三年蒙恬「取高闕」；〈衛將軍驃騎列傳〉，武帝元朔二年衛青率軍「西至高闕」；同傳元朔五年春，衛青「將三萬騎出高闕」。至於〈漢興以來將相名臣年表〉中有高闕，都是上述歷史事件的重復記載。可見在漢武帝時代高闕的名稱還在沿用。但是，高闕不一定就在一條很重要的交通大道上，如《漢書·武帝紀》，元封元年夏，武帝從東海之濱回時，「自遼西歷北邊九原，歸於甘泉」，既「歷北邊」卻沒有經過高闕。同年十月，武帝「行自雲陽，北歷上郡、西河、五原，出長城，北登單于台，至朔方，臨北河。勒兵十八萬騎，旌旗徑千餘里，威震匈奴」。北行路線的敘述可謂細矣，還沒說經過高闕。班固作《漢書》所用有關高闕的材料，全照鈔《史記》。《漢書·地理志》寫得夠詳備了，但不僅正文，連自注也沒有提到高闕。這説明高闕作爲地名已長久不用，其位置人們已不大清楚，故博聞强記如班固也不敢妄指。

　　兩漢以後高闕作爲古迹，久已湮没於荒煙蔓草之中，很難知其本來面目。後代注家的説法，可謂用心良苦，但你東我西，莫衷一是，大多不是根據道聽途説，就是憑藉主觀臆斷，真知灼見者有，不多，也比較模糊，只能

作爲參考。鮑文常說：「酈道元的記叙和歷代注家的注釋」都認爲高闕在狼山石蘭計山口，其實根本不是這回事。請看鮑氏所引證的「記叙」和「注釋」，有那一條能作爲秦漢高闕在石蘭計山口的力證？

鮑文引酈氏《水經注》：「河水又屈而東流，爲北河，東逕高闕南」，用來證明高闕在狼山石蘭計山口似有道理；但酈氏接著自注：「《史記》趙武靈王既襲胡服，自代并陰山下，至高闕爲塞，山下有長城」，這與鮑文的觀點是相悖的。酈氏引《史記》說的趙高闕，而鮑用來證明不同趙高闕的秦漢高闕；酈說趙長城：「并陰山下」，而鮑也承認狼山當時稱陽山而非陰山；趙高闕「山下有長城」，鮑的秦漢高闕所在的石蘭計山口，山下絕無長城痕迹。這說明酈道元沒有親到石蘭計山口調查，其叙述是想當然的，這一事實鮑文也承認。酈氏又引《虞氏記》，證明趙武靈王在「五原河曲築長城，東至陰山」，按地望當指烏拉山和大青山下的趙長城。《虞氏記》是已佚的戰國秦漢私家筆記，當然可信，但這與他的「北河東逕高闕南」不一致。要之，酈書中關於高闕位置矛盾重重，不能只信其中有用的一句而不考慮其他。

鮑文說「歷代注家也都釋高闕在朔方郡」，這指鮑文所引：司馬貞〔索隱〕引小顏去「一曰塞名，在朔方之北」。裴駰〔集解〕引徐廣曰：「在朔方之北」。李賢注《後漢書》也稱：「高闕山名，因以爲塞，在朔方北」。從這三條看，注家說：「在朔方北」與鮑說「在朔方郡」是不一致的。朔方北指漢朔方縣或朔方城北，那就只能指烏拉山西部或狼山東部，絕不指兩狼山之間的石蘭計山口；倘按鮑意指朔方郡北，朔方郡包括十縣，東西橫亘二百餘公里，包括烏拉山西部及狼山中西部，各有很多山口，怎能證明高闕就一定在狼山石蘭計山口呢？可見這些注沒有一條能證明鮑先生觀點的。

鮑文引《舊唐書》曰：『西城即漢之高闕塞也』。《新唐書》亦云：「西城，漢高闕塞也」。我查中華書局版《舊唐書》卷三八〈地理志〉、《新唐書》卷三七〈地理志〉及卷一一一〈張仁愿傳〉，西受降城位置未見

與高闕聯起來。即便確有此說，《舊唐書》爲五代後晉官修，《新唐書》宋歐陽修等撰，二書此說也純憑傳聞，不足爲據。況且，西受降城位置，按鮑文在今烏拉特中旗烏加河鎮圓圖補隆村東，離石蘭計山口還有三四公里，怎能用此證明高闕就在石蘭計山口呢？

鮑文還引用了許多明清以來石蘭計山口交通重要的材料，這與戰國秦漢高闕的位置不沾邊。

高闕位置的考定是一項實證研究，只有認真從戰國秦漢有關記載中找線索，結合現代手段的考古發掘和調查，用王國維提倡的二重證據法，進行全面、縝密的研究，才能逐步解決。倘有機會，我打算沿著這個方向去做工作。

趙國名將趙奢

　　趙奢是戰國後期趙國的名將，但司馬遷在《史記・廉頗藺如列傳》後面只給他寫了幾筆，失之簡略，有礙對戰國後期戰爭史的研究。他的其他記載也甚少，很難補足這一缺憾，只能摭拾其有關材料，對他的事迹略加考述。

流亡燕國

　　趙奢趙人，出身無記載，不過趙國的趙姓都是趙衰的後代，他既與國王同宗，當屬貴族。其早年活動不詳，只知趙奢曾對趙勝説：「奢嘗抵罪居燕，燕以奢爲上谷守，燕之通谷要塞，奢習知之。」（《戰國策。趙策四》）燕上谷郡，治所在今河北懷來縣，轄境有張家口以東，昌平以北諸縣，爲燕昭王派秦開破東胡後設置的五郡之一。①此事《皇王大紀》排在燕昭王二十一年，趙惠文王八年，即西元前二九一年。趙奢任燕上谷郡守不會

①　《史記・匈奴列傳》載：「燕有賢將秦開，爲質於胡，胡甚信之。歸而襲破東胡，東胡郤千餘里。與荆軻刺秦王秦舞陽者，開之孫也。燕亦築長城，自造陽至襄平。置上谷、漁陽、右北平、遼西、遼東郡以拒胡。」此事未繫年代，但司馬遷排在趙武靈王破三胡之後，在燕當爲燕昭王時代。秦開孫秦舞陽西元前二二七年隨荆軻刺秦，一代以三十年計，三代向上推九十年爲西元前三一七年，即燕王噲四年。秦開的活動年代當在燕王噲四年至燕昭王二十四年（西元前二八八年）。再者，燕在燕昭王以前和以後均弱，只有燕昭王時有力量擊敗東胡。故此事在燕昭王時無疑。

早於此年。趙奢因何「罪」居燕？可能與趙國的一場內亂有關。西元前二九五年，即燕設上谷郡的四年前，趙成和李兌發動「沙丘之亂」，餓死趙主父（即趙武靈王）。趙惠文王年幼，「成兌專政」，對主父時的近臣橫加迫害，此時燕昭王正在懸賞招賢，趙的受迫害者紛紛奔燕。「賢而好兵」的樂毅離趙而為燕昭王的亞卿（《史記·樂毅列傳》），藺相如的主人繆賢大約也在此時「嘗有罪竊計欲亡走燕」（《史記·廉頗藺相如列傳》）。趙奢既為貴族，又當盛年，也可能在趙武靈王推行胡服騎射時顯露過頭角，因而獲「罪」於成兌，在沙丘亂後亡命入燕。趙奢居燕漸得燕昭王的信任，四年後（前二九一年）拜為上谷郡守。所謂「抵罪」、「有罪」云云，為趙惠文王執政時大臣們對曾受李兌迫害的專用術語。西元前二八七年，即趙惠文王十二年，李兌在趙專權發展到頂點，曾企圖接受外國封地的賄賂（《戰國縱橫家書》三九—四〇頁），而發動五國攻秦，不久失敗，趙惠文王即收回權力，受其迫害者遂陸續回國。趙奢可能是在趙惠文王十二年（前二八七年）或稍後從燕回趙的。

執法如山

趙奢初回趙國的情況，據《史記·廉頗藺相如列傳》記載：「趙奢者，趙之田部吏也。收租稅而平原君家不肯出租，奢以法治之，殺平原君用事者九人。平原君怒，將殺奢。奢因說曰：君於趙為貴公子，今縱君家而不奉公則法削，法削則國弱，國弱則諸侯加兵，諸侯加兵是無趙也，君安得有此富乎？以君之貴，奉公如法則上下平，上下平則國強，國強則趙固，而君為貴戚，豈輕於天下邪？平原君以為賢，言之於王。王用之治國賦，國賦大平，民富而府庫實。」

趙奢從西元前二八〇年以後一直帶兵打仗，他任田部吏當在任將軍之前，即約在西元前二八七年後至西元前二八〇年前的六年之內。田部吏，類

似秦國的「大田」，主管農業的官員（《睡虎地秦墓竹簡‧田律》）。主要負責徵收土地稅。按戰國的封君制度，受封貴族可向封地內的居民徵收賦稅作爲國家給自己的俸祿，不向官府上交，但平原君除有封地外還自置私田，這部分土地是應向官府納稅的。當時趙國對土地稅的徵課有法律規定，無論貴族平民都得繳納應納的賦稅，否則，必須依法治罪。平原君名趙勝，趙惠文王之弟，爲戰國四大貴公子之一，權勢顯赫，縱容家人抗交國稅，趙奢不畏權貴，對其家人依法懲辦，且以國與家利害的一致性說服了平原君，並得到趙惠文王的信任。趙王用他「治國賦」，似爲田部吏職務的擴大，除收土地稅外還負責徵收山澤稅、工商稅等，即負責整頓國家的財政收入以供軍需。由於他辦事認真，不徇私情，剛正不阿，執法如山，使權貴們不能逃避賦稅，不能把負擔轉嫁給平民，收到「國賦大平，民富而府庫實」的效果。從而使國內階級矛盾有所緩和，財政收入大增，保證了軍隊的供給。這也是使趙國曾强盛一時的原因之一。

戰勝齊秦

趙奢軍旅生涯的最早記載，見《史記‧趙世家》：趙惠文王十九年，西元前二八○年，「趙奢將，攻齊麥丘，取之。」時在樂毅破齊之後，（前二八四）田單復國之前，（前二七九）麥丘在今山東省商河縣西北，其地齊不能照舊統治，燕亦無力佔領，趙遂乘機奪之。趙奢初任將軍即建「得城」之大功，趙惠文王大喜，公孫龍說趙王「東攻齊得城而王加膳置酒」，（《呂氏春秋‧審應覽》）即指此事。

最足以顯示趙奢指揮才能的是閼與之戰。秦國因爲趙國沒有履行交換三

個城邑的協議，派中更胡陽②率兵越過韓的上黨包圍趙國的閼與城（今山西和順縣）。閼與在太行山西麓，道路險狹，不易行軍。趙國的幾員大將都說閼與難救，唯獨趙奢認爲可救。他說：「其道遠險狹，譬之猶兩鼠鬥於穴中，將勇者勝。」西元前二六九年，趙惠文王令趙奢前去救援。趙奢率兵在離邯鄲三十里的地方駐紮了二十八天堅壁增壘，裝作不敢去救，又利用秦的間諜給胡陽製造錯覺。當秦軍被麻痹以後，他以兩日一夜急行軍趕到離閼與五十里地駐紮下來，製造築壘紮營長期駐守的假象，「秦人聞之，悉甲而至。」當把秦軍主力吸引過來後，他採納軍士許歷的建議，便率一萬精兵迅速佔據閼與城北的制高點─北山。「秦兵後至，爭山不得上，趙奢縱兵擊之，大破秦軍。秦軍解而走，遂解閼與之圍而歸。」趙奢因這一大功被封爲馬服君，與廉頗、藺相如同位。（《史記·廉頗藺相如列傳》）

閼與之戰是秦國在兵強海內、威行諸侯的情況下遭到的一次最大的挫折，影響很大。四年後信陵君對魏王說：「越山踰河，絕韓上黨而攻強趙，是復閼與之事，秦必不爲也。」（《史記·魏世家》）可見，人人皆知秦生怕重蹈閼與之戰的覆轍。二十四年後，魏牟還對趙孝成王說：「王之先帝，駕犀首而驂馬服，以與秦角逐。秦當時適（避）其鋒。」（《戰國策·趙策三》）「駕犀首」指趙武靈王利用公孫衍發動五國攻秦，「驂馬服」即指趙惠文王派趙奢在閼與擊秦獲勝。可見這一戰確使強秦受到震懾。

趙奢還有一次半途而退的合縱抗秦活動。戰國末年某說客對秦王說：「昔者，秦人下兵攻懷，服其人。三國從之，趙奢、鮑佞將，楚有四人起而從之，臨懷而不救，秦人去而不從。不識三國之憎秦而愛懷邪？亡其憎懷而愛秦邪？夫攻而不救，去而不從，是以三國之兵困，而趙奢、鮑佞之能

─────────

② 《史記》中的〈秦本紀〉作「胡傷」。〈穰侯列傳〉作「胡陽」，《戰國策·趙策三》作「胡昜」。清梁玉繩《史記志疑》卷四云：依穰侯傳作「陽」爲是，「昜」即古「陽」字，「胡傷」當是傳寫之訛。

也。」（《戰國策·趙策二》）

按秦簡《編年紀》秦攻取魏國的懷（今河南武陟西南）在秦昭王三十九年，即西元前二六八年，亦即閼與之戰後一年。③當時趙、齊、楚三國合縱救懷，趙將是趙奢，齊將是鮑佞，楚由四人領兵。但是，由於三國的利害不一致，加之此戰爲范睢首謀，派五大夫綰率秦主力來攻，（《史記·范睢列傳》）力量對比懸殊，於是三國不戰而退。說客所謂「趙奢、鮑佞之能」，指趙奢等估計形勢不利，爲保存實力而不捲入敗局已定的戰鬥。《孫臏兵法·八陣》云：「見勝而戰，弗見而靜」，趙奢遵守了這一條選擇戰機的原則。

忠心保國

趙孝成王元年（西元前二六五年），趙與燕矛盾激化，燕國利用原宋人榮蚠領兵攻趙。趙相平原君認爲齊相田單與燕國有「茹肝涉血之仇」，不久前率齊兵從燕人手中收復了失地，因而願把趙國靠近齊國的許多城邑割給齊國，以求得田單率兵與燕作戰。趙奢反對這種作法，他對平原君說：這濟東三城及五十七個市邑，都是趙國官兵參予樂毅破齊時，「覆軍殺將」從齊國奪來的，現在您把這麼多的國土割給齊國，只求得一個田單，難道趙國就沒有人嗎？他自薦可以承擔打燕的任務。他進一步分析說：假使田單愚蠢，一定擋不住榮蚠的進攻；假使田單聰明，又一定不肯爲趙國利益而與燕人作戰。這兩者必居其一，而不論田單愚蠢或聰明都對趙國不利。當然田單是聰明的，他爲什麼願意使趙國強大呢？趙國強盛齊國就沒有恢復霸業的希望

---

③ 《史記·魏世家》、〈六國年表〉、〈范睢列傳〉皆與《編年紀》同，唯〈秦本紀〉云：秦昭王四十一年夏，「攻魏取邢丘、懷。」較《編年紀》等取懷遲二年。今考拔邢丘在昭王四十一年，爲拔懷後二年事，〈秦本紀〉將拔懷誤併在四十一年內，故拔懷時間應從《編年紀》。

了。田單很可能把這次戰爭有意打成消耗戰，他以「強趙之兵，以杜燕將，曠日持久數歲」，使士兵死於溝壘，裝備變爲破爛，府庫倉廩耗空，趙燕兩國都受到巨大損失。平原君不聽趙奢的苦勸，田單興師動眾打了很久，只得到三個「無過百雉」的城池，「果如馬服之言」（《戰國策·趙策四》）。從這一席話可以看出，趙奢是一位像屈原那樣清醒的愛國者，他忠於自己的宗國，願意爲國家供獻一切，反對把保國的希望寄託在外人身上。但他的拳拳之忠，得不到當權者的信任。

趙孝成王二年（西元前二六四年），用田單爲相，趙奢仍爲將軍。趙奢和田單的軍事觀點有分岐，有一次二人論兵，田單從國內生產和軍需供給考慮，且有以「奇兵」敗燕經驗，主張打仗要少用兵。趙奢從當時各國交戰的實際情況及戰爭方式的變化考慮，認爲打仗必須保證一定數量的兵員。趙奢通過擺事實講道理，竟使田單「喟然嘆息曰：『單不至也！』（《戰國策·趙策三》）」按：戰國中期各國先後置相，相亦稱宰相、丞相、相邦，爲百官之長，對內主持政務，對外主持邦交。「因之各國往往向其與國推薦相才，以固邦交，而其與國亦往往屈意接受，爲交歡之一種表示。」「兩國關係特別密切者，或可共置一相，如張儀之欲共相秦、魏，趙獻之謀並相韓、楚」。（齊思和《中國史探研》第一四七——一四八頁）趙國欲抗秦擊燕，企圖通過田單改善與齊國的邦交，因而聘田單爲相，田單可能也是並相齊趙的。齊封田單爲安平君，趙封田單爲都平君。田單與趙奢論兵當在相趙之後。《戰國策·趙策三》云：「趙惠文王三十年（西元前二六九年），相都平君田單問趙奢」。此時田單沒有相趙，年代有誤。《史記·趙世家》載：趙孝成王二年，即西元前二六四年，「田單爲相」。論兵當在田單任趙相之後。

趙奢生年失載，卒年亦無法確知。只知《史記·廉頗藺相如列傳》云：「秦與趙相距長平，時趙奢已死。」趙奢西元前二六四年與田單論兵，長平之戰始於西元前二六一年，據此可以推知趙奢應卒於西元前二六三年或前二

六二年。他有記載的活動從西元前二九一年到西元前二六三年，約二十八年。假定他西元前二九一年任燕國太谷守時爲三十歲，依此上溯，大約生於西元前三二一年，即趙武靈王五年。他一生大約活了五十八、九歲。他死後埋在邯鄲西北的西山上，這個山就叫馬服山。（《括地志》及《史記》廉藺傳集解引張華曰）

永世流聲

趙奢是一位精於韜略的軍事家，他有豐富的軍事思想。

趙奢指揮的閼與解圍戰，不僅靠血氣之勇，還主要憑他的足智多謀。如面對秦軍那樣的強敵，「告之不敢，示之不能」，《孫臏兵法・十問》使敵人驕傲起來，鬥志鬆懈，麻痺大意；「能爲敵之司命」（《孫子兵法・虛實篇》），製造假象把秦軍調來調去，使自己「反客爲主」獲得主動權；善於利用地形，奪取制高點，舉高臨下，壓倒敵人等等，都是孫武、孫臏總結出來的用兵經驗，趙奢在實踐中成功地運用了這些經驗。唐人杜佑認爲閼與之戰是「示緩及先據要地」而獲勝的典型戰例。（《通典》一五三卷）趙奢之受封馬服君，虞喜《志林》云：「言能服馬也。」可見趙奢繼承了趙武靈王胡服騎射的傳統，善於訓練騎兵。此戰趙軍之所以能在道路險狹的太行山區行動飄忽、出其不意的痛擊秦軍，顯然得力於騎兵。

趙奢很重視對當時的戰爭形勢和特點的研究。在論兵時，田單說：「帝王之兵，所用者不過三萬，而天下服矣。」趙奢指出田單「不明時勢」。他說：「古者四海之內，分爲萬國。城雖大，無過三百丈者；人雖衆，無過三千家者。而以集兵三萬，距此奚難哉！今取古之爲萬國者，分以爲戰國七，能具數十萬之兵，曠日持久，數歲，即君之齊已。齊以二十萬之衆攻荊，五年乃罷。趙以二十萬之衆攻中山，五年乃歸。今者，齊、韓相方，而國圍攻焉，豈有敢日，我其以三萬救是者乎哉？今千丈之城，萬家之邑相望也，而

索以三萬之眾，圍千丈之城，不存其一角，而野戰不足用也」。（《戰國策·趙策三》）趙奢的分析就是對當時戰爭特點研究的結果。由於郡縣徵兵制的推行，各國軍隊數量激增，且有步兵、騎兵、車兵等多兵種作戰，兵員補充容易，所以較之春秋戰爭的規模擴大，時間持久。特別在作戰方式上由春秋時的車陣會戰轉變爲戰國中後期的攻城野戰，每戰需要的軍隊數量很大，太少了就無法對敵人進行大包圍。從軍事學上看，趙奢的這種分析是有價值的。

趙奢很重視將領的實戰鍛煉，反對空談。他的不屑之子趙括，「自少時學兵法，言兵事，以天下莫能當」，是紙上談兵的能手。趙奢很不喜歡，趙括的母親問其故，趙奢説：『兵，死地也，而括易言之。使趙不將括即已，若必將之，破趙軍者必括也。』他的預見，在長平之戰中完全得到應驗。（《史記·廉頗藺相如列傳》）

趙奢品格高尚，頗具戰國良將作風。據他的夫人説：趙奢「時爲將，身所奉（捧）飯飲而進食者以十數，所友者以百數，大王及宗室所賞賜者盡以予軍吏士大夫，受命之日，不問家事。」（《史記·廉頗藺相列傳》）按兵書對良將的要求，「將受命之日忘其家，張軍宿野忘其親，援枹而鼓忘其身。」（《尉繚子。武議第八》）大將以身作則，不貪財，不怕死，愛護部下，關心士卒，與部下同甘共苦，戰士才能拼命效力，將領才能實現有效的指揮。趙奢在這方面堪稱楷模，爲後世兵家所稱贊。曹操説：「昔者趙奢竇嬰爲將也，受賜千金，一朝散之，故能濟成大功，永世流聲。吾讀其文，未嘗不慕其爲人也。」（《三國志·魏志·武帝紀》裴松之注）西漢賈誼在《過秦論》中把趙奢列爲東方六國的八個名將之一。這些評價都是公允的。

從藺相如批評趙括「徒能讀其父書傳」（《史記·廉頗藺相如列傳》），田單對趙奢説：「吾非不説（悅）將軍之兵法」（《戰國策·趙策三》），可以看出，趙奢著有兵法。惜乎失傳甚早，漢人已看不到，故《漢書·藝文志》已無著錄。

秦國名將白起

　　戰國（前四七五—二二一年），是諸侯割據混戰向封建大一統轉變的時代。白起是秦昭王（前三二四—前二五一年）時的大將。他謀略過人，出奇制勝，以善於打殲滅戰威震諸侯，爲秦後來取得統一戰爭的勝利奠定了基礎。

　　白起（？—前二五七年）又名公孫起，郿人。據記載，今陝西眉縣渭河北岸白家村附近曾有白起城，城中有白起故居。①

　　白起出身於秦國貴族，是秦武公（前六九七—前六七八年）之子公子白的後代，到秦昭王時已成爲遠房貴族。因商鞅變法已剝奪了貴族的世襲特權，白起的仕進不是繼承祖先的餘蔭，而是憑藉自己的戰功。

　　白起是在秦昭王向東擴張的戰爭中脫穎而出的。秦昭王十三年（前二九四年），派向壽率大軍東進，打算把韓魏兩國攔腰截斷。白起以副將攻韓國的戰略要地新城（今河南伊川縣西南），由於攻擊力量極強，韓魏國王大恐，立即派出韓魏聯軍保衛新城。在戰爭中，白起因有勇有謀得到秦相魏冉的賞識，由左庶長（十級）連升兩級而爲左更（十二級），並舉薦他代替向壽指揮全軍。

　　秦昭王十四年（前二九三年），白起率軍主動撤離新城，假裝向周王室所在的洛陽方向進攻，引誘韓魏聯軍進入伊闕。伊闕就是洛陽市南的龍門，

———————————

① 　乾隆修《郿縣志》卷一、卷七。

因兩山相對如闕，伊水流經其中得名。這是一個大口袋，白起把敵方引進口袋之中以便殲滅。戰爭由於在韓國土地上進行，當然由韓主兵，但韓將公孫喜不敢打頭陣，一再讓魏軍首先迎戰，魏將犀武卻堅決要韓軍打先鋒，兩軍都想保存自己的實力。白起巧妙地利用韓魏兩軍的矛盾，他佈置一支疑兵，擺出準備向韓軍營壘進攻的態勢以麻痺魏軍，然後集中精銳兵力，出其不意地向魏軍發起猛烈攻擊。魏軍被擊敗，韓軍望風自潰，秦軍乘勝追殲，消滅韓魏聯軍二四萬，魏將犀武被殺，韓將公孫喜被俘，秦軍佔領了五城。這就是著名的伊闕之戰。白起因功晉爵爲大良造（十六級）晉職爲國尉，成爲秦國當時最高的武官。此後的十三年間，白起又率軍相繼攻克了趙、魏的幾座城邑，爲秦國開拓了領地。

西元前二七九年，秦統一六國的戰爭拉開了序幕，白起則在這場史無前例的戰爭中扮演了一個相當重要的角色。當時，首先遇到的問題是明確進攻目標，與秦接壤的趙、楚都是強國，是與秦爭鋒的主要對手。白起經過幾次試探，感到大舉攻趙的時機尚不成熟，而楚國政局混亂，民怨沸騰，給秦國造成有利的戰機，故建議釋趙而攻楚。秦昭王二十八年（前二七九年），秦昭王邀請趙惠文王會盟於澠池，兩國修好停戰。白起陪秦昭王赴會。平原君趙勝說，他在澠池之會時看到白起「小頭而銳，瞳子白黑分明，視瞻不轉」。②可見白起英姿勃勃的儀表。

與趙國結盟後，秦國派出三路大軍攻楚。其中白起率主力由漢北地區南下，連戰告捷，攻下鄧（今湖北襄樊市北）、鄢（今湖北宜城東南）、西陵（今湖北宜昌市西北）等五城。

鄢城戰略地位非常重要，南距郢都僅百餘公里，且有大路相通，是從北而南進入郢都的必經門戶，也是郢都北面最重要的防線，故楚國把鄢作爲別都，派數十萬大軍駐守。當白起對鄢發起攻擊時，楚國軍民奮力抵抗。白起

---

② 《春秋戰國異辭》卷五十一引《春秋後語》。

硬攻不下，就改用引水灌城的辦法。鄢城西面有一條鄢水（今稱蠻河），發源於荆山與康狼山之間，向東南注入漢江。白起在城西命士兵築土爲堨（è遏），堨長百餘里，把鄢水從城西引進城裏。滔滔河水，淹没全城，楚國軍民被淹死者達數十萬人之多。大量屍體隨水漂至城東，屍體腐爛，臭氣冲天，後人把那裏稱爲臭池。稱那道長堨爲白起渠，又名長渠。③鄢城攻克，就徹底摧毀了楚國的北部防線。秦軍遂長驅南進，直逼郢都。

秦昭王二十九年（前二七八年），白起攻下楚國郢都（今湖北江陵縣紀南城），郢都在秦軍手中淪爲廢墟，屈原看到郢都陷落而悲憤自殺。白起軍接著攻佔安陸（故城在今湖北雲夢縣城東北郊），燒燬楚先王墓夷陵，又向東攻佔競陵（今湖北潛江西北）。楚軍潰不成軍，遂不復戰，楚頃襄王倉皇出逃，把國都遷到陳（今河南淮陽）。秦在郢一帶建立了南郡。

白起拔郢是秦統一戰爭中的重大事件。楚國原是一個幅員五千里、軍隊逾百萬的强國，經過這一打擊，從此一蹶不振。白起取得如此輝煌的勝利，有人捧他「取勝如神」，他卻冷靜地説：「當時楚王以大國自居，奸臣專權，良臣遭貶，百姓離心，城池不修，軍無鬥志，遂使我軍長驅直入，連克城邑。而我軍人人以軍爲家，視將帥爲父母，不約而親，不謀而信，一心同力，都不怕死，所以我能立功。」他不把功勞歸於自己，而歸之於政治的好壞，人心的向背，是難能可貴的。此戰白起因功封爲武安君。君是侯爵，秦侯爵有兩級，即十九級關內侯，無土地户口之封；二十級徹侯，封土地户口。白起的爵位屬於關內侯。「武安」則是對他功業的概括。

白起破郢之後，將兵鋒轉向趙、魏、韓。在十餘年間，經過多次試探與外圍作戰，白起選擇了實力相對弱小的韓國，相繼攻克韓的陘城（今山西曲沃）、南陽（今河南沁陽）等地，斷太行道。

---

③ 《水經·沔水注》。《元和郡縣圖志》卷二十一。《考古》一九八○年第二期〈湖北宜城楚皇城勘查簡報〉。

　　秦昭王四十五年（前二六二年），白起攻取韓野王（今河南沁陽縣），
進一步隔絕了韓都新鄭與上黨郡之間的聯繫。韓王答應把上黨郡割給秦國，
但上黨郡守馮亭不願降秦，把上黨郡十七城獻給趙國。

　　秦昭王四十六年（前二六一年），秦將王齕率軍強佔上黨（今山西晉城
縣境），上黨軍民附趙。趙派廉頗率兵馳救，廉頗據險扼守長平（今山西高
平縣）。秦軍多次來攻，廉頗軍堅壁不出。秦軍長途遠征急於速決，形勢對
秦十分不利。於是秦相范睢採用反間計，使趙孝成王任用只會紙上談兵的趙
括代替了廉頗。秦得知趙王中計，立即派白起爲上將軍，秘密赴長平前線指
揮作戰，並傳令：軍中有敢泄露武安君爲將者斬！白起針對趙括急於取勝的
弱點，決定對趙軍採取誘敵出巢、分割包圍、一舉全殲的戰術。

　　西元前二六〇年八月，趙括一反廉頗防禦策略，率大軍離開趙壁壘（今
高平縣韓王山高地）向秦軍主動出擊。按白起的部署，秦軍埋伏了兩支奇兵
以待戰機，而先頭部隊則佯裝敗退。趙括不知是計，緊緊追趕，一直追到秦
長壁（今高平縣西南高地），遭到秦軍主力的迎頭痛擊，趙軍困於秦壁之東
不能前進。這時白起調遣那兩支奇兵，一支二五〇〇〇人搶佔趙軍壁壘，切
斷其糧道，另一支五〇〇〇精銳猛衝敵陣，把趙軍切成兩段，然後出動主力
對趙軍分割包圍。趙軍被圍於曠野，進退不能，只得臨時築壘堅守，以待援
軍。白起命將此戰況飛報秦王，昭王聞訊，親去河內（今河南新鄉一帶）徵
發十五歲以上男子開赴長平，扼守要塞，進一步切斷趙援軍和運糧的道路。
從八月到九月，趙軍斷糧四六天，士兵飢餓難忍，自相殺食。趙括把趙軍分
爲四隊，指揮分路突圍，可一連四五次都沒成功。最後趙括只得親率精兵突
圍，被秦軍亂箭射死。趙軍失去主將，立刻陷入混亂，在秦軍強大壓力下，
四〇萬人被迫投降。白起怕這四〇萬降卒日後有變，遂採取了極端殘酷的辦
法，把戰俘中年幼的二四〇人放回報信，其餘全部活埋了。此戰趙軍被殺人
數達四十五萬之多，從此趙失去了強國地位。

　　趙國受到致命的打擊，舉國震動。白起打算率領得勝之師一舉滅趙，他

把秦軍分爲三路：一路由王齕率領東進，攻佔武安（今河北武安縣西南）；一路由司馬梗率領，北定太原（今山西太原市西南）；他自統一軍留上黨待命，準備進攻趙都邯鄲。白起派遣其謀士衛先生回咸陽，請求秦王批准其滅趙計劃並增加兵糧。但是，等了兩個月，得到的卻是「罷兵」的命令。原來白起驚人的戰功竟引起丞相范睢的妒忌。范睢怕白起再立大功就會把自己取而代之，故力勸秦王答應趙、韓割地講和的要求。白起奉令無奈，只好班師回國，乘勝滅趙的計劃遂成泡影。范睢心胸窄狹，好弄權術，將相之間本來就有的矛盾從此更爲加劇了。

秦退兵後五六個月，趙國不但拒不割六城，還派使者到各國去聯合抗秦。秦昭王見趙國並未屈服，便又要白起領兵伐趙。但白起表示「不可」，他勸秦昭王說：「現在大王徵發的軍隊雖然比以前多一倍，我估計趙國的守備力量比過去增加了十倍！趙國自長平大敗以來，君臣憂懼，早朝晏退，卑辭重幣，四面出嫁，結親燕、魏，連好齊、楚，處心積慮，專務防備秦軍。其國内充實，外交成功。現在的趙國是不可用兵討伐的。」白起的分析顯示了一個卓越軍事家銳敏的觀察力。但秦昭王主意已定，根本不聽白起的勸告，決然派王陵率兵進攻邯鄲。此時白起臥病在床，不能出征。

秦昭王四十九年（前二五八年）正月，王陵攻邯鄲接連失利，秦昭王令白起代替王陵，白起稱病不肯。昭王又令范睢去勸説白起就任。范睢軟硬兼施，白起慷慨陳詞，他説：「長平之戰以後，我們本可乘勝追擊，一舉滅趙。可是失掉了這個機會，使趙國得到恢復元氣的時機。他們發展生產以增加積蓄，招撫人口以擴大兵源，製造武器以增強戰鬥力，增修城池以加強防禦工事。國王能團結臣下，軍官能愛護士兵。至於平原君等權貴，也都讓他們的妻妾到軍中給士兵縫補衣服。如今君臣一心，上下同力，就如同越王勾踐準備洗雪會稽之恥時一樣。在此情況下，秦軍合力攻伐，趙軍一定固守；我們挑戰，他們不會應戰；圍其國都一定不克，連周圍的列城也攻不下。秦軍困於堅城之下，勞師無功，各國必會乘機發兵救趙。我只看到這次戰爭對

秦有害，看不到其利。我又有病，不能上前線！」范睢把白起的話加鹽加醋地轉告秦昭王，昭王大怒，立即派王齕代替王陵，並增兵繼續圍攻邯鄲，以示不要你白起我也能滅趙。可是，王齕軍圍邯鄲八九個月仍無進展，士兵死亡甚多。昭王無奈，只得親自到白起府第，強令其出征。白起仍托辭有病，秦王用威脅的語氣說：「你雖然有病，那怕臥在病榻上指揮，若不去，我恨你！」白起再次闡述了不宜伐趙的理由，最後懇切地表示：「臣寧伏受重誅而死，不忍為辱軍之將。」④

　　白起寧死不領兵伐趙，首先是基於對趙秦實力消長變化的正確分析，估計到趙必勝而秦必敗；再者，他深知心胸窄狹的范睢容不了他，他如果出征必然處處受范睢的掣肘，不但不能扭轉戰局，還可能遭到誣陷。剛愎自用的秦昭王只輕信范睢的讒言，哪能理解白起的苦衷，因而濫施專制君主的淫威，當即削去白起的武安君爵位，貶為士伍，並遷之陰密（今甘肅靈台縣西有故城遺址）。「遷」屬於流刑，即處以流放邊塞的刑罰。白起此時病重，不能立即服刑，還在咸陽呆了三個月。

　　秦昭王五十年（前二五七年）十一月，秦軍在邯鄲大敗的消息傳來，完全證實了白起的預見。秦昭王不但不反躬自省，反而遷怒於白起，命他立即起行，不准留在咸陽。在北風呼嘯的隆冬，白起強支久病的軀體，蹣跚西行。但范睢一夥仍不放過，他們對秦昭王說：白起心中不服，「其意怏怏」。秦昭王即派使者在咸陽西十里的杜郵（今咸陽市東）趕上白起，交給白起一把劍令其自裁。白起被迫引劍自剄而死。與白起同死的有衛先生及司馬遷的遠祖司馬蘄。

　　白起為秦國領兵打仗三七年，身經百戰，戰無不勝，為秦國開拓疆土數千里，攻占城池七十餘，消滅敵軍百餘萬，蠶食韓魏，削弱趙楚，確立了秦國的軍事優勢，不愧為一代名將。他善於團結部下，愛護士兵；重視研究敵

────────────────

④　以上對話根據《戰國策·中山策·昭王既息民繕兵》原文譯意。

情，不打沒把握的仗，不打消耗戰；他最善於打殲滅戰，善於利用地形地物，對於集中優勢兵力將敵分割包圍、各個擊破、聲東擊西、誘敵入口袋等戰術，都運用得十分巧妙。有人總結他的戰略戰術寫成《白起神妙行兵法》三卷，在北宋《崇文總目》中有著錄，可惜佚亡。然而在多年征戰中，他殺人太多，特別是殺降者，最受後人譴責。對此，他臨死前曾自悔道：「我固當死。長平之戰，趙卒降者數十萬人，我詐而盡坑之，是足死！」這表明他對自己的過失還有一定的認識。⑤

　　白起有大功於秦，卻終於受秦昭王和范雎的迫害而死。秦國百姓因他「死非其罪」，深為憫惜，為他建祠立廟，四時祭祀，其遺址至今猶存。秦始皇即位，十分尊崇白起的功績，封他的兒子白仲為徹侯，食邑於太原。其後代後來遷回關中下邽縣（今渭南縣北），傳到唐代有大詩人白居易。

---

⑤　以上未注出處的資料出自《史記‧白起王翦列傳》、〈秦本紀〉、〈穰侯列傳〉、〈楚世家〉、〈趙世家〉、〈韓世家〉、〈魏世家〉及秦簡《編年紀》等。

屈原與楚秦關係

　　屈原是我國歷史上第一位偉大詩人，又是戰國晚期楚國銳意革新的政治家。作爲政治家，他一籌莫展，橫遭迫害，是一位悲劇人物：作爲詩人，他那極端不幸的遭遇，憂國憂民的意識，剛正不阿的品格，促使他寫成許多不朽的詩篇，取得了極大的成功。他所創作的「騷體」，曾領數百年之風騷，彪炳於古今中外文壇，是文學史上永不殞落的恒星。他所堅持的政治主張，不僅關係楚國四十多年的興衰安危，也牽動當時列國紛爭的大局，對此，後世的研究是很不夠的。本文擬就屈原的政治活動及其與楚秦關係問題，作一些補充和闡釋。

一

　　屈原出身於楚國貴族，青年時代就在楚國朝廷任職。由於才華出眾，一度頗得楚懷王的重用。楚懷王十一年，屈原大約二十二歲就擔任左徒，左徒是楚國貴臣，地位僅次於令尹（丞相）。「入則與王圖議國事，以出號令；出則接遇賓客，應對諸侯。王甚任之。」（《史記·屈原列傳》）屈原當時在楚國的內政外交方面都起著重要作用。屈原這時的心情正如《離騷》所述：「不撫壯而棄穢兮，何不改乎此度？乘騏驥以馳騁兮，來吾導夫先路。」他豪情滿懷，決心趁年富力强的時候大顯身手，改革法度，棄舊圖新。

在這段時間裏，屈原對外積極推動合縱，聯齊抗秦。戰國中期，七國之間通過兼并戰爭形成秦、齊、楚三強鼎立的局面。秦國由於商鞅變法的成功，國富兵強，雄踞關西，虎視眈眈，欲吞滅諸侯，并兼天下；齊國馬陵之戰以後代替魏國的地位，稱霸關東；楚國是南方大國，巴東以下大江南北都歸入其版圖，有舉足輕重的作用。在楚國政治中，屈原是合縱派的人物，主張聯合六國，特別是聯合齊國，共同遏制秦國的進攻，暫時維持一種均勢，進而由楚國來完成統一。在他「應對諸侯」期間，楚國參加了西元前三一八年魏、趙、韓、燕、楚五國合縱攻秦，並由懷王任縱長，此戰雖半途而廢，但表明了楚國的抗秦立場。此後，「屈原爲楚東使於齊，以結強黨。秦國患之」（劉向《新序·節士》）。齊楚結盟共同抗秦的局面初步形成。

屈原對內開始著手革新朝政，厲行法治。他繼承了吳起變法的基本精神，主張選賢任能，從新興力量中選拔人才，限制舊貴族的特權，推行一套能夠富國強兵的法律制度。屈原的變法主張，起初得到楚懷王的支持，懷王授權屈原起草「憲令」。憲令就是一部成文法。爲了避免舊貴族的阻撓破壞，由屈原秘密起草。這件事屈原後來回憶道：「惜往日之曾信兮，受命詔以昭時。奉先功以照下兮，明法度之嫌疑。國富強而法立兮，屬貞臣而日娱。秘密事之載心兮，雖過失猶弗治。」（《惜往日》）這裏所說，楚懷王「受命」他秘密起草一套使法度明確、政治昭明、國家富強的法律，詩辭所言與《史記》記載完全一致。

但是沒過多久，情況發生了急劇變化。楚國朝廷腐朽勢力的頭子上官大夫靳尚，想奪去屈原起草的憲令草稿，遭到屈原的拒絕。靳尚便利用楚懷王忌憚泄密又極端自尊的心理，妄進讒言，昏庸的楚懷王竟然輕信讒言。就這樣，屈原的變法沒有出臺就被扼殺了。當然讒言的作用只是表面現象，背後有深刻的政治原因。自吳起變法失敗了之後，楚國仍然是「大臣太重，封君太重」，「上逼主而下虐民」（《韓非子·和氏》）。世襲貴族把持朝政，盤根錯節，朋比爲奸，其勢足以左右國王，而以屈原爲代表的革新派，力量

單薄，寡不敵眾，經不住舊貴族的反撲。

　　屈原被「疏」之後，不久又被「絀」。楚懷王一夥爲了拔掉身邊的眼中釘，免去了屈原的左徒官職，讓他做三閭大夫，只許他管宗族、祭祀之類的具體事務，不讓他參與軍國大事的決策了。

　　在被「疏」和被「絀」之後，屈原作了《惜誦》。詩中説自己對國君忠貞「不貳」，但就是不懂得取媚邀寵，結果受到讒言的攻擊，「眾口鑠金」，君王信讒，有理無處申訴，「願陳志而無路」。屈原心情委屈、苦悶、憤懣、進退兩難、不知所措。這正是他此時不幸遭遇的心理寫照。

二

　　屈原促成的齊楚聯盟，對秦國向東發展非常不利。秦惠文王圖謀破壞齊楚聯盟，便於西元前三一三年派張儀入楚遊説。以六百里商於之地誘騙楚與齊國斷交。商於之地，從今陝西商縣到河南内鄉，土地肥沃，物産豐富，在經濟上、政治上、軍事上對秦楚都非常重要。原本是楚國的土地，大約在西元前三四〇年被秦國奪去。①楚懷王對收復商於之地夢寐以求，遂改變國策，拒齊親秦。他一面派人去秦國接收土地，一面派人去齊國宣佈絕交。齊宣王大怒，「折楚符而合於秦」（《史記·楚世家》）。於是齊楚聯盟破裂，秦齊聯盟形成，秦國的目的達到了。楚國並未得到土地。楚懷王方覺受騙，盛怒之下決定興兵伐秦。結果楚軍大敗，楚懷王不但未得到商於之地六百里，反而失去漢中之地六百里，損兵折將，損失慘重。

　　楚軍春季大敗的消息傳來，楚懷王氣得發瘋。在狂熱的復仇情緒支配下，同年秋季，他調遣楚國的全部軍隊進攻秦國。楚軍沿丹江向西北進攻，

---

① 　據《史記·秦本紀》：秦孝公二十二年即楚宣王三十年，「秦封衛鞅於商，南侵楚」。商於之地可能就是此年被商鞅領兵佔領的。

攻克了天險蘭關，一直深入到秦國腹地。秦惠王十分恐懼，一面動員全部兵力反擊楚軍；一面吩咐宗教祭祀官寫了一篇《詛楚文》，鐫刻在石頭上，派人送往各處山川神廟去禱告，詛咒楚懷王，祈求神靈保佑秦軍打退楚軍。②在秦軍全力反擊下，由於楚軍孤軍深入，在藍田（今陝西藍田）被秦軍打得大敗。這時韓魏也乘機向南進攻楚國，直打到鄧邑（今河南鄧縣）。楚國腹背受敵，急忙撤軍。

本來齊楚聯盟被秦拆散，三強鼎立的均勢被打破，楚國就陷入三面受敵的境地。楚懷王還自不量力，貿然主動攻秦，只能落個損兵折將、失地國危的下場。楚國連遭沈重打擊，懷王似乎有點悔悟，大約在這年冬天便派原出使齊國，企圖與齊國恢復邦交。此即《史記·屈原列傳》所載：「是時屈原既疏，不復在位。使於齊」。懷王派屈原使楚，大概是因為只有他還保持了齊人的信任。

由於屈原的斡旋，已經破壞了的齊楚聯盟眼看就要修復起來，這可嚇慌了秦惠文王。他為了防止齊楚聯盟的恢復，進而把楚國控制在自己手中，西元前三一一年，即楚懷王十八年，派使臣去楚進行改善關係的談判，提出「分漢中之半以和楚」（《史記·張儀列傳》）。楚懷王說：我不要土地，只要得到張儀！秦惠文王怕楚王把張儀殺了，不敢派張儀去。張儀知道後，請求再次出使楚國，張儀因與楚臣靳尚關係較好便利用楚王寵姬鄭袖對靳尚的信任，慫恿鄭袖在楚王面前哭訴與秦和好。懷王因此令釋放張儀，客客氣氣地招待地，並答應與秦國親善。

張儀剛離開楚國，屈原從齊國出使回國，他聞訊去勸告楚王說：「前大王見欺於張儀，張儀至，臣以為大王烹之，今縱弗忍殺之，又聽其邪說，不可。」（《史記·張儀列傳》）懷王說了幾句後悔話了事。

---

② 孫作雲：〈秦『詛楚文』釋要（兼論《九歌》的寫作年代），《河南師大學報》，一九八二年第一期。

三

　　不久，秦國的政局發生變化。西元前三一〇年秦惠文王死了，秦武王即位。秦武王致力於伐韓，無暇南顧，故四年秦楚無戰爭。西元前三〇九年，楚懷王接受大臣昭睢的建議：「合齊以善韓」（〈楚世家〉）。楚國的對外政策又走上合縱的軌道。這當然是屈原所支持的。

　　西元前三〇七年八月秦武王折足死，秦昭王即位，又以破壞齊楚聯盟爲要務。西元前三〇五年，即楚懷王二十四年，秦與楚聯姻，楚王派人到秦國去迎婦，條件是楚國「倍（背）齊而合秦」。（〈楚世家〉）西元前三〇五年，即楚懷王二十五年，秦昭王邀楚懷王會於黃棘（今河南南陽市南），將上庸（今湖北竹山縣一帶）之地退還楚國。這就是著名的黃棘之會。

　　孫作云認爲：「屈原反對這次投降的而且又是十分危險的、其後果不堪設想的盟會，所以才招致了放逐。」③屈原反對黃棘之會，文獻無明確記載，在作品《悲回風》中似有流露。詩中說他在一陣「回風」之後，像「孤子」一樣被趕出朝廷，獨自「隱伏」在山中，憂愁悲憤，長夜失眠，眼淚不斷，有時想死。這是對他放逐生活的描述。他在馳騁想像之後有一段寫實，開頭兩句：「惜光景以往來兮，施黃棘之枉策」。朱熹把黃棘解作「棘刺」，已被多數學者接受，但與下文不合。兩句之下列舉介子推、伯夷、伍子胥、申徒狄，在向君主講諫不被採納時有的「放迹」，有的「抗迹」，有的出走。屈原自己也「驟諫君而不聽」，怎麼辦？百思不解，不知所措。這些與「棘刺」有何關係？把「施黃棘之枉策」如果解作楚懷王在黃棘之會時採用了曲枉的對策，就可上下貫通了。而且可能符合事實：屈原一貫堅持聯齊抗秦的主張，對秦國當時的意圖非常清楚，因而堅決反對懷王參加黃棘之

---

③　孫作雲：〈屈原的放逐問題〉，《開封師院學報》，一九六一年第十一期。

會。而秦國這時掌實權的是秦昭王之母宣太后，楚人，表面上看頗有與楚和好的誠意，懷王一夥迷於眼前小利，急於上鈎。屈原很可能犯顏直諫，與楚懷王一夥發生衝突，終於招致放逐。

《史記·屈原列傳》載：屈原「雖放流，眷顧楚國，繫心懷王，不忘欲反，冀報君之一悟，俗之一改也。」這是說屈原在流放期間仍然思念懷王，希望懷王悔悟，招他回朝，改革舊俗。類似的思想在他第一次流放期間的作品《天問》中也有流露，如說：「伏匿穴處爰何云？」「悟過改更又何言？」自己藏身山洞，還盼望君王「悟過改更」。這都證明屈原第一次流放在楚懷王時。

屈原這次流放的時間凡三年。據楚人寫的《卜居》說：「屈原既放，三年不得復見，竭知盡忠，而蔽障於讒。心煩慮亂，不知所從。」這三年是從西元前三○四年即楚懷王二十五年，到西元前三○二年即楚懷王二十七年。在此期間楚國內政更加混亂，「黃鐘毀棄，瓦釜雷鳴，讒人高張，賢士無名」，就是對當時政治生活的寫照。

黃棘之會以後，因楚懷王徹底投靠秦國，隨之招來東方諸侯群起討伐的橫禍。西元前三○三年齊與韓魏以楚國親秦而違背了合縱盟約為藉口，出兵攻楚。楚懷王只得派太子橫去秦作人質，求得秦國出兵救楚。西元前三○一年，齊宣王又派匡章率軍與韓、魏聯合進攻楚國方城，破楚軍於垂沙（在今河南唐河縣境）殺死楚將唐蔑。韓、魏兩國還分別攻佔了楚國宛縣和葉縣以北的土地。

秦昭王不久也撕破了「和好」的面紗，幹起真的來了。西元前三○二年，楚太子橫與秦大夫有私爭鬥，太子橫逼於無奈，殺了有私逃回楚國。秦昭王藉口楚太子「陵殺秦重臣，不謝而去」（〈楚世家〉），對楚遂興問罪之師。西元前三○○年，秦乘楚戰敗兵疲之機大舉攻楚，殺死楚軍兩萬，大

將景缺戰死，秦攻佔了楚新城。④秦軍進攻的凌厲之勢，使楚懷王十分驚慌，為避免兩面受敵，於本年又派太子橫去齊國作人質，與齊講和。

四

楚懷王多次不聽屈原的逆耳之言，吃夠了苦果，因而對屈原的壓迫有所減輕。西元前三○二年，屈原從放逐地回到郢都，地位稍有改善，可以參加朝廷的議事活動。

西元前二九九年即楚懷王三十年，秦軍攻佔了楚國八個城之後，楚國急於求和，秦則希望通過非戰爭手段取得更多的土地。在此形勢下，秦昭王致書楚懷王曰：「始寡人與王約為弟兄，盟於黃棘，太子為質，至歡也。太子陵殺寡人之重臣，不謝而去，寡人誠不勝怒，使兵侵君王之邊。今聞君王乃令太子質於齊以求平。寡人與楚接境壤界，故為婚姻，所從相親久矣。而今秦楚不歡，則無以令諸侯。寡人願與君王會武關，面相約，緯盟而去，寡人之願也。」簡言之，秦昭王邀請楚懷王在武關舉行盟會。楚懷王看到信疑慮重重。去吧，怕上當受騙；不去，又怕秦昭王發怒，藉口擴大戰爭。遂召集御前會議討論，屈原支持大臣昭睢的意見，力勸懷王不去。他說：「秦虎狼之國，不可信，王不如無去。」（《史記·屈原列傳》）但懷王的兒子子蘭卻勸父親去，他說：「奈何絕秦之歡心！」楚懷王便冒著風險，去武關（在今陝西丹縣東南丹江上，秦國的南關）與秦昭王相會。不料秦昭王沒有去，只派一名將軍率兵埋伏在武關。楚懷王一到，秦軍立刻關閉武關，將楚懷王劫持到咸陽。秦昭王坐在章臺宮，把楚懷王當秦國藩臣對待，不與他行對等的王禮。楚懷王非常氣憤，深悔沒有聽昭睢和屈原的勸告。秦昭王要挾楚懷

---

④ 此據秦簡《大事紀》、〈秦本紀〉、〈六國年表〉作「襄城」。〈秦本紀〉正義引《括地志》云：許州襄城縣，即古新城也。

王答應割巫郡和黔中郡，楚懷王要先訂盟約，秦昭王則要先割土地。懷王拒絕，秦便扣留了他，楚國乃立太子橫爲王，是爲頃襄王。（〈楚世家〉）

西元前二九八年即楚頃襄王元年，秦昭王見楚國另立新王，要挾不成，非常生氣，遂派兵出武關攻楚。大敗楚軍，斬首五萬，奪取了析（今河南西峽）及其附近十五城。頃襄王二年，楚懷王從囚禁地逃出，打算回楚國。秦發覺了，封鎖了所有通向楚國的道路。懷王只得從小路去趙國，趙國不敢收留，又欲逃往魏國，被秦追兵捉住押回咸陽。懷王受不了折磨，憂憤成疾。

西元前二九六年即頃襄王三年，楚懷王死在秦國。秦令楚國迎回楚懷王的屍體，楚人看到懷王的靈柩，如同死了親人，非常哀傷，楚與秦於是絕交。屈原更加悲痛，《招魂》就是爲楚懷王招魂而作。他呼喚懷王的靈魂不要去東方、西方、南方、北方，也不要上天宮、下幽都，快快回到楚國的宮廷。楚王宮中有「高堂邃宇」，「層臺累榭」，冬有溫室，夏有涼殿。室內則「翡帷翠帳」，「紅壁沙版」，「蘭膏明燭」，「二八侍宿」。口食美味，耳聽新樂等等，都等候王的靈魂來享用。東漢王逸《楚辭章句》認爲《招魂》是宋玉爲屈原招魂，其說與作品內容完全不符。郭沫若《屈原研究》云：「所叙的宮廷居處之美，飯食服御之奢，樂舞遊藝之盛，不是一個君主是不夠相稱的。」此說甚是。

對於楚懷王的死，司馬遷在〈屈原列傳〉中作過這樣的評論：「懷王以不知忠臣之分，故內惑於鄭袖，外欺於張儀，疏屈平而信上官大夫。令尹子蘭，兵挫地削，亡其六郡，身客死於秦，爲天下笑。」從張儀開始使楚到楚懷王客死秦國，這十八年是楚國由強變弱的轉折點。這是以楚懷王代表的腐朽勢力，打擊迫害以屈原爲代表的革新派，從而採取一系列錯誤措置造成的結果。

五

　　頃襄王繼位，以其弟子蘭爲令尹。本來他們的父親客死秦國，真是奇恥大辱，楚國人民因此極其恨秦，希望報仇雪恨。如果他們奮發圖强，力挽狂瀾，有可能使楚國轉危爲安，由弱返强。但他們不以國恨父仇爲重，反而變本加厲地排斥忠良，寵倖奸臣，沈迷淫樂，不恤國政，致使楚國的國運繼續衰敗下去。

　　在邦交方面，頃襄王比懷王更窩囊，秦昭王把他像麵團一樣耍弄。西元前二九五年，秦國欲蠶食韓、魏土地，怕楚國支援韓、魏，遂派人與楚和解，並送給楚國五萬石糧食，頃襄王欣然接受。西元前二九三年，秦將白起率軍與韓魏進行伊闕大戰，又因怕楚支援韓魏，秦昭王派人給楚王送信説：楚國背叛秦國，秦將率諸侯伐楚，與楚國拼命，望王作準備。（〈楚世家〉）這封恐嚇信竟嚇得頃襄王失魂落魄，「乃謀復與秦平」。第二年，楚頃襄王爲了表示與秦和好的誠意，派人從秦國迎來一位夫人。他竟能忍受殺父之恥而與仇國進行政治聯姻。

　　在內政方面，頃襄王較其父更昏憒，使楚國的朝政愈加黑暗。如莊辛説的，在國家危亡迫在眉睫的時候，頃襄王仍然寵倖州侯、夏侯、鄢陵君、壽陵君等貪婪無能的小人，與他們天天打獵遊樂，不理國事（《戰國策·楚策四》）。屈原當年所培養的被喻爲春蘭、秋蕙、杜衡、芳芷的革新派人才，這時大都變了節，投靠了權姦。蘭草芷草失掉香味，荃草蕙草變成茅草，過去的香草變成「蕭艾」，臭不可聞（《離騷》），使屈原感到孤掌難鳴，痛心疾首。更使屈原難以容忍的是，曾極力爲秦國幫忙、慫恿楚懷王去秦國上當受騙以至於送命的子蘭，不但沒有得到應得的懲罰，反而做了令尹，大權在掌，炙手可熱，對屈原等憂國憂民之士橫加壓迫，屈原理所當然地予以揭露。「令尹子蘭聞之大怒，卒使上官大夫短屈原於頃襄王，頃襄王怒而遷

之。」（〈屈原列傳〉）這是屈原的第二次流放。

屈原這次流放的時間，大約在西元前二八六年即楚頃襄王十三年，時間長達九年，實際直到屈原自殺。這有一個有力證據，就是他在《哀郢》中說的：「忽若去不信兮，至今九年而不復」。在西元前二七八年二月郢都失陷時他被放逐九年還未被招回，從此年上推九年恰在西元前二八六年。流放地點在江南的沅水、湘水之間。據楚人作的《漁父》云：「屈原既放，遊於江潭，行吟澤畔，顏色憔悴，形容枯槁。」屈原自謂「寧赴湘流，葬於江魚之腹中」。江潭、湘流充分說明他流放地在沅、湘水鄉。他在流放期間，常到沅水、湘水之濱行吟，創作了許多作品。

《涉江》大約是屈原初流放到沅湘時的作品，記述這次到達流放地的經過甚詳。他從郢都出發，乘船順長江而下，登上鄂渚（今武昌），已是秋末冬初的時候了。從鄂渚向西南陸行，坐車到方林（今湖南岳陽市），⑤再乘船上溯沅水到枉渚（今湖南常德市）。再沿沅水西南行，清晨從枉渚出發，晚上就落宿在辰陽（今湘西辰溪縣）。又從辰陽西行到了漵浦（今湖南漵浦縣）。漵浦可能是屈原指定的流放地，所以長期在此居住。這一帶當時是深山老林，山嵐煙瘴，雲霧蔽日，猿猴成群，他孤零零住在山中，其窮困、寂寞可想而知。

屈原的代表作《離騷》，大約作於西元前二八五年至前二八〇年的六年之內。這個問題學術界分歧很大，我認為郭沫若經過多次反復獲得的認識是正確的。

《惜往日》可能也是這次流放後期的作品。「臨沅、湘之玄淵兮」，說明他寫此詩時在沅湘之間，與第二次流放地望相合。詩中焦慮、悲憤的情緒

---

⑤　顧觀光《七國地理考》云：「步餘馬於山皋兮，邸餘車兮方林」，謂自武昌陸行，過咸寧、蒲圻而至岳嶽州。姜亮夫《楚辭通故》第四六八頁，「方林當在岳州」。岳州隋置，治所在今湖南岳陽市。

頗濃，以死殉國的思想抬頭，這與當時秦大舉攻楚的嚴峻形勢有關。但有人根據「不畢辭以赴淵兮，惜廱君之不識」，把該篇訂爲《懷沙》之後的絕命詞，這是不對的。此句本意是：「我本來想立刻跳下深淵，只可惜讒人蒙蔽國王的罪惡沒有人識記。這與本篇前關所云：「卒没身而絶名分，惜廱君之不昭」的意思相近，只是説想死，但放心不下國王還不能死。這顯然不是絕命詞。

六

屈原第二次流放期間，秦楚關係更加複雜多變。秦昭王的政策用現代話説就是「紅蘿蔔加大棒」交替使用，需要騙時以「紅蘿蔔」誘之，需要打時以「大棒」捶之；而楚頃襄王則是伏首聽命，任其愚弄，以至喪師、失地、破都。

當秦國爲了把矛頭指向關東強敵齊國時。怕齊楚復交，極力拉攏楚國，於西元前二八五年，秦昭王與楚頃襄王在宛（今河南南陽市）相會，約和親。就在此年秦派蒙驁攻齊，占齊九城。翌年，燕將樂毅率燕、秦、韓、趙、魏五國之兵伐齊，齊國幾乎滅亡。當秦國把打擊鋒芒轉向趙國和魏國的時候，又怕楚國與趙、魏合縱，於西元前二八三年，秦昭王與楚頃襄王「好會」於鄢（今湖北宜城東南）。同年秋，兩王又「好會」於穰（今河南鄧縣）。所謂「好會」就是楚國投進秦國懷抱。與此同時，秦大舉攻魏，占了魏的林（今河南新鄭東北）和安城（今河南正陽東北），一度逼進魏都大梁（今河南開封）。西元前二八二年，秦攻趙，奪藺、祁二城。西元前二八一年，秦攻佔趙國離石（今山西離石縣）。楚頃襄王一再喪失挫秦良機，引起國內輿論的強烈不滿，他稍有合縱抗秦的動作，立即招來秦國的懲罰。西元前二八〇年，秦派司馬錯率十萬大軍，裝大舫船一萬艘，載米六百萬斛，沿

涪江而上，攻佔楚國黔中郡，⑥迫使楚國將上庸、漢北之地割給秦國。

趙國自武靈王推行胡服騎射之後，國力由弱轉強，當時的丞相藺相如與將軍廉頗，在大敵當前能拋棄前嫌，鼎力配合，故秦對趙的戰爭雖有小勝，但很不得手。然而，秦國君臣發現「是時楚王恃其國大，不恤其政，而群臣相妒以功，諂諛用事。良臣斥疏（指屈原放逐莊辛出走等），百姓心離，城池不修。既無良臣，又無守備。」（《戰國策·中山策》）這給秦攻楚造成極有利的戰機，於是秦昭王決定釋趙攻楚。

西元前二七九年，秦昭王與趙惠文王舉行澠池之會，兩國修好息爭，秦與趙結盟後，減輕了後顧之憂，遂派出三路軍隊大舉攻楚。其中白起率領主力由漢北南下，連戰告捷，攻下鄧（今湖北襄樊市北）、鄢（今湖北宜城東南）、西陵（今湖北宜昌市西北）等五城。鄢城是楚國的陪都，起拱衛京師的作用。鄢城的攻克，就徹底摧毀了楚國的北部防線，郢都失去屏障，岌岌可危。

西元前二七八年春，白起率大軍長驅南進，從北、西、南三面對郢都（今湖北江陵紀南城）圍攻。楚軍潰不成軍，倉皇逃竄。楚國統治集團驚慌失措，亂作一團。當郢都危在旦夕的時候，憂國憂民的屈原不顧個人安危，從流放地回到京城，以赴國難。然而，「忠湛湛而願進兮，妒被離而障之」（《哀郢》），由於妒忌者製造的障礙，他連國王的面也見不了，拳拳之忠不能進用，救國良謀無法施展。他固然同情人民，人民是想保衛家鄉的，但他囿於貴族的偏見，可能根本就沒有考慮過利用人民的力量。屈原只好呆在他的閭里，無可奈何。白起攻城手段的殘酷是著名的，破鄢城時楚國軍民被淹死者達數十萬之多，郢都一旦城破，覆巢之下豈有完卵？所以在郢都無法堅守的時候，統治集團率先棄城出逃，城中百姓也紛紛逃難。屈原隨著難民

---

⑥ 司馬錯所攻的楚黔中郡，故城在今湖南沅陵縣西，在今湖南省北部。秦始皇後來置的秦黔中郡，轄地甚廣，包括今湖南省西部，貴州省東北部。

逃出郢都。

　　《哀郢》可能是屈原同年二、三月間在夏浦登陸後所作。詩中除哀悼郢都淪亡外，對他逃難的歷程有較詳的描述：在本年二月甲日的早晨，他辭別閭里離開郢都，隨著逃難的人群，乘船沿長江、夏水向東方漂流。船過夏首（夏水口，在今湖北沙市東南）時，回頭看，郢都的東門即龍門已看不見了，「哀見君之不再得」，國王永遠也見不上了，船順流而下，穿過洞庭湖，又駛進長江，到達夏浦（今湖北漢口）。捨舟上岸，登上「大坂」、「洲土」，回首眺望，國破家亡，無限悲痛。這裏雖算「平樂」，但不能久住。到哪裏去？這時他已知道白起燒燬郢都，城中宮殿盡成廢墟，兩座東門已荒蕪不堪，郢都是不可能回去了。有人認爲屈原隨頃襄王遷到陳城（今河南淮陽）絕不可靠。頃襄王遷陳時怕秦兵追擊，是秘密逃走的，而且屈原從回都逃難，始終沒有見上國王的面，怎能有緣隨駕遷陳？自清人蔣驥以來，許多學者把《哀郢》中「當陵陽之焉至兮」的陵陽，作爲確定的地名來處理，認爲屈原東遷到今安徽黃山西北的陵陽，這也是錯誤的。此陵陽不是地名而是指水波之神陵陽國侯，這一點尚永亮先生所辨甚明。⑦屈原想去的地方，如《哀郢》所云：「飛鳥反故鄉」，「狐死必首丘」，這就是說死也要在故鄉的土地上。他的故鄉郢都、秭歸都被秦軍佔領，只有楚國東南之會的長沙，還算得上他的故鄉。因爲長沙曾是他的遠祖熊繹的封地，這是此時他唯一嚮往的地方，所以後來寫了《懷沙》。

　　從《懷沙》可知，在同年的「孟夏」四月，屈原懷著極度悲痛之情「沺徂南土」，向楚國的南疆邁進，目的地是長沙。他從今湖北漢口南行，經過今咸寧、蒲圻，到湖南岳陽、汨羅。楚軍繼續敗北的噩耗接踵傳來，白起所率的秦軍以破竹之勢把郢都佔領之後，接著攻佔安陸（今湖北雲夢縣），燒

---

⑦　尚永亮：〈論『哀郢』的創作和屈原的放逐年代〉，《陝西師大學報》，一
　　九八〇年第四期。

燬楚先王墓夷陵（今湖北宜昌市東南），又向東攻佔竟陵（今湖北潛江縣西北）。秦在此設南郡，轄今湖北省武漢以西，襄樊以南，監利以北及四川省巫山以東地區。同時，秦將司馬錯和張若從西南攻來，前鋒已到洞庭湖，並佔領了沿湖地區。屈原如果再向南走，就可能碰上北進的秦兵，而且這種形勢對他精神的打擊實在太沈重了。他認爲楚國滅亡的局面無法挽回了，自己的一切理想都破滅了，國破家亡，走投無路，最後毅然決然以死殉國。《懷沙》就是他當時寫下的絕命詞。

在這之後，屈原就於同年夏曆五月五日，懷抱石頭縱身跳進汨羅江自殺了。

當時交通不便，消息閉塞，屈原對形勢的估計不夠準確，楚國没有立即被秦國滅亡。司馬遷把楚國的地方分爲三楚，即西楚、東楚、南楚。「自淮北、沛、陳、汝南、南郡，此西楚也。」（《史記·貨殖列傳》）秦國建南郡及占巫郡、黔中郡，只是西楚的一部分，楚國的領土還有三分之二以上。楚國遷陳後，再遷壽春。但由於繼續腐敗下去，只苟延了五十五年，終於在西元前二二三年被秦滅亡。

郭店楚簡的書寫時間與秦楚戰爭

　　《文物》一九九七年七期載〈荊門郭店一號楚墓〉一文認爲，該墓「具有戰國中期偏晚的特點，其下葬年代當在西元前四世紀中期至西元前三世紀初」。我同意這個判斷，但倘欲令人信服，還需要用具體史實加以論證。爲此，我略陳淺見於下。

一

　　郭店楚墓位於湖北省荊門市沙洋區四方鄉郭店村西南的土崗上。「崗上分佈有塌塚子、大陳灣塚、李家塚等十餘座中小型楚塚，與郭家崗墓地、尖山墓地、馮家崗墓地、大薛家洼墓地等二十二處墓地連成一片，構成了龐大的楚國墓葬群。」①這裏埋葬的大多是楚國都郢時期的楚貴族。貴族之所以在這一帶選擇墓地，皆因此地在郢都和鄢城之間，地高、土厚、安全、近便。以郭店一號楚墓即俗名塌塚子爲例，南距楚國郢都（今紀南城）約九公里，北距楚國陪都鄢（今湖北宜城）亦約九公里。楚國北方領土戰國中期以來多次遭到秦、韓、魏、齊等國的蠶食。西元前三四〇年（楚宣王三十年，秦孝公二十二年）「秦封衛鞅於商，南侵楚」，②（《史記·楚世家》）大

---

① 　荊州博物館。荊門郭店一號楚墓〔J〕。文物，一九九七，（七）。
② 　瀧川資言。史記會注考證〔M〕。上海：上海古籍出版社，一九八五。

約就在此時商鞅率秦軍佔領了楚國的商於之地（從今陝西商縣到河南內鄉）。西元前三一二年秦軍在丹陽（今河南西峽縣西丹水以北地區）大敗楚軍，俘虜楚將屈丐等，攻佔了楚的漢中。西元前三〇一年，齊、魏、韓三國聯軍進攻楚的方城，大敗楚軍於垂沙（今河南唐河西南），殺楚將唐昧，韓、魏取得楚宛（河南南陽）、葉（今河南葉縣南）以北地，等等。楚頃襄王即位以後，政治更加腐敗。「是時楚王恃其國大，不恤國政，而群臣相妒以功，諂諛用事，良臣斥疏，百姓心離，城池不修」③（《戰國策·中山策》）秦昭王趁此機會，於西元前二七九年派三路秦軍大舉攻楚。其中秦將白起率秦軍主力由漢北南下，連戰告捷，攻佔楚國的鄧（今湖北襄樊市北）、鄢（今湖北宜城東南）、西陵（今湖北宜昌市西北）等五城。鄢城是楚國的陪都，駐有重兵防守，起拱衛京師的作用。秦軍攻克鄢城，就徹底摧毀了楚國的北部防線，使郢都失去屏障。於是在西元前二七八年春，白起率大軍長驅南進，白起攻下郢都並放火燒燬。楚頃襄王倉皇逃走，遷都於陳（今河南淮陽）。接著白起率秦軍攻佔安陸（今湖北雲夢縣），燒燬楚先王墓夷陵（今湖北宜昌市東南）。秦國遂在此設南郡，轄今湖北省武漢以西、襄樊以南、監利以北及巫山以東地區。當然鄢、郢以及今荊門市楚貴族墓都在秦南郡之中。從此，南郡轄區的墓葬都是秦墓而無新葬的楚貴族墓。從此可知，荊門市沙洋區一帶的楚國貴族下葬的下限必在西元前二七九年以前。如果把戰國的歷史分成三段：從西元前四七五年至西元前三五九年商鞅變法為前期；從西元前三五八年到西元前二七九年秦楚鄢之戰為中期；從西元前二七八年至西元前二二一年秦統一中國之前為晚期。那麼把郭店一號楚墓下葬的時間估計在戰國中期偏晚，大約於西元前三〇〇年左右，而墓中竹簡書寫的時間應當更早一些。

---

③　戰國策〔M〕。上海：上海古籍出版社，1978。

二

　　郭店楚簡的文字，據發掘報告說：「字體筆法與包山楚簡相近。」④包山楚簡是在南距楚國郢都十六公里的荆門十里鋪鎮王場村包山崗所發掘的包山二號楚墓中發現的，墓主名邵𨉟，官居左尹，下葬於西元前316年，即楚懷王十三年。包山楚簡文字的特點是地域性特點明顯，字形的簡省和異形增多；用一種較硬的毛筆書寫，帶有以圓變方的隸化傾向。郭店一號楚墓不知墓主為誰，不知下葬的絕對年代，墓主的身份按一棺一槨推測可能是食祿之士，竹簡的內容亦不同，郭店簡是傳鈔的古書，包山簡是公文、文書、卜筮祭禱記錄和遣策。但兩批竹簡的文字都是特點顯明的楚國文字，郭店楚簡字形的簡省、異形亦頗多。僅從郭簡兩行中就可找出「絕」、「倍」、「盜」、「辯」四個字的異形字，這些字如果不是文字學家仔細琢磨，幾乎不可辨識。

　　再者，以圓變方的隸化傾向也較明顯。如郭簡中「方」、「音」、「然」、「樂」四字都是典型的古隸寫法，這種古隸不過是篆書的草率寫法，筆畫有由圓轉變方折的趨向，雲夢秦簡的秦隸就是在這種隸化傾向的基礎上形成的。郭簡中的隸化傾向與在四川青川縣郝家坪秦墓出土的木牘上的古隸有類似之處。青川木牘記載秦武王二年（前三〇九）十一月，武王令丞相甘茂與內史更修《為田律》的條文，背面牘文有武王四年十二月中有關除道的記事。此木牘書寫的時間是秦武王四年即西元前三〇七年。由此可以推知郭店楚簡書寫的時間應在包山楚簡下葬的西元前三一六年之後，至青川木牘書寫的時間西元前三〇七年前後，即古隸正在形成的時期。我估計郭店楚簡書寫的時間在西元前三〇〇年前。

─────────────

④　荆州博物館。荆門郭店一號楚墓〔J〕。文物，一九九七，（七）。

《戰國策》和《戰國縱橫家書》

　　《戰國策》是一部重要的中國古代歷史文獻，是研究戰國歷史的基本依據。同時，它又是對後代很有影響的散文名著。

　　《戰國策》最初的集錄者是戰國末乃至秦漢間的游說之士，最後的編訂者是西漢末年的劉向。游說之士的集錄形式多樣，在西漢皇家圖書館裏就保存有《國策》、《國事》、《事語》、《短長》、《長書》、《修書》等六種。《國策》是各國的典策，《國事》是列國的大事，大概都是按國分編的；《事語》是按事編次的言論集；《短長》是一種縱橫家的遊說辭匯編。古代書簡，長的二尺四寸或二尺，短的六寸或八寸。按禮法規定，寫儒家經書用長簡，寫一般文書用短簡，以別尊卑。但游說之士傳習的典籍不受禮法約束，可長可短，故用「短長」概指縱橫家的游說辭；《長書》亦為游說辭匯編，用二尺四寸或二尺的長簡寫其書，藉以區別於八寸六寸的短書，以抬高其地位；《修書》是來自淮南地區的游說辭寫本。修與長同義，淮南王劉安父名劉長，為避諱改「長」為「修」。這幾種內容不同名稱各異的書，「錯亂相雜」，不成系統，不便閱讀。西漢末年，劉向對這六種書進行了整理，按戰國的二周、秦、齊、楚、趙、韓、燕、宋、衛、中山十二國次序，刪去重復，編成一書，定名為《戰國策》，共三十三篇。東漢高誘作過注解。但在流傳過程中累有殘損。北宋曾鞏訪求士大夫家的藏本加以補充校訂，重新編成《戰國策》三十三篇，已不能完全恢復劉向本的原貌。現在通行本《戰國策》分上中下三冊，共三十三卷，四百九十七篇。

　　《戰國策》的內容，據劉向說：上繼春秋，下訖楚、漢，包括二百四十五年間之事。今本與劉向本小異。考今本以《宋衛策》中〈智伯欲襲衛〉為最早，事在周貞定王十二年，即西元前四五七年；以《齊策》中齊王建被秦軍囚禁為最晚，事在秦始皇二十六年，即西元前二二一年；首尾二三六年。較劉向本短九年，較現在一般劃分的戰國起訖，上限（西元前四七五年）稍短，下限一致。本書所涉全為戰國史事，但對戰國初年之事所記甚略，大多為戰國中葉以後的事。這是由於戰國中期以後，在秦、齊兩大國的對峙及秦與六國的長期戰爭中，出現了合縱與連橫兩種外交策略的鬥爭。縱橫家為了提高游說效果，按照當時政治鬥爭的需要，把前人游說君王的書信和游說辭以及官方的外交檔案搜集起來，編成各種冊子，以供學習模仿。《戰國策》主要記載了當時的謀臣、策士游說各國君主或互相辯論時所提出的政治主張和鬥爭策略。其中還有許多僅為學習游說之用的試說或擬作，不是事實。如〈中山策〉中有張登對藍諸君說：「請以公為齊王，而登試說，公可，乃行之。」這裏就明說是試說。張儀、蘇秦間的舌戰，純粹是成套的擬作，有一九七三年出土的《戰國縱橫家書》可證。

　　有人看到《戰國策》中有不真實的材料就否定全書的史料價值。對於這部書的史料價值應作如下認識：

　　首先，《戰國策》相當充分地記載了各國謀臣策士的活動。這些謀臣、策士「皆高才秀士，度時君之所能行，出奇策異智，轉危為安，運亡為存」（劉向《戰國策書錄》），這種活動本身就是重大的歷史事件。它反映了戰國時期各個國家、各個政治集團之間尖銳複雜的矛盾和鬥爭，是研究戰國歷史的珍貴資料。

　　其次，與《史記》中的戰國史事相比，《戰國策》畢竟匯集了大量戰國人的言論，是戰國人說戰國事，保留了許多原始資料。《史記》中漏而不載或語焉不詳的事件人物，在《戰國策》中可以找到很多材料。如公孫衍、惠施等人的政治活動，只有依據《戰國策》的材料才能說清楚。

第三，《戰國策》中固然有游士學習游說用的試說或擬作，但是游士要取得國君的信任，在他們編造的游說辭中必須對當時的歷史有足夠的認識，必須引用一定的歷史事實作根據，這些歷史事實多數又是可信的。如蘇秦反對張儀的游說辭是假的，屬於游士的擬說，但他所引用的各國的步、騎、車兵的數目，又是長平之戰以前各國兵力的真實情況。總之《戰國策》中許多不實的材料，也是假中有真，真中有假，真假交雜，不可盡棄，亦不可盡信，在採用時必須進行棄偽存真的工作。

一九七三年，我國考古工作者在長沙馬王堆三號漢墓中發現了大批帛書，其中有一種類似《戰國策》的書，帛書整理小組定名爲《戰國縱橫家書》。文物出版社已將此書出版，新版《戰國策》將其附錄在後面。

《戰國縱橫家書》大約是秦漢之際編成的縱橫家言的選本。漢初，游說之風還盛行，這種手鈔本供士人及貴族子弟學習游說之用。這個選本爲軚侯利倉的少子所得，當時可能已是孤本，作爲主人的陪葬品埋入墓中，從此就失傳了。司馬遷作《史記》、劉向編《戰國策》顯然沒有見過這個選本。（唐蘭：《司馬遷所沒有見過的珍貴史料》）全書共二十七章，三百二十五行，一萬一千多字。其中十一章的內容與《戰國策》和《史記》的有關篇章對勘，大體相同；另外十六章是久已失傳的佚書，不僅可以補充過去史書記載的不足，而且可以糾正《戰國策》和《史記》中有關蘇秦的錯誤，是研究戰國史的珍貴史料。

蘇秦在《戰國策》中有前後相差數十年之久的兩個：一個和張儀同時，兩人是對頭，蘇秦講合縱，張儀講連橫，各有一套酣暢可喜的游說辭，蘇秦還比張儀年長，死在張儀之前；另一個蘇秦年輩晚於張儀，和張儀沒有打過交道，他是燕昭王的親信，奉燕昭王之命去齊從事反間活動，甚得齊湣王的寵信，最後當上齊相。蘇秦極力使齊疲於對外戰爭，給燕國造成復仇之機，當燕將樂毅率兵大舉攻齊時，蘇秦的間諜身份被齊王發覺而車裂於臨淄。司馬遷發現有關蘇秦的記載很混亂，有不少不是蘇秦的事，他說：「世言蘇秦

多異，異時事有類之者皆附之蘇秦」。但因爲那個與張儀同時的蘇秦寫得很生動，結果被司馬遷採用來寫成〈蘇秦列傳〉，兩千年來，迷惑了無數讀者。有的學者見蘇秦的事迹自相矛盾、年代混亂，因而否認歷史上有蘇秦其人。也有學者經過縝密研究發現後一個蘇秦倒實有其人。如徐仲舒教授一九六四年在《歷史研究》發表的論文：〈論《戰國策》的編寫及有關蘇秦諸問題〉，對此作了有相當說服力的論證。但仍嫌證據不力，問題不算解決。《戰國縱橫家書》的出土，這個謎底才算徹底揭曉了。在該書的十六章佚書中，有六章是蘇秦給燕昭王的信，兩章是蘇秦給齊王的信，五章是蘇秦與燕昭王、齊王的談話，都是原始材料。這批材料充分證實蘇秦是燕昭王派到齊國的間諜，與《戰國策》中後一個蘇秦的事迹完全吻合。

戰國游說初議

　　游說又稱馳說，是指戰國時代游說之士奔走各國，憑藉口才勸說統治者採納自己的政見或主張，以求取高官厚祿。這是當時士人從政的主要途徑，無論儒、墨、名、法，還是其他各家，都須經游說才能得到仕進的機會，縱橫家更是以此為職業的。游士有許多名稱，由於他們奔走四方游說諸侯，因稱游士；由於他們常向君主出謀獻策，又稱策士；由於他們談鋒甚健，口巧舌辯，又稱辯士；由於他們的游說以求仕干祿為目的，又稱「游宦之民」；由於他們所宣傳的主張不同，又有「橫人」、「縱人」等稱號。他們多數出身寒微，起自民間，體察世情，為了改變自己的政治地位而發憤求學，刻苦自勵，既有真才實學，又有實幹精神。因而許多成為君主的謀臣、智囊，有些甚至出將入相，成為當時政治舞臺上的風雲人物。其中一些「高才秀士，度時君之所能行，出奇策異智，轉危為安，運亡圖存」（《戰國策書錄》），給後人留下智慧萬端奇警有趣的游說辭。我們今天所看到的《戰國策》及《戰國縱橫家書》，就主要記載了當時謀臣、策士游說各國或互相辯論時所提出的政治主張和鬥爭策略。

　　游說是在特定的歷史條件下發生發展起來的一種社會風氣。大抵興起於戰國初期，興盛於戰國中後期，衰落於西漢前期。戰國是一個社會大變革的時代，也是一個列國大競爭的時代。那時「士不懷居」，「士無定主」，作為知識分子的士，衝破宗法制的藩籬，周遊天下，施展抱負，成為變革激流中一個最活躍的社會階層。諸侯之間在優勝劣敗的壓力下競爭日益熾烈，這

競爭固然有政治的、經濟的、軍事的、外交的，而最重要的人才的競爭。各國君主大都認識到「得士者昌，失士者亡」，因而在統治者中莫不以羅致人才，禮賢下士爲急務，政權儘量向游士開放。這就給游說活動提供之良好的社會條件。李斯說：戰國時代是「布衣馳騖之時，而游說者之秋」（《史記·李斯列傳》）。班固說：戰國七雄，「龍戰虎爭，游說之徒，風擊電激」。這都說明，戰國進代是游說之士的黃金時代。

游士與隱士不同。隱士的人生觀是消極的，他們清高孤傲，潔身自愛，不入仕途，視富貴如浮雲。游士則相反，其人生觀是積極的。他們不安現狀，能屈能伸，奮發有爲，富有進取精神，熱衷於追逐名利，建功立業。游士的活躍，對當時的社會有三大影響：一、游士的馳聘，給各國封建君主提供了新的選官條件。君主可以不論親疏，不管出身，不問資格，唯才是用。因而有助於打破傳統的世官制，改變官吏的成份，促進布衣卿相之局的形成；二、游士「合則留，不合則去」，有選擇主子的自由，這就減少了人爲的傾軋，促進了人才的合理流動，使人才有發揮才能的機會，使潛在的人才有脫穎而出的機會；三、由於名利欲的驅使，游士一旦得到重用，非常忠於職守，表現出卓越的才能和強烈的事業心，因而促進了各國改革的推行，推動了軍事、政治、經濟、文化的發展。

游士本身不是一個階級或社會集團，沒有統一的政治主張和行動綱領，他們總是依附於一定的階級或集團。因而他們所起的社會作用是很不同的。從主流看，他們的多數在戰國時代對歷史起促進作用，但也有少數由於對反動主子的愚忠，對歷史起過阻滯作用。有的既幹過對社會有益的事，也幹過對社會有害的事。有的游士沒有氣節，毫無操守，完全是有奶就是娘的「政客」。總之，對他們具體人的評價，必須放在具體環境中作具體分析，切忌一概而論。

公孫衍事迹考

　　過去人們大都認爲：蘇秦、張儀同爲戰國中期合縱、連橫説的倡始者，蘇秦比張儀大，是張儀的政敵。這不出於現代人的杜撰，司馬遷在《史記》蘇秦傳和張儀傳中就這麼説。但這説法如果和當時的基本歷史事實加以對照，就顯得前矛後盾，漏洞百出，因而不少學者曾提出質疑。自一九七三年長沙馬王堆三號漢墓中發現了《戰國縱橫家書》，才證實蘇秦死於西元前二八四年，張儀卻死於西元前三一〇年，蘇秦比張儀遲死二十六年。蘇秦的年輩比張儀晚得多，當張儀在秦國當權的時候，蘇秦只不過是個年輕的游説者，根本就沒有和張儀打過交道。那麼，張儀的對手是誰呢？與張儀同時的景春曾問孟子：「公孫衍、張儀豈不誠大丈夫哉？一怒而諸侯懼，安居而天下熄。」孟子雖然認爲他們不算大丈夫，但也不否認他們對諸侯之間的和戰起過操縱作用。①可見張儀的政敵是公孫衍。

　　公孫衍，《史記》卷七十有傳，但只有三百字左右，掛一漏萬，不足以瞭解其全人。《戰國策》，《韓非子》等書中有不少關於公孫衍的材料，但不繫年代，如同亂麻，不經一番梳理也不可據以瞭解其人其事。公孫衍雖不過是個跳來跳去的政客，但不搞清他，戰國中期四十多年歷史就有不少地方説不清，所以我來考證公孫衍的事迹。

---

① 《孟子·滕文公下》。

公孫衍的籍貫和出身

據《史記·犀首傳》載：「犀首者，魏之陰晉人也，名衍，姓公孫氏。」

公孫衍是魏國陰晉人。陰晉在華山腳下，即今陝西省華陰縣。《漢書·地理志》注：華陰縣，「故陰晉，秦惠王五年（按〈秦本紀〉應爲六年），更名寧秦，高祖八年，更名華陰。」陰晉原屬晉國，三家分晉時爲魏國所有，在魏秦交界處，是兩國激烈爭奪的地方。西元前三四八年，魏惠王和趙肅侯在陰晉相會，目的是向秦國示威。西元前三三二年，陰晉被秦國奪去，改名爲寧秦。這時公孫衍正在秦國當權，此事一定與他有絕大關係。

從公孫衍姓公孫來看，他的祖先是有世襲爵祿的貴族。《儀禮·喪服》：「諸侯之子爲公子」，「公子之子稱公孫」。公孫的後代便以公孫爲姓，所以各諸侯國都有姓公孫的。春秋時姓公孫的大多是大夫，如衛獻公有大臣公孫免餘、公孫無地、公孫臣，鄭子產姓公孫名僑等等，他們都是憑藉世卿世祿制，繼承著祖先傳下來的特權。戰國中期姓公孫的不少，如魏有公孫痤、公孫段，秦有公孫述、公孫爽、公孫起，趙有公孫龍，中山有公孫弘，齊有公孫閈，孟子有弟子公孫丑，孟嘗君有門客公孫戍等等。但隨著世卿世祿制的破壞，多數已不能繼承祖先的餘蔭，而是憑著自己的能力和功勞去「爭名於朝」，爭不上去的就沈淪爲平民。公孫衍雖爲貴族出身，但仍遑遑奔走求官，可見他也沒有世襲特權了，屬於貴族階級中的飄零子弟。

公孫衍既是姓名，那犀首是什麼呢？劉向《別錄》說：「犀首，大梁官名，公孫衍嘗爲是官，因號犀首，蓋以官號也。」[2]他的說法當有所據。公孫衍在秦做大良造之前，應該有個表現才能的過程，他可能早年在魏國做過

_____

② 董說《七國考》卷一〈魏職官〉。

以犀首爲名的官。戰國時的官名常常轉化爲姓名。《風俗通・姓氏篇》説：姓氏有九種來源，有「氏於官」的。但這畢竟是推測。史料缺漏，不得確知。

公孫衍在秦

公孫衍有明確記載的活動，最早是秦惠王五年，即西元前三三三年，在秦國做大良造。③按秦的二十級軍功爵制，大良造爲第十六級，也稱大上造。這是一個地位相當顯貴的官爵，商鞅在變法取得初步成功時，才由左庶長升爲大良造，那時秦國沒有丞相和將軍，大良造總攬軍政大權。白起在立了赫赫戰功之後，才由左更升爲大良造，那時秦已置相，白起是最高的軍事將領。公孫衍任大良造在商鞅死後五年，而早於白起四十一年，當時秦國還沒有置相，軍政權力都由大良造掌握。公孫衍怎樣得到這樣一個顯赫的官爵，還是個謎。

公孫衍做秦國大良造的時候，齊、秦兩強東西對峙的局面已經形成，合縱連橫的外交活動也開始了。公孫衍奔走於魏齊之間，挑撥離間，縱橫捭闔，積極推行秦國的連橫策略。這期間有兩次重大活動。

其一，《戰國策・魏策一》載：「徐州之役，犀首謂梁王曰：何不陽與齊而陰結於楚？二國恃王，齊、楚必戰。齊戰勝楚，而與乘之，必取方城之外；楚戰勝齊敗，而與乘之，是太子之讎報矣。」梁王指魏惠王，原曾獨霸中原。西元前三四一年齊魏馬了陵之戰栽了跟斗，魏國十萬精鋭全軍覆沒，連他的太子也被齊國俘去殺害。以後魏國接連遭到齊秦等國的打擊，迫使魏惠王不得不向齊威王屈服稱臣。西元前三三四年，魏惠王率領韓國國君和淮泗諸侯，到徐州（今山東省滕縣東南）朝見齊威王。齊魏在「徐州相王」，

---

③ 《史記・秦本紀》。

表面上是兩國互相承認霸業，實際是齊代替魏而稱霸中原。這對秦國固然不利，更爲企圖插足中原的楚國所不容。西元前三三三年，楚威王親率大軍進圍徐州，遂爆發了楚齊「徐州之役」。在戰爭醞釀期間，公孫衍建議魏惠王明聯齊而暗結楚，目的是讓齊楚打起來，使魏國擺脫齊國的控制，從而孤立和削弱齊國。魏惠王似乎採納了公孫衍的計策，戰前「齊魏約而伐楚」，後來「楚攻齊，大敗之而魏弗救」。④魏國雖然沒有敢出兵去報太子之仇，但戰爭的結果齊國鋒芒大受挫折，齊魏從此也互相猜疑，在一定程度上達到了秦國的目的。

　　其二，《戰國策·魏策二》載：「犀首、田盼欲得齊魏之兵以伐趙，梁君（魏惠王）與田侯（齊威王）不欲。犀首曰：『請國出五萬人，不過五月而趙破。』田盼曰：『夫輕用其兵者，其國易危；易用其計者，其身易窮。公今言破趙大易，恐有後咎。』犀首曰：『公之不慧也。夫二君者，固已不欲矣。今公又言有難以懼之，是趙不伐，而二士之謀困也。且公直言易，而事已去矣。夫難構而兵結，田侯、梁君見其危，又安敢釋卒不我予乎？』田盼曰：『善。』遂勸兩君聽犀首。犀首、田盼遂得齊、魏之兵。兵未出境，梁君、田侯恐其至而戰敗也，悉起兵從之，大敗趙氏。」齊魏聯合伐趙發生在西元前三三二年，即齊威王二十五年，魏惠王后元三年，趙肅侯十八年。初戰趙軍敗，後趙國決黃河水灌齊魏聯軍，齊魏軍退走。⑤起因是徐州之役趙國配合楚國攻打齊魏，趙軍曾打到魏國的枝桑。公孫衍抓住這個把柄，極力煽動齊魏對趙國進行報復。田盼是齊國大將，此時率齊軍守高唐（今山東省平原縣南，古黃河東岸）防趙。⑥上文是公孫衍和田盼爲了挾迫齊威王和魏惠王出兵伐趙而演的雙簧，主謀是公孫衍，目的是加劇齊魏和趙國的不

④　《戰國策·魏策一》。
⑤　《史記·趙世家》。
⑥　《史記·田世家》。

和，以防止東方諸侯的合縱。《史記・蘇秦傳》載：「秦使犀首欺齊魏，與共伐趙，欲敗從約。」就指的這件事。

西元前三三一年，即秦惠王七年，魏惠王後元四年，公孫衍和公子卬率秦軍敗魏軍於雕陰（今陝西富縣城北的洛河西側），俘虜了魏將龍賈。這件事過去有兩個問題没搞清。首先是時間，據〈秦本紀〉：秦惠王「七年，公子卬與魏戰，虜其將龍賈，斬首八萬。八年，魏納河西地」。俘虜龍賈在七年，納河西地在八年，分得很清楚。但〈魏世家〉載：「襄王五年（按《竹書紀年》應爲魏惠王後元五年，即秦惠王八年）秦敗我龍賈軍四萬五千於雕陰，圍我焦、曲沃，予秦河西之地。」這是把兩年的事寫在一起，而按戰爭結束的年代繫年的，即都歸入秦惠王八年。有的人根據〈魏世家〉把俘龍賈定在西元前三三〇年，即秦惠王八年，這就推後了一年。應依〈秦本紀〉，定爲西元前三三一年爲是。

其次，秦軍的將領是誰？一説：「公子卬與魏戰。」[7]一説：「惠王使犀首攻魏。」[8]雷學淇依此斷言：「蓋犀首者冠軍之稱，秦與魏皆有之，故公子卬及公孫衍皆有此號。」[9]按他的説法，以犀首爲號的公孫衍在魏，不是秦軍將領；活捉龍賈的是公子卬，也以犀首爲號。這顯然出於對公孫衍不瞭解。此時公孫衍在秦爲大良造無疑，而領兵打仗是他的職責。戰國時常有大將和太子或公子共同率領軍隊打仗的事，實際是國君對大將不放心。而讓太子或公子去監軍。這次戰爭是公孫衍和公子卬共同率兵作戰，因而可以寫成公子卬與魏戰，也可寫成使犀首攻魏。如同馬陵之戰中龐涓與太子申共同率領魏軍，歷史記載也有只提龐涓，或只提太子申的。

公孫衍離開秦國的時間和原因雖無明文記載，但從他「與張儀不善」可

---

⑦　《史記・秦本紀》。
⑧　《史記・蘇秦傳》。
⑨　雷學淇《竹書紀年義證》。

知，公孫衍離秦與張儀的排擠有關。錢穆也認為：張儀「入秦而奪犀首之位」，故「儀入秦而犀首去」。⑩張儀初入秦，據《史記·蘇秦傳》在秦俘魏將龍賈之後，大約在西元前三三〇年，即秦惠王八年。就在這一年，張儀代替公孫衍當權，公孫衍就跑到魏國去，第二年他就為魏國帶兵打仗了。

公孫衍在魏和去韓

西元前三二九年，即魏惠王後元六年，公孫衍已經在魏國做大將了。當時楚威王發兵攻魏，秦惠王採納了張儀的計策，派出「卒萬人，車百乘」支援魏國。公孫衍乘楚威王剛死的機會，率魏軍攻取了楚的陘山（今河南省漯河市東）。「犀首戰勝威王，魏兵罷敝」，秦國乘魏軍疲憊的時候揚言要和楚國聯合夾擊魏國，藉以向魏勒索土地，迫使魏「效上洛於秦」。⑪上洛在華山之南，即今陝西洛南、商縣，東到河南盧氏。

秦、齊兩強對中原諸侯的壓力越來越大，弱國為了生存都有聯合起來對付強國的要求，而互相承認王位則成為弱國聯合的基礎。原來只有周天子可以稱王，是天下諸侯當然的共主。春秋時期楚國破例稱王，被視為蠻夷之邦，而中原的諸侯卻只敢打著尊王攘夷的旗號爭霸。戰國中期周王室更加敗落，各大國都想踢開周天子建立自己的王霸之業，因而陸續稱王。強國稱王，弱國也不得不稱王，因為不稱王就等於自己承認低人一等。但秦齊稱王有實力作後盾，不怕別國不承認；弱國的王位要取得別國的承認卻很不容易。公孫衍為了通過互相承認王位的形式使弱國聯合起來，以便與秦、齊相抗衡，因而在西元前三二三年，發起趙、魏，韓、燕、中山「五國相王」。

---

⑩ 錢穆《先秦諸子繫年考辨》第一〇七條附〈張儀初入秦考〉。
⑪ 《戰國策·秦策一》作「西河之外」，〈秦策四〉作「上洛」。魏以華山以北為西河，華山以南為上洛。西河之外即指上洛。

所謂相王，就是互相承認王位。

反對五國相王的首先是齊國。齊國以中山没有資格參加相王爲藉口，圖謀阻止五國相王。據〈中山策〉載：「犀首立五王，而中山後持。齊謂趙、魏曰：『寡人羞與中山並爲王，願與大國伐之，以廢其王。』」中山本來是個小國，當時受齊國的控制。中山能參加相王的行列，主要是趙武靈王和公孫衍爲了把中山從齊國控制下爭奪過來。由於趙、燕、魏堅決支持中山稱王，齊國也怕把中山逼得太甚，中山終於參加了相王，齊國的阻撓失敗。

秦國也是反對五國相王的。就在這一年，秦派張儀和齊楚大臣在齧桑（在今江蘇沛縣西南）會盟。這次會盟表面上好像張儀要在齊楚之間做調解人，替齊楚修補徐州之役造成的裂痕。其實，秦怎能誠心讓齊楚和好呢？這是張儀針對公孫衍發起的五國相王而做出三個強國聯合的姿態，以抵消五國相王的影響，進而對魏國進行恐嚇。

魏惠王晚年屢遭挫折，特別經不起恐嚇。他對五國聯合的力量不相信，惠施「欲以魏合齊楚以按兵」的策略又失敗了，而張儀和齊楚的會盟嚇得他驚慌失措。這時張儀用「魏攻南陽，秦攻三川」，共分韓國土地，⑫然後秦魏挾韓一起抵抗齊楚的甜言蜜語誘騙，他就轉而希望通過張儀借用秦國的力量來對付齊楚。西元前三二二年即魏惠王後元十三年，起用張儀爲魏相。張儀大排異己，惠施被驅逐，公孫衍也不免受到打擊。然而，張儀推行「欲令魏先事秦而諸侯效之」的連橫策略，要魏國做投靠秦國的帶頭羊。魏惠王不甘心扮演這個角色，故「不肯聽儀」，秦國就出兵攻佔了魏國的曲沃（今山西聞喜縣東）、平周（今山西介休縣西）。⑬

張儀對魏惠王的捉弄，暴露了秦國向東發展的野心，引起了關東諸侯的嚴重不安，公孫衍利用這個時機積極爲合縱抗秦奔走。他首先取得韓國當權

---

⑫ 《戰國策‧魏策一》。
⑬ 《史記‧張儀傳》。

人物韓公叔的支持，韓公叔極力使魏惠王「圖秦而棄儀，收韓而相衍」。⑭
接著公孫衍揚言要出使燕、趙，「齊王聞之，恐後天下得魏，以事屬犀
首」，「燕、趙聞之，亦以事屬犀首」。楚懷王聞之，也「以事因犀首」。
燕、趙、齊、楚都支援公孫衍的合縱策略，促使魏惠王改變了對公孫衍的不
信任態度。魏惠王說：「所以不使犀首者，以為不可。今四國屬以事，寡人
亦以事因焉。」⑮於是免掉了張儀的相職，改用公孫衍為魏相。

西元前三一九年冬，魏惠王死了。⑯按原定葬期，正好趕上天下大雪，
不便「喪行」。群臣勸太子（即魏襄王）改變葬日，太子不同意。「群臣皆
不敢言，而以告犀首」。犀首「請告惠公」。⑰可見當時公孫衍確是魏廷的
領袖，而惠施也回魏了。

自從公孫衍得到東方各國的支持而做了魏相，合縱抗秦的形勢便形成
了。公孫衍在西元前三一八年便發動了「五國伐秦」，《史記·張儀傳》和
《呂氏春秋·開春》高誘注都說公孫衍「嘗佩五國之相印」，應該就指的這
件事。這一次參加合縱攻秦的有魏、趙、韓、燕、楚五國。⑱公孫衍的主要

---

⑭　《史記·張儀傳》。
⑮　《戰國策·魏策一》。
⑯　魏惠王卒年，《竹書紀年》與《史記·魏世家》記載不同。《竹書紀年》：
　　「惠王三十六年改元，從一年始，至十六年而稱惠成王卒。」魏惠王卒於後
　　元十六年，即西元前三一九年。
⑰　《戰國策·魏策一》。
⑱　〈秦本紀〉謂「韓、趙、魏、燕、齊帥匈奴共攻秦」。〈楚世家〉謂「六國
　　攻秦」，齊亦在內。但〈張儀傳〉、〈魏世家〉俱云五國攻秦。〈燕世家〉
　　謂燕「與楚三晉攻秦」。〈六國年表〉：五國攻秦為魏韓楚趙燕。〈韓
　　策〉、〈楚策〉亦云五國攻秦。凡為五國攻秦的都沒有齊國。據〈魏策一〉
　　載：齊宣王約「燕、趙、楚之相」到衛國會盟，圖謀排斥魏國，公孫衍用計
　　使「三國不相信齊王之遇，遇事遂敗」。這可能是齊國為爭奪領導權和魏國
　　鬧翻了，因而齊國沒有參加這次合縱。

支持者是趙武靈王,有趙武靈王曾「駕犀首」以「與秦角逐」之説可證。⑲
惠施是親楚的,可能由於惠施的關係楚國參加了合縱,五國以楚最強,因而
當時推楚懷王爲縱長。但各國的利害關係不同,步調不一致,初戰攻到函谷
關不勝而回。以後楚、燕二國實際沒有參戰,只有韓趙魏三國和秦交戰。西
元前三一七年,秦派庶長樗里疾率兵與韓趙魏在修魚(今河南原陽縣西)作
戰,把三國聯軍打得大敗。

合縱抗秦在正面戰場上雖然失敗了,但秦國卻受到西面遊牧部族義渠的
襲擊,這也是公孫衍安排下的釘子。在五國攻秦之前義渠君朝魏,公孫衍對
他説:秦和中原諸侯不打仗,一定會焚燒搶掠您的國家,一旦和中原打起
來,反而會派使臣送很多禮物去安撫您。不久五國伐秦,秦王果然「以文繡
千匹,好女百人」送給義渠君。義渠君對群臣説「此乃公孫衍所謂也」「因
起兵襲秦,大敗秦人於李帛之下。」⑳這一重創,使秦國不得不一度把戰略
重心轉向擴充後方,暫時減緩了東進的步伐。

由於在五國伐秦中魏國「折兵之半」,㉑魏襄王把這個慘痛的失敗歸咎
於公孫衍,田需也借機拆公孫衍的臺。公孫衍曾對魏襄王訴若:「臣盡力竭
知,欲以爲王廣土取尊名,田需從中敗君,王又聽之,是臣終無成功也。需
亡,臣將侍;需侍,臣請亡。」但魏襄王把田需視爲「股掌之臣」,反而信
任有加。公孫衍自覺處境不妙,只得去見齊相田嬰,「與之約結;召文子而
相之魏,身相於韓」。㉒文子即田嬰的兒子田文,也就是孟嘗君。公孫衍要
田文任魏相,他自己去相韓,僅是他的打算,目的是防止田需把自己取而代
之。但不久,田需就施計陷害公孫衍。據《韓非子・內儲説下》載:「犀首
與張壽爲怨,陳需(即田需)新入,不善犀首,因使人微殺張壽,魏王以爲

⑲　《戰國策・趙策三》。
⑳　《戰國策・秦策二》。
㉑　《戰國策・楚策二》。
㉒　《戰國策・魏策二》。

犀首也，乃誅之。」田需派人暗殺張壽，目的是給公孫衍栽贓，魏襄王誤認爲公孫衍殺了人，「乃誅之」。呂祖謙《大事記》以爲，「誅之」是公孫衍被殺，其實「誅」在此當「責」解，魏襄王僅把公孫衍訓斥了一頓。《韓非子·內儲說下》說「陳需殺張壽而犀首走」，如果已被殺又怎能「走」呢？可見公孫衍確是遭到責難而有冤莫白，結果被迫出走了。他的相位被田需所代替。

關於田需相魏，《韓非子·內儲說下》有一種說法：「陳需，魏王之臣也，善於荊王（楚懷王），而令荊攻魏，陳需因請爲魏王行解之，因以荊勢相魏。」又說「楚兵至而陳需相」。大臣借用外力爭權，本是戰國中期常見的事。但楚攻魏在何時？西元前三二三年楚攻魏「破襄陵」，似乎不是恐嚇而已，且結果楚魏關係惡化，也不像有人從中和解，這與田需相魏聯繫不起來。田需相魏應在西元前三一六年左右，即公孫衍失寵的時候，然而此時沒有楚攻魏的記載。也許因爲楚兵僅僅要挾了一下，田需「解之」，即退兵，沒有構成戰爭，故史書不載。

公孫衍到哪裏去了？他可能在韓國逗留了個短時間。據〈秦本紀〉載：秦惠王更元十一年，即西元前三一四年，「樗里疾攻魏焦，降之。敗韓岸門，斬首萬，其將犀首走」。林春溥說：「犀首魏將而岸門之戰與魏無涉。考〈魏策〉，犀首與田需不善，乃與田嬰約結召文子而相之魏，身相於韓，而蘇代說魏王亦有衍將右韓而左魏之語，疑是時已在韓矣。」㉓林氏的懷疑是有根據的。焦在黃河南岸（今河南三門峽市西），岸門在今河南許昌市北，兩個戰場相距甚遠。魏國此時已自顧不暇，絕不可能派公孫衍率魏軍去岸門援韓。但公孫衍和韓公叔的關係很好，他可能得到韓公叔的援引入韓，率韓軍與秦在岸門打仗。此戰韓敗，結果公孫衍大敗而走。戰後韓國向秦屈服，派太子倉到秦國做人質。於是主張抗秦的韓公叔失勢，主張親秦的韓公

㉓　林春溥《戰國紀年》卷三。

仲得勢，公孫衍就在韓國待不下去了，只得又回到魏國。

田文、公孫衍都到了魏國，他們與田需不和，魏襄王對怎樣使用這二人，十分躊躇。後來魏襄王採納了一種建議，利用田需監督二人的所為，使他們懂得：「吾舉事而不利於魏，需必挫我於王。」[24]魏襄王採取這樣的措施也是自然的，因為國王利用大臣之間的矛盾而互相牽制，是當時加強王權的一種措施。

西元前三一一年，即魏襄王八年，秦惠王死，秦武王即位，驅逐張儀，「張儀歸於魏」。[25]當時魏相田需死了，楚昭魚估計魏襄王一定會從張儀、田文、公孫衍三人中選相。他派人去勸魏襄王不要從這三人中選相，說「張儀相，必右秦而左魏。犀首相，必右韓而左魏。薛公（田文）相，必右齊而左魏。」魏襄王後來果然沒有從這三人中選相，而讓他的太子擔任魏相。[26]但《史記·張儀傳》說，張儀這次還「相魏一年」，也許太子任相時間很短，後又用張儀為相。

公孫衍此時為魏將，率魏軍在承匡（今河南睢縣西）抵抗齊軍，據〈齊策二〉載：「犀首以梁與齊戰於承匡而不勝。張儀謂梁王不用臣言以危國。梁國因相儀。」魏襄王聽了張儀的話，要加罪於公孫衍，公孫衍就逃到秦國去了。

公孫衍又入秦

秦武王驅逐了張儀，想起用張儀的政敵來「治天下」。「犀首抵罪於梁

㉔ 《戰國策·魏策二》。
㉕ 以上各事《史記·魏世家》排在「魏哀王（實為襄王）九年」，即西元前三一〇年；「十年張儀死」，即西元前三〇九年。但按《竹書紀年》張儀死於西元前三一〇年五月，〈張儀傳〉又說張儀相魏一歲卒。現以《竹書紀年》為確證，認定《史記》排後了一年。故把以上各事繫在西元前三一一年。
㉖ 《史記·魏世家》。

王，逃而入秦，秦王甚善之。」㉗〈楚世家〉也説：「今秦惠王死，武王
立，張儀走魏，樗里疾、公孫衍用。」可見公孫衍確實到了秦國。公孫衍離
魏既與張儀的讒毀有關，那麼他入秦時應該張儀還活著。按《竹書紀年》，
張儀於魏襄王九年五月死在魏國。㉘魏襄王九年即秦武王元年，西元前三一
〇年。依此推算，公孫衍入秦的時間至遲不過西元前三一〇年春季。

　　公孫衍這次入秦，起初受到秦武王的重視，但不久就遭到甘茂，樗里疾
的排擠。據《韓非子·外儲説右上》載：「甘茂相秦惠王（應爲秦武王），
惠王愛公孫衍，與之間有所言曰：『寡人將相子。』甘茂之吏道穴聞之，以
告甘茂。甘茂入見王曰：『王得賢相，臣敢再拜賀。』……王曰：『子安聞
之？』對曰：『犀首告臣。』王怒犀首之泄，乃逐之。」《戰國策·秦策
二》所記與此略同。又曰：「樗里疾，秦之將也，恐犀首之代之將也，鑿穴
於王之所常隱語者，俄而王果與犀首計曰：『吾欲攻韓，奚如？』犀首曰：
『秋可矣。』王曰：『吾欲以國累子，子必勿泄也。』犀首反走再拜曰：
『受命。』於是樗里疾也道穴聽之。矣（俟）郎中皆曰：『兵秋起攻韓，犀
首爲將。』於是日也郎中盡知之，於是月也境內盡知之。王召樗里疾曰：
『是何匈匈也，何道出？』樗里疾曰：『似犀首也。』王曰：『吾無與犀首
言也，其犀首何哉？』樗里疾曰：『犀首也羈旅，新抵罪，其心孤，是言自
嫁於眾。』王曰：『然。』使人召犀首，已逃諸侯矣。」這兩條一是甘茂與
公孫衍爭相權，一是樗里疾與公孫衍爭將權，兩人都採取竊聽的手段，然後
給公孫衍嫁以泄密的罪名，一説公孫衍被驅逐，一説被嚇跑。此屬秦廷隱
事，外間傳聞不大一致，但公孫衍受到甘茂、樗里疾的排斥而離開秦國卻是
一致的。〈張儀傳〉云「犀首入相秦」，係出於誤記。此時秦武王以甘茂爲
左丞相，以樗里疾爲右丞相，而公孫衍既不是相也不是將，什麼也沒有撈到

㉗　《韓非子·外儲説右上》。
㉘　《先秦諸子繫年考辨》第一二六條。

就走了。

公孫衍是那一年從秦國出走的？據公孫衍給秦武王選擇攻韓的時機曰：
「秋可矣。」他的計劃沒有實行就被逼走了，結果是甘茂西元前三〇八年
（秦武王三年）秋率兵攻韓宜陽。可知公孫衍離秦的時間應在西元前三〇八
年秋季以前的春季或夏季。從公孫衍西元前三一〇年春入秦，到西元前三〇
八年上半年離秦，他這次在秦國大約只待了二年多。

有人以爲公孫衍這次離秦在秦武王四年，即西元前三〇七年，秦攻拔宜
陽之後。根據〈秦策二〉多次說到，甘茂在攻宜陽過程中擔心樗里疾、公孫
衍從內部對他掣肘。但《史記・甘茂傳》卻說掣肘甘茂的是公孫奭，不是公
孫衍。如「樗里疾、公孫奭二人者，挾韓而議之」「甘茂將兵伐宜陽，五月
而不拔，樗里疾、公孫奭果爭之」。「公孫奭黨於韓，而甘茂黨於魏」「甘
茂欲以魏取齊，公孫奭欲以韓取齊」。直到秦昭王元年即西元前三〇六年，
甘茂主張把武遂退還給韓國，「向壽、公孫奭爭之，不能得。向壽、公孫奭
由此怨，讒甘茂」。甘茂被逼而走。〈資治通鑑〉從〈甘茂傳〉把公孫衍改
爲公孫奭。可見〈秦策二〉所說的公孫衍應是公孫之誤。那麼，公孫衍秦武
王四年離秦的說法就不能成立了。

公孫衍從秦出走以後

公孫衍離開秦國時，《韓非子》說「已逃諸侯矣」，但他逃到那個諸侯
國去了下落不明。仔細追索，此後有關他的事迹還有兩條：

〈魏策一〉說：「秦敗東周，與魏戰於伊闕，殺犀武。魏令公孫衍乘勝
而留於境，請卑辭割地，以講於秦。」秦左更白起大勝韓魏聯軍於伊闕（今
河南洛陽南龍門），在西元前二九三年，即秦昭王十四年，距公孫衍離秦已
九年。魏昭王讓公孫衍留在邊境上，準備去向秦割地講和，由於寶屢的阻撓
沒有成行。此時公孫衍似乎不是魏臣，而是臨時給魏國幫忙的。

　　〈趙策四〉説：「齊將攻宋，而秦、楚禁之。齊因欲與趙，趙不聽。齊乃令公孫衍説李兌以攻宋而定封焉。」齊湣王想發動第二次攻宋，「秦令起賈禁之」。齊想爭取趙國的支援，於是派公孫衍去拉攏趙國的權臣奉陽君李兌，將陰（即陶）許給李兌作封邑。李兌利用各國和秦矛盾，發動趙、楚、魏、韓、齊五國合縱攻秦。此事在西元前二八八年，齊湣王十三年。公孫衍此時雖爲齊王游説李兌，但也不像齊國的大臣。元人吳師道認爲：「赧王二十二年，伊闕敗，《策》云公孫衍割地和秦。《大事記》猶著其名，豈別一人耶？李兌約五國攻秦時亦有公孫衍，去此又九年（應爲六年）。上距犀首爲大良造時幾五十年，嘗疑其甚遠。」㉙吳氏懷疑此事中的公孫衍爲另外一人，疑之有據，可備一説。但也不能確證就不是一人。公孫衍做秦大良造時爲西元前三三三年，李兌約五國攻秦爲西元前二八八年，相距四十五年。如以公孫衍做大良造爲初露頭角，年歲應在三十左右，加四十五爲七十五歲左右。戰國上層人物的年壽達七八十歲的也不少見，魏惠王、孟軻都活到八十多歲。公孫衍也有可能活到七十五歲以上。再者，公孫衍既黜於魏，又逐於秦，由於官場失意，有可能在那裏隱遁起來以觀時變，因而有九年的默默無聞。但從伊闕之戰到李兌約五國攻秦，戰國形勢變得更爲複雜，魏冉、田文、李兌、蘇秦、韓珉、周最等同時參加合縱連橫的爭鬥。游説之士奔競其間，十分活躍。公孫衍是老一代的活動家，和各國的當權人物很熟，魏昭王、齊湣王把他拉來幹某種差事也是有可能的。那我就認爲這兩件事中的公孫衍和以前的公孫衍很可能是一個人。

　　西元前二八八年以後，再也見不到公孫衍的踪迹。他年已老耄，大約不久就死了。

㉙　《戰國策·魏策一》注。

惠施行年考

　　惠施是戰國時期名辯學派的巨匠和著名的政治活動家。由於各史都沒有爲他立傳，他的生平事迹過去一直不大清楚。因此，對於惠施的身世及其政治活動，以年爲經加以考訂，不僅有助於研究戰國中期合縱連橫鬥爭的歷史，對正確理解惠施的哲學思想，也是十分必要的。

　　惠施，宋國人，布衣出身。

　　據《呂氏春秋·淫辭篇》高誘注：「惠施，宋人也」。戰國時期的宋國，包括今河南東部和山東、江蘇，安徽之間的一部分。

　　關於惠施的出身，在《呂氏春秋·不屈篇》中，他自稱「施，布衣也」。《鹽鐵論·散不足》云：「古者庶人耄老而後衣絲，其餘則麻枲而已，故命曰布衣。」庶人在戰國時代屬於平民，由於他們穿的衣服是麻布做的，故稱布衣。據此可知惠施是平民出身。戰國時代的「士」，即當時的知識分子階層，一部分是從舊貴族下降而來，一部分則由平民上升而成，惠施就是由平民而上升爲知識分子的。

　　惠施「與莊周並時」（《漢書·藝文志》班固自注）。他們兩人雖然志不同，道不合，但卻是很要好的朋友。莊周說：「惠施多方，其書五車」，「天下之辯者相與樂之」（《莊子·天下篇》）。可見惠施十分博學，是個名滿天下自成一派的學者。

西元前三四三年後，惠施初至魏。

惠施在學術上有了一定聲望，初到魏國去求官，接見他的是魏相白圭。據《呂氏春秋‧不屈篇》載：

> 「白圭新與惠子相見也，惠子說之以強，白圭無以應。惠子出，白圭告人曰：人有新取（娶）婦者，婦至宜安矜，煙視媚行」，「惠子之遇我尚新，其說我有大甚者」。

惠施新來乍到就用強國之術游說白圭，結果碰了釘子。白圭把他比做不安本分的新媳婦，不理睬他。從惠施對白圭「說之以強」來看，惠施見白圭應在西元前三四一年馬陵之敗之前，因為馬陵之敗以後，惠施只是勸魏惠王忍辱息兵，而不是與諸侯爭「強」了。據此可以推知，惠施大約是在西元前三四三年以後，馬陵之戰以前來到魏國的。如果把惠施初至魏估計為三十歲，他應該大約生於西元前三七三年，即周烈王三年。

西元前三三八年，惠施勸魏惠王折節朝齊。

惠施以能謀善斷逐漸取得魏惠王的器重。據《戰國策‧魏策二》載：

> 「齊魏戰於馬陵，齊大勝魏，殺太子申，覆十萬之軍。魏王召惠施而告之曰：『夫齊，寡人之仇也，怨之至死不忘。國雖小，吾常欲悉起兵而攻之，何如？』對曰：『不可。臣聞之，王者得度，而霸者知計。今王所以告臣者，疏於度而遠於計。王固先屬怨於趙，而後與齊戰。今戰不勝，國無守戰之備，王又欲悉起而攻齊，此非臣之所謂也。王若欲報齊乎，則不如因變服折節而朝齊，楚王必怒矣。王游人

而合其鬥，則楚必伐齊。以休楚而伐罷齊，則必爲楚禽矣。是王以楚
毀齊也。』魏王曰：『善。』乃使人報於齊，願臣畜而朝。」

馬陵之敗以後，魏國喪失了霸權。魏惠王起初忽視利用各國的矛盾以維
護自己，致使齊、秦、趙從東、西、北三面夾攻魏國。西元前三三八年（魏
惠王三十二年），秦魏戰於岸門，魏軍大敗，西面的威脅甚於東面。魏惠王
爲了免於齊、秦的夾擊，終於接受了惠施的建議。所以魏惠王和惠施的上述
對話，當在西元前三三八年。魏惠王出於復仇情緒，起初打算孤注一擲，與
齊決戰。惠施批評他「疏於度而遠於計」，主張利用敵國的矛盾，特別是利
用楚國和齊國爭奪中原的矛盾，採取「以楚毀齊」的策略，讓魏惠王表面上
向齊威王屈服稱臣，以激怒楚威王，使楚伐齊。魏惠王採納了惠施的策略，
通過齊相田嬰的關係，多次去朝見齊威王，並「令太子鳴爲質於齊」（〈魏
策二〉）。由於「梁王（魏惠王）身抱質執璧，請爲陳侯（齊威王）臣，天
下乃釋梁」（〈秦策四〉），使魏國改變了四面受敵的處境。

西元前三三四年，惠施促成齊魏徐州相王。

由於惠施的奔走斡旋，西元前三三四年，魏惠王到徐州（今山東滕縣東
南）朝見齊威王，并接受惠施的建議，尊齊威王爲王，齊威王也表示承認魏
惠王的王位。這就是戰國史上著名的齊魏徐州相王，它是中原諸侯互相承認
王位的開始。魏惠王也把這當作一件大事，所以在這年改元以作紀念。

尊齊威王爲王，是惠施的主張，這有齊將匡章和惠施的對話可證。匡章
質問惠施：「公之學去尊，今又王齊王，何其到（倒）也？」惠施比喻説：
「今有人於此，欲必擊其愛子之頭，石可以代之。」匡章問：「公取之代
乎？其不與？」惠施答：「施取代之，子頭所重也，石所輕也。擊其所輕以
免其所重，豈不可哉？」匡章問：「齊王之所以用兵而不休，攻擊人而不止

者，其故何也？」惠施答：「大者可以王，其次可以霸也。今可以王齊王，而壽黔首之命，免民之死，是以石代愛子頭也。何爲不爲。」（《呂氏春秋・愛類篇》）齊魏衝突的原因就在於爭奪對東方諸侯的領導權，此時魏已絕無與齊爭鋒的力量。惠施尊齊爲王，就是表示承認齊國對東方諸侯的領導權，使齊國停止對魏國的進攻。

不久，惠施「以楚毀齊」的策略也發揮了作用。由於徐州相王標誌著齊國代替魏國而稱霸中原，齊國因而成爲眾矢之的。「郢（楚）威王聞之，寢不寐，食不飽，帥天下百姓，以與申縛遇於泗水之上，而大敗申縛。趙人聞之至枝桑，燕人聞之至格道」，助楚攻齊（〈秦策四〉）。此即西元前三三三年發生的楚齊徐州之役，楚勝齊敗。這一戰大煞了齊國的威風，使其不能再爲所欲爲了，這就在東方造成一種新的均勢，使危如累卵的魏國又轉危爲安。

西元前三三四年至三二二年，惠施爲魏相。

惠施最遲在西元前三三四年，即徐州相王時就擔任魏國丞相了。他做丞相也真夠闊氣，每次出行「多者數百乘，步者數百人，少者數十乘，步者數十人」，前呼後擁，浩浩蕩蕩。所以匡章把他比作蠶食莊稼的蝗蟲，他卻認爲這是「治農夫者」應用的排場（《呂氏春秋・不屈篇》）。這說明以「泛愛萬物」標榜的惠施，不過是地主階級的政治代表。

惠施做丞相期間，給魏國編訂過法律。據《呂氏春秋・淫辭篇》載：

「惠子爲魏惠王爲法。爲法已成，以示諸民人，民人皆善之。獻之惠王，惠王善之。以示翟翦，翟翦曰：『善也。』惠王曰：『可行邪？』翟翦曰：『不可。』惠王曰：『善而不可行何故？』翟翦對曰：『今舉大木者，前呼輿謣，後亦應之。此其於舉大木者善矣。夫

國亦木之大者也。』」

當時，除了法家，惠施也主張實行「法治」，他說：「置猿於柙中，則與豚同」。（《韓非子‧說林下》）比喻用法律可以約束一切不服從的人。惠施的法，比李悝的法對人民可能稍溫和些，所以得到人民的擁護；另一方面，對貴族的約束可能多些，所以貴族翟璜的後代翟翦就攻擊他把魏國當一塊大木頭玩弄，誣衊擁護的人好比抬木頭，惠施一叫號子都跟著響應。限制宗法貴族的特權，是惠施「去尊」思想的含義。他的「去尊」，主要是針對奴隸制的宗法制度說的。他要去奴隸制的等級制度之「尊」，保持封建制的等級制度之尊。儘管這時的貴族多數已由奴隸主貴族轉化為貴族地主，但他們還擁有從奴隸制那裏承襲下來的特權，所以惠施的法，還有反對貴族特權的積極意義。由於貴族的反對，他的法似乎沒有實行，其條文亦不見史書載錄。

傳賢是戰國前期的一種思潮，魏惠王和惠施也作過這樣的表演。《呂氏春秋‧不屈篇》云：

「魏惠王謂惠子曰：『上世之有國必賢者也，今寡人實不若先生，願得傳國。』惠子辭。王又固請曰：『寡人莫有之國於此者也，而傳之賢者，民之貪爭之心止矣。欲先生之以此聽寡人也。』惠子曰：『若王之言，則施不可而聽矣。王固萬乘之主也，以國與人猶尚可，今施布衣也，可以有萬乘之國而辭之，此其止貪爭之心愈甚也。』」

他們這樣推來讓去的目的，首先是愚弄人民，給人民做樣子看，讓人民互相辭讓，各安本分，不要爭奪，不要犯上作亂，使「民之貪爭之心止」。其次是沽名釣譽，摹仿「堯舜許由之作」，魏惠王可以掠堯讓賢的美名，惠施可以博得許由辭讓的頌聲。讓者辭者都毫無誠意，但君臣之間能演這樣的

鬧劇，可見魏惠王此時對惠施是相當信任的。

西元前三二二年，惠施與張儀辯論。

　　在齊、秦東西對峙的初期，楚國虎踞南方，有舉足輕重的作用。魏國處於秦、齊、楚三個強國的包圍之中，秦國經過商鞅變法，國力大強，接連對魏國發動猛烈進攻，與魏的矛盾似乎是無法調和的。楚國由於想插足中原，與齊、秦都有矛盾。惠施爲了利用強國之間的矛盾來維護魏國，主張採取「以魏合於齊楚以案兵」的策略，即分別與齊楚和好，加強對秦國的防禦。魏惠王採納了這個策略，積極推行過一陣子。但是，惠施的策略僅僅使齊國停止進攻，而魏國河西的七百里地卻先後被秦國奪去，西元前三二三年，楚懷王也派柱國昭陽攻破魏的襄陵，得八邑。魏惠王曾悲憤地説：「西喪地於秦七百里，南辱於楚，寡人恥之」。（《孟子·梁惠王上》）這説明惠施的策略失敗了。西元前三二二年，秦派張儀向魏惠王兜售「以魏合於秦韓而攻齊楚」的策略。爲此，惠施和張儀在魏廷進行了一場辯論，據《戰國策·魏策一》載：

> 　　「張儀欲以魏合於秦韓而攻齊楚，惠施欲以魏合於齊楚以案兵。人多爲張子於王所。惠子謂王曰：『小事也，謂可者謂不可者正半，況大事乎？以魏合於秦韓而攻齊楚，大事也，而王之群臣皆以爲可。不知是其可也，如是其明耶？而群臣之知術也，如是其同耶？是其可也，未知是其明也，而群臣之知術也，又非皆同也，是有其半塞也。所謂劫主者，失其半者也。』」

　　《韓非子·內儲説上》所記較此更詳。魏的群臣多是趨炎附勢之徒，他們都看國王的眼色説話，支持張儀，反對惠施。惠施指出：對於可與不可之間的疑事，有一半人贊成，一半人反對，才是正常的。「群臣皆以爲可」，

説明有一半人是説假話的。聽不到不同意見，就會發生奸臣「劫主」的禍事。這些話都很有道理，但辯論的結果，惠施失敗，張儀代惠施為相，惠施被驅逐。

西元前三二二年至三二○年，惠施至楚，又轉入宋。

西元前三二二年，「張儀逐惠施於魏。惠子之楚，楚王受之」。但楚懷王缺乏主見，他聽了馮郝的話，怕得罪張儀，便把惠施送到宋國去。（〈楚策三〉）惠施這次在宋長達兩年左右，可能沒有參預宋國的政治活動，不然像他那樣引人注意的政治家，史書不會毫無記載的。這段時間他也許隱居在家鄉研究學問，還有可能和他的好朋友莊周在一起論學。惠施比莊周年長，莊周約生於西元前三五五年，這時大概有三十四、五歲，是學術上比較成熟的時候。《莊子》中記載惠施的言論頗多，可能和他這次回宋有關。

西元前三一九年，惠施返魏。

西元前三一九年冬，魏惠王死了。「群臣因大雨雪，諫改葬期」，太子（後來的魏襄王）不願意。群臣請丞相公孫衍去規勸太子，公孫衍怕不行，「請告惠公」。惠施以周文王給其父季歷更葬的道理説服了太子。（〈魏策二〉）可見惠施這時已回到魏國，而且是魏廷中最有威望的老臣。

西元前三一七年，惠施使楚。

西元前三一八年，公孫衍發起楚、魏、趙、韓、燕五國合縱伐秦，惠施是支持的。西元前三一七年，秦大敗魏、韓、趙聯軍於修魚（今河南原陽縣西），魏國損失慘重，魏襄王想和秦國講和，派惠施去和被推為縱長的楚懷

王商量，楚懷王打算把他送到秦國去求和。楚大臣杜赫、昭陽認爲這樣做會使秦「明楚之伐而信魏之和」，對楚不利。楚懷王又勸惠施回去。惠施「請和不得」回到魏國，魏襄王對此行很不滿意。（〈楚策三〉）

西元前三一六年，惠施勸田需「善左右」。

惠施這次回到魏國，既不是相，也不是將，偶爾承擔出使的差事。他以年高德劭博得魏廷大臣的敬仰。當時，公孫衍和田需爭權，水火不容，但都很尊重惠施。西元前三一六年左右，田需奪取了公孫衍的相位，不大注意團結群臣，惠施勸告田需説：

> 「子必善左右。今夫楊，橫樹之則生，倒樹之則生，折而樹之又生。然使十人樹楊，一人拔之，則無生楊矣。故以十人之衆，樹易生之物，然而不勝一人者，何也？樹之難而去之易也。今子雖自樹於王，而欲去子者衆，則子必危矣」。（《魏策二》）

惠施以栽楊樹和拔楊樹的道理爲喻，勸田需注意團結群臣，以免別人拆臺。田需好像接受了惠施的勸告，因而鞏固了相位。

西元前三一四年，惠施使趙。

西元前三一四年，齊宣王乘燕國内亂，發兵佔領了燕國。這件事引起東方諸侯的公憤，對趙國更造成直接的威脅。於是楚國派卓滑，魏國派惠施出使趙國，「請伐齊而存燕」。（〈趙策三〉）由於外有諸侯醞釀聯合救燕，内有燕國人民的奮起反抗，迫使齊國不得不從燕國撤兵。這是惠施辦理的最後一次成功的外交。從此以後，歷史上就再也見不到他的活動了。

大約西元前三一一年，惠施卒。

關於惠施的卒年，任繼愈先生主編的《中國哲學史》說是西元前三一八年，即周慎靚王三年。這個說法值得商榷。如上所述，惠施在西元前三一七年使楚，前三一四年使趙，都是確鑿無疑的。如果他在前三一八年死了，以後怎麼會有這些活動呢？

錢穆說惠施卒年，「殆在魏襄王五年（西元前三一四年）使趙後，魏襄王九年（西元前三一〇年）田需卒前」。理由是，魏襄王九年其相田需卒，楚昭魚估計魏襄王可能從張儀、田文、公孫衍三人中選一人爲相，「其言不及惠施，以施在魏地位言，猶高於三人，疑其時已先卒。」（《先秦諸子繫年考辨》一二五條）這個推論是有根據的，所以許多學者把惠施卒年訂在西元前三一〇年，即魏襄王九年。但是，《史記》和《竹書紀年》所記不同。按《史記·魏世家》：魏襄王九年田需死，張儀至魏，「十年張儀死」。這是惠施卒於西元前三一〇年之說的根據。但按《竹書紀年》：張儀死於魏襄王九年五月。而張儀二次在魏一年多才死的，那麼張儀入魏的時間應該在魏襄王八年，田需也應在此年卒。應該以《竹書紀年》爲準，認定《史記》把田需之死排後了一年。既然田需卒於魏襄王八年，即西元前三一一年，那惠施也就應該卒於西元前三一一年以前。

關於惠施之死，還有一條材料值得考慮。《莊子·徐無鬼篇》說：「莊子送葬，過惠子墓，顧謂從者曰：……自夫子之死也，吾無以爲質矣，吾無與言之矣。」莊周是過隱遁生活的人，不喜與官場人來往，很少離開他的家鄉。莊周說惠施死了就無法質疑問難。可見惠施死前已離開魏廷，回到宋國，所以才有和莊周再度論學的機會。莊周既能給惠施送葬，還憑弔惠施之墓，說明惠施可能葬在他的家鄉宋國的土地上。如果事實真是這樣，那用田需的卒年去推惠施的卒年就不大可靠。但惠施也不會活得太久，因爲他不同

於莊周長期甘於寂寞，如果健在，一定會在合縱連橫的激烈鬥爭中繼續有所表現，既然沒有，説明他死了。所以把他的卒年訂在西元前三一一年前後，不會差得太多。

綜上所述，惠施大約生於西元前三七三年，即周烈王三年，大約卒於西元前三一一年，即周赧王四年。他大概活了六十多歲。

戰國晚期秦國的封君鑄錢

　　貨幣是社會財富的代表，是國家進行財富集聚和分配的保證，是統治集團掠奪人民財富的工具。《管子‧山至數》云：「人君操穀幣準衡，天下可全也。」所以，貨幣恰好正需要國君壟斷。從青銅鑄幣出現以來，各諸侯國想壟斷錢幣鑄造權。但是，戰國時代多數諸侯國內貴族勢力強大，國中之國林立，鑄幣權極不統一，貴族鑄幣長期存在，一部分鑄幣錢面所鑄地名，就是地方貴族勢力的標記。唯獨秦國商鞅變法對貴族的世卿世祿制度廢除比較徹底，代之以軍功爵制，因而在秦惠王「初行錢」時所鑄圓形方孔半兩錢，錢面只標面值，沒有地名，說明秦國建立了王室專鑄制度。但是王室專鑄也束縛不住某些貴族的手腳。秦國商鞅變法，推行二十級軍功爵制，第二十級徹侯，可以有土地戶口之封，「功大者食縣，小者食鄉亭」①，這種受封邑的貴族就叫封君。有的封君，在王權旁落的時候形成箝制王權的勢力，公然在封邑內鑄錢，破壞王室專鑄的鑄幣制度。於是出現了兩甾錢、文信錢、長安錢，這就是秦國的封君鑄幣。但這些錢的鑄主、時代、鑄地甚至國別，錢幣界頗有異議，筆者在此陳述己見，向專家求教。

---

① 《後漢書‧百官志》五。

公子市鑄有郭兩甾錢

　　兩甾錢，青銅鑄幣，圓形方孔，分有郭和無郭兩種，有郭者鑄工較精整，無郭者鑄工較粗糙。面文兩甾，甾即甾，是「錙」字的省文，戰國時的重量單位，《呂氏春秋·應言篇》魏王乃聽起賈「分國錙銖」。《説文解字》云：「錙，六銖也。」兩甾為十二銖，一兩為二十四銖，兩甾即為半兩。背平素。據上海博物館藏兩甾錢，一般錢徑二·九－三·二釐米，穿寬〇·七－〇·八釐米，重七·九克②。（圖版一）傳世的兩甾錢，古泉著作多有著錄，其鑄主、時代、鑄地等泉家限於猜測，各持異説，莫衷一是。

　　蔡萬進等先生發表〈建國以來兩甾錢的發現和研究〉一文，據一九四九至一九九六年上半年在河南省南陽市發現有郭兩甾錢三〇一枚，無郭兩甾錢一枚，他們斷定言「有郭兩甾錢的鑄地應在南陽」。尤其南陽將軍廟出土的一五〇枚有郭兩甾錢中，大多是未流通或短時流通幣。這是其鑄地在南陽的又一有力證據③。雖然沒有發現錢範和鑄錢作坊遺址，僅就現有資料看，是言之有據的。

　　至於南陽有郭兩甾錢的國別，他們認為「應屬戰國晚期韓國貨幣」，而不是秦國貨幣，我還不敢苟同。

　　蔡文的主要根據是：「韓國占領南陽在公元前三〇一年。公元前二九一年，秦滅韓拔宛，宛歸秦轄。韓國占領南陽應有十年的時間，很有可能在此鑄錢。」其説所據《戰國策》昭王六年齊、韓、魏攻楚，「取宛葉以北」，宛葉以北地並不包括宛葉二城，可見公元前三〇一年韓占領南陽就與事不

---

② 　上海博物館青銅器編輯部編《上海博物館藏錢幣·先秦錢幣》。
③ 　蔡萬進、寇川、陳國友：〈建國以來兩甾錢的發現和研究〉，《中國錢幣》
　　一九九八年第二期。

符。所謂「公元前二九一年，秦滅韓拔宛」，其實秦滅韓在公元前二三〇年，與此相差六十一年。至於前二九一年秦攻韓拔宛，韓世家及六國年表有記載，但《史記‧秦本紀》載：秦昭王十五年「攻楚取宛」。《史記‧穰侯列傳》亦載：昭王十五年，秦軍「又取楚之宛葉」。顧國光《七國地理考》認為此時宛「蓋一地而韓楚兩屬」，即宛是韓楚拉踞戰的地方。宛是楚國手工業中心，以產鐵器為著名，楚築方城就是為保衛宛。韓魏曾追隨齊國攻破方城，韓國取得宛以北地已屬僥倖，此後十年韓國連遭秦國沉重打擊，已自顧不暇，哪有力量單獨與楚交鋒而攻占宛城。《史記》中的矛盾記載可能反映了這樣情況：當時韓國占宛北郊，楚國占宛城中，秦派白起率大軍奪宛先從攻韓奪北郊開始，後以攻楚全部占宛結束。《史記》中攻韓是記戰爭的前段，攻楚是記戰爭的後段。這說明蔡文韓國占宛十年是不能成立的，韓國既然未曾長期占領宛城，又怎能在宛鑄有郭兩甾錢？

再從鑄幣本身看：韓國的鑄幣主要是鏟形幣，形如鏟狀農具的青銅片，建國後在韓國境內大量出土。這種鑄幣正面標鑄地，標韓地名宜陽、涅、踐土、汜陽、屯留等；④傳世的有盧氏、宅陽、高都等；⑤價值單位是釿，一釿折三一五克。其次是圜錢，如安藏圜錢等，幣形是圓周圓孔，與方孔迥異。這兩種錢與兩甾錢都不能兌換，當然也不能同時流通。因而至今在韓國境內沒有發現一枚兩甾錢，這說明兩甾錢絕不是韓國鑄幣。

我認為兩甾錢是戰國晚期秦國的封君鑄幣之一。首先兩甾錢和秦半兩錢都是圓形方孔青銅鑄幣，都是只標面值不標鑄地，其面值兩甾是半兩的異文，兩者是同重等值的鑄幣。其次，兩甾錢在秦國境內常有出土，其與半兩錢同時流通的實例已知有四：

一、一九五四年四川巴縣冬筍壩第四九號戰國晚期墓中曾出土一枚有郭

---

④　朱活：《古錢新典》上，三秦出版社出版。
⑤　丁福保：《歷代古錢圖說》，陝西旅遊出版社出版。

兩甾錢。直徑三‧二釐米。與這枚錢同出的還有半兩錢二十餘枚。二者大小一樣，出土時疊在一起，外面用絹包裹⑥。今四川巴縣屬秦國巴郡轄，這條材料證明戰國晚期兩甾錢與半兩錢一起在巴地流通。

二、一九六二年，在長安縣韋曲鄉首帕張堡發現一個釜內藏錢千枚，與九九七枚半兩錢同裝的有一枚無郭兩甾錢，直徑三‧一釐米，穿〇‧九釐米，重五克⑦。這是在秦杜市兩甾錢與半兩錢同藏的實例。據朱活先生考證，此錢下窖年代當在秦昭王早年⑧。

三、一九八八年，今甘肅寧縣長慶橋發現一鐵罐內藏錢幣兩萬餘枚，重達七十八公斤，其中除兩枚無郭兩甾錢，兩枚益化錢外，其餘均為半兩錢⑨。甘肅寧縣屬秦北地郡轄，此錢可能是戰國晚期駐北地軍隊所藏。

四、在南陽東郊發現一枚有郭兩甾錢，徑三‧二三釐米，穿六‧四釐米，重八‧二五克，與十餘枚半兩錢同出⑩。

按秦律規定，秦國的半兩錢一般不與東方諸侯錢幣兌換或流通，如果帶半兩錢出境必須換成黃金或布帛⑪。以上兩甾錢與半兩錢在秦國境內同包裹、同釜、同罐、同坑出土，充分說明兩甾與半兩錢同是秦國鑄幣。然而，半兩錢是秦國官方所鑄的法幣，而有郭兩甾的鑄主是誰？據《史記‧秦本紀》：秦昭王十五年「擊楚取宛」。「十六年封公子市於宛」。公子市是秦昭王的同母弟，宣太后之子，封號涇陽君。涇陽君在昭王四十一年前，與穰

⑥　《考古通訊》一九五八年第一期。
⑦　陳尊祥、路遠：〈首帕張堡窖藏秦錢清理報告〉，《中國錢幣》一九八七年第三期。
⑧　　朱活：《古錢新典》上，三秦出版社出版。
⑨　周延齡、周振榮：〈長慶橋窖藏秦錢及所見問題〉，《陝西金融》錢幣專輯第一五期，一九九一年。
⑩　蔡萬進、寇川、陳國友：〈建國以來兩甾錢的發現和研究〉，《中國錢幣》一九九八年第二期。
⑪　《睡虎地秦墓竹簡‧金布律》。

侯魏冉、高陵君公子悝、華陽君羋戎，合稱「四貴」。他們在宣太后支持下，「擊斷無諱」，任所欲爲，大肆斂財，「富於王室」。直到昭王四十一年，范睢對昭王說：「聞秦之有太后、穰侯、華陽、高陵、涇陽，不聞其有王也。四貴備而國不危者，未之有也。」昭王悟，收回權力，「令涇陽君之屬皆出關，就封邑」⑫。「四貴」從此失勢。且不說他出關就封邑後的情況。從昭王十六年至四十一年，公子市以宛爲封邑而任所欲爲達二十五年之久，其生活非常奢侈，財富比王室還富有。他爲了斂財完全可能利用宛的資源和技術力量鑄造有郭兩甾錢，我看宛地有郭兩甾錢的鑄主很可能是涇陽君公子市。

無郭兩甾錢，從長慶橋錢罐揀出的兩枚看，鑄工較粗糙。南陽雖發現一枚應爲外地流去，似不出於宛。可能是「四貴」中的某貴在其早期封地上所鑄。由於資料缺乏還很難確定鑄主。

呂不韋鑄文信錢

文信錢亦青銅鑄幣，圓形方孔，無內外郭，形體輕小，錢面微鼓，面文「文信」，右左讀，有向外的四曲文，背平素。有傳世錢，宋洪遵《泉志》、清李佐賢《古泉匯》、清馮雲鵬等撰《金石錄》均有著錄，上海博物館藏兩枚⑬。出土的有，一九九一年黨順民先生在西安漢城外東北方向一古墓中清理出文信錢、長安錢各一枚，二錢出土時錢背銹結在一起，墓被推土機破壞，此墓十餘米處有一土墓，出土戰國秦半兩數枚，兩墓當同屬戰國末期秦墓。文信錢、長安錢黨先生已交陝西省錢幣學會收藏⑭。據上海博物館

---

⑫　《史記·范睢列傳》、《史記·穰侯列傳》。

⑬　上海博物館青銅器研究部編《上海博物館藏錢幣·先秦錢幣》。

⑭　黨順民：〈西安同墓出土長安、文信錢〉，《中國錢幣》一九九四年第二期。

所藏文信錢，一般錢徑二·三－二·五、穿寬〇·七－〇·九釐米，重二·八－三·四克。按其圓形方孔和半兩錢的幣形一致，「文信」二字多數人認爲指秦丞相呂不韋封文信侯的封號。其中「信」字幣文爲「ꟼ十」，偏旁在右「千」，不同於小篆「唁」，可知此錢當鑄於秦統一文字之前，故偏旁尚不固定，與呂不韋當權的時間一致。四曲文由方孔四條角線伸向邊肉，實爲「行」字，行字甲骨文作「ꭕ」，象道路四出，寓錢幣流行之意。（圖版二）

　　文信錢的鑄地何在？據一九五五年春，中國科學院考古研究所洛陽發掘隊在河南省洛陽市西郊河南城遺址內，發現文信錢石範一件。範作青灰色，滑石刻製。殘長一一釐米，殘寬二·六釐米，厚二·四釐米。周作邊框，殘存三枚錢紋。皆面文，每錢直徑二·四釐米，方穿，方寬各〇·七釐米。穿兩旁各刻一字，係「文」、「信」二字，陰刻⑮。據《史記·呂不韋列傳》載：「莊襄王元年，封呂不韋河南洛陽十萬戶。是年即公元前二四九年，秦滅東周，遷其君，即以其地作爲呂不韋的封邑。」河南城遺址，在呂不韋的封邑之內。此石範證明，呂不韋確在其封邑內鑄錢，他肯定是文信錢的鑄主。

　　呂不韋爲何能公然在封邑內鑄錢？這有一段傳奇式的經歷。他原是販賣珠寶的大商人，當他在趙都邯鄲經商時，看到在趙國作人質的秦公子異人，認爲「奇貨可居」。決心傾其資產從事這樁政治投機，使異人當上秦國的太子。窮極潦倒的異人聽過他的謀劃非常感動，便向呂不韋叩頭說：「必如君策，請得分秦國與君共之」。於是呂不韋攜帶重金去秦都咸陽宮庭中活動，行之以重賄，說之以利害，終於取得秦昭王太子安國君的寵妃華陽夫人的信任。他策劃使異人逃回秦國，教其向華陽夫人表忠心，華陽夫人把異人當成親生兒子看待，命他改名子楚，並力勸安國君保證將來立子楚爲太子。不久秦昭王崩，安國君繼位爲孝文王。孝文王只當了一年零三天秦王就死了，子

---

⑮　朱活：《古錢新典》上，三秦出版社出版。

楚由太子而繼王位，是爲莊襄王。莊襄王元年，即公元前二四九年，爲兌現共分秦國的諾言，「以呂不韋爲丞相，封爲文信侯，食河南洛陽十萬戶。」精明的呂不韋大權獨攬，莊襄王言聽計從。莊襄王在位三年崩，太子政立爲王，當秦王政只有十三歲，「尊呂不韋爲相國，號稱仲父」，由呂不韋攝政。直到秦王政九年，即公元前二三八年，秦王政舉行了冠禮，從此親自掌握政權，才結束了呂不韋專權十二年的局面。第二年秦王政以嫪毐事牽連免去呂不韋相國，令其「就國河南」。但呂不韋在其封邑仍未收斂，與「諸侯賓客使者」來往頻繁，秦王政恐其有變，於十二年，即公元前二三五年令其遷蜀，呂不韋被迫自殺⑯。呂不韋在秦國專權十二年，據有河南洛陽封邑長達十五年。他本是商人出身，深知鑄錢可以獲大利。洛陽又是「東賈齊魯，南賈梁楚」的經濟都會⑰。所以呂不韋對在封邑上鑄錢是堅定的，莊襄王和年輕時的秦王政都不會也敢阻撓。

有人認爲文信錢按重量類似漢初的四銖半兩，疑爲漢錢。殊不知秦官方鑄的半兩錢從創鑄以來不斷減重，戰國晚期流通的半兩錢明顯向小、輕、薄發展。據長安手帕張堡窖藏九九七枚半兩錢統計，重二·五克至三·五克的占二五八枚，相當總數的百分之二十六。大體可代表呂不韋當政時的半兩錢重量⑱。文信錢重二·八至三·四克之間，與杜市窖藏二五八枚重量接近。而且，此爲私鑄，私錢比官錢輕，私鑄者才有利可圖，呂不韋鑄輕錢以牟利正符合他的意圖。

由於劉邦曾封其同父少弟劉交爲文信君，故有人疑文信錢爲劉交所鑄。查劉邦封劉交爲文信君在公元前二〇六年，當項強劉弱，劉邦駐軍霸上不能自保，封其少弟文信君徒有空名，絕無封邑。爾後，在項羽壓迫下，劉邦受

---

⑯　《史記·呂不韋列傳》。
⑰　《史記·貨殖列傳》。
⑱　朱活：《古錢新典》上，三秦出版社出版。

項羽封爲漢王，劉交從劉邦居巴、蜀、漢中，那有鑄錢機會？直到公元前二〇一年，劉邦才封劉交爲楚王，王薛郡、東海、彭城三十六縣⑲。

成蟜鑄長安錢

　　長安錢亦青銅鑄幣，圓形方孔，無內外郭，幣形與文信錢近似。背平素，面文「長安」孔右「長」字，孔下「安」字，錢文秦篆。有傳世品，上海博物館藏兩枚，一重二‧一克，一重二‧五克⑳。出土的有黨順民捐陝西省錢幣學會一枚，重二‧五克，直徑二‧三，穿徑〇‧九釐米。較文信錢稍輕。（圖版三）

　　一般認爲此錢是秦王政弟成蟜鑄。所據《史記‧秦始皇本紀》：「八年，王弟長安君成蟜將軍擊趙，反、死屯留」。然而，此說頗有疑竇。秦昭王五〇年，即公元前二五七年，異人離趙歸秦，此年嬴政三歲，異人與趙姬在趙國沒有給他生個弟弟，異人歸秦亦未有再生子的記載。即便有華陽夫人賜婚，再生貴子的事，按一般生育率最少還得三年，這就是說即便有個秦王政弟，至少比秦王小六歲。秦王政八年，王僅二十歲，尚不能執政，王弟大不過十四歲，秦國怎會派一個十四歲的孩子率大軍去攻打趙國上黨？屯留原屬韓上黨郡，後屬趙，前二四七年被秦攻占，與趙國上黨接壤，作爲秦將還在秦地爲何舉兵叛秦降趙？趙弱秦強，以王弟之貴降趙有何前途？王尚要聽命於呂不韋，而十歲左右的王弟怎敢在自己封地上鑄錢？

　　另一說，這個王弟長安君成蟜也就是「盛橋」，是莊襄王弟，《史記》原文在「王弟」前漏「莊」字㉑。此說有理。按袁仲一《秦文字通假集

---

⑲　《漢書‧楚元王傳》。

⑳　上海博物館青銅器編輯部編《上海博物館藏錢幣‧先秦錢幣》。

㉑　王雲度、張文立主編《秦帝國史》六八頁，陝西人民出版社出版。

釋》：成與盛通假，蟜與橋通假，成蟜即盛橋。據《戰國策·秦策四》載：盛橋曾三次出使韓國，「不用甲，不申威」，即未動一兵一卒，也未以恐嚇威脅，使韓國割百里之地以奉秦。可見盛橋是秦國宗室貴族中有作爲的人物，其實力足以與呂不韋對抗。商鞅變法對疏遠貴族確實有致命的打擊，而對宗室近親貴族雖力圖打擊而難以致命，他最終還是被貴族勢力所車裂。秦國的宗室貴族一直對客卿在秦國掌權不滿，尤其對呂不韋專權抱仇視態度，但因爲他們都是國王的親屬，呂不韋對他們也難以公開迫害。呂不韋既然在他的封邑上鑄文信錢，長安君盛橋也就可以在自己的封邑長安鄉鑄長安錢。陳直在《三輔黃圖較證》中說：「咸陽一帶常有『長安』圜錢，當爲秦物，足證長安之名始於始皇初期。」秦長安鄉在秦都咸陽渭河之南的興樂宮處，即後來長安城東南長樂宮一帶。地方雖不算大，但它是京城的一部分，能得到這樣重要的封邑，可見盛橋地位的尊崇。盛橋曾爲秦國立過大功，自然得到所有宗室貴族的支持，形成一支與呂不韋相抗衡的力量，而呂不韋大權在握，自不免對盛橋明壓暗擠，他們之間的矛盾日益激化。以致迫使盛橋於秦王政八年，率軍在攻趙前線舉兵反戈，也許是希翼回師改變呂氏專權局面。後呂不韋趁勢派兵進剿，把盛橋打死在屯留堡壘裡，消滅了他的政敵。

有人出於對始皇帝成蟜鑄錢的懷疑，提出長安錢是漢惠帝築長安城牆時鑄的紀念幣的新說。查古時人們有濃厚的鬼神觀念，爲驅除厲鬼作祟，漢代已鑄有壓勝錢，不聞有紀念幣。紀念幣似爲近代才有，況仁懦的惠帝，長於守成的丞相曹參，恐想不出因築城而鑄造紀念幣的花樣。從文字上看，「安」字與秦石鼓文中的「安」同，而與《說文》中的「安」字，居延漢簡中的「安」字迥異，可見不是漢人書。

綜上所述，兩甾錢、文信錢、長安錢，都是戰國晚期在秦國先後出現的封君鑄幣，與半兩錢同時合法流通。儘管秦國從秦惠王「初行錢」就確立了王室專鑄制度，青銅鑄幣只有一種，即圓形方孔半兩錢。從雲夢秦簡可知，秦國的貨幣法令嚴禁盜鑄，秦簡中有嚴懲盜鑄的案例。但是，封建社會是一

種人治社會，法常因人而異。雖然制度規定國王或皇帝擁有至高無上的權
力，應該專擅兵、刑、錢、穀等事，這在一般情況下是行之有效的，如遇王
權旁落，貴臣專權，情形卻大不一樣。兩甾錢就是在宣太后執政的情況下，
四貴族結黨營私，公子市等在封邑中公開鑄錢，秦昭王不敢制止。文信錢是
呂不韋早就得到莊襄王「共分秦國」的許諾，繼得秦王政年幼而由他攝政的
機會，在秦國專權達十二年之久，箝制國王，任所欲爲，所以能公然在封邑
內私鑄錢幣。長安錢是莊襄王弟盛橋，以頗有實力的宗室貴臣，在與呂氏對
抗的情況下在封邑中所鑄錢幣。可見這三種銅幣，都是在王權失控的情況
下，出現的足以與王權抗衡的勢力，在各自的封邑中私鑄的錢幣。

河南南陽發現的有郭兩甾錢　　　　　長慶橋窖藏的無郭兩甾錢

圖　版　一

文信三克　　　　　　　　　　　　　　　　　　　文信三・五克

上海歷史博物館藏文信錢

陝西錢幣學會藏文信錢

圖　版　二

長安二·五克　　　　　　　　　　長安二·一克

上海歷史博物館藏長安錢

陝西錢幣學會藏長安錢

圖　版　三

第三編　秦王朝雜論

試論秦對嶺南的統一與開發

越族是我國南方的一個古老族群。由於支系繁多，戰國後期有百越之稱，古代越、粵通用，故古籍中又作「百粵」。在百越中有幾個較強的族體，其中有以今浙江紹興爲中心的于越；有以今浙江南部甌江流域即溫州一帶爲中心的東甌，又稱東越；有以今福州一帶爲中心的閩越；有分佈於五嶺山脈以南的南越和西甌。秦滅楚之後，於西元前二二二年在于越地區建立會稽郡，在東甌、閩越地區建立閩中郡①，惟南越和西甌活動的地區尚未歸入秦的版圖。

南越，也作南粵，分佈在廣東省及廣西東部，以當時的番禺（今廣州）爲中心。西甌又作西嘔，分布在廣西及其以南地區。因南越和西甌均位於五嶺以南的兩廣地區，故古稱「嶺南」。

秦統一嶺南的戰爭

秦始皇決定向嶺南用兵，首先是爲了實現統一中國的宏圖。嶺南與內地政權很早就有政治聯繫，傳說中的舜曾去南方「巡守」，「崩於蒼梧之野（今廣西梧州市一帶）」；禹定九州時，也曾「南撫交阯（泛指嶺南）」

---

① 閩中郡建立的時間史無明載，此根據王國維的考證。見〈秦郡考〉，《觀堂集林》卷十二。

（《史記·五帝本紀》）。這些雖不能據以爲信史，但在一定程度上反映了歷史的踪影。周成王時，「交阯之南有越裳國」，派使者向天子「獻白雉」（《後漢書·南蠻西南夷列傳》）。周宣王時，派召伯虎開拓疆土，「至於南海」（《詩經·大雅》）。戰國時期，楚悼王用吳起「南平百越」（《史記·孫子吳起列傳》），佔有「洞庭、蒼梧」（《戰國策·楚策一》）。楚威王時，滅于越族所建的越國，嶺南遂成爲楚國的勢力範圍，有一部分「服朝於楚」（《史記·越王勾踐世家》）。由於這種悠久的政治聯繫，必然使秦始皇把佔有嶺南看成統一事業的一部分。

其次，也有經濟原因。據《淮南子·人間訓》說，秦始皇「利越之犀角、象齒、翡翠、珠璣」等奇珍異寶，才派屠睢出征的。《逸周書·王會解》載：「蒼梧翡翠」以及「珠璣、玳瑁、象齒、文犀、翠羽、菌鶴、短狗」等，都是嶺南人向商王朝進獻的貢品。戰國時代，越王派南海人公師隅向魏襄王「獻舟三百，箭五百萬及犀角、象齒」。（方詩銘等《古本竹書紀年輯證》第二八九頁）嶺南的著名食品「越駱之菌（竹筍）」和「南海之秬（黑黍）」，都行銷中原（《呂氏春秋·本味》）。秦後宮裏所用的「犀象之器」、「傅璣之珥」（李斯《諫逐客書》），都是嶺南的特產，也是秦始皇日常所喜用的物品。「自從階級對立產生以來，正是人的惡劣的情慾——貪慾和權勢欲成了歷史發展的槓桿」（恩格斯《路德維希·費爾巴哈和德國古典哲學的終結》，《馬克思恩格斯選集》第四卷第二三三頁）。一件有歷史意義的創舉，固然有其必然性，但最初的發動常與個別人物的私欲衝動有關。窮奢極欲的秦始皇，對奇珍異寶的貪求，促使他採取這一軍事行動，是毫不奇怪的。

秦統一嶺南戰爭的經過，比較完整的記載有《淮南子·人間訓》云：

　　秦始皇「使尉屠睢發卒五十萬爲五軍：一軍塞鐔城之嶺，一軍守九嶷之塞，一軍處番禺之都，一軍守南野之界，一軍結餘幹之水。三

年不解甲弛弩。使監祿無以轉餉，又以卒鑿渠而通糧道，以與越人戰。殺西嘔君譯吁宋，而越人皆入叢薄中，與禽獸處，莫肯為秦虜。相置桀駿以為將，而夜攻秦人，大破之，殺尉屠睢，伏屍流血數十萬。乃發適戌以備之」。[2]

屠睢是哪一年率軍出征的？史無明載，學者說法不一[3]。我以為可能與北擊匈奴一樣，在滅六國之後經過短暫的修整而後開始的，但是遲不超過秦始皇二十八年（前二一九年）。因為這一年秦始皇巡遊時作的琅邪臺刻石中列舉其疆域有「南盡北戶」[4]「北戶」即「北向戶」，秦時泛指五嶺以南地區。如果秦軍沒有到嶺南，他何以會把嶺南當作秦的南疆？而且秦始皇這次南巡曾到達衡山（今湖南衡山縣西北），離五嶺山脈不遠，可能與嶺南戰爭有關。

屠睢所指揮的五路軍隊，一、二路是用來對付西嘔族的。第一路塞鐔城之嶺，鐔城之嶺據各家考訂，即今越城嶺，蜿蜒於廣西東北部和湖南邊境，

---

[2] 這條史料中所說「發卒五十萬」，「伏屍流血數十萬」，疑有誇大。因為匈奴對秦的威脅比嶺南百越大，秦派大將蒙恬僅率三十萬軍隊出擊，估計最初對越人出兵數不會比擊匈奴多；且本條提到蒙恬擊匈奴也是「發卒五十萬」，比《史記》多二十萬，可見《淮南子·人間訓》所說的這幾個數字是不可靠的。

[3] 最新的有兩說：一、戰爭開始於秦始皇二十九年，即西元前二一八年。見周宗賢：〈論秦嘔戰爭〉，《學術論壇》一九八二年第四期。二、戰爭開始於秦始皇二十五年，即西元前二二二年。見呂名中：〈秦嘔戰爭的始年問題〉，《學術論壇》一九八三年第五期。

[4] 見《史記·秦始皇本紀》。同篇還在西元前二二一年有「東至海暨朝鮮，西至臨洮、羌中，南至北向戶，北據河為塞，并陰山至遼東」。有人認為這也是官方文告，既已提到「南至北向戶」，就斷定此年秦軍已到嶺南。我認為這不像政府文告，而是司馬遷概括的秦王朝後期的疆域。如文中「北據河為塞」，顯然是西元前二一四年蒙恬北逐匈奴後秦的北疆，因而不能據此確定秦進軍嶺南的時間。

向南沿湘桂走廊可達西甌族聚居的地區。第二路守九嶷之塞，九嶷山在今湖南寧遠縣南，由此向西南，越都龐嶺進入廣西，再沿賀江而南亦可與西甌人接觸。但用「塞」和「守」非進攻之意，可能因爲西甌人強悍，這兩路軍隊開始的任務是防守而不是進攻，後來都沿上述兩條路線向西甌人住地推進。第三、四路是向南越地區進軍的，可能由於南越所居的今廣東地區與內地聯繫比較密切，人民內向心強，第三路進軍順利，迅速越過騎田嶺，沿武水、北江而下，佔據番禺（今廣州）。第四路守南野（今江西南康縣南大庾嶺北），當是接濟南下番禺的後續部隊。第五路「結餘幹之水」。餘幹即今江西北部的餘幹縣，有自鄱陽湖流出的餘幹水，此地離嶺南甚遠，有從今福建向內地的通道。在此集結軍隊顯然是爲防禦閩越的內犯，而不是直接向嶺南進攻，如果說與嶺南軍事有關，那只是它可以起牽制閩越、東甌藉以孤立南越的作用。西漢時閩越欲爲變，「必先田餘幹界中」（《漢書・嚴助傳》），可見餘幹仍爲防禦閩越內犯的要塞。

　　秦軍雖以凌厲之勢佔據了番禺，但是尚未開發的嶺南地勢複雜，土曠人稀，有限的秦軍難於立足，常常遭到不意的攻擊，致使「三年不解甲弛弩」，日夜處於臨戰狀態，戰爭打得很苦。特別在西路，秦軍遭到西甌族的頑強抵抗。秦始皇派史祿負責轉運軍糧，由於山路崎嶇，不能行車，運輸非常困難，秦軍因而無法進入西甌族聚居的灕水流域。後來史祿主要用軍隊的力量在今興安縣開鑿了一條人工運河——靈渠，溝通了湘水和灕水，解決了後勤供應的困難，秦軍才得以深入灕水流域及其以南，對西甌人發起猛烈攻擊，殺死「西嘔君譯吁宋」。但西甌人不肯投降，迅速從河谷、平地轉入山林，並推舉勇敢有謀者爲「將」，繼續進行戰鬥。他們發揮自己善於爬山越嶺和駕船蕩舟的長處，利用當地山青林密河谷縱橫的地形，不斷發動對秦軍及其供應線的襲擊。秦軍「屯守空地，曠日持久，士卒勞倦，越乃出擊之，秦兵大破」（《漢書・嚴助傳》），連統帥尉屠睢也被擊殺。

　　秦軍遭受的重大挫折，使秦始皇認識到嶺南戰爭的艱巨性，遂派任囂、

趙佗率「樓船之士」增援。在秦軍新的攻勢下，西甌人終因力量對比懸殊而失敗。秦始皇三十三年（前二一四），又增派戍卒對嶺南進行全面佔領，設置三郡，把嶺南正式納入秦王朝的版圖。爲鞏固其佔領區，「乃發適（謫）戍以備之」。先後從內地徵發戍卒數十萬，對嶺南實行軍事管制性的戍守政策。據《水經・浿水注》載，秦占嶺南後「置東南一尉，西北一候」。所謂「東南一尉」，就是在嶺南三郡「置南海尉以典之」（《晉書・地理志》），由掌兵的南海尉專斷一方，以加強其軍事應變能力。南海尉住南海郡治番禺，在嶺南的東南方。秦任命的南海尉就是繼屠睢之後率兵擊越的指揮官任囂，爲避免分散南海尉的權力，三郡一律不設郡守，只設監御史主管一郡事務。如顧炎武所言：「南海郡惟設尉以掌兵，監以察事而無守」。（《天下郡國利病書》卷九十七）主持修靈渠的史祿就可能是嶺南某郡的監御史。歐大任《百越先賢志》卷一云：「史祿其先越人，贅婿咸陽，祿仕秦以史監郡」。所謂「西北一候」，即在嶺南西北方的交通孔道上建築城堡，駐紮重兵，以防西甌人北竄。候是古代探望敵情的哨所，此處取駐兵監視之義。西甌人之難以征服，秦始皇是領教夠了，他恐怕其捲土重來，因而採取這一防範措施。這個「候」的遺存就是今廣西興安縣西南四十華里的秦城遺址。清謝啓昆編《廣西通志・勝迹一》云：「秦城在（興安）縣四十里，旁有秦王廟，秦始皇築以限越」。今秦王廟不存，而秦城古城垣和古戰壕的遺迹仍歷歷在目，有「大營」和「小營」，確屬當年秦軍駐紮的故壘。地處越城嶺和都龐嶺之間的孔道，其間地勢平坦，四周高山連綿，大溶江傍依而過，北靠天險嚴關，扼守此地，即可控制嶺南西部的咽喉。此外，沿五嶺南北設有很多戍守據點，各郡縣治所及水陸關隘也駐有大量戍卒。這種軍事管制性的措施，目的是鞏固秦對嶺南的佔領，加強其暴力統治，並防止越人逾嶺北犯。

秦統一嶺南戰爭的文物解放後屢有發現。可以肯定的有廣州市東郊羅崗出土青銅戈一柄，戈內刻銘「十四年，屬邦工□蕺，丞□□工□」。（《廣

州東郊羅崗秦墓發掘簡報》、《考古》一九六二年八期。）「十四年」當爲秦始皇十四年（前二三三年），爲該器鑄造的時間。屬邦是秦專管少數民族事務的機構，爲該器鑄造的單位。工下缺一字，疑爲「師」，戠是人名，即工〔師〕戠，還有丞某和工某，當是按「物勒工名」的制度所刻參加鑄造者的名字。刃部兩邊凹下成血槽，是久經戰陣的痕迹。這柄青銅戈當是參加嶺南戰爭的秦軍所攜帶的遺物。

秦開發嶺南的措施

對於閉塞、落後的嶺南地區，秦始皇除實行戍守政策外，還採取了幾項有開發作用的措施：

一、建立郡縣制。秦始皇三十三年，在嶺南設南海郡、桂林郡、象郡。南海郡治所番禺，即今廣州市。轄境大體相當今廣東的大部，東到今福建南端的雲霄，西到廣東四會縣東。下置縣可考者有：番禺縣，「秦置縣」，「以番、禺二山爲名，二漢因之」（《讀史方輿紀要》卷一〇一）；龍川縣（今廣東龍川縣），趙佗爲秦龍川縣令（《史記·南越尉佗列傳》）；揭陽縣（今廣東揭陽縣）、博羅縣（今廣東博羅縣），皆秦置縣（馬非百《秦集史》六三三頁）。桂林郡治所布山，在今廣西貴縣境⑤，轄境大體相當今廣西都陽山以東，越城嶺以南，包括今廣西桂林市、柳州市、梧州市和廣東肇慶市、茂名市一帶。下置縣可考者除布山縣外，還有四會縣（今廣東四會

---

⑤　秦漢布山，《讀史方輿紀要》謂在今廣西桂平縣境，《中國歷史地圖集》第二冊從其說。但是，一九七六年在今貴縣羅泊灣發掘一南越王趙佗時期的大墓，出土不少漆耳杯，杯底有「布山」烙印文，銅器上亦有「布」字刻銘，爲「布山」省文，木簡、木牘上的文字，酷似雲夢秦簡的字體。可見布山縣應在今貴縣境，其置縣年代應爲秦時。見〈廣西貴縣羅泊灣一號墓發掘簡報〉，《文物》一九七八年第九期。

縣），見《讀史方輿紀要》卷一〇一：「秦置四會縣，屬桂林郡」。象郡治所臨塵，在今廣西崇左縣境⑥。轄境包括今廣西百色地區、南寧市、憑祥市、廣東的湛江市一帶，南到越南北部的海防市和高平省（《中國歷史地圖集》第二冊）。大概是在內地移民較多的地方設縣，在土著民族聚居的地區設道，利用其首領即「臣邦君長」對民族地區進行統治（雲夢秦簡《語書》、《法律答問》）。在有些地區還維持其舊的部落組織，所謂「且以其故俗治」（《史記‧平準書》）。這是在嶺南建立封建政治秩序的開始。三代時嶺南與中原王朝的關係是「荒服」，屬「五服」中最疏遠的關係。秦推行的郡縣制與「荒服」不同，是一種嚴格的中央與地方的隸屬關係。從此，嶺南納入中央政權統一管轄之下，成為秦王朝版圖的組成部分。以後歷代封建王朝，都沿用秦的郡縣制模式統治嶺南。列寧曾指出：「只要各個民族同住在一個國家裏，它們在經濟上、法律上和生活習慣上便有千絲萬縷的聯繫」。（《論民族文化自治》）在統一政權下，通過嶺南地區的各級官吏和民族首領，推行中原王朝的政令，加強了與內地的交往，這就必然促進嶺南越族地區社會制度的變革和生產的發展。

　　二、有組織地大量向嶺南移民。這是秦一貫奉行的移民實邊政策。最初令軍隊留戍嶺南，落戶定居。由於北方人初去不服水土，死亡率很高，「秦民見行，如往棄市」，徵兵不易，因而改用「謫戍」的辦法，從內地強迫移民。「謫戍」就是對「有罪者」實行充軍、流放，其對象是有罪官吏、逃亡者、贅婿、商人、曾有「市籍」的、父母曾有「市籍」、祖父母曾有「市籍」的，稱之「七科謫」（《漢書‧晁錯傳》）。秦王朝有組織地向嶺南移民有四次；第一次是秦始皇三十三年（前二一四年），「發諸嘗逋亡人、贅

<hr />

⑥　《漢書‧高帝紀》五年注引《茂陵書》：「象郡治臨塵，去長安萬七千五百里」。《隋一統志》謂臨塵在今崇左縣境。覃聖敏：〈秦代象郡考〉謂「秦象郡治應在漢日南郡治西卷，即今越南廣治北」。見《歷史地理》第三輯。錄以備考。

婿、賈人，略取陸梁地（指嶺南）」。這次是隨軍謫發，配合軍事佔領，在三郡安置這些移民。這是人數最多的一次。第二次是秦始皇三十四年，「適（謫）治獄吏不直者，築長城及南越地」。這次把南越地與築長城並提，可知是強迫有罪官吏在嶺南從事築路、築城等建築工程。官吏判案不符合法律規定，叫「不直」（秦簡《法律答問》）。第三次是秦始皇三十五年，「益發謫戍邊」。（以上見《史記·秦始皇本紀》）雖未明言去處，但不外北邊和南邊，南邊當指嶺南。第四次是趙佗上書請求從內地遣送「無夫家」青年女子三萬人，「以爲士卒衣補，秦皇帝可其萬五千人」。（《史記·南越列傳》）這一萬五千名青年女子，當然都成爲一萬五千名戍卒的配偶，他們構成華夏人落籍嶺南的一萬五千戶人家。這就是劉邦在詔令中所說：「前時秦徙中縣民之南方三郡，使與百粵雜處」。（《漢書·高帝紀》高帝十一年）以上史料表明，秦代遷往嶺南的華夏之民數量不少，他們中既有一定文化知識的犯罪官吏，又有善於溝通物品交換的商人，更多的是掌握了中原先進生爲技能的農民和手工業者。他們給嶺南帶來了文化和生產技術，增加了大量勞動力，在與嶺南各土著民族長期「雜處」中，經常接觸，彼此親近，打破了各族之間的隔閡，一起披荊斬棘，共同開發這塊富饒的土地。

三、開新道、鑿靈渠。秦統一以前，從中原到嶺南沒有人工開鑿的道路。人們沿著五嶺山脈中南北分流的河道往來。高山峻嶺，鳥道微通，不能行車，成爲南北阻塞的天然障礙。隨著秦向嶺南進軍，即用大量戍卒、罪人等修築溝通嶺南的道路，秦始皇三十四年發配有罪官吏在嶺南從事的苦役，主要是築路，所築的陸路就是嶺南「新道」。秦末農民大起義時，任囂囑趙佗「興兵絕新道」，企圖阻止起義軍進入嶺南。趙佗「即移檄告橫浦、陽山、湟谿關曰：『盜兵且至，急絕道聚兵自守。』」（《史記·南越列傳》）可見秦末嶺南「新道」已成爲非常重要的行軍大道，其可考的有四條路：

第一條，從南野（今江西南康）過大庾嶺，出橫浦關（今廣東南雄縣小

梅關），沿湞水西南行，取北江南下抵達番禺。主要關隘有橫浦關，亦稱秦關。《南康記》曰：「大庾嶺橫浦有秦時關，後爲懷化驛，蓋橫浦關秦所置也」（《史記·南越列傳》索隱）。故址在今廣東南雄縣西北的大庾嶺上，相當於今之小梅關，是古代南北交通的重要孔道。趙佗傳檄絕秦新道，首先聚兵扼守此關，可見這條路和這個關特別重要。

第二條，越騎田嶺出陽山關（今廣東陽山縣西北），沿湟水（又稱洭水，今連江）東南行，過湟谿關、洭口（今廣東英德縣連江口），亦取北江南下而抵番禺。主要關隘有陽山關：「當騎田嶺路，秦始皇二十六年既定南越，遂於此置關」。（《讀史方輿紀要》卷一〇一）湟谿關和洭口爲第二、三道關，「湟谿、陽山、洭口，皆有秦關，名曰三關」。（鄧淳：《嶺南叢述》卷三〈輿地〉）趙佗傳檄聚兵守陽山關和湟谿關。可見這條路也是秦時所築通向南越地區非常重要的「新道」。

第三條，越桂嶺，沿賀江南下，取西江東去可達番禺，溯潯江而西可達布山（今廣西貴縣）。桂嶺在廣西賀縣東北百餘里處，北與湖南江華、東與廣東連縣接界，即臨賀嶺與萌渚嶺相連。秦末趙佗曾在桂嶺設防，「拒防遺迹」清代猶存（蘇鳳文《廣西全省地輿圖說·富川縣》），可見這條路也是秦通嶺南的「新道」之一。

第四條，從今湖南零陵西南行，過廣西全州，經「灘江要口」秦城、嚴關（《廣西全省地輿圖說·始安縣》），走湘桂走廊而至桂林，繼續西南行可達桂林郡治布山和象郡治所臨塵（今廣西崇左）。這條路與靈渠水陸相濟，可「扼粵西咽喉」，便於中央控制桂林郡和象郡。其北段明清時遺迹猶存，明鄺露《赤雅》云：「自桂城（桂林）北至全湘七百里，皆長松夾道，秦人置郡縣所植。少有摧毀，歷代必補益之」。清人亦云：「秦馳道在（零陵）縣東八十里」（《大清一統志》），「類今之河道，兩岸如削，夷險一致。始皇命天下修道以備遊幸，即此」。（《方輿勝覽》、《湖南通志·地理古迹二》）由此可見，嶺南新道雖不能全依內地馳道規格修築，但兩邊亦

植青松。至嶺北，即與吳楚馳道相接而通咸陽。

在水路交通方面的建設，主要是開鑿靈渠。這項工程從向嶺南用兵開始，至秦始皇三十三年通航（初名「秦鑿渠」，唐以後改今名；又因在廣西興安縣境內，也叫興安運河），它的作用是把湘江和灕江連接起來。靈渠工程包括鏵嘴、大小天平石堤、南渠、北渠、秦堤、陡（斗）門等設施。鏵嘴是用巨石砌成鏵嘴狀的分水工程，它把海洋河水分成兩支，一支經南渠流入灕江，一支經北渠流入湘江。大小天平石堤在鏵嘴尾端，成「人」字形，既是攔河壩，又是滾水壩。枯水期可攔截全部海洋河水入渠，使南北渠保持船隻航行所需水量；洪水期可使洪水越頂而過，流入湘江故道（中江），起排洪作用。南渠和北渠是靈渠的主體結構，總長約三十四公里。南渠三十公里，自分水塘分流入渠，經興安縣城、嚴關，至溶江鎮附近匯入灕江；北渠四公里，自分水塘分流而北，至洲子上村附近入湘江。在渠道水淺流急處築陡門，提高水位，使船隻通行。靈渠的陡門為船閘的先導，是世界上最早的運河通航措施。秦堤是指南渠自南陡口至興安縣城水街的一段東岸渠堤，長約兩公里，起加固南渠的作用。靈渠的開鑿，溝通了湘江和灕江，把長江水系和珠江水系聯結起來，使長江上的船隻經湘江、過靈渠、入灕江、桂江南下，取西江東行而抵達番禺，或溯潯江西行而抵布山、臨塵，使水道縱橫的嶺南無所不通。

水陸道路對於國家的重要，尤如血管對於人體一樣。它是維繫國家這個整體的動脈，通則舒暢，阻則淤滯。秦之開新道和鑿靈渠，不僅是當時軍事上的一項重大戰略性措施，而且對於加強嶺南與內地的聯繫，打破嶺南的閉塞局面，促進嶺南的開發，起了重要作用。

四、修築城郭。據現有材料看，秦統一前，嶺南最早的建築有「楚亭」（或庭），是楚國駐兵的亭障，楚威王時擴建為「五羊城」，規模甚小。此外，別無城郭。秦統一嶺南後，軍隊、官吏、移民大量進入嶺南，他們不能像土著人那樣住在山洞叢林中，而要用自己習慣的生活方式改造嶺南，故在

郡縣治所或戍守據點建築城郭。如南海郡治番禺，由於是控制三郡的政治、軍事中心，任囂、趙佗時頗有一番建設。史載：「秦以任囂爲南海尉，初居瀧口西岸，俗名萬人城，在今城（清廣州城）西二十七里。既乃入治番山隅，因楚亭之舊，其治在今城東二百步，俗謂之任囂城」。「及趙佗代囂，益廣囂所築城，亦在今治東，今謂之趙佗城」。（《讀史方輿紀要》卷一〇一）趙佗還在今廣州市北越秀山上建越王臺，並使許多縣也建有城郭。如趙佗任龍川縣令時，即興工設衙署、築土城，今龍川縣佗城鎮，就是趙佗所築縣城舊址。佗城鎮南有古磚井一眼，亦爲當時所築，後人稱「越王井」。由於軍事原因建築的城郭，除在今廣西興安縣境有秦城外，在今廣東樂昌縣西南有樂昌廢城，「秦時任囂所築，置戍兵於此」。在樂昌縣西北坪石南五里「有任囂城，昔秦楚之際，南海都尉任囂以中國鼎沸，築此城以圖進取」。（《讀史方輿紀要》卷一〇二）這些城邑的建設，雖然出於政治、軍事的需要，但位置都在南北交通要道，勢必成爲貨物集散之所，有利於嶺南經濟的開發。

秦漢之際嶺南的巨大變化

秦始皇採取的以上措施，目的固然是爲了鞏固統治集團利益，消弭越人的反抗，但在客觀上卻適應了社會發展的趨勢，使嶺南地區的各個方面開始發生巨大變化，進入了嶺南歷史上的一個新的階段。

秦以前，嶺南的農業尚處在粗耕階段，所謂「或火耕而水耨」（《史記·貨殖列傳》），或「以漁獵山伐爲業」（《漢書·地理志》）。秦統一後，隨著中原先進的農業生產技術的南傳，嶺南從粗耕農業逐漸進入用鐵器、牛耕的水田農作的時代。從廣東考古發掘來看，到一九七九年爲止，出土戰國鐵器僅有鐵口鋤、鋤斧二件，秦漢鐵器則有三百多件，增加一百五十倍以上。其中有斧、鑿、鋤、鐮、削、鑺、弓形器、鈎形器、碼釘、釘、條形

器、環、剪、三足爐、鋪首、帶鉤等鐵工具和生活用品（《文物考古工作三十年》第三三一頁）。不久，內地的耕牛也成爲輸往嶺南的重要商品（《漢書·兩粵傳》）。在兩廣地區秦漢墓中發現有稻穀、小米、高粱、芋、大麻等種籽，以及倉廩、牛耕水田和各種家畜家禽等陶模型。這些都反映了秦統一後，嶺南農業生產的新水平。

秦統一後，嶺南的手工業也有新的發展。原有的製陶業和青銅冶鑄業在保留地方特點的基礎上，都更多的吸收了中原的先進生產技術。如在貴縣羅泊灣一號墓出土的銅器中有三件銅盤，內底有明顯的在冲壓過程中産生的輻射線，可能是簡單的機械手工製品。廣西出土秦漢漆木器很多，不少漆耳杯底有「布山」烙印（《文物考古工作三十年》第三四三頁）。廣州出土的秦漢漆器工藝水平相當高，有造型新穎、工藝精巧的鑲玉三足漆杯，還有一橢圓形漆盒，蓋面正中烙印有「番禺」二字，秦小篆體（梁國光等〈秦始皇統一嶺南地區的歷史作用〉，《考古》一九七五年第四期）。這説明，秦統一後漆器業在嶺南有顯著發展。隨著水路交通的開闢，造船手工業也發展起來。一九七四年在廣州發掘的秦漢造船工場遺址，其年代相當秦統一嶺南時期至西漢文景之際。這個造船工場規模巨大，有兩個船臺，船臺結構採用船臺與滑道下水相結合的原理，可同時建造數艘載重量五、六十噸的木船。它標誌著秦代嶺南的造船業已進入建臺造船的階段（〈廣州秦漢造船工場遺址試掘〉，《文物》一九七七年第四期）。

隨著嶺南與中原經濟聯繫的加強，秦在三郡的郡縣治所，由地區性的政治、軍事中心，逐步成爲經濟、文化中心。秦南海郡治番禺，由於扼三江而臨南海，水陸交通便利，可與江南、中原、西南、東南甚至海外交往，因而貿易興盛，成爲嶺南與內地商品交流的中心。《史記·貨殖列傳》中把番禺列爲全國十九個經濟都會之一，爲「珠璣、犀、玳瑁、果布之湊」，是嶺南和海外所產珍奇物品的集散地。所經營的商品有的來自海外，例如「果布」，裴駰《集解》引韋昭的解釋，果爲龍眼、荔枝等水果，布爲葛布。史

家多從其說。據現代學者研究，「果布」是馬來語「果布婆律」上半的音譯，學名龍腦香，又叫冰片，是名貴藥材和高級香料，盛產於東南亞（韓槐准：〈龍腦香考〉，《南洋學報》第二卷第一輯）。當時番禺已能建造出海遠航的大木船，與東南亞諸國進行商品交換是有可能的。桂林郡治布山（今廣西貴縣），爲粵西重鎮。解放後在貴縣縣城附近發掘了三百多座秦漢墓，可見人口比較密集（蔣廷瑜：〈布山考〉，《廣西日報》一九八〇年三月十日）。在一座代表趙佗稱南越王時期的墓葬中，出土有銅器、鐵器、玉石器、紡織物、植物果品等一千餘件。一部分器物與黃河、長江流域同時期墓葬所出土的相同，有的上刻銘文，可知是產自「犛」（音離，今陝西武功）、「析」（今河南西峽）等地。一部分器物則爲當地製作，如銅鼓、竹節銅筒，銅鐘等（《文物考古工作三十年》三四三頁）。這表明布山也是南北商品交流的中心之一。

隨著秦王朝的政令在嶺南的推行，嶺南與中原的文物制度也漸趨一致。在廣州地區發掘的秦至西漢早期的墓葬中，出土有文字的陶器數十件，玉、銅印章數枚，文字都是秦小篆（〈廣西華僑新村西漢墓〉，《考古學報》一九五八年第二期；〈廣州淘金坑西漢墓〉，《考古學報》一九七四年第一期）。廣西貴縣羅泊灣一號墓出土的木簡、木牘上的文字都是秦隸，酷似雲夢秦簡的字體（〈廣西貴縣羅泊灣一號墓發掘簡報〉，《文物》一九七八年第九期），這是秦統一文字的物證。在廣州華僑新村三座墓中，發現銅錢二百餘枚，都是秦半兩錢和漢初半兩錢（〈廣州華僑新村西漢墓〉，《考古學報》一九五八年第二期）。羅泊灣一號墓中，出土計量實物多件，度量衡三類齊備。這是秦統一貨幣和度量衡的物證。秦推行的封建制，推動了嶺南地區的社會發展，使嶺南在政治、經濟、文化等方面，逐漸跟上全國社會發展的步伐。

嶺南地區有組織的開發，是從秦統一嶺南開始的，漢以後逐漸發展和擴大。對於嶺南的早期開發，秦有「篳路藍縷」之功，這是嶺南勞動人民辛勤

勞動的結果，也表現出秦始皇及其嶺南官吏勇於開拓的精神風貌。他們統治
嶺南雖然只有七年（前二一四——前二〇七），卻留下了永不磨滅的歷史足
迹。

秦始皇長城北段的考察

一‧一項防禦匈奴的偉大工程

秦始皇爲了鞏固統一的大帝國，防禦遊牧民族的襲擾，派蒙恬、楊翁子督工修築了一條西起臨洮東至遼東長達一萬餘華里的長城（《淮南子‧人間訓》）。這條長城的重點工程在北段，即建在河套以北狼山、大青山中的長城（以下稱秦長城北段）。

秦長城是民族矛盾和鬥爭的產物，其西段防月氏、羌人，東段防東胡，北段則爲防禦匈奴。

匈奴是一個長期活動於蒙古草原的古老民族。他們在陰山以北渡過漫長的原始社會諸低級階段，時小時大，時分時合，沒有文字，沒有城郭，過著「逐水草而遷徙」的遊牧生活。大約到戰國後期，匈奴才進入原始社會後期軍事民主制階段。他們爲了尋求氣候溫和、水草豐茂的牧場，爲了得到內地農業區豐富的農產品和手工業品作爲經濟補充，利用他們久經訓練的「甲騎」跨過陰山，進入河套，並開始與中原諸侯兵戎相見。因「當是之時，冠帶戰國七，而三國（秦、趙、燕）邊於匈奴」（《史記‧匈奴列傳》），故匈奴經常向秦、趙、燕三國的邊地進行騷擾，甚至不斷向南推進。在秦國北面，匈奴從狼山、烏拉山南下渡過黃河，佔領「河南地」，即今黃河以南的鄂爾多斯草原，其騎兵縱橫馳騁於秦昭王長城之北的廣闊地域。當秦始皇忙

於統一戰爭的時候，匈奴已有了相當君主的單于，頭曼單于儼然是凌駕於眾部落之上的匈奴王；已有了固定的政治中心頭曼城，頭曼城似在今內蒙古烏拉山之北的五原縣境內，是頭曼單于的駐牧地和王庭所在。因為鄂爾多斯草原是中原農業區與北方草原區的連接處，頭曼單于企圖以此為跳板南下中原。草原的南緣雖有秦昭王長城起阻擋作用，但不是不可逾越的。匈奴騎兵一旦衝破這一長城防線，鐵馬金戈長驅直入，不幾天就可到達咸陽，那秦都就會陷入危急之中。這種威脅秦始皇如芒刺在背，時時不忘。他命令在涇水之濱的高地上建造望夷宮（遺址在今涇陽縣東南八里涇河南岸的余家堡東北），以便向北瞭望匈奴動態。

秦始皇在消滅六國不久，即調兵遣將對付匈奴。秦王朝與匈奴的戰爭可分兩個階段：從西元前二二〇年（始皇二十七年）至前二一六年（始皇三十一年），共五年，以十萬之眾沿秦昭王長城線固守；從西元前二一五年（始皇三十二年）至前二一〇年，共六年，向匈奴大舉進攻並築新的防禦工程。第一階段姑置不論，且說第二階段的戰爭。

秦始皇對匈奴的威脅愈來愈焦慮不安。方士最善於窺伺人主的心思，盧生從海上求仙歸來無法交差，便向秦始皇獻上泡製的「亡秦者胡也」的圖讖（《淮南子·人間訓》），終於使秦始皇下了大規模抗擊匈奴的決心。遂於西元前二一五年派蒙恬率領三十萬大軍對匈奴主動出擊，佔據了「河南地」，把匈奴趕到黃河以北。第二年，蒙恬又率軍渡過黃河，奪取趙長城西端高闕塞（在今烏拉山西部某山口）後繼續向西北推進，佔領了「陽山」（今狼山）、「北假」（今狼山南黃河北的狹長地帶）（《史記·秦始皇本紀》）迫使匈奴向北退卻七百餘里（賈誼《過秦論》）。但秦是農業民族，統治集團缺乏統治遊牧民族的經驗，其地易得難守。正如李斯所說：「匈奴無城郭之居，委積之守，遷徙鳥舉，難得而制也，輕兵深入，糧食必絕；踵糧以行，重不及事。得其地不足以為利也，遇其民不可役而守也」。（《史記·平津侯主父列傳》）所以，秦王朝對匈奴沒有採取窮追不舍、滅而後已

的策略，而是採取以攻爲守、適可而止的策略，把匈奴趕到最利於防守的地界之北，然後築長城亭障而固守之。

東漢學者蔡邕説：「天設山河，秦築長城，漢起塞垣，所以別內外，異殊俗也」。（《後漢書·烏桓傳》）確實，秦築長城充分利用了天設的山河。沿遼闊的黃河築列亭、障城、縣城，作爲第二道防線；又利用沿邊險竣的山勢，築一條堅不可摧的長城，作構對匈奴的第一道防線。河、山之險與人工構築的工事配合起來，真有所謂「金城湯池」之固。這沿秦邊境的山就是今天的狼山、色爾騰山、大青山。這些山呈東西向，橫亘於河套平原之北，蒙古高原的南緣，平均海拔近兩千公尺，可以阻隔南北的氣流。因而山南與山北自然條件迥異，形成定居農業區與草原遊牧區的一條天然界限。山南氣候溫和，雨量較多，可耕可牧；山北則氣候寒冷，雨量少，風沙多，只宜遊牧。山的南坡多爲拔地而起的巉岩峭壁，有似天設的屏障；山的北坡則傾斜平緩，與丘陵、戈壁相接。當匈奴控制山嶺的時候，可以不時地跨山越谷，向農業區騷擾。秦王朝佔據諸山之後，爲了堵塞匈奴南犯的道路，便利用沿邊山險，「用險制塞」，築起一條石砌長城。這是一項偉大的防禦工程，目的是把山北遊牧區與山南農業區隔開，以保護農業區的安全，解除匈奴對秦北方的威協。這項工程把天功與人功緊密結合起來，可以更有效地發揮防禦作用。

二・歷史文獻有關秦長城北段的記載

歷史文獻中秦築長城的具體記載，有關西段、東段的甚少，大多説的築北段的情況，而且這段長城是在山上築的。

《史記·秦始皇本紀》：秦始皇三十三年，「西北斥逐匈奴，自榆中并河以東，屬之陰山，以爲（三）〔四〕十四縣，城河上爲塞。又使蒙恬渡河取高關、陽山、北假中，築亭障以逐戎人」。榆中：即榆溪塞所在，在今內

蒙古准格爾旗一帶。陰山：秦代的陰山東起雁門山，西包括大青山及其分支烏拉山，即指河北張家口市北到內蒙古烏拉特前旗一帶山區。此言秦占河南地，即從榆溪塞沿黃河北岸以至雁門山設三十四或四十四縣，並築縣城作為防守要塞。此與《漢書・匈奴傳》所云：「秦滅六國，而始皇使蒙恬將十萬之眾北擊胡，悉收河南地，因河為塞，築四十四縣城臨河」略同。此言蒙恬率軍佔據狼山以後，在黃河之北以至狼山北麓，即開始建築列亭、障城。這些工程都是為加強黃河防線，是秦在北方建設防禦體系的一部分，雖不是築長城，但與長城有關，也可算築長城的輔助性工程。

《史記・太史公自序》：蒙恬「為秦開地益眾，北靡匈奴，據河為塞，因山為固」。所謂「因山為固」，就是秦利用山勢建築堅固的長城防線，此山即指黃河以北的狼山、大青山等。

司馬遷又在《史記・蒙恬列傳》贊中說：「吾適北邊，自直道歸，行觀蒙恬所為秦築長城亭障，塹山堙谷，通直道，固輕百姓力矣」。司馬遷隨漢武帝出巡時，走過秦漢時沿陰山南麓行的「北邊道」，並沿直道返回京師。他在北邊看到的「秦築長城」，當然指大青山、狼山中的秦長城。從司馬遷批評蒙恬輕用民力看，建築這段長城是非常艱巨的。

賈誼《過秦論》云：秦始皇「使蒙恬北築長城而守藩籬，卻匈奴七百餘里，胡人不敢南下而牧馬，士不敢彎弓而報怨」。藩籬指邊界。秦在北方的邊界已到大青山、狼山。所謂「蒙恬北築長城而守藩籬」即指秦沿大青山、狼山築長城。

《水經・河水注》：「秦始皇逐匈奴，并河以東，屬之陶山。築亭障為河上塞，……徐廣《史記音義》曰：「陶山在五原北，即此山也。始皇二十四（應為三十四）年，起自臨洮，東暨遼海，西并陰山，築長城」。陶陰二字篆隸皆形同，故易混，此陶山是陰山之誤。漢五原即秦九原，其北當指烏拉山及其主脈大青山。這裏說的「并陰山，築長城」無疑指傍色爾騰山（色爾騰山：在烏拉山之北，兩山之間僅隔一山間窪地，構成烏梁素海的北緣。

山高海拔一八〇〇—二一〇〇公尺。一般把此山并入大青山），大青山築的秦長城。

《漢書·主父偃傳》中漢武帝的丞相公孫弘説：「秦時嘗發三十萬衆築北河，終不可就，已而棄之」。古代黃河從今内蒙古磴口縣以下，分爲南北二支，北支約當今烏加河，時爲黃河正流，水量充沛，其對南支而言稱爲北河。所謂「築北河」，指築北河之北狼山中的長城；所謂「終不可就」，指這段長城直到秦朝滅亡還没有完工。

從以上六條材料可證，秦長城北段築在内蒙古的狼山、色爾騰山、大青山中。

這段長城修築的時間，始於始皇三十三年，佔據狼山之後築亭障，繼而三十四年「適讁治獄不直者築長城」（《史記·秦始皇本紀》）；至三十七年蒙恬死，工程停止。首尾共五年。

築這段城用的勞動力，主要是戌邊的軍隊，蒙恬所率三十萬大軍打退匈奴之後，隨即轉爲築長城；其次是刑徒，包括犯了過失的官吏（治獄不直者）、不遵守焚書令而仍私藏禁書的人，被判爲城旦，罰築長城四年。如淳引《律説》：「論決爲髡鉗，輸邊築長城；畫日伺寇虜，夜暮築長城」。古代刑罰剃去頭髮叫髡，用鐵圈束頸叫鉗。秦代内地刑徒判決後，剃去頭髮，頸帶鐵鉗，即發往邊地築長城。《風俗通義》載：「秦始皇遣蒙恬築長城，徒士犯罪，亡依鮮卑山（在今内蒙古科右中旗西），後遂繁息，今皆髡頭衣赭，亡徒之明效也」。（《佚文第十六》）據此可知，秦築長城確用不少刑徒。再加强迫遷去充實邊縣的民夫，也是築長城勞動力的補充。刑徒和民夫的數目當不下十萬。西晉史學家皇甫謐估計：「秦築長城四十餘萬」（《續漢書·郡國志》引《帝王世紀》），這個數字可能接近事實。

秦長城北段在修建過程中，由於工程浩大，期限緊迫，其勞民傷財之狀慘不忍睹。《水經·河水注》引楊泉《物理論》云：「始皇使蒙恬築長城，死者相屬。民歌曰：生男慎勿舉，生女哺用餔，不見長城下，屍骸相支

柱」。這種怨歌確是從秦築長城時流傳下來的，賈誼的曾孫賈捐之曾說，人民譴責「長城之歌，至今未絕」。（《漢書·賈捐之傳》）孟姜女哭長城雖出於藝術家的虛構，但勞動人民在築長城中付出巨大的犧牲卻是千真萬確的。在所謂「北河」築長城，糧食全由內地人民輸送。從山東海濱把糧食肩負車載送到狼山、大青山一帶，行程數千里，送一石糧食其路途耗費竟達十九石二斗之多（《漢書·主父偃傳》）。送糧的人無法忍受這種慘重的苦役，「苦不聊生，自經於道樹，死者相望」（《漢書·嚴安傳》）。漢人伍被說：秦始皇「遣蒙恬築長城，東西數千里。暴兵露師常數十萬，死者不可勝數，僵屍遍野，流血千里。於是百姓力屈，欲為亂者十室而五」（《漢書·伍被傳》）。由此可見，秦築長城，特別是築北段長城，由於過多地耗損民力，引起民怨沸騰，成為秦末農民大起義爆發的原因之一。

三·實際考察所見秦長城北段的遺迹

　　長城研究僅憑歷史文獻是不夠的，還必須實際考察其遺迹。長城考察從四十年代顧頡剛先生開其端，七十年代史念海先生接其踵，隨後許多省、市、自治區對其境內長城遺迹進行了普查，使長城研究進入實際考察階段。一九八五年暑假，中國秦漢史學會組織長城考察隊前去考察內蒙古境內戰國秦漢長城遺迹，筆者有幸得隨前往。經考察得知，秦長城北段從內蒙古磴口縣北的哈隆格乃山口入狼山，沿狼山之脊迤邐而東，經狼山口、呼魯斯太溝、烏不浪口、巴音哈太東南山區、小佘太、固陽縣北部的西斗鋪，再沿大青山東行，經武川縣南向東延伸。長城遺迹時斷時續，大抵在交通要道破壞很大，地面遺迹甚少；人迹罕到之處則保存甚好，山嶺上有高達四、五公尺的石牆。現將我們考察（考察隊所見參見余華青：〈秦漢長城考察紀要〉，刊《中國秦漢史研究會通訊》一九八六年一期。以下略。）及其他先生在踏勘中所見遺迹分述於後：

　　哈隆格乃山口障塞遺迹：哈隆格乃山口位於今內蒙古磴口縣北，爲狼山西部一個最大的山峽，峽谷長達五十餘公里，是從烏蘭布和沙漠北部通向山後的谷道，無疑是古代一條行軍大道。據我們考察所見，在山口西側的一級階地上有一座六十五公尺見方的石城，四角有馬面，南面有一門。牆均爲塊石砌成，城外東南角石牆縫隙中發現殘木椽一節，似爲牆角木構望樓遺迹。城內有一房基，呈長方形，似爲軍官住所。城中採到鐵釜殘片、繩紋筒瓦片等。階地高出谷底約十八公尺，石城緊挨山谷的陡壁修築，可以嚴密監視谷口動態。在石城南的臺地上，有東西向的三排石砌房基遺址，上有大量陶片，紋飾、器形與城內同，似爲當年駐軍遺迹。《漢書‧地理志》「朔方郡窳渾城」條下注：「有道西北出雞鹿塞」。侯仁之先生據以推定此石城爲「漢雞鹿塞廢墟」。雞鹿今蒙語意爲石頭，也許是從匈奴語傳承下來的。雞鹿塞意爲石頭築的障塞，是障尉駐守的障城。侯先生向山谷裏走了約十公里，發現石築烽火臺九座，在第五號烽臺山谷東側的階地上發現一段長二十五公尺、寬三公尺的石牆（《歷史地理學的理論與實踐》一一七——一二二頁），這些可能與長城有關。西漢在狼山的防務大都利用了秦的基礎，因此，這些工程可能有始建於秦代的，可能屬秦長城北段西端防禦體系的組成部分。

　　狼山北口長城遺迹：狼山口是狼山中段的一處重要出口，有一條長八公里的曲折谷道，是從河套通往大漠的咽喉，南口、北口均有古代設防的遺迹。我們在踏勘中發現北口東西兩側均有長城殘牆。東側山上有四段保存較好，經實測分別長爲四八‧五公尺，四七‧五公尺，三八‧五公尺，二〇公尺。殘高一‧一〇公尺，基寬二‧四〇公尺。總計長度約三〇〇多公尺。殘牆之間以巨大的自然山石作連接，說明築長城時即利用這些山石作牆。在石牆附近一平臺上採到灰色素面陶片三片，器形不清。西側山上的殘牆沿山嶺向西延伸約〇‧五公里。以往學者推定此爲戰國趙長城西端高闕塞所在，看來不對。當爲秦長城北段的要塞（見拙作〈高闕地望考〉，《陝西師大學報》

一九八六年三期）。

　　呼魯斯太溝長城遺迹：據蓋山林、陸思賢先生調查：這段長城在深山主脈的陰坡，石築，石料多爲人工敲砸成的片狀石塊，少數是自然石塊。疊砌的方法都是交錯疊壓，保存好的地方夾心部分和壁面疊壓得一樣規整。除了年久倒塌的部分外，不管山頂、山坡和山溝，遺迹都能聯接起來。在山脊的轉角處或山溝裏，常是凸出或凹進的石牆，在懸崖峭壁的外側有補貼缺口的塊壁，異常險峻（〈內蒙古境內戰國秦漢長城遺迹〉，《中國考古學會第一次年會論文集》）。

　　烏不浪口長城遺迹：在距烏拉特中旗水泥廠三公里處，即狼山烏不浪口西側，發現長城築在烏不拉河北岸山崖上，隨山勢起伏，蜿蜒曲折，採用當地山石砌成。考察隊沿長城走向踏勘約三‧五公里，發現烽燧六個，均在長城內側的山巔，亦用石塊壘成，傾圮後呈圓形堆積。烽燧周圍地面大都散佈淺灰、深灰及夾砂陶片，有繩紋、布紋、玄紋，器形可辨認者有直口鼓腹灰陶罐、陶盆、陶鉢、折唇灰陶罐等，皆爲秦漢遺物。烏不浪口是河套平原東部和包頭西部通往山北的要衝，正當秦九原郡的北方，當是秦長城線上的要塞之一。

　　巴音哈太東南山區長城遺迹：此段長城在烏拉特中旗巴音哈太蘇木（鄉）東南二十公里的群峰之中，保存最好。考察隊沿長城踏勘十五公里，發現二十一座烽燧及一些房基遺址，均在長城內側的制高點。長城大多緣山嶺而築，皆用塊石壘砌，咬縫緊密，壁面光整，大部殘高在一‧五公尺以上，有一段高達四‧八公尺。在傍河險要之處則利用陡峭的崖岸，低凹處用塊石補築，這種人工與自然結合的石牆有高達十公尺以上。據當地老人言，這段長城西到大勝口，東端與小佘太長城相接。在木蓋圖河與石哈河交匯處的東岸沖積臺地上，有約一〇〇多公尺的土夯城牆，夯層清晰可見，呈舌狀，兩端向上數十米即與山腰間的石長城相接，似爲沿河所築的障城遺址。在長城、烽燧遺址地表採到大量陶片，多爲淺灰、深灰色泥質細陶，器物爲

罐、盆、鉢、甑等生活用具。還在烽燧遺址中採到五銖錢一枚，這是西漢曾利用此段長城的物證。

小佘太長城遺址：此段長城位於烏拉特前旗小佘太鄉東北的查石太山上，板升圖河穿山而過。長城騎山控河，基本爲東西走向，用塊石幹砌而成，保存良好，有一段高四‧三五公尺，頂寬二‧二公尺。考察隊沿長城踏勘近四公里，發現烽燧遺址兩處。長城之南，增隆昌水庫之北，有古城遺址，周長約一千五百米，呈不規則棱形。北牆偏西有一突出牆外的大夯土臺基，似爲望敵之用的望樓台基。地面採到莽幣「貨布」一枚及大版瓦、筒瓦殘片。可能是西漢利用秦長城時所建的邊城，稍大於障城，爲軍隊駐防之所。

西斗鋪長城遺迹：這段長城位於固陽縣北部西斗鋪西南三公里的色爾騰山中。考察隊從邊牆壕村起，沿長城往東踏勘三公里，所見長城石築、土夯兩種皆有，大抵山下土夯，山上石築，兩者結合處以塊石砌牆皮，以碎石和砂土充牆心。據云此段長城西延連接小佘太長城。烽燧異常密集，三公里內有九處，烽距一〇〇公尺至六〇〇公尺。山窪處豎包頭市保護碑，大字刻「秦長城遺址」，小字云，此長城爲秦始皇時所築，漢武帝時曾修繕利用過，故亦稱「秦漢長城」。這説法大體是正確的。

秦長城北段在建築布局上有兩個特點：第一，秦長城建築的總原則是「因險制塞」，就地取材，然而，由於各段的自然險阻不同，制塞的方法各異；北段在修建中充分利用了狼山、大青山的高山峻嶺、群峰逶迤的山勢，主要用大石疊砌在巉岩峭壁之處，往往利用自然崖壁作牆身，稍加補貼或修鑿，造成天然屏障；在兩峰夾峙之處，只在兩烽之間築牆以堵豁口；在山間河谷之處，則在河道北岸纏山亘河而築，使敵方不能利用水源；在層巒疊障之處，則築於群山腹地，敵方要攻陷長城，必須翻越兩重以上山嶺，騎兵無法逾越，步兵亦不易攀登，守方則可以逸待勞。

第二，長城沿線烽燧設置稠密。由於秦長城北段築於山地，爲了適應步兵作戰，沿長城線設置的烽火臺很密，在烏不浪口、巴音哈太、小佘太、西

斗鋪等段長城沿線平均半公里就有一個烽燧遺址，一般築於視野開闊、便於瞭望的山頂。在烽火臺的南側或東側，大都有房基遺迹，與烽火臺連爲一體，應是戍守烽燧的兵卒住室。烽燧與長城之間築有石砌通道。說明這些烽燧不僅是瞭望偵察、舉烽傳訊的處所，而且是守兵用戰的堡壘，但障城設置較少，多在山下，離長城線較遠。這與西漢築於蒙古草原和河西戈壁中的長城不同。漢武帝時隨著反擊匈奴戰爭的勝利，把「塞垣」推進到草原大漠之中，主要利用騎兵防守。騎兵長於馳驅，故可減少烽燧，爲了屯駐馬隊，故多設障城。

四・秦長城北段沒有利用趙長城

過去許多學者斷言：秦始皇長城北段全部利用趙長城而加以修補。如張維華先生說：「（秦）最北界之長城，悉因燕趙之舊，東至樂浪造陽，與燕舊時之長城相接」（《中國長城建置考》）。因而不少歷史地圖至今還把此段標爲趙秦長城。這種說法是與實際不符的。

首先，從趙武靈王到秦始皇，華夏政權對北方遊牧民族的防禦線發生了很大的變化，因而秦長城北段不可能「悉因」趙長城之舊。以趙國來說，趙武靈王二十六年（西元前三〇〇年）打林胡時率軍「西至雲中、九原」（《史記·趙世家》）。此後再無向九原以西或以北進軍的記載。《史記·趙世家》載，趙武靈王傳位後「身胡服，將士大夫西北略胡地，而欲從雲中、九原直南襲秦」，以下是他化裝入秦的活動。顯然這「西北」是趙國西北方而不是九原的西北。趙主父此舉不過是爲鞏固對雲中、九原的佔領，然後從雲中、九原直南襲秦。他爲了對西北邊境實行行政管理而設置雲中郡，轄境大體相當今內蒙古大青山、烏拉山以南的前套地區。郡治在今內蒙古托克托縣古城村古城，古城遺迹猶存（《新中國的考古發現和研究》第四〇五頁）。此地不遠是古黃河的一個重要渡口，趙武靈王把雲中郡治設在這裏和

後來秦昭王把長城終點選在托克托縣的十二連城一樣，都是爲了控制這一黃河渡口，以取得北上南下之便（史念海：《河山集》二集第四八六頁）。雲中郡最西的邊縣就是九原，縣城遺迹即今烏拉特前旗三頂賬房古城，在烏拉山中段南麓四公里處。趙九原縣大抵管轄烏拉山以南、黃河以北的狹長地帶，西到烏拉山的西山嘴。這是趙國鼎盛時期的西北邊界。趙國爲什麼不繼續向西北擴張呢？趙國在七雄中屬於二等諸侯，國力有限。趙武靈王不想做蒙古草原上的單于，而急欲在逐鹿中原中逞雄。因而在西北，武靈王實際採取以攻爲守的策略，只要能使遊牧民族不再騷擾其後方就算達到目的。向西北占地越多，防禦線越長，包袱越大，這不利於他吞并中山而斗齊、秦的重大國策的實現。他在西北打擊的對象僅限於直接擾亂後方的樓煩、林胡，而與蟄居在陰山北的匈奴及盤據「河南地」西部的白羊王從未交鋒，對於河南地西部及「北河」一帶，從來不曾佔領。張維華先生以河套西北部爲趙國雲中郡「遙領」之地（〈古代河套與中國的關係〉，《禹貢》半月刊第六卷第五期），不過是爲他的趙長城在狼山說彌補漏洞，戰國哪有這種「遙領」制？明確了趙在西北的邊界，那麼趙長城就只能建在其邊界之內。據《史記·匈奴列傳》記載：趙武靈王「築長城，自代并陰山下，至高闕爲塞」。這條長城東起張家口北，即趙國的代郡屬地，向西經內蒙古集寧市南，再沿大青山南麓迤邐而西，繞過呼和浩特北、包頭北，穿越昆都侖溝口，至烏拉山南麓西段，即所謂傍「陰山下」。這條長城和趙國在西北的邊界是一致的。關於趙長城的西端還有一條史料可證：《水經·河水注》引《虞氏記》曰：「趙武侯自五原河曲築長城，東至陰山」。趙武侯即趙武靈王，五原指西漢五原郡，轄境略同秦國九原郡。河曲指烏拉山西山嘴下黃河的「北河」向南、向東拐灣處。秦漢以至北魏人們所說的「陰山」，指烏拉山、大青山、雁門山而不包括狼山。如《水經·河水注》云；「陰山在河東南」，在「北河」東南的陰山即今烏拉山。又說「陰山東西千里」，即從烏拉山、大青山、雁門山及其餘脈，到趙國的代郡，蜿蜒千里。這條史料是說：趙武靈王

築的長城，西端從五原河曲的烏拉山起，傍陰山東去以至趙國代郡。這與
《史記》所言「自代并陰山下」是完全一致的，不同的是《史記》由東頭說
起，《虞氏記》從西頭說起。然而，秦始皇不僅氣魂比趙武靈王大，而且歷
史所賦予他的條件也更優越。他命蒙恬率大軍「渡河，據陰山，逶蛇而北」
（《史記·蒙恬列傳》）。把匈奴從「河南地」向北趕了七百里到一千里，
不僅越過烏拉山，佔據全部河套地區，而且控制了從狼山至大青山的所有險
要。並置九原郡（郡治利用趙九原縣城），對這一廣大地區實施行政管理。
這就使秦王朝在北疆的軍事防禦線較之趙國向外推移了幾百里。秦長城當然
要沿秦的防禦線而修築，而那裏完全在趙國的防禦線之外，根本就沒有趙長
城，如何利用？

　　其次從現存遺迹看，在今內蒙古境內的趙長城與秦長城北段，是迥然不
同的兩條長城。

　　趙長城，一九六四年蓋山林、陸思賢先生曾踏勘過自呼和浩特西至包頭
市一段。他們說：「出了陶卜齊的山口，南面是土默川平原，北面是依大青
山為屏障，長城就沿著大青山南坡的山腳下，迤邐向西，一直到土默特右旗
溝門公社的水澗溝門村，長城遺迹可能進到了山裏，向西到石拐礦區北的山
坡上，也有長城遺迹。在包頭市北部後營子公社、興勝公社和昆都侖區包頭
鋼鐵公司以北、昆都侖河的西岸，都有長城的遺迹。其中調查過的，以大廟
村的遺迹保存較好。越過昆都侖溝口至烏拉山下，我們沒有經過實際調
查」。（〈陰山南麓的趙長城〉，《中國長城遺迹調查報告集》第二一
頁）。對烏拉山下的趙長城，我們秦漢長城考察隊曾作過局部踏勘，見趙長
城遺迹沿烏拉山南的漫坡斷斷續續，呈土壟狀，距山根一〇〇至二〇〇米。
最引起我們注意的是位於烏拉特前旗宿荄鄉張連喜店的烏拉山大溝口，相傳
是趙長城的盡頭，因長期山洪冲刷，山口兩側下陷，亂石遍佈，表面看不到
痕迹。但在溝東不太遠的達巴溝口有百餘米的長城殘牆，而溝西以至西山嘴
全無長城殘迹，故此處有可能是趙長城的終點。大溝口兩側山峰陡峭，峰頂

尖利，高達海拔二二〇〇米以上，山口約八米寬，有南北向的通山道約三〇公里，東距趙九原縣城約四〇公里，西距西山嘴五公里多，趙國在此築塞設防大有可能。我們在溝南口東側平臺上發現一南北九公尺、東西四公尺的石砌房基遺址，採到一灰陶片，上有篦紋間雲紋。溝南口約三〇〇公尺有古城遺址，地面採到繩紋磚瓦及陶器殘片。烏拉特前旗文博幹部李志學見告，由南口進入溝內七‧五公里有古城遺址，陶片甚多；溝之北口亦有古城遺址，有陶片。這顯然都是古代設防的遺迹，這裏可能就是高闕塞。然而，秦長城北段，沿狼山、大青山的山嶺而築，與趙長城全不相干。在狼山段只有秦長城而無趙長城；小佘太段的秦長城離烏拉山南的趙長城圖測距離尚在七十五公里以上；在大青山中的武川縣境，兩條長城相距較近，但還是各自西東，沒有重合。可見，秦長城北段斷無利用趙長城之處。至於再向東去，我們沒有調查，不排除秦利用趙長城某段的可能。

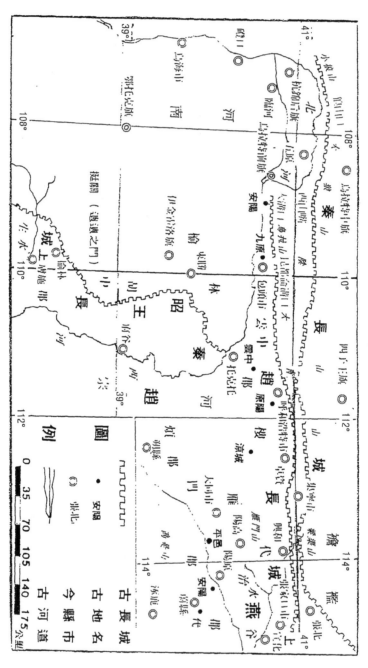

秦始皇長城北段圖

秦統一中國的名將王翦

　　王翦，頻陽東鄉（今陝西富平東北）人，秦始皇麾下的名將，在秦滅六國的戰爭中建立了赫赫戰功。除韓國外，趙、魏、楚、燕、齊均爲王翦及其子王賁率軍破滅的。

　　王翦生年不詳。據史書記載，他出身於軍功地主家庭，少年時代就愛好兵法。青年時代投身於軍旅，雖然默默無聞，但在長期戰鬥生活中積累了豐富的經驗。秦始皇親自執政後，對王翦非常器重，常常向他請教軍國大計，尊他爲老師。

　　王翦的戰功首先在於破趙。

　　戰國末年，由秦國完成統一大業的條件成熟了。但是，趙國雖然多次受到打擊，仍然有一定的戰鬥力，是秦國東進的勁敵。秦王政十一年（前二三六年），乘趙國與燕國打得難解難分之際，派王翦、桓齮率兩路大軍攻趙。王翦軍攻佔太行山之戰略要地閼與（今山西和順縣）、橑陽（今山西左權縣）。

　　秦王政十八年（前二二九年），秦因利用趙國發生大地震和大災荒之後的時機，再次派王翦、楊端和率軍攻趙。趙國派李牧、司馬尚抵禦。王翦率主力由太原進攻井陘關（今河北井陘東北），準備從北路進圍邯鄲。李牧以太行山爲屏障，在秦軍通往邯鄲的道路上安營下寨，防禦十分嚴密，而且多次打退秦軍的進攻。李牧原是在北方邊塞抵抗匈奴的名將，他所指揮的軍隊經過長期實戰鍛煉，戰鬥力很強。秦國方面認爲要破趙軍，必先設法除掉李

牧。爲此王翦派使者到李牧軍營提議休兵言和，秦王又派間牒到邯鄲用重金賄賂趙王寵臣郭開，揚言「李牧私自與秦軍講和，密謀反趙降秦」。趙王是個昏庸而多疑的人，聽到流言就信以爲真，馬上下令革除李牧、司馬尙的職務，改派趙蔥和顏聚去接替。李牧見大敵當前，不肯受命，終於被殺。一時趙軍內部人心浮動，戰鬥力頓減。

　　秦王政十九年（前二二八年），王翦見離間計成功，遂率兵大舉進攻，迅速消滅趙軍主力，生俘趙王，佔領了趙都邯鄲。①

　　王翦的功績其次是破燕。

　　破趙之後，趙公子嘉率其宗族數百人逃到代城（今河北蔚縣），自立爲代王，依附燕國，燕代聯軍屯駐上谷（今河北懷來東南），以防秦軍。秦始皇命王翦準備進攻燕國，大軍屯駐中山（今河北靈壽縣西北），逼近燕國西南邊境。

　　秦王政二十年（前二二七年），燕太子丹派荊軻對秦始皇行刺失敗，秦始皇大怒，派王翦、辛勝率兵由中山進攻燕國。燕代聯軍沿易水守禦，王翦率軍迂迴於易水上游，在易水以西打垮燕代聯軍，並向燕都推進。

　　秦王政二十一年（前二二六年），秦始皇派增援部隊補充王翦軍，命令大舉攻燕。秦軍攻克燕都薊城（今北京市大興縣西南），燕王喜和太子丹率殘部逃往遼東（今遼寧遼陽市西北）。王翦命李信領兵跟踵追擊，燕王喜逼得無路可走，只好殺了太子丹，向秦謝罪求和。②

　　王翦最大的功勞是滅楚。

　　秦在滅韓、魏，破趙、燕之後，秦始皇決定揮師南下企圖消滅楚國。楚國雖屢遭挫折，仍然是東南大國，地廣人衆，能動員大量軍隊，是秦國不可輕視的對手。對於如何進攻楚國，秦始皇徵詢重要將領的意見。他首先問李

---

① 《史記·王翦列傳》。
② 《史記·燕世家》。

信：「我想興兵伐楚，將軍考慮需要多少人馬？」李信回答：「二十萬軍隊就夠用了。」又問王翦，王翦答：「非六十萬人不可！」秦始皇不放心大將帶過多軍隊遠征，因而不樂聞王翦的忠言而喜聽李信的大話。他說：「王將軍到底老了，爲什麼如此怯楚！還是李將軍年輕有爲，果敢壯勇」。於是秦王政二十年（前二二五年），拜李信爲大將，蒙武爲副將，發兵二十萬進攻楚國。然而王翦的主張是經過深思熟慮的。因爲楚國是個大國，而且秦楚交戰的戰場是豫東平原，地勢平衍，無險可守，而楚國大將項燕善用兵，擁有數十萬精銳楚軍，因此，秦軍要能守能攻，必須有充足的兵力。王翦的正確意見受到冷遇，只好稱病告老還鄉。③

果然不出王翦所料，李信率軍深入楚國境內後，中了項燕的埋伏，七位都尉戰死，士卒死傷無數。兵敗的消息傳到朝廷，秦始皇又氣又悔，立即親赴頻陽，敦請王翦領兵出征。他對王翦說：「寡人沒有採納老將軍的計策，李信果然喪師辱國；現在楚軍一天天向我國逼進，老將軍雖說有病，難道能忍心拋棄寡人不顧嗎？」王翦當時還摸不準秦王的誠意，故意推辭說：「我已經老了，請大王另選賢將。」秦始皇再三懇求，王翦才答應下來。於是決定撥給王翦六十萬大軍繼續伐楚。

秦王政二十三年（前二二四年），王翦率大軍出發，秦始皇親自到灞上送行。王翦這時一再請求秦王封賞王給他大量肥田美宅，作爲傳給子孫的家業。秦王大笑說：「將軍放心去吧！你還用得著擔心受窮嗎？」王翦兵抵函谷關時，又接連五次派人向秦王請求賞賜上好田宅。有人勸說：「將軍這樣請賞，未免過份了吧！」王翦說：「你還不理解。君王多疑而不放心人，如今將全國主力軍隊都交給我了，他當然會擔心我們叛變。我一再求田問舍，爲的是讓君王知道我只貪戀家鄉的產業，不會有叛心啊！」大家都佩服老將軍的高見。

---

③ 《史記·王翦列傳》。

　　王翦總結了李信輕敵冒進、孤軍深入的教訓，憑藉秦國充足的糧草供應，採取屯兵練武，堅壁不戰，麻痹敵方，以待戰機的戰略。王翦率軍至秦楚交界，把楚軍堵截在陳（今河南淮陽）以南至平輿（今河南平輿縣北）一線，在全線築壘設防，紮營固守。盡管楚軍駕陣挑戰，王翦下令不予理睬。爲了養精蓄銳，讓士兵每天休息洗沐，吃豐盛的飯食，他還和士兵一同喫飯，經常開展比武活動。秦始皇也動員國內一切力量支援前線。過了很久，王翦問軍吏：「軍隊中玩什麼？」軍吏答：「大家正在投石超距」。投石就是用手扔大石塊以擊殺敵人，相當現在的投擲；超距即跳高，以提高作戰時跳越障礙的能力。士兵積極練武，說明士氣高昂。王翦高興地說：「兵心可用了！」另一方面，楚軍由於長期找不到戰機，鬥志漸漸鬆懈，加之糧草供應不上，項燕只得引兵東去。王翦隨即號令秦軍奮力出擊，秦軍排山倒海似地殺來，楚軍望風潰逃。秦軍追到蘄南（今安徽宿縣南），殺死楚將項燕（或云自殺），全殲楚軍主力。

　　秦王政二十四年（前二二三年），王翦率軍又乘勝攻下楚國都城壽春（今安徽壽縣），俘虜了楚王負芻。④

　　秦王政二十五年（前二二二年），王翦率軍渡過長江，進攻楚國的江南地區，迅速平定了江南地。原來降服於楚的越君也降秦，楚國徹底滅亡。秦在江南建立了九江郡和會稽郡。

　　王翦的兒子王賁曾率兵滅魏，掃除燕、趙殘餘，滅齊；亦有大功。

　　秦統一中國，以王翦父子的戰功最爲卓著。秦始皇二十八年（前二一九年）東巡至琅邪，據傳鈔的琅邪臺刻辭，隨始皇出巡的有十一位大臣，首有「列侯武成侯王離，列侯通武侯王賁」，郭沫若《十批判書》認爲王離是王翦之誤。因爲王離是王翦的孫子，王賁的兒子，秦末被項羽所俘。王離是否封侯難有定說，即使封侯，不當列於其父之前。按郭沫若說，王翦被秦始皇

---

④　《史記·王翦列傳》。

封爲武成侯。

　　王翦卒年亦無確切記載，大約在秦二世即位（前二〇九年）之前老死於家鄉。王翦死後葬於頻陽，其墓至今猶存。在今富平縣東北二十公里的到賢鄉永和村有王翦墓，其封土堆呈長方形，高約九公尺，周長一三六公尺。富平縣東北部的美原平原，就是秦始皇賞賜給王翦的「美田」所在。

和氏璧與秦皇璽

　　春秋時代，楚國有個能人叫卞和，在楚山裏得到一塊璞玉。璞玉是沒有經過雕琢的玉石，表面是一層粗糙的岩石，玉蘊藏在裏面，乍看與石頭沒有區別。卞和懂得這塊石頭裏有寶貴的內涵，懷著對國君的拳拳之忠，把璞玉獻給楚厲王蚡冒。蚡冒命玉器作坊的玉匠鑒定，玉匠們平日只對現成玉材進行加工，沒有見過璞玉。他們看見這塊粗糙的東西，就一口咬定是石頭。蚡冒大怒，判其欺君，下令砍掉了他的左腳。

　　不久蚡冒死了，楚武王熊通（西元前七四〇年—前六九〇年在位）即位。卞和跛著腳，一瘸一拐地上了朝廷，懷著和肢體一樣備受摧殘而仍然忠誠的心，再次捧著璞玉獻給熊通。熊通又交給玉匠鑒定，玉匠們見他是個前科犯，抱的還是那個玩藝兒，都怕落翻案的嫌疑，遂仍眾口一詞的咬定那是石頭！武王更惱火，決意對欺君的累犯從嚴處治，下令砍掉他僅有的那隻腳——右腳。卞和獻玉不成，失掉雙足，滿腔悲忿，仍不屈服，每天懷抱璞玉翹首等待。他由青年等到壯年，由壯年等到頭髮花白，終於等到熊通死了，楚文王熊貲（西元前六八九年—前六七七年在位）即位。熊貲為了振興楚國，禮賢下士，銳意革新，對於先王定下的冤案也敢給予平反昭雪。可惜卞和這時連跛腳上朝的本領也沒有了，只能懷抱璞玉匍匐在楚山腳下號啕痛哭，連哭了三天三夜，眼淚哭乾了，眼裏哭出血來。熊貲知道了，派人問其緣故。那人問：「天下受刖刑（砍足）的人多了，別人都能忍受，你為啥哭得這麼傷心？」卞和說：「我不是因受刖刑而悲傷，我所悲的是寶玉被當石

頭，忠貞之士被加上欺君之罪，沒有罪過而遭受刑辱！」熊貲命令玉匠割開石壳，果得寶玉，其剔透玲瓏，晶瑩光潔，確是稀世之寶。於是命名「和氏璧」。

和氏璧的發現地在楚山，楚山何在？西漢劉安《淮南子》〈修務訓〉說：卞和爲了獻玉「泣血於荊山之下」；西晉束皙在〈雜詩〉中自況云：「予非荊山璞，謬登和氏場」（《文選》卷二十七）；都說和氏璧出於荊山。可見楚山就是荊山。荊山是楚國的發祥地。據《史記》〈楚世家〉載：「熊繹率楚人辟在荊山。」荊山在今湖北省南漳縣境內。南漳縣城西約七十五公里的荊山之麓有抱璞岩，相傳爲卞和得璞玉處。岩高百仞，削壁如屏，上鑿「玉印岩」三字。下有天然石室，內供有卞和像，像前豎高大石碑數通，內容多是記卞和泣玉事。由此岩向上百餘步有一石洞，洞頂上有池，池旁有卞和廟，傳爲卞和住宅舊址。岩東有卞和墓。這些「遺迹」顯然是後人根據傳說泡製的，固然不可當信史待，但符合卞和得玉於荊山的文獻記載，作爲口碑資料，亦不可輕視。

學術界還有一種說法：湖北地礦局高級工程師郝用威認爲，和氏璧產地應在神農架海拔三千公尺高處的扳倉坪、陰峪河一帶。他的根據是在那裏發現了一種拉長石：

> 由於拉長石在鈣長石晶格中，成細包裹體，具定向排列，所以在陽光照射下，從不同方位觀察，它便會呈現出不同的色彩，這和史籍對和氏璧的記載相吻合。

神農架在今湖北省西北部，距荊山不很遠，韓非所說的楚山，也可能包括神農架的一部分。

無論荊山或神農架，今天都不產優質玉，所以把拉長石與和氏璧聯繫起來不是沒有理由的。拉長石有拉長月光石和變彩拉長石。變彩拉長石有白、藍等隨光源照射方向不同而發生變化的色彩。著名地質學家章鴻釗在〈石

〈雅〉一文中就認爲和氏璧應是拉長石。其推論的主要根據是唐末五代道士杜光庭在《錄異記》中關於和氏璧「側而視之色碧，正而視之色白」色彩變化的論述。拉長石也有「色白」與「色碧」的變化，而且非經琢磨這變化一般難以發現，故理璞才能得寶。但這個説法還不足以成爲定論，有進一步研究的必要。

和氏璧本來是楚王宮中的重寶。楚威王熊商（西元前三三九年—前三二九年在位）時，因功把和氏璧賞給令尹（相當中原的丞相）昭陽。張儀最初游説諸侯的時候，做過昭陽的門客。有一天，昭陽大宴賓客，張儀也參加了宴會。酒宴中間昭陽取出和氏璧，讓賓客欣賞，大家無不驚奇、讚嘆。後來不知怎的和氏璧丟失了。昭陽手下的人見張儀最窮，都説一定是他偷的，昭陽也起了疑心，叫手下把張儀壓倒以皮鞭抽打，逼他招供，打了幾百下，直打得遍體鱗傷，張儀總是矢口否認。因爲沒有證據，昭陽只好把他釋放了。張儀對此耿耿於懷，後來做了秦國丞相，在給昭陽送檄文時説：

> 始吾從若飲，我不盜而璧，若笞我。若善守汝國，我顧且盜而城。（《史記》〈張儀列傳〉）

後來，不知經過那個「梁上君子」之手，和氏璧輾轉爲趙國所得。根據《史記》記載，秦爲爭奪和氏璧，趙國使者藺相如曾在秦王面前演出「完璧歸趙」的一齣成功外交戲。以後又不知經過怎樣的鬥爭，和氏璧終爲秦國所有。西元前二三七年，即秦始皇嬴政登上王位第十年，李斯在向秦王上的〈諫逐客書〉中説，「今陛下致崑山之玉，有隋、和之寶。」所謂「隋、和之寶」就指隋侯珠與和氏璧。可見遠在秦統一之前，和氏璧已經成爲秦王宮中的寶物了。

和氏璧到秦始皇手裏，後來就用它刻成中國封建皇帝的第一顆御璽。璽就是印章。秦以前，官吏百姓，不分尊卑，其印章都可稱璽。用的質料有金、銅、玉、犀角、象牙不等。各隨所好，沒有一定限制。西元前二二一

年，嬴政統一中國，改「王」稱「皇帝」。他為了表現皇帝的尊嚴，規定皇帝的大印纔可稱璽，用玉雕製，臣民不得僭越。嬴政授意所刻的玉璽，據漢人衛宏說：

> 秦始皇得楚和氏璧，乃以玉為之，螭獸紐，在六璽之外。李斯書之。其文曰：受命于天既壽永昌。

這顆玉璽我們就叫秦皇璽。關於此，不僅有大量文獻記載可以證明，還有一個現象可以作證：和氏璧在戰國中後期舉世矚目，爭奪甚烈，但從秦統一後的各朝各代，再不見爭和氏璧了，轉而爭秦始皇留下的傳國璽。

據衛宏所說璽文刻的是「受命于天既壽永昌」。這是有深義的：秦皇璽是至高無上的皇帝權力之象徵，「受命于天」則是秦始皇皇權神授思想的表現。這與他利用鄒衍五德終始說，宣佈秦以水德治天下，尚黑，崇六，把咸陽宮與天帝的紫微宮比附等一樣，都是企圖把皇帝打扮成天帝在地上的代理人，用神權來保護皇權。

根據文獻記載，一致肯定璽面文字係李斯所書。字形有的說「作魚鳥之狀」（南宋薛尚功引集古印格序），有的說是「虫鳥之文」（馬端臨《文獻通考》），有的則說是「大篆文飾以虫鳥魚龍之狀」（鄭文寶《傳國璽譜》）。現在我們看到薛尚功《歷代鐘鼎彝器款式法帖》和清人撰《金石索》中，所摹刻的「受命于天既壽永昌」璽文，都是在篆字的筆畫上飾以鳥虫形狀，或頭或足或翅或尾。如小篆帀，璽文則作𩏠或𩏡。這種寫法在書體上應屬於「虫書」或「鳥虫書」，俗稱「鳥書」。許慎《說文解字敘》云：秦書八體，「四曰虫書」。王莽時甄豐將八書合為六書，「六曰鳥虫書」。段玉裁注：「謂其或像鳥，或像虫，鳥亦稱羽虫也。」這是篆字中的花體，春秋戰國時就有這種字體，大都鑄刻在兵器或鐘鎛上，鳥形、虫形、魚形雜見。

紐是璽鼻，即璽的上端提繫處。璽用綬帶繫在紐上，皇帝舉行大朝會時

掛在腰間。秦皇璽的紐，據衛宏説是螭獸紐。螭是古代傳説中的一種動物，蛟龍之屬。螭首常作古鐘、鼎、印章、碑碣之屬上的裝飾。元上都出土的石螭首，作卷鼻、張口露齒、怒目圓睜狀。螭獸紐當是螭首獸身的紐形。

秦始皇對璽符的管理非常重視，在少府下設符璽令專掌其事。始皇三十七年出巡東方，趙高以中車府令行符璽事。大官兼管小官的職務叫行某事，趙高任中車府令，實際操縱太僕，位列九卿，出巡期間他兼掌秦皇璽，所以叫行符璽事。始皇病逝途中，趙高利用所掌的秦皇璽，挾迫李斯竄改秦始皇的沙丘遺詔，胡亥得璽而爲二世皇帝。不久胡亥被趙高逼死，子嬰受璽爲王。秦始皇本想把秦皇璽和皇帝的寶座一起傳之萬世，但由於秦王朝的短祚，僅經三傳就易手了。西元前二〇六年十月的一天，秦王子嬰跪在霸水西岸的軹道旁，向劉邦獻璽投降，秦皇璽從此轉入劉邦手中。

西元前二〇〇年二月，劉邦在汜水之濱捧上這顆玉璽，堂而皇之地做了西漢的開國皇帝。他看到這顆璽不僅晶瑩可愛，那八個富於神祕色彩的「鳥書」更符合其政治需要。「受命于天」可以給他的皇權塗上一層代天行道的釉彩，使人民望而生畏，不敢反抗。「既壽永昌」則和長樂未央一樣，符合他萬壽無疆國祚緜長的妄想。於是他宣佈凡皇帝傳位就傳授此璽，「世世傳授，號曰漢傳國璽」。這顆傳國璽和夏商周時的九鼎一樣，是國家最高權力的象徵，除在特別典重的場合使用外，平時緘封密藏，皇帝處理政務另有御璽。

西漢初皇帝有三璽，除傳國璽外有「皇帝信璽」、「皇帝行璽」。根據衛宏《漢舊儀》所載，至西漢末，除傳國璽外增加至六璽，各有專門用途：

> 以皇帝行璽爲凡雜；以皇帝之璽賜諸侯王書；以皇帝信璽發兵；其徵大臣以天子行璽；策拜國事以天子之璽；事天地鬼神以天子信璽。

西漢傳至第十二代，王莽立孺子嬰爲傀儡皇帝，太后王政君見王莽圖謀

不軌，把傳國璽從皇帝住的未央宮祕密轉移到她住的長樂宮。當時讖緯迷信流行，野心家以爲得到傳國璽就算得到天帝授的符命，就是當然的真龍天子，所以對傳國璽的爭奪非常激烈。王莽代漢稱帝，便向他姑母王政君索傳國璽，王政君密藏不交，王莽又派王舜去逼索，王太后被逼無奈，一氣之下投璽於地，將璽一角碰壞。綠林軍滅王莽，璽歸更始帝劉玄。赤眉軍殺劉玄，璽歸劉盆子。赤眉軍敗，劉盆子向劉秀獻璽投降。

西元二十七年，劉秀在長安「高祖廟」舉行受傳國璽儀式。建立了東漢。爲管好璽符，特設有符節令掌符璽臺，符節令下有尚符璽郎中四人，負責管傳國璽及其他璽節。

東漢末年，宦官張讓作亂，劫少帝劉辯出奔，左右分散，掌璽者把璽投入洛陽城南甄官井中。西元一九一年，孫堅爲討伐董卓率軍入洛陽，駐軍洛陽城南，見井水有異常，遂派人入井，「探得漢傳國璽，文曰受命于天既壽永昌，方圓四寸，上紐交五龍，上一角缺」。袁術聞訊，拘捕孫堅夫人，奪走了傳國璽，以爲得了天命，遂自稱皇帝。東漢建安四年夏，袁術敗死，徐璆捧傳國璽去許昌獻給漢獻帝劉協。

魏文帝黃初元年（西元二二〇年），曹丕代漢稱帝，遣使要獻帝的曹皇后交出傳國璽，曹后怒，不予。經多次催索，曹后無奈，在對使者斥責之後，將璽綬擲在殿前的欄干下。璽始爲曹魏所得。

西晉泰始元年（西元二六五年），司馬炎逼魏元帝曹奐讓位，廢爲陳留王，建立晉朝，傳國璽歸晉。西晉永嘉五年（西元三一一年），匈奴貴族劉聰部將王彌攻陷洛陽，虜懷帝司馬熾及「傳國六璽」（應作傳國璽及六璽解），徙平陽（今山西臨汾西北），國號漢。璽歸劉聰。歷史進入五胡十六國時期，小國王朝更迭頻繁，秦皇璽幾度易手。

東晉穆帝永和八年（西元三五二年），冉魏滅亡。燕王慕容儁「詐云董氏（冉閔妻）得傳國璽獻之，賜號奉璽君」。「詐云說明慕容儁沒有得到傳國璽，他們的璽是自刻的僞璽。此外，該璽之璽文是「受天之命皇帝壽

昌」，曹樹銘在《秦璽考》中說：「首傳此一璽文者，全屬晉代，如晉穆帝本紀，晉書輿服志，晉陽秋及徐廣是也。」如從文字上看，非秦璽更爲清楚。

在《歷代鐘鼎彝器款式法帖》和《金石索》中，都有「受天之命皇帝壽昌」璽文的摹印。字的結構既不是秦國原有的「西土文字」，也不是統一文字後的小篆，很接近六國古文；筆書不是「鳥書」，而是中肥末銳、形似蝌蚪的六國蝌蚪文。如璽文中的𤉡，不同於秦小篆𤋮，而接近六國古文𤊽與保存古文字形的《汗簡》的字體筆畫相同。努力推行「罷不與秦文合者」的李斯，怎能用六國古文書寫秦皇璽呢？因此，我們可以斷定此璽是晉穆帝時仿六國古文刻成的御璽，是他爲了不當「白版天子」而刻製假傳國璽。自從冉魏滅亡之後，秦皇璽的傳緒中斷，下落不明。

有人認爲秦皇璽仍在各王朝間輾轉相傳。從東晉、宋、齊、梁、北齊、北周、隋、唐、五代後梁，直至後唐清泰三年（西元九三六年），石敬瑭勾結契丹人耶律德光攻打洛陽，唐主李從珂見大勢已去，與曹太后等攜傳國寶登玄武樓自焚。傳國寶從此失傳。但這個傳國寶是否就是秦皇璽，就說不準了。

由於歷代皇帝都把得秦皇璽看作得天命的符瑞，視之爲神器、受命寶、定命寶、傳國寶等，有此璽就可以自命爲真龍天子、正統，否則就被貶爲白版天子、偏統。所以，得璽者大肆宣揚，沒有得到真璽的，欲神化其權力便自刻僞璽。有皇帝授意而刻的，有臣下爲邀寵而刻的，也有聲言治河或種地而得的。如三國吳主孫皓、東晉穆帝、前燕慕容儁、唐太宗製「皇天景命有德者昌」璽、後晉石敬瑭宋元符年間蔡京獻璽、元至元年間崔或獻璽、明弘治十三年熊翀獻璽、明天啓四年程紹獻璽、後金（清）天聰九年（一六三五年）皇太極「得傳國璽於元小王子裔察哈爾林丹汗」、清乾隆三年高斌進璽等。除吳主孫皓、唐太宗承認爲自刻璽外，餘均聲稱手中的璽是秦漢傳國璽。其中大多已辨明是僞璽，有的還真僞難辨。這形形色色的傳國璽，曲折

地反映了人們翹盼得到秦皇璽的苦心。

　　《文博》雜誌曾有文云：和氏璧既爲璧，璧是玉器，其爲扁平圓形，中心有孔，邊闊大於孔徑。認爲璧不能刻秦皇璽。孰不知，按《漢語大詞典》，璧還泛指美玉。《韓非子‧和氏》中說的：楚人和氏得玉璞，兩次向王獻而被砍掉雙足，第三次獻楚文王，文王命玉匠除去璞，「而得寶焉，遂命曰和氏璧」。此寶幾經輾轉而爲秦所有，顯然是一塊未經雕琢的美玉，而不是邊大於孔的璧。和氏璧既是一塊美玉，那麼如漢人衛宏所言：秦用和氏璧刻秦皇璽是很可能的。

《史籀篇》與秦文字

　　《史籀篇》省稱《史籀》、《籀書》、《史篇》、《史書》，又稱《大篆》、《籀文》，是西周晚期周宣王命太史籀主持編成的一部大篆體字書。《爾雅》最初說是周公所作，如能成立當然在《史籀篇》之前，但宋代以來學者們已否定了這種說法。現在大體可以斷定，《爾雅》最初成書當在戰國末年，是由一些儒生匯集各種古籍詞語訓釋資料編纂而成的，①是詞典，不是字書。迄今所知中國最早的字書當屬《史籀篇》。該書早已散佚，人們對它的形式、內容、編者、流傳等知之甚少，本文擬對《史籀篇》的一些問題作初步探討，希望得到專家、讀者指正。

一・史籀是《史籀篇》的主編

　　漢字的性質眾說紛紜，很難作出準確的概括，郭紹虞先生以其形體多變稱漢字「屬於衍形文字」②。衍形文字與拼音文字不同，它是從圖畫演進來的，最初大多是象形字。在使用時，不同人群在不同情況下往往各取物體形象的一部分，故繁簡不一，取勢無定，寫法各異。隨著生產的發展，文化的

---

① 徐朝華：《爾雅今注》前言，南開大學出版社一九八七年出版。
② 郭紹虞：〈從書法中窺測字體的演變〉，見《現代書法論文選》，上海書畫出版社一九八〇年版。

進步，社會交往的頻繁，爲了適應變化的需要，舊字往往賦予新義，字形往往跟著變化，而且不斷「孳乳」新字。古代帝王爲了推行政令和宣明教化，極需要統一的文字，故往往在力所能及的範圍内對文字進行整理，力求使其統一。西周晚期，周宣王命太史籀主持編纂《史籀篇》，就是對文字的一次大規模的整理。這件事見於《漢書·藝文志》：「史籀十五篇」，班固自注：「周宣王太史，作大篆十五篇」。許慎《説文解字叙》：「宣王大史籀，著大篆十五篇」。大史即太史，西周官名，《周禮·春官·大史》：「大史，掌建邦之六典」。大史的職務是按王命起草文書、策命諸侯、記録史事、整理文字，兼管國家典籍、天文曆法等。據《新唐書·宰相世系表》：「史氏出自周太史佚之後，子孫以官爲氏」。史籀是太史佚的後代，明豐坊《書訣》云：「史逸，字孟佚，伯邑考之子，文王之嫡長孫也。逸生頵，頵生黎，黎生籀。籀又損益潤色，別號籀文」。豐坊所説是有根據的。史逸即史佚，見《逸周書·世俘解》、《國語·周語下》。史佚的父親伯邑考是周文王的長子，爲質於殷，被紂王烹死。史佚以文王的嫡長孫而任王室太史，歷事武王、成王，頗有功績，與姜太公、周公、召公並稱四聖。他的功績之一是釐正文字，如豐坊《書訣》云：「周公命史佚同天下之文」。相傳「虎書、禽書、魚書，皆史佚所作」。③史佚本姬姓，其子孫頵、黎、籀等按宗法世襲制相繼任太史，遂以官爲氏而史氏。由於文獻散失，史頵、史黎事迹不詳，史籀之前的世系似乎還有遺漏。

史籀在《漢書·古今人表》中作「史留」。《漢書補注》史留下引「周壽昌曰，即史籀也。〈藝文志〉周宣王太史。籀爲留，古字通用耳」。王先謙同意周説，只是對人表把史留的時代排得稍後感到不解。唐蘭在1949年開明書店出版的《中國文字學》中也認爲〈古今人表〉中的史留就是籀，對於

③　見鄭杓：《衍極》卷二《書要論》劉有定注。史佚作書早佚，馬國翰輯《史佚書》一卷。

人表把史留的位置排得偏後，他「疑心藝文志注裏的周宣王應該是周元王」，「元跟宣音近而誤」。

　　新的考古發現終於解開了專家們的疑結。上海歷史博物館收集到一件名為趞鼎的晚周青銅器，銘文中有周王在宗廟對趞賞賜衣物，「史留受王令書」於簡册等語④。一九七九年劉啓益把銘文拓片拿去向唐先生請教，唐蘭立即作出鑒定：「史留」即「史籀」，爲周宣王太史。⑤李學勤也認爲「太史籀實有其人，上海博物館所藏的一件鼎銘文有史留，當即史籀」。⑥唐、李二先生是著名文字學家，他們的鑒定有確鑿的文字學根據。「籀」從「留」得聲，例可與「留」通假。⑦「留」字左加手，上加竹，似與他整理文字有關，那時紀錄文字的方式主要是用手執筆寫在竹簡上，因而把「留」衍化成「籀」。「籀書」是識字課本，是貴族子弟開蒙首先讀的書，故「籀」字又派生出讀義。

　　銘文中「隹十又九年四月既望辛卯」，標明史留書寫王命的年月日，是鑒定時代的依據。劉啓益推算，周宣王在位四十六年，其十九年應是西元前809年，按張培瑜《中國先秦史歷表》「此年三月丙子朔，辛卯爲十六，不論定點説或四分説，十六均在既望之列，既然文獻記載史籀爲宣王時人，銘文所記天象又與近人推算的宣王相應年月的天象吻合」，⑧那麼，史籀是周宣王太史就更無疑了。其實還不夠完全吻合，劉氏推算是「三月既望辛卯」，而銘文作「四月既望辛卯」，據張培瑜表宣王十九年四月朔爲乙巳，十六日爲庚申而不是辛卯，劉氏推算是正確的，銘文可能有誤。銘文四月似

④　《商周青銅器銘文選》第三卷，文物出版社一九八八年版，第二九三—二九四頁。

⑤　劉啓益：〈伯寬父盨銘與屬王在位年數〉，《文物》一九七九年第十一期。

⑥　李學勤：《東周與秦代文明》，文物出版社一九八四年版，第三六五頁。

⑦　何琳儀：《戰國文字通論》，中華書局一九八九年版，第三五頁。

⑧　劉啓益：〈再談西周金文中的月相與西周銅器斷代〉，《古文字研究》第十三輯。

爲三月之訛，按大篆四字作三，三字作三，形近易訛。這是古器物銘文中常見的現象。

二‧《史籀篇》的内容和形式

《史籀篇》共十五篇，散佚已久，現在只能看到許慎《説文解字》中標明《史篇》或「籀文」的二二五字及有關文獻記載。我們只能從這一鱗半爪的資料中，對其内容和形式作些推測。

《史籀篇》是我國最早的識字教材。《漢書‧藝文志》載：「史籀篇者周時史官教學童書也」。西周有名保氏的官，主管貴族子弟教育。教育内容是禮、樂、射、御（馭）、書、數（《周禮‧地官‧保氏》）。書教就是識字和寫字。《藝文志》又云：「古者八歲入小學，故周官保氏掌養國子，教之六書」。這就是說那時八歲入小學，首要課業就是識字，而採用的識字課本在周宣王時就是《史籀篇》。那時只有貴族子弟才能受教育，只有周王、諸侯及各級貴族占卜、祭祀、册封、貢納、聘享、發布政令、紀錄史事等才使用文字。周天子要整齊文字，不必下「書同文」的命令，只要官學裏用統一的識字課本，就可使文字在一定範圍内達到趨同。《史籀篇》作爲王室編定的標準字書，它的推廣使用在一定程度上有統一文字的作用。

籀文是殷代西周古文字的繼承和發展。太史籀時代，既有商朝以來五花八門的象形字，又有西周日益增多的會意字和形聲字，有王室常用的正體，有貴族之間通行的俗體，《史籀篇》則是從種種不同的形體中，選擇一個比較規範的字形，或稍加省改，作爲官方提倡的標準文字。籀文與殷周古文相比雖然變化不小，但基本字形還是從甲骨文、金文衍化來的。其變化是字形力取方整，減少象形性。如「中」字，甲骨文和金文中間一豎上下的飄帶，多彎曲而或左或右，總在一面，取旗幟迎風招展象，籀文則改爲左右各兩小橫，以呈方整。「申」字甲骨文、金文取閃電時電光回曲閃爍之形，籀文只

把筆畫變直，作長方形。把一部分象形字改爲會意字。如「車」字殷周古文均作車形，有車箱、車輪、車軸、車衡、車輙，籀文則給簡化的車上加戈，成爲表兵車聯綴的會意字。把一部分象形字加上聲符改爲形聲字。如「鼓」字甲骨文、金文均作手執鼓棰擊鼓之象，籀文則在左下方增加聲符「古」。大篆是西周中、晚期逐漸形成的字體，上別乎古文，下別乎小篆。《史籀篇》的編成標誌著大篆的成熟，是漢字發展史上的一個里程碑。（見表一）

　　籀文對殷周古文主要是簡化，個別也有繁化。殷周古文的部件多來自對客觀事物的摹寫，多是「畫成其物，隨體詰屈」的象形字。然而，文字筆劃愈像客觀物體，就越不便書寫。趨簡求易，是人們書寫文字的共同要求。因此，字形的簡化從文字產生之日起就自然而然地進行著，在編纂籀文的時代，簡化更是文字變革的主流。由於籀文大多失傳，要準確概括出其簡化的規律已不可能。但小篆保留了籀文的基本字形，以小篆與殷周古文比照，其簡省筆劃、刪簡偏旁、刪簡同形、濃縮形體之例不勝枚舉。至於繁化也確實存在，籀文中的子、秋、囿、登、員、孶、乃等字，都有形體增繁的現象。籀文既是官方規定的正體字，字形取正規、莊重，自然比當時俗寫或草寫的筆劃要繁複，這就好比今天的楷書比行、草書筆劃繁一樣。王筠認爲「籀文好重疊」（王筠：《說文釋例》卷5），這似乎把籀文中的繁化誇大了。要知道後人看到的籀文是在整理小篆時淘汰下來的二〇〇多個繁體字，並不代表籀文的全部。李斯等在省改大篆而成小篆時，顯然採用了取其簡易、汰其繁複的原則，把這二〇〇餘字一律排除。只根據這一小部分字就得出「好重疊」的結論，似有以偏概全之嫌。況且在這二〇〇餘字中還不乏筆劃較簡的字，如麗、駕、薇、樹等，比小篆的筆劃還少。（見表二）

　　籀文字形王國維概括爲「大抵左右均一，稍涉繁複，象形象意之意少，而規旋矩折之意多」。（《王忠愨公遺書·史籀篇疏證·叙錄》）這也是西周中晚期銅器銘文的共同特點。這一時期銘文的「橫行豎行都非常整齊，字體

也日趨線條化、方塊化，筆劃無波折，兩端齊平」⑨。

《史籀篇》有多少字？許慎《説文解字叙》引西漢《尉律》：「學僮十七已上，始試，諷籀書九千字，乃得爲史」。據此可知爲九千字。《漢書·藝文志》：「漢興，蕭何草律，亦著其法曰：太史試學僮能諷九千字以上乃得爲史」。這顯然是同一律令，僅是個別字不同，前者作「諷籀書」，後者作「諷書」。王鳴盛認爲漢志所云「即史籀大篆也」，諷書即諷籀書（王鳴盛：《十七史商榷》卷二二），據此亦應爲九千字。《漢官儀》載律文：「能通倉頡、史篇，補蘭臺令史，滿歲補尚書令史，滿歲被尚書郎」。（《太平御覽》卷二一三〈職官部〉引）這與《尉律》是一致的，考是否能通《史篇》即指是否能通讀《史籀篇》。「諷籀書」原是晚周舊法，秦用來考核學吏。學僮是學做官府吏員的，是吏的學徒。漢《尉律》當本於秦律的《尉雜》篇，「諷籀書爲史」之制，亦本秦制。⑩蘭臺令史、尚書令史是漢代中央高級文吏，由太史令通過考試選拔。西漢官方在典重場合仍常用篆書，故要求高級文吏能通讀標準小篆《倉頡篇》⑪和標準大篆《史籀篇》。西周晚期的文字正是從以象形爲主向以形聲爲主的過渡時期，字形特別繁雜，此時編成的字書收九〇〇〇字是可能的。

《史籀篇》的文體，葉德輝根據《説文解字》中引《史篇》對奭、匋、姚3字的解釋，推測其書與《説文》、《爾雅》之類的字書相似，「非四言七言句也」（葉德輝：《説文籀文考證·説籀》）。王國維認爲其文體「決非如《爾雅》、《説文》，而當如秦之《倉頡篇》。《倉頡篇》據許氏《説文叙》、郭氏《爾雅注》所引，皆四字爲句。又據近日敦煌所出木簡，又知四字一句，二句一韵。倉頡文字既取諸史篇，文體亦當仿之」（王國維：

⑨　何琳儀：《戰國文字通論》，中華書局一九八九年版，第三五頁。
⑩　張金光：〈論秦漢的學吏制度〉，《文史哲》一九八四年第一期。
⑪　秦朝爲了統一文字，由李斯作《倉頡篇》、胡毋敬作《博學篇》、趙高作《爰歷篇》，作爲學習小篆的課本。西漢時合爲一本，統稱《倉頡篇》。

〈史籀篇證序〉，《觀堂集林》卷五）。按：王國維的推測根據充分，《倉頡篇》仿《史籀篇》而作無疑，故《史籀篇》的文體很可能是四字一句，二句一韵，以便蒙童誦讀。（見照片《倉頡篇》木簡）

三・《史籀篇》的書法意義

萌生階段的書法藝術與文字的發展是相輔相成的。《史籀篇》的問世標誌著大篆的成熟，對中國書法的發展有深遠的影響。

毛筆的使用雖然有遙遠的歷史，但作爲主要書寫工具是從籀文大篆開始的。許慎《説文解字》解曰：「篆，引書也，從竹，象聲」。段玉裁注：「引書者，引筆而著於竹帛也」。顯然篆引就是用毛筆在竹帛上寫篆字，而不是用刀子在烏龜殼上刻甲骨文。篆引在筆法上舍「方折」而求「圓轉」，筆劃追求力度，講求「垂筆銛利」，「力弇氣長」，「勁直如矢，彎曲若弓」⑫。這對漢字書寫的藝術化提供了有利條件。

籀文因脱胎於圖畫文字，在書法上利於表現意象美。如竇臮《述書賦》云：「籀之狀也，若生動而神憑，通自然而無涯。遠則虹紳結絡，邇則玉樹離披」；張懷瓘《六體書論》云：「大篆者，史籀造也。廣乎古文，發乎鳥迹。若鸞鳳奮翼，虬龍掉尾；或花萼相承；或柯葉敷暢」。這是書法評論家對籀文書法意象美的體驗。當然這種意象美是用抽象線條表現出來的一種韵味，而不是圖畫式的具象。

籀文在用筆上的線條化、在結體上的方塊化、對稱化，便於豎行排列，莊嚴端穆，適應了雍容矜持的貴族審美趣向。所以西周晚期的銅器銘文，多數線條相似，結構謹嚴，布白規整，有一種模式化的傾向。但也不乏頗具特

⑫　張懷瓘：《六體書論》，《歷代書法論文選》，上海書畫出版社一九八〇年版。

色的作品。宣王時的《虢季子白盤》，用筆圓潤勻稱，結體方長秀美，布白疏朗肅穆，但很注意變化，通篇整齊而和諧，富於節奏感，開秦人書風的端緒。

四‧《史籀篇》與秦小篆

《史籀篇》既是西周晚期官定字書，且是貴族子弟的識字課本，絕不會因西周王室的覆滅而棄置不用。春秋時代王權雖然式微，但大國在尊王攘夷的口號下爭霸，周天子還被尊爲天下共主。周王出納王命，諸侯朝覲見子，霸主舉行會盟，小國侍奉大國，都用這種共識的文字；貴族子弟在辟雍、鄉學裏所學的書藝可能還是籀文。即使戰國時代，無論秦文字或六國文字，都是從大篆包括籀文發展文化而來的。王國維曾說：《史籀篇》「不行於東方諸國」，（王國維：〈戰國時秦用籀文六國用古文說〉，《觀堂集林》卷七）不符合六國出土文字的實際情況，可謂「智者千慮必有一失」。何琳儀從籀文二〇〇餘字中舉出三〇個字，與六國文字完全吻合，或基本相同。證明六國文字也是籀文的後裔。⑬但由於戰國時期王室名存實亡，禮崩樂壞，諸侯異政，私學興起，使用文字的人多了，文字的區域性差異因而越來越大，特別是東方六國，俗體衝亂了正體，孳生了很多異體字，「雖存篆籀之迹，實多譌僞之形」（吳大澂：《說文古籀補叙》）。秦立國之後居宗周故地，自然用周文字易行。秦文公時「收周餘民而有之」（《史記‧秦本紀》），周餘民中必有西周職官及受過辟雍教育的士子，他們都習用籀文。所以秦國一直把《史籀篇》作爲教育學童的識字課本。春秋以降，已發現的金石文字如秦公簋、秦公鐘、秦公鎛、石鼓文等，其文字較東方諸侯更多地繼承了籀文的風範，誠如王國維說：「史篇之文字秦之文字，即周秦間西土

---

⑬　何琳儀：《戰國文字通論》，中華書局一九八九年版，第三七—四〇頁。

之文字也」。（《王忠愨公遺書·史籀篇疏證·叙錄》）這一見解無疑是正確的。僅從殘石鼓文就可舉出中、是、樹、囿、申等字，與説文中引的籀文完全相同或近似。（見表三）

　　實際籀文在秦國也在漸變之中。戰國中期隨著商鞅變法的成功，銳意革新的秦人，爲了適應社會發展的需要，便自發地對籀文進行改造，逐漸形成一種新字體—小篆。當小篆在秦國流行一二〇餘年後，秦始皇大刀闊斧地推行統一文字。由李斯作《倉頡篇》，中車府令趙高作《爰歷篇》，太史令胡毋敬作《博學篇》，作爲朝廷頒佈的標準字書，廢除了六國的異體字。這三本字書「皆取史籀大篆，或頗省改」（《説文叙》）。就是凡秦文與籀文相合者照鈔不改，凡秦文與籀文相異者均以秦文爲準對籀文進行省改。省者，省其繁複：改者，改其詭異。省改的措施首要是删繁就簡，如乃、車、秦、中、子、速、城、秋、折、登、網、鼓等字，小篆都删除了籀文的繁筆。二是用形聲字代替象形字，如囿字，籀文作外有圍牆，内界阡陌，廣植草木之象，小篆則從囗形，取有聲，作形聲字。（見表四）

　　《史籀篇》安全渡過了秦朝焚書的浩劫。唐玄度《十體書》云：「秦焚詩書惟《易》與《史篇》得全」。這就是説，秦始皇下令焚書時，没有燒《周易》和《史籀篇》。因《周易》是卜筮書，《史籀篇》是字書，不妨礙統一思想，故不在所燒之列。

　　西漢初年，《史籀篇》還在社會上一定範圍内流行，官府招考高級文吏，識讀《史籀篇》是必考的科目。按蕭何起草的《尉律》規定：「學僮」十七歲以上就可參加考試，考試的内容先是認字，「諷籀書九千字」；再考寫字，寫秦書「八體」。各郡的考生要送到京城，由太史令課試，成績最佳的授尚書令史（《説文叙》），即尚書令下主管文書的文吏。

　　西漢第八代皇帝元帝劉奭，「多材藝，善史書」。第九代成帝劉驁的許皇后，「聰慧，能史書」。「史書」據應劭注：即「周宣王太史史籀作大篆」（《漢書·元帝紀》）。可見書寫《史籀篇》是當時宮中的一種雅好。

　　漢平帝元始四年王莽奏：「徵天下通一藝，教授十一人以上，及有逸禮、古書、天文、圖讖、鐘律、《月令》、兵法、《史篇》文字，通知其意者，皆諧公車，網羅天下異能之士，至者前後千數」。《史籀篇》與天文、鐘律等並列，通知其意者被稱為「異能之士」⑭，說明西漢末年能識讀的已不多。故《法言・吾子》載，有人欲學《倉頡》、《史篇》，揚雄認為學比不學而「妄闕」好。

　　劉歆《七略》載錄《史籀篇》云：「《史籀》者，周時史官教學童書也」（《書斷》引）。未言缺損。可見《史籀篇》西漢末年還完整無缺。

　　「王莽更始之際，天下散亂，禮樂分崩，典文殘落」（《後漢書・儒林傳》），石室金匱之書遭到浩劫，《史籀篇》亦未能倖免。東漢光武帝建武年間搜求圖書，《史籀篇》只找到九篇，六篇已佚。此事見《漢書・藝文志》班固自注：「周宣王太史作大篆十五篇，建武時亡六篇矣」。唐玄度《十體書》亦云：「逮王莽亂，此篇亡失，建武中獲九篇」。從此《史籀篇》殘損不全。

　　東漢中葉，章帝命王育講《史籀篇》九篇，「所不通者十有二三」（唐玄度：《十體書》）。可見東漢時隸書完全代替了篆籀，連皇帝身邊的文字專家對《史籀篇》已不能卒讀了。

　　東漢晚期，許慎著《說文解字》。這是一部篆文大字典，收字九三五三，又重文一一六二。以小篆為主，列古文、籀文等異體為重文。他在《說文解字叙》中說，當時俗儒說字解經，「皆不合孔氏古文，謬於史籀」。為了糾正「時弊」，他著此書「今叙篆文合以古、籀」。所謂篆文指小篆，古、籀指六國古文和籀文。據段玉裁注：「小篆因古籀不變者多，故先篆文

---

⑭　引文見《漢書・王莽傳》。又見《漢書・平帝紀》云：元始五年「徵天下通知逸經、古記、天文、曆算、鐘律、小學《史篇》、方術、草木，及五經、《論語》、《孝經》、《爾雅》教授者，在所為駕一封軺傳，遣詣京師，至者數千人」。兩者似為一事，但相差一年。

正所以說古籀也。……其有小篆已改古籀，古籀異於小篆者，則以古籀附小篆之後，曰古文作某，籀文作某。此全書之通例也。其變例則先古籀後小篆」。可見《史籀篇》九篇是《說文》的材料來源之一，籀文與小篆相同者只用小篆，相異者在小篆之後標明籀文字形。《說文解字》固然是巨製名著，但許慎欲引導用古籀解經的意圖並未實現，其後馬融、鄭玄註疏儒經都不徵引籀文。

五 •《史籀篇》的散失和輯佚

　　唐玄度《十體書》云：《史籀篇》「廢於晉世」。西晉晚期有八王之亂、永嘉之亂，京城多次遭到洗劫，圖書毀於兵燹者不可勝數，《史籀篇》殘卷可能在某次戰亂中散失。從此歷史文獻經籍志等再不見《史籀篇》的著錄，可見連那殘存的九篇已無影無蹤了。

　　《玉篇》是南朝梁代顧野王編的一部字書，對字形注重篆隸變遷。「所引籀文皆本許書，間有《說文》所遺者，凡十三字」。（馬國翰：《玉函山房輯佚書》，《史籀篇》）。筆者所見是清康熙年間張氏重刊《宋本玉篇》，所引籀文皆變爲楷書，字形與說文所引頗有出入。如嗌字，《說文》引籀文，《玉篇》則楷化了。

　　《史籀篇》散失之後，清朝以來，有學者把散存於其他古籍中的籀文搜輯起來，重新加以編排，這就是輯佚。清代至民初，《史籀篇》的輯佚主要有三種：

　　1.清馬國翰輯《史籀篇》1卷，從《說文解字》和《玉篇》中共輯得籀文232字，有出處，無解釋。王國維認爲馬氏所輯「頗多違失」。字形與《說文》所引常有小異。此書收入《玉函山房輯佚書•小學類》。

　　2.葉德輝著《說文籀文考證》一函二冊。輯徐鉉定本《說文解字》所引籀文二一〇字，後增加其子葉啓勛補遺四字。每字據文獻及器物銘文略作解

釋，筆畫多作中肥末銳，這是六國蝌蚪文的寫法。

3.王國維著《史籀篇疏證》，輯《説文解字》所引籀文二二三字，重二，共二二五字。對字形的變化考證精詳，字形摹寫較準確。四川人民出版社出版的《漢語古文字字形表》所摹籀文、均與王同。

前輩學者吳大澂輯《説文古籀補》，丁佛言輯《説文古籀補補》，強運開輯《説文古籀三補》，馬德璋輯《古籀文匯編》，徐文鏡編《古籀匯編》等，皆廣徵博採，是研究古文字學的重要著作，對研究籀文亦有參考價值。但是，倘存補全《史籀篇》的奢望，那是萬不可能的。因爲要證實那個字確出於《史籀篇》，都需要從蕪雜的篆字中做撥離工作，這是一項十分艱巨的實證研究。不經論證而簡單地把不同時期、不同地域的文字編排在一起，命之以「古籀」，如《古籀匯編》：「萃集甲骨刻辭、鐘鼎款識、周宣石鼓、秦漢吉金，以及古璽、古陶、古幣、古兵器各文字」，但究竟何字屬「古」⑮？何字屬籀？在他們的書中是無法區分的，這樣的「補」是對籀文無補的。籀文那八七七五字早已被小篆代替而失傳，即使《説文解字》中所引二二五字，也因屢經傳鈔，筆劃難免有變形，但還是可信的。如果能把這二二五字研究透徹，那對全部籀文的認識可能收到舉一反三之效。這一點倒是經過努力可以辦到的。

⑮ 古文是個有變化的概念。許慎《説文解字》所引「古文」專指戰國六國文字。清代學者所説的「古文」，包括商周甲骨文、金文及六國金石文字等。本文所謂殷周「古文」則專指商代甲骨文和西周金文。

今　楷	商甲骨文	西周金文	籀　文
中	一期天亡簋	趙曹鼎同	
兵	一期後二三六	蔡簋同	
燮	四二期甲五三三	訣又簋同	
乃	一期菁三二	台鼎同	
鼓	三期甲二六八	克鼎同	
車	商卓觚	盂鼎同	
四	一期甲五	盂鼎周	
申	三期粹九六白	克鼎周	

（表一）

今　楷	高甲骨文	西周金文	籀　文	小　篆
子				
秋				
圉				
登				
員				
孳				

（表二）

今　楷	籀　文	石鼓文
中		
是		
則		
樹		
圉		
申		

（表三）

今楷	籀文	小篆	今楷	籀文	小篆
乃			城		
卓			秋		
秦			折		
中			登		
子			网		
速			鼓		
囿			醬		

（表四）

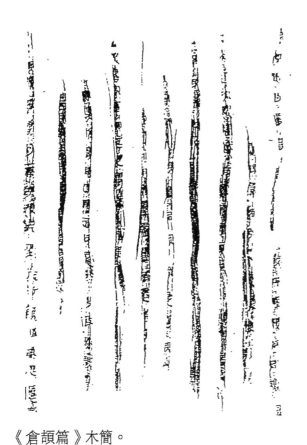

《倉頡篇》木簡。
此書相傳爲秦始皇推行統一文字時，李斯改史籒大篆而成的一部標準字書。

秦幣春秋

　　秦幣在中國貨幣史上有承上啓下的意義。但由於《史記》記載簡約，其他文獻闕錄，因而對其產生、發展和衰落的脈絡，長期使人困惑莫解。近幾十年來，秦鑄幣大量出土和雲夢秦簡的面世，爲研究秦幣提供了寶貴資料。但學者們結合《史記》記載對這些資料的解釋，在許多問題上仍衆說紛紜，莫衷一是。筆者初涉足這一領域，對秦幣的歷史願陳自己的一孔之見，請錢幣專家、讀者指正。

一・秦獻、孝公時期──秦鑄幣出現

　　秦國由於商品經濟發展遲緩，曾長期徘徊在物物交換和實物貨幣階段。秦鑄幣是什麼時候出現的？有人估計不會晚於秦獻公七年「初行爲市」之時，這說法是有根據的。秦獻公二年遷都櫟陽（今西安市閻良區武屯鎮），櫟陽「北卻戎翟，東通三晉，亦多大賈」（《史記·貨殖列傳》），在東西南北商人穿梭往來的商道上。獻公「初行爲市」，就是在新都櫟陽開始設立市場，設置市吏，管理市場貿易，徵收市稅。市稅收的是貨幣，在熙熙攘攘的「櫟市」不能只收實物充當貨幣，這就需要秦國有自己的鑄幣。秦國隨著商品經濟的活躍，農民紛紛棄農經商，影響農業自然經濟的穩定。秦孝公用商鞅，大力推行重農抑商政策，其措施之一是加重徵收商人的關卡過往稅和市場營業稅，這也收的是貨幣。商鞅認爲「食賤者錢重，食賤者則農貧，錢

重者則商富」（《商君書·外內》）。錢幣掌握在商人手裏，商人用來壓低糧價使農夫貧窮，這顯然是錢幣大量流通的反映。孝公十四年「初爲賦」，就是開始向全國人民徵收口賦，秦國的口賦也徵收的是貨幣。鑄幣是商品經濟發展到一定程度的產物，按秦獻公、孝公時商品交換發展的程度，國家的許多稅收項目要求以貨幣形態支付，如果沒有本國的鑄幣是不可能的。但有人說秦鑄幣一定是商鞅變法時開始的，我以爲不盡然。從資料看，商鞅變法時秦鑄幣已有相當的流通量，這種態勢必然有個形成過程，應該把貨幣周轉的週期估計在內。

秦國的鑄幣是圜錢，其初期形態是圓形圓孔。按其重量可分爲一兩型和半兩型的兩種。一兩型的圓形圓孔錢，面孔稍大於背孔，無廓、素背。面文按朱活《古錢新典》的讀法，有「珠重一兩·十二」、「珠重一兩·十三」、「珠重一兩·十四」。珠是圜或圓的意思，「一兩」是面值，「珠重一兩」即這一枚圜錢重量是一兩；十二、十三、十四與記重無關，可能是錢的鑄造年代；重量多是十二～十四克，最重的十五·六二克；錢文大篆體，古樸粗獷，筆劃粗細不等，錢肉高低不平，多切鑿痕迹，鑄法原始，具有早期鑄錢特徵。丁福保《歷代古錢圖說》、期刊《泉幣》等有著錄，中國歷史博物館、天津歷史博物館等有藏品，均爲傳世品，出土地不詳。近年扶風博物館從廢品收購站撿得「珠重一兩·十二」圜錢一品①。王卿在咸陽西得「珠重一兩·十三」圜錢一品。一村民在鳳翔縣八旗屯秦公陵園內挖出「珠重一兩·十三」圜錢一品②。有人在咸陽出土一器物中發現一品「珠重一兩·十四」圜錢③。西安文管會亦在當地徵集到一兩型圜錢。此種錢幣可肯定爲秦幣的理由：首先該幣在扶風、咸陽、鳳翔、西安都有發現，陳直《關中秦漢陶

---

① 《扶風縣文物志》，陝西人民出版社一九九三年版，第一四九頁。
② 《陝西金融·錢幣專輯》（一〇）八頁、五頁。
③ 《陝西金融·錢幣研究》一九九一年第三期。

錄》卷四著錄有在咸陽發現「珠重一兩‧十四」圜錢陰文殘青石範一塊，錢和範出土地皆屬戰國秦地；其次，此錢的兩字筆劃作「兩」，與其他秦幣相同，而與趙幣的兩字絕異。

　　半兩型的稱「半睘」錢，亦圓形圓孔。無廓。吳鎮烽記錄的兩品，面有對稱的「半睘」二字，字體大篆，鑄法亦較原始，直徑較小，重六‧九克至七克④，將近半兩，鄭家相看到的一品「半睘」，言同一兩型「紀重圜金出土於陝省，亦屬秦國所鑄無疑」⑤。近年胡城云在三原縣城地攤看到一品「半睘」錢，又在泉友家看到一品亦云陝西出土；張有成曾見寶雞出土「半睘」一品⑥。西安張相生云，見到一品「半睘」錢⑦。鑄法似用泥範，一錢一樣，只標面值不標地名是秦幣的特點。「睘」即圜字古文，半圜即幣值相當半個圜錢，與一兩型圜錢可能同時或稍後鑄行，兩者輕重相權，並行流通。可見秦幣初期是大小二等制（圖一：1—3）。

1　　　　　　　　　2　　　　　　　　　3

圖一
1.珠重一兩‧十四　　2.珠重一兩‧十二　　3.半圜

④　吳鎮烽：〈半兩錢及其相關的問題〉，《陝西省考古學會第一屆年會論文集》，《考古與文物》編輯部編，一九八三年版。
⑤　《泉幣》第二期第四四頁。
⑥　《陝西金融‧錢幣研究》一九九一年第二期。
⑦　《陝西金融‧錢幣專輯》（一〇）。

　　戰國中期布幣、刀幣、蟻鼻錢都已風行關東各國，秦國鑄幣似乎稍晚。正因爲晚，在幣形上可以做最佳選擇。圜錢較其他形態的貨幣有突出優點：圓邊無稜，不易磨損，中間有孔，便於貫穿，體積不大，利於流通。但這不是秦國的發明，周人早就使用過圜錢。

　　《漢書·食貨志》載：「太公爲周立九府圜法」。過去學者懷疑這條史料的真實性。河南安陽大司空村商墓出土三枚銅貝，證明商代晚期已出現金屬鑄幣⑧，那麼西周以圜錢作爲官府鑄幣，當實有其事。據古幣名家王獻唐考察：「東遷以前，周公城洛之後，當已行用環幣。既遷之後，更挾舊制俱來。故洛陽豫西一帶，時有環幣出土。」他又説：「周毛公鼎，王爲取賦三十爰；禽彝，王錫（賜）金百爰等皆指環貨，以爰當之。商代雖造贎字，尚爲玉環，入周以錫百爰證之，則爲銅質。《尚書·呂刑》：『其罰百緩，其罰六百緩，其罰千鍰，鍰字從金，義尤可見』」⑨。爰即緩，亦即瑗，原爲孔大邊小的璧。由從玉變爲從金，可見已成爲金屬貨幣，鍰是當時圜錢的單位名稱。春秋時周景王鑄大錢，所鑄銅幣爲平肩空首布⑩，但在此之前早有輕（子）重（母）兩種銅幣同時流通，「子母相權」而行⑪。這兩種輕重不同的貨幣，都可能是圜錢。文獻中所見的圜錢雖然還未見考古發現，但不能説沒有，正如西周有十二王，至今一個王陵也沒發現，不能説西周沒有王陵。周景王之後，周王室控制的區域内空首布與圜錢並行流通。洛陽王城遺址南部的瞿家屯以東，發現戰國時的糧倉，其六二號糧窖出土銅幣一一六枚，既有「王」、「東周」、「安臧」等空首布，也有圓形圓孔圜錢四七品，其中有「安臧」圜錢，當爲趙幣流入王城者，其他多爲東周王所鑄，窖

---

⑧　朱活：《古錢新探》，齊魯書社一九八四年版，第十八頁。
⑨　王獻唐：《中國古代貨幣通考》上冊〈環幣〉，齊魯書社一九七九年版。
⑩　李學勤：《東周與秦代文明》，文物出版社一九八四年版，第三〇六頁。
⑪　《國語·周語》下。

內填土中含有春秋戰國陶片⑫，可見其空首布和圜錢也是春秋戰國時在東周王城流通的貨幣。戰國中晚期周王室分裂爲西周和東周兩個公國，分別在其彈丸之地鑄「西周」和「東周」兩種錢⑬，其圓形圓孔仍恪守祖制。

　　圜錢的取像有三說：一、取像於紡輪；二、取像於天平砝碼；三、取像於玉石璧環。我以爲前兩說不能成立。因爲貨幣是在商品生產和商品交換的發展中自發地從商品界分離出來，固定地充當一般等價物的特殊商品，鑄幣所取像的商品在成爲鑄幣之前必然充當過實物貨幣。紡輪固然在男耕女織的家庭是重要的紡線工具，但都是用木製、石製、土製或陶製，取材容易，製作簡單，農夫人人會做，不必上市去買，沒有交換價值，文獻中從未見到市上有買賣紡輪的。不能成爲商品，怎能充當商品一般等價物？不能成爲實物貨幣，怎能成爲鑄幣取像的對象？天平砝碼是分割黃金時用的衡器部件，即秦簡《效律》中說的「黃金衡累」，春秋戰國時代都是官府頒發的，絕不是在市場上自由買賣的商品。即使某國某時有上市買賣的現象，也只能有少數經紀人和黃金商人光顧，不能成爲市場上經常交易的商品。既不是商品或只是微量商品，又怎能從商品界自發分離出來而成爲實物貨幣呢？不能成爲實物貨幣當然也不能成爲鑄幣的取像。

　　至於說取於玉石璧環，是有充分根據的。西周實行「工商食官」制度，工商業由官府經營，爲奴隸主貴族服務。由於貴族喜用外來的裝飾品，所以海貝、璧環等較早地充當商品一般等價物，進而成爲鑄幣的取像。誠如王獻唐所言：「飾品之環，商已用爲財貨，由金文、尚書言之，周又改鑄銅質，脫離飾品，專以交易。復由幣文考之，環幣於名飾品時，已早名環。鑄爲貨幣時，亦隨名環。名同形同，先後一貫」。對「半睘」錢的睘字，郭沫若

⑫　洛陽博物館：〈洛陽戰國糧倉試掘紀略〉，《文物》一九八一年第十一期。
⑬　羅振玉：《佣廬日札》，東莞容氏字本，一九三四年。

云：「余謂圜即玉環之初文，象衣之當胸處有環也。」⑭中國自古有崇玉的
風尚，古代貴族婦女身上都佩帶玉環，《禮記·經解》云：「步行則有環佩
之聲。」亦用作朝聘、祭祀、喪葬、嫁娶的禮品，是當時市場上價格昂貴的
商品，具有成爲一般等價物的條件，在實物貨幣階段珠玉是「上幣」。據
《爾雅·釋器》：在玉器中，邊大孔小的稱璧，孔大邊小的稱瑗，邊孔相等
的稱環。璧、瑗、環形相近而可以活用。圜錢皆圓邊而中心有孔，與璧、
瑗、環的形狀一致。

　　秦國的圓形圓孔圜錢採用了周圜錢的形式，仍舊保持了璧、瑗、環的形
象。圜字作「睘」重字作「重」，都是金文的寫法⑮，秦國在商鞅變法之前
仍用籀文大篆，王國維稱之爲「西土文字」，不同於以後形成的小篆。從錢
形和錢文可以斷定圓形圓孔在圓形方孔之前，是秦幣的早期形態，獻公、孝
公時的鑄幣當是圓形圓孔錢。

二·秦惠王「初行錢」——秦幣的定型

　　《史記·秦始皇本紀》載：惠文王二年「初行錢」。秦惠王二年即周顯
王三十三年，西元前三三六年。這是貨幣史上一件大事，當時周天子去秦國
「賀行錢」。司馬遷還用互見法在《史記·秦本紀》、〈周本紀〉、〈六國
年表〉中對這件事作了記載，可謂不厭重複，濃墨重寫。

　　秦惠王「初行錢」鑄的錢是什麼形狀？彭信威《中國貨幣史》、蕭清
《中國古代貨幣史》、錢劍夫《秦漢貨幣史稿》都認爲鑄的是一兩型的圓形
圓孔錢。但是，幾十年來出土的戰國晚期秦錢都是圓形方孔錢，時間在「初

---

⑭　郭沫若：《金文叢考·釋共》，人民出版社一九五四年版，第二一九頁。
⑮　陳初生編：《金文常用字典》，陝西人民出版社一九八七年版，第四〇五
　　頁，第七九五頁。

行錢」之後，秦始皇統一貨幣之前。這可以舉出許多實例：

　　1.四川青川縣郝家坪五〇號墓，與秦武王四年十二月隸書木牘同出的有七枚半兩錢（圖二）。均圓形方孔，字文凸起，半兩二字對稱，篆法古樸，鑄工粗糙，輕重大小不一。按秦制半兩五十二銖，合今七·八克⑯。據實測七枚中最重者九·八克，合十四銖，超過半兩；其餘都不足半兩，最輕的僅二·一克，只有半兩的四分之一強⑰。從減重錢多來看，這種錢在秦國已鑄行了一段時間。該墓木牘最晚的時間是武王四年十二月，估計下葬的時間在秦昭王元年。這是一個有確鑿年代的墓葬，秦昭王元年上距秦惠文王二年僅三〇年，足證秦惠文王「初行錢」鑄的就是圓形方孔半兩錢。

圖二　四川青川 M50出土的戰國圓形方孔半兩錢

⑯　丘光明：〈試論戰國衡制〉，《中國古代度量衡論文集》，中州古籍出版社一九九〇年版，第三八四頁。

⑰　吳鎮烽：〈半兩錢及其相關的問題〉，《陝西省考古學會第一屆年會論文集》，《考古與文物》編輯部編，一九八三年版。

2.鳳翔高莊一號秦墓，出土半兩錢十五枚，錢文微隆起，最大者重六·七五克。吳鎮烽認爲「該墓的時代爲戰國晚期」⑱。

3.咸陽黃家溝戰國晚期墓，出土半兩錢四枚⑲。

4.四川郫縣紅光公社一座戰國晚期土坑墓，出土半兩錢4枚⑳。

5.四川巴縣冬筍壩發掘的船棺葬和長方土坑墓中，出土半兩錢百餘枚。四川昭化縣寶輪院發掘的船棺葬，亦出土半兩錢多枚。均爲秦惠王滅巴蜀之後的墓葬㉑。

6.內蒙古赤峰地區新窩鋪發現戰國貨幣二五八九枚，大多爲燕幣，其中一枚是秦國半兩錢，個體較大，面文半兩，背平素㉒。半兩錢與燕國刀、布、環錢摻雜一起出土，説明半兩錢還與燕國貨幣同時在燕地流通，這枚半兩錢必鑄於秦始皇統一貨幣之前。

7.長安縣韋曲鄉首帕張堡發現一個釜內裝古錢一〇〇〇枚，其中九九七枚是半兩錢，還有齊幣賧化錢兩枚。陳尊祥先生已論證該釜爲戰國器物㉓。齊國貨幣既與半兩錢合爲「千錢」入藏釜內，亦證明這些半兩錢爲秦始皇統一貨幣之前所鑄。

8.耀縣城郊 M 七秦墓出土半兩錢，徑三·二釐米，錢口在上，不甚圓整。該墓隨葬器物與鳳翔戰國晚期秦墓無異㉔。

---

⑱ 吳鎮烽：〈半兩錢及其相關的問題〉，《陝西省考古學會第一屆年會論文集》，《考古與文物》編輯部編，一九八三年版。

⑲ 秦都咸陽考古隊：〈咸陽市黃家溝戰國墓發掘簡報〉，《考古與文物》一九八二年第六期。

⑳ 李復華：〈四川郫縣紅光公社出土戰國銅器〉，《文物》一九七六年第十期。

㉑ 四川省博物館：《四川船棺葬發掘報告》，文物出版社一九六〇年版。

㉒ 項春松：〈內蒙古赤峰地區發掘的錢幣〉，《考古》一九八四年第二期。

㉓ 陳尊祥、路遠：〈首帕張堡窖藏秦錢清理報告〉，《中國錢幣》一九八七年第三期。

㉔ 朱活：《古幣新典》，三秦出版社一九九一年版。

　　以上考古資料說明：把「初行錢」像《史記譯註》那樣，譯爲「秦錢的開始鑄造和發行」是不正確的，在此之前秦國早已鑄行圓形圓孔錢。確切地說，「初行錢」應是秦惠王開始鑄造和發行圓形方孔半兩錢，這是改進了的圜錢。它是秦國的一次貨幣革新，是商鞅變法的繼續。把「初」不加分析而一概理解爲某種制度的「最初」、「開始」是不對的。例如西元前三五〇年，商鞅第二次頒佈的變法令之一是「爲田開阡陌」。然而，《史記·秦始皇本紀》附錄云：昭襄王「立四年，初爲田開阡陌」。昭襄王四年即西元前三〇三年，在此前四七年商鞅已「爲田開阡陌」，昭襄王何「初」之有？昭襄王在位期間有幾次下令「開阡陌」，而即位四年是其中第一次，故標以「初」。再如：秦國遠在秦武公時代，即西元前六八八年征服邽、冀戎之後，就在其地建縣；第二年又設了杜縣和鄭縣。然而，在相隔三三八年之後，商鞅又把「初行縣」作爲變法的主要內容之一。顯然，商鞅時的「初行縣」不是指秦國最初設縣，而是在原來設縣的基礎上加以改革，在秦國開始普遍推行新的縣制。同樣，秦惠王「初行錢」也不是秦國開始鑄錢，而是秦惠王即位後第一次鑄錢，是在以前鑄錢基礎上的一次貨幣改革。其意義在於：

　　1.使秦國的鑄幣從此定型。擯棄了圓形圓孔錢，定型爲圓形方孔半兩錢，使秦幣由試行階段進入正式全面鑄行時期。秦鑄幣固定爲這種幣形，是經過長期實踐作出的選擇。有實用上的原因：方孔較圓孔用繩子貫串起來比較穩固，晃動小，便於攜帶，可以減輕磨損率；半兩的體積適中，便於流通。也有觀念上的原因：戰國中期「天圓地方」之說已廣泛流行，如《莊子·說劍篇》云：「上法圓天，以順三光；下法方地，以順四時」。秦取外圓內方的幣形，很可能和這種觀念有一定關係。秦鑄幣此後大小輕重雖時有變化，但圓形方孔再無變更。

　　2.確立了錢幣由王室專鑄的制度。秦自獻公以來，逐步建立了封建中央集權制度，所以鑄行的圓形圓孔錢已不同於東方諸侯的錢幣，只標重，無地

名，這表明秦國的幣制一開始就是統一的，不許地方擅自鑄錢。「初行錢」時所鑄圓形方孔錢則更加明確，錢面只標面值，沒有地名，說明王室專鑄制度確立。不但不許郡縣擅自鑄錢，也嚴禁私人盜鑄，在雲夢秦簡中有嚴懲盜鑄的案例。

過去不少學者認為圓形方孔半兩錢是秦始皇統一貨幣時的發明，也是不對的。秦統一中國之前，從秦惠王二年即西元前三三六年算起，圓形方孔半兩錢在秦國已鑄行了一一五年。不過，戰國時期秦半兩錢主要在秦國境內流通，在東方六國流通數量很少，因為幣值不統一，換算困難。當時秦國對外使用的等價物是黃金和布，秦簡《金布律》規定：「其出入錢以當金布，以律」。意思是：錢如要帶出國境，必須折算成黃金或布，按法律規定的比價折算。可見黃金和布這兩種貨幣是各國都通行的。也可見秦幣分為黃金、布、半兩錢三等的制度在戰國晚期就已形成。

戰國時期秦國的半兩錢，在一一五年的鑄行過程中按其特徵可分三段：

第一段，秦惠王「初行錢」時期。所鑄錢穿面有方孔痕，背呈不規則圓形，即本想鑄成方孔，但限於技術，背面用冲子冲。周邊有流銅，未經打磨。錢體厚重，一般在六克以上，重者達十一克，即想鑄成半兩，但控制不好，不免偏輕偏重。錢文介於大篆、小篆之間，二字大小不一，半字上橫多圓轉。此即張堡窖錢第一類（圖三）。四川青川秦墓中的六·八克、九·五克錢，亦屬此類的沿用者。

圖三　首帕張堡錢第一類

　　第二段，秦昭王即位至呂不韋免相之間，將近七〇年。統治集團出於搜刮民財的需要和銅資源的不足，其錢體向小、輕、薄演變。重量一般在三～六克之間，有輕至一‧七克的；錢徑在二‧五～二‧八公分之間，有僅一‧五公分的。鑄工粗糙，錢文高低不勻，字大小不一，「半」字的上橫漸趨方折。此即張堡窖錢第二類（圖四），青川出土二‧一～五‧八克錢五品，就反映出昭王元年半兩錢已有明顯的減重，呂不韋在其對地河南城鑄的文信錢，重二‧九～三‧四克，屬於半兩錢的變種㉕，也反映了半點兩錢日益減重的趨勢。在重錢和輕錢以同樣的幣值流通的情況下，人們當然願要足值錢而拒絕接受輕錢。但這種輕錢是官鑄的，官府只得以立法的方式強令百姓接受。秦簡《金布律》規定：「百姓市用錢，美惡雜之，勿敢異」。這條法令就是爲了保護官鑄「惡」錢的流通，但在客觀上有利於盜鑄，因而盜鑄蜂起，造成經濟秩序混亂。

圖四　首帕張堡錢第二類

　　第三段，從西元前二三六年秦王政掌權，至西元前二二一年統一中國。青年秦王政在一系列決策上表現出異常的明智和清醒，此時他對官鑄輕錢的得不償失也可能有清醒的認識。爲了改善經濟秩序，改鑄的半兩錢又向大、重、厚回升。此時所鑄錢直徑在三～二‧二公分之間，重量在六克左右。鑄錢技術也有顯著進步，錢穿較方正，錢周無毛茬，錢文較規範，筆劃方折，

㉕　朱活：《古幣新典》，三秦出版社一九九一年版。

大小一致。此即張堡窖錢第三類（圖五）。這種錢很接近秦始皇統一貨幣時
鑄的標準半兩錢。這裏需要説明，陳、路二先生有大作《首帕張堡窖藏秦錢
清理報告》，是研究半兩錢的名文。但智者千慮，未必皆確。如把入藏年代
據陶釜定在秦昭王時，我以爲欠妥。這個陶釜即便確爲昭王時器，古代器物
更新換代極慢，其使用壽命可能很長，據以定入窖時間很難準確。不如以
「千錢」中有兩品齊國貨幣爲據，證明入藏年代在秦始皇統一貨幣之前妥
當。

圖五　首帕張堡錢第三類

　　還有一種看法。王毓銓《中國古代貨幣的起源和發展》中認爲，「初行
錢」鑄的是三孔布。《中國歷代貨幣》圖册（新華出版社一九八二年版）也
認爲，三孔布是「戰國末期秦國的貨幣」，這是不能成立的。三孔布的特徵
是圓首、圓肩、圓襠、圓足，首及兩足各有一個圓形穿孔共三孔，這是爲了
便於貫穿、減輕磨損而對原來布幣的改造。三孔布現在發現30餘品，正面有
鑄造地名，背面鑄有兩或銖以標重。經裘錫圭[26]、何琳儀[27]、黃盛璋[28]諸先
生考證：這些錢面的地名大都在趙國東部，個別在趙國西北部，有些是西元
前二九六年趙滅中山後屬趙的，有些是趙從燕國、魏國手中奪來的，總之戰

[26]　裘錫圭：〈戰國貨幣考〉，《北京大學學報》一九七八年第二期。
[27]　何琳儀：〈三孔布幣考〉，《中國錢幣》一九八三年第四期。
[28]　黃盛璋：〈新發現的「屯氏」三孔布與相關問題發覆〉，《中國錢幣》一九
　　　八三年第四期。

國晚期都在趙國版圖之內。因此，他們肯定這些三孔布是戰國晚期趙國東部地區鑄行的貨幣，而不是秦幣，這些結論都是顛撲不破的。《中國歷代貨幣》一書認爲，三孔布大者背文「一兩」，小者背文「十二朱」，它是最早的銖、兩貨幣，以銖、兩標明幣值是秦錢的特徵。其實，戰國晚期以銖、兩作爲衡器單位的除秦國外，趙、魏、韓、楚、燕國也偶爾用之，據考古發現的器物實測，與秦國一樣，一兩折合十五·六克㉙。趙國的衡制既然有時也有「銖」、「兩」，那就不可排除以銖、兩爲某種貨幣標重的可能。從文字上看，三孔布的兩字作「罕」，趙國鑄的虎頭紋飾銀節約標重也作「罕」㉚，兩者完全一致，而與各種秦幣上的「兩」字迥然不同。根據鑄地和文字，可以斷定三孔布是趙幣而非秦幣，秦惠文王「初行錢」，絕不可能鑄三孔布。

三・秦始皇統一貨幣──秦幣的鼎盛

　　西元前二二一年，秦始皇滅亡了六國，建立了歷史上第一個統一的專制主義中央集權的封建政權。爲了消除諸侯割據留下的殘迹，鞏固國家的統一，秦始皇在統一文字、統一度量衡的同時，推行了統一貨幣的重大舉措。統一貨幣，實際上就是把秦國原有的貨幣推廣到全國，廢除六國諸侯的貨幣。據《史記·平準書》記載：

　　　　及至秦，中一國之幣爲三等，黃金以溢名，爲上幣；銅錢識曰半兩，重如其文，爲下幣。而珠玉、龜貝、銀錫之屬爲器飾寶藏，不爲

㉙　《漢語大詞典》附錄：《中國歷代衡制測算簡表》，漢語大詞典出版社一九九四年版。

㉚　丘光明：〈試論戰國衡制〉，《中國古代度量衡論文集》，中州古籍出版社一九九〇年版。

幣。然各隨時而輕重無常。

這段話除末句外，很可能是司馬遷根據《秦紀》中秦始皇統一貨幣的詔令摘錄的，但有一處令人費解。文中說：「中一國之幣爲三等」，可是後面只講了上幣黃金和下幣銅錢兩等，似乎自相予盾。前代學者都認爲「三等」應爲「二等」之誤。班固在《漢書‧食貨志》中抄這段話時即改「幣爲二等」。清梁玉繩《史記志疑》卷十六說：「徐氏《測議》謂『名爲三等，而止敘二等，不及中幣，恐三字誤』。而不知三字乃二字之誤，《漢志》是二等也。」日本瀧川資言《史記會注考證》同意梁說。錢劍夫《秦漢貨幣史稿》也認爲「三」當作「二」。《史記》中華書局校點本改「三」爲「二」，似已承認此爲定說。

但是，據秦簡《金布律》載，除黃金、銅錢之外，「布」也是一種貨幣。並規定：「布袤八尺，福廣二尺五寸。布惡，其廣袤不如式者，不行。」即布做貨幣用，一個單位必須長八尺，寬二尺五寸。如果尺寸或質地不符合標準，便不許流通。布與半兩錢、金幣之間有法定的比價：如「錢十一當一布」。刑徒如向官府領取衣服，假使不繳布，就要按十一的倍數繳錢。例如：隸臣、城旦等冬衣每人繳一一〇錢，即十個布；夏衣每人繳五十五錢，即五個布；個子小的冬衣繳七十七錢，即七個布；夏衣繳四四錢，即四個布。春米的女刑徒冬衣每人繳五十五錢，夏衣每人繳四十四錢，個子小的冬衣繳四十四錢，夏衣繳三十三錢。按十一的倍數計算，刑徒領取衣服可以繳布，也可以繳錢，這說明布當貨幣普遍存在。統一貨幣時規定：「珠玉、龜貝、銀錫之屬爲器飾寶藏，不爲幣」，可見在廢除的實物貨幣中不包括布。秦法規定布和半兩錢都是法定貨幣，在市場上的流通受法律保護，百姓對這兩種不許任意選擇。由此可見，秦幣確爲三等，即黃金、布、半兩錢。布在金餅、半兩錢之間，如果稱黃金爲「上幣」，半兩錢爲「下幣」，

布當然可稱中幣③。把貨幣分爲三等由來已久，《管子‧地數篇》云：「先王各用其重，珠玉爲上幣，黃金爲中幣，刀布爲下幣」。《平準書》載：有司言古者「金有三等，黃金爲上，白金（銀）爲中，赤金（銅）爲下」。秦把貨幣分爲三等，既與實際相符，也與習慣不悖。《平準書》可能在流傳中有脫簡，或傳鈔中漏抄了「中幣」。

布屬於實物貨幣，其存在與商品經濟發展的水平有關。戰國時期商品經濟雖有長足發展，但發展程度畢竟有限，因而在秦幣體系中不得不仍保留部分實物貨幣——布。

「黃金以溢名」。溢通鎰，古代重量單位，裴駰《史記集解》引孟康曰：「二十兩爲鎰」。鎰爲戰國秦漢時期稱黃金常用的重量單位，並不像有人說只是東方六國的衡制單位，秦在戰國時期就常用鎰稱量黃金。如：《史記‧孟嘗君列傳》：「秦王大悅，乃遣車十乘，黃金百鎰，以迎孟嘗君。」《戰國策‧齊策四》：昔者，秦攻齊令曰：「有能得齊王頭者，封萬戶侯，賜金千鎰」。《戰國策‧燕策三》：「秦王賜夏無且黃金二百鎰」。

隨著商品經濟的活躍和黃金生產的發展，至遲到戰國中期，黃金已經成爲貨幣，特別是楚國鈴有「郢爰」和「陳爰」的金版，流通頗爲廣泛。秦國統治者早就使用黃金，春秋時期秦景公墓中出土不少黃金飾作，但直到商鞅變法時還沒有自己的黃金貨幣。《商君書‧去強篇》云：「金一兩生於境內，粟十二石死於境外。粟十二石生於境內，金一兩死於境外。」秦國用十二石粟的高價換外國的一兩黃金。秦國鑄造金幣大約始於昭王時代建立南郡之後，秦始皇統一貨幣時繼之。

近幾十年，在陝西曾發現秦鑄金餅十五塊。一九二九年興平縣念流寨村民在西門外土壕發現金餅七塊，被一堆泥土包裹。其中六塊當時已向銀行兌換，僅留一塊，於一九六三年七月由陝西省博物館徵集收藏。這一金餅直徑

③　雒雷：〈秦代貨幣考〉，《中國錢幣》一九八九年第一期。

五‧一釐米，圓形薄身，色澤金黃，陰刻一「寅」字，背面邊高中低，刻有「□兩半」，「兩半」二字爲秦小篆。出土地念流寨是秦廢丘古城遺址，從出土地層及其附近發現的古城房屋、板築土牆的遺迹，陶井圈、空心磚、雲紋瓦當等來看，鑄造時間當在戰國晚期至秦代。

一九六三年西安市閻良區武屯鎮管莊東村農民李海峰等在村東南掘土時，發現銅釜一個，內裝金餅八塊。形制爲直徑六釐米，圓形薄身，色澤金黃。純金程度爲九九％，淨重二五○克，合秦制一斤。其中五個正面陰刻字紋，一爲篆書「四兩半」，一爲「Ｓ」，一爲「會」，一爲「全」，一爲「ଥ」，餘三個無刻字紋。「會」爲紀編號的合文，「人」是六字，「三」是四字，表示這塊金餅是第六四號。「全」是六三，表示這塊金餅是第六三號。「ଥ」也是兩個紀數的合文，「（ ）」是八字，「ଥ」表示這塊金餅是第八八號。「Ｓ」是己字，和「寅」字一樣，是用干支紀年的編號。管莊東村在秦櫟陽故城遺址範圍之內㉜。其中四塊金餅現在陳列於臨潼縣博物館。按金餅的形制、重量、質地及書體與念流寨出土的金餅相同，亦當爲戰國晚期至秦代所鑄，有可能是秦始皇時鑄造的（圖六）。但至今沒有發現以鎰（二十兩）爲單位的金餅，都沒有超過一斤。可能因鎰的面值太大，統一後的重賞較輕，不必鑄像戰國時用重金離間諸侯、收買權臣、培植奸細那樣的大額金餅。

㉜　朱捷元、黑光：〈陝西興平縣念流寨和臨潼縣武家屯出土古代金餅〉，《文物》一九六四年第七期。

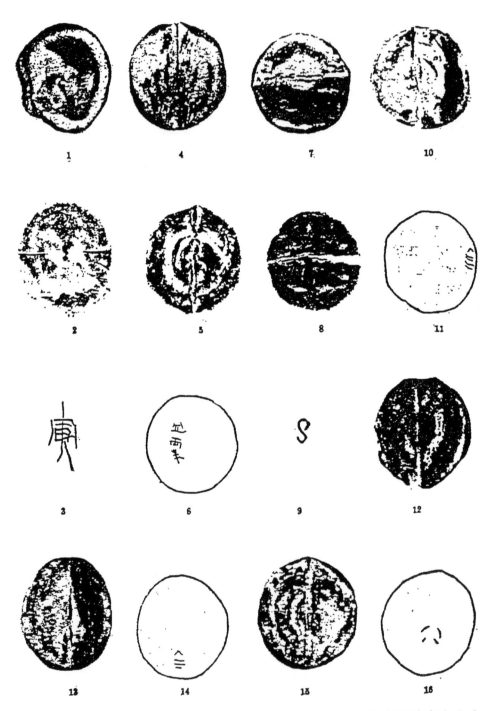

圖六　秦代金餅　1—3：興平念流寨出土　4—16：閻良區武家屯出土

　　黃金作為「上幣」，表示其為貴金屬，用作大數目的支付。對立大功的常用黃金作重賞。秦簡《法律答問》中列舉的案例就有：按法律如果告發一個殺人犯，「當購二兩」，即獎賞黃金二兩；如果捕獲一個判「完城旦」的逃亡刑徒，「當購二兩」，亦即獎賞黃金二兩；如果捕獲夫、妻、子五人因盜判「城旦」的逃犯，共可獎黃金十兩；如果捕獲因盜判「城旦」的逃犯八人，每捕一人獎賞二兩，共獎黃金十六兩，即一斤。

　　黃金與半兩錢的比價沒有明確記載，但可推測出大概。如前所述，商鞅時代秦一兩黃金的價值等於十二石粟，秦簡《秦律十八種》規定：一石粟值三十錢，一兩黃金可折三六〇枚半兩錢。吳鎮烽據《管子・輕重甲》的資料推測；齊二〇〇釜等於秦二〇〇石，值黃金二金，則一〇〇石值一金，一金即一鎰，一鎰二〇兩，二〇兩黃金可買粟一〇〇石，二兩買粟十石，一兩買五石，可折合半兩錢一五〇枚㉝。由此可見，大約一兩黃金的比價是一五〇枚至三六〇枚半兩錢。

　　秦的金餅不同於珠玉龜貝銀錫等只能作器飾寶藏，已經是貨幣，擔負著價值尺度、支付手段、貯藏手段等職能。由於黃金價格昂貴，幣值很高，在使用時要求稱量的準確度極高。秦簡《效律》規定：「黃金衡累不正，半銖以上，貲各一盾」。所謂「黃金衡累」就是稱黃金用的天平法碼，稱一斤黃金誤差如果超過半銖，就要罰主管官吏盾一件，而其他衡器的誤差超過三銖才罰一件盾。但金餅仍是貨幣的原始形式，只能切割使用，沒有固定的面值，需要通過天平稱量確定其價值，屬於稱量貨幣而不是嚴格的鑄幣。然而，它的發現在貨幣史上是有意義的，從此基本上奠定了中國封建社會貴金屬與銅幣並行的貨幣制度。

　　當時成熟的貨幣是銅鑄幣，即圓形方孔半兩錢，在那時的交換經濟中是

_____

㉝　吳鎮烽：〈半兩錢及其相關的問題〉，《陝西省考古學會第一屆年會論文集》，《考古與文物》編輯部編，一九八三年版。

最常用的一種貨幣。這種「銅錢識曰半兩，重如其文」，即幣面標值與所含金屬價值一致。這不是一句空話，秦始皇當時力圖這樣做。他在平六國後，控制了全國的銅資源，又有收繳六國貨幣等廢銅，爲了提高統一貨幣的威信，爲了把貨幣穩定在一個健全的基礎上，爲了使盜鑄者無利可圖，有條件和有必要使其所鑄半兩錢盡可能規範化、標準化。上海博物館藏咸陽半兩銅權，可能就是秦都咸陽鑄錢作坊檢驗半兩錢重量的專用法碼，這是作爲加強鑄幣監督，防止擅自減重的措施之一。

　　秦始皇統一貨幣時鑄的標準半兩錢，根據目前出土資料可概括出以下特徵；⑴錢重半兩，即十二銖，合今七·八克，一般在八克左右，錢徑在〇·三公分以上；⑵錢文是標準小篆，字形寬博，筆劃方折規範；⑶製作較精整，周邊流銅已經修磨。漢初統治者一再說「秦錢重難用」，就指的這種標準半兩錢。這種錢銷一枚可以改鑄輕錢數枚，所以被後來的官方和私鑄、盜鑄者大量銷燬，留存下來的很少。我們只能沙裏淘金，揀選數例：

　　在咸陽秦宮遺址西南的長陵車站，出土窖藏半兩錢四六〇餘枚，其中徑三·五公分的大型半兩錢三三〇枚，錢重均在八克左右，完全符合標準半兩錢的特徵。（圖七）

圖七　咸陽長陵車站出土大型半兩錢

　　山西河津縣東辛封村出土一罐半兩錢，現存六五〇枚。其中三枚製作頗
精整，錢徑三‧四公分以上，「半」字肩部寬闊曲折，豎筆甚長，稱為「長
肩半兩」，與咸陽長陵車站出土的標準半兩相類。

　　四川茂汶縣秦末墓，出土有大、中、小各式半兩錢，其中一枚大型半兩
直徑三五‧六公分，枚重八‧三克，製作較整齊，亦與長陵車站出的大型半兩

錢相類㉞。

　　陝西岐山縣京當鄉禮村出土一陶罐半兩錢，約計二五六〇餘枚。各錢大小輕重不一，其中有錢徑三～三·五公分，枚重八克左右，與標準半兩重量一致㉟。

　　六國的貨幣都被收繳化銅。如在秦咸陽宮遺址西南的長陵車站附近，發現一窖銅料塊和破碎銅器，其中有戰國時期各國貨幣十五種。計有「安邑二釿」、「梁充釿當寽」、「梁正尚金當寽」、「殊布當圻」、平首方肩方足小布、「齊法化」刀、郾刀、尖首刀、古刀、蟻鼻錢等一四〇枚。雖有半兩錢三枚，但質地輕薄，顯係回收廢幣。這些貨幣與其他銅料混雜一起，放在一個陶釜內外，當是準備回爐化銅之物，該遺址屬秦代㊱。

　　秦統一貨幣是個長期的歷史過程。在統一戰爭中，每佔領一地，同時就把秦國的貨幣推廣到佔領區。秦始皇統一中國後，運用中央集權的力量，重申圓形方孔半兩錢爲標準制錢，推行到全國各地，實現了中國古代銅鑄幣形狀、錢文的第一次統一。當時做得很認真，從出土實物看，秦半兩錢分佈的地區，西至河西走廊，東到山東海邊，北達內蒙古，南抵廣州市，東北見於遼東半島，西南伸進大渡河上游㊲。這說明半兩錢的流通已遍及全國，邊遠地區亦概莫能外。

　　秦始皇統一貨幣與統一文字、統一度量衡一樣，有重大歷史意義。由於幣制的統一，克服了以往因諸侯割據造成的貨幣雜亂，大大便利了全國各地

㉞　關漢亨：《半兩貨幣圖説》，上海書店出版社一九九五年版，第一九四——一九五頁。

㉟　龐文龍：〈岐山縣博物館館藏古貨幣述略〉，《中國錢幣》，一九九三年一期。

㊱　吳鎮烽：〈半兩錢及其相關的問題〉，《陝西省考古學會第一屆年會論文集》，《考古與文物》編輯部編，一九八三年版。

㊲　吳鎮烽：〈關於秦半兩錢幾個問題的研究〉，《慶祝武伯綸先生九十華誕論文集》，三秦出版社一九九一年版。

的商品交換和經濟往來，也有利於封建國家的賦稅徵收，促進了經濟上統一局面的發展，這是鞏固全國政治統一的重要條件。這一盛舉開創了中國貨幣史的新紀元，廢除了那些帶有原始形態的刀幣、布幣、蟻鼻錢等諸侯雜幣，選擇了最先進的貨幣形式，使中國貨幣從此進入了規範化、標準化軌道。由於這種圓形方孔錢容易貫穿，攜帶方便，磨損率低，從此成了中國對建王朝銅幣的主要形式，因而人們長期把錢稱「孔方兄」。

四·秦二世「復行錢」——秦幣的衰落

《史記·六國年表》：「（始皇）三十七年十月，帝之會稽、琅邪，還至沙丘崩。子胡亥立，爲二世皇帝。殺蒙恬，道九原入。復行錢」。

過去不少學者認爲「復行錢」是秦始皇所行，根據就是這件事寫在秦始皇名下。其實，《史記》年表中繫事的體例是按事件發生先後排列的，「復行錢」顯然是秦始皇死後二三個月的事，爲秦二世所行。秦用顓項曆，以十月爲歲首。據《史記·秦始皇本紀》：三十七年十月始皇帝出遊，十一月過雲夢，南行上會稽（浙江紹興），北行至琅邪（山東省東部膠南縣南境）；大約六月至平原津（今山東省平原縣南）而病，七月崩於沙丘平臺（今河北平鄉縣）；趙高主謀篡改遺詔，立胡亥爲太子；大約八月從九原（內蒙古包頭市西）經直道至咸陽，發佈喪事，胡亥襲位爲二世皇帝，派使去陽周（今陝西子長北）逼蒙恬自殺；九月，葬始皇於酈山。「復行錢」只能是秦二世在葬始皇時或稍後下詔令。

對「復行錢」的理解也有分歧。有人認爲就是國家開始掌握鑄幣權。但從秦惠王「初行錢」始，國家掌握鑄幣權已百餘年，何須二世爲之！倘二世才想到掌握鑄幣權，當時秦王朝已危機四伏，大廈將傾，即使真有集中鑄幣權的法令也行不通，那就等於說，秦統治者始終沒有掌握鑄幣權，這難道符合事實嗎？還有一種看法，陳直《史記新證》：「此云二世復行錢，中間必

脱有廢行錢的記載。」日人瀧川資言《史記會注考證》亦云：「行錢之初自惠文以來，中間不聞廢錢，何云復行。」我以爲「復行錢」的意思非常明確，就是國家重申發行貨幣的法令，此法令是秦行錢一系列法令的繼續，不須在「廢行錢」之後頒佈。事實是自惠文王鑄行半兩錢以來，輕重大小雖時有變化，但由國家鑄行從未中斷，那能有「廢行錢」或「廢錢」的法令。吾友郭志坤認爲「復行錢並非照搬原來的錢版，而是重新改鑄新錢。」㊳此說有據。當時二世要以空前的盛況埋葬秦始皇，以鞏固其繼承人的地位。但由於秦始皇晚年連續大肆興作，積蓄消耗殆盡，國庫空虛，財政困難，要對付極端鋪張的喪事錢不夠用。如果按以前重如其文的錢範鑄錢，銅料不足，錢重難鑄，只得另造錢範，變換版式，改鑄輕錢，實際是用通貨貶值的辦法搜刮民財。當時的通貨貶值就是鑄造不足值的半兩錢，以代替足值的半兩錢，錢文面值不變而金屬含量大減，以輕錢代重錢收購物資，作爲官府增加財政收入的手段。這種輕錢百姓不接受，流通有困難，故要重申行錢法令，說明這種減重錢也是國家所鑄，與以前的半兩錢值一樣，都受國家法律保護，不許百姓拒絕使用。

秦二世「復行錢」以後的半兩錢，體積較標準錢明顯輕小，大約減重一半左右，相當戰國時的減重半兩；鑄造技術較戰國有改進，錢型較整齊，錢文小篆，字形稍長，筆劃方折。且舉數例：

秦都咸陽第二號宮遺址北約一〇〇公尺處，出土一陶甕銅錢，窖藏時間當在項羽焚秦宮之前，應是「復行錢」之後入藏，可以代表秦末官鑄半兩。據保存下來的四五枚半兩錢實測結果：以錢徑二‧八～二‧九公分，重三‧二九～四‧九七克爲最多㊴。

始皇陵北魚池村秦建築遺址出土的半兩錢，直徑在二‧六～二‧八公分之

㊳　郭志坤：《秦始皇大傳》，上海三聯書店一九八九年版，第一九六頁。

㊴　朱活：《古幣新典》，三秦出版社一九九一年版。

間，重量在三‧二～三‧八克之間，合秦制三點三至五點七銖⑩。魚池是秦始皇陵覆土時取土之處，所出半兩錢亦可能是二世時所鑄。（圖八）

圖八　臨潼魚池村秦建築遺址出土半兩錢

始皇陵 T 二出土的半兩錢，直徑二‧七公分，重四‧一克⑪，合秦制六銖稍強，按重量與上述官錢相類。

唐司馬貞《史記索隱》引《古今注》云：「秦錢半兩，徑一寸二分」。據關漢亨推算：「秦標準尺一尺合今制○‧二三一公分，錢徑一寸二分相當於二‧八公分，屬於中型半兩錢。」⑫司馬貞所看到的就是秦二世時鑄的半兩錢。這種錢從西元前二一○年十月間至前二○六年秦亡，大約鑄了四年。時間雖不長，但由於錢輕，銷燬的很少，所以留存下來的數量較多。按重量與戰國的減重半兩、西漢呂后所鑄的八銖半兩相近，但仔細比較可以區別開。這種錢鑄工較戰國半兩整齊，文字不像呂后八銖那樣字形扁平而隸味較濃。

---

⑩　蔣若是：〈秦漢半兩錢繫年舉例〉，《中國貨幣》一九八九年第四期。
⑪　王學理等：《秦物質文化史》，三秦出版社一九九四年版，第三○九頁。
⑫　關漢亨《半兩貨幣圖說》，上海書店出版社一九九五年版，第一九三頁、第二○一頁、第二五四頁。

　　與此基本相同的錢也有發現。在秦始皇陵東二‧五公里處，發現秦鑄錢作坊遺址，有兩件銅質半兩錢範：一件內有半兩錢模十二枚，錢徑二‧八公分；一件內有半兩錢模十四枚，錢徑二‧六公分㊸。在秦始皇陵西南的臨潼縣油王村秦代芷陽遺址手工業作坊區，出土一件銅質半兩錢範，主澆道兩側排列半兩錢模十四枚，錢二‧七公分，錢文小篆，半兩二字陽文，有人稱之母範，可用來鑄造錢範㊹。錢徑均比大型錢範顯著變小，而與上例相近。說明這些錢範屬於秦代晚期遺物，有可能是秦二世復行錢後的錢範。

　　秦二世即位剛一年就爆發了秦末農民起義，天下大亂，私鑄蜂起。於是製作粗劣，穿孔較大，錢徑不到二公分，重不足二克的小半兩，亦稱「秦榆莢錢」也出現於市場㊺。（圖九）可見一國之貨幣可以反映國力之盛衰。「復行錢」是秦王朝行將傾覆時採取的應急措施，敲響了半兩錢走向衰落的喪鐘。秦末貨幣嚴重的減重和混亂，與秦王朝的衰亡是同步的。

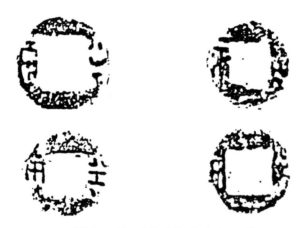

圖九　陝西漢陰縣出土半兩錢

㊸　林泊：〈秦始皇帝陵發現秦鑄錢作坊〉，《秦陵秦俑研究動態》一九九三年第一期。

㊹　張海雲：〈陝西臨潼油王村發現秦「半兩」銅範〉，《中國錢幣》一九八七年第四期。

㊺　關漢亨《半兩貨幣圖說》，上海書店出版社一九九五年版，第一九三頁、第二〇一頁、第二五四頁。

現在我們再解釋《平準書》記載秦幣的末句：「然各隨時而輕重無常」。這是司馬遷對秦幣輕重大小不一現象作的概括。「重如其文」是秦始皇統一貨幣時作過的努力，但當時很難真正兌現。由於原料時有不足，中央鑄和委託地方鑄的差別，銅範、石範、泥範的不同，鑄錢工人技術水平的高低，各個時期官方財政狀況的差異，防不勝防的盜鑄等等，銅錢在多次鑄造過程中輕重經常變化。戰國時期一度採取通貨貶損的辦法，使官鑄半兩錢一再減重，造成市場上貨幣流通不暢，百姓以及官吏都不願接受輕錢。政府只得用法律手段強令流通，造成「美惡雜之」。秦二世「復行錢」是又一次力圖使減重錢合法化，加劇了流通過程的混亂，使半兩錢的大小輕重差異很大。如廣衍故城一座秦代墓出土半兩錢十枚，只有二枚夠半兩，即十二銖，六枚都在五克左右，約八銖，最輕的一枚只有二‧七克，合三株多㊻。四川茂汶縣秦末墓，出土一枚八‧三克的大型半兩錢，但還有不少重不足二克的榆莢錢㊼。有窖藏秦半兩數千枚，細看沒有兩枚完全相同的，可見秦半兩的輕重無常。

㊻　吳鎮烽：〈半兩錢及其相關的問題〉，《陝西省考古學會第一屆年會論文集》，《考古與文物》編輯部編，一九八三年版。

㊼　關漢亨《半兩貨幣圖說》，上海書店出版社一九九五年版，第一九三頁、第二〇一頁、第二五四頁。

秦始皇時代的私營工商業

繼續推行抑末政策

　　秦始皇二十八年（前二一九年）東巡，登上東方海濱的琅邪山，築琅邪台（在今山東膠南縣西南），刻石頌秦德。在刻辭中寫道：「皇帝之功，勤勞本事，上農除末，黔首是富」。①所謂「上農除末」就是重農抑商。秦始皇自執政以來，特別在統一六國之後，繼續推行了商鞅以來的抑末政策，在局部地區推行得極端嚴厲，故謂之「除末」。其中最嚴厲的有兩項：

　　首先是「遷」。秦「遷」有兩種，一是用賜爵、免徭等措施招徠內地居民遷往邊縣或陵邑，這不是刑罰；另一種「遷」完全是強迫的，按秦律這種「遷」是流刑的一種，就是把罪犯押解到荒遠地區或便於監督的地方去的一種刑罰。本來這是懲罰政治犯的一種刑罰，從秦昭王起，認爲佔領地的大工商業家是「不軌之民」，因而採用這種刑罰懲治。如「宛孔氏之先，梁人也。用鐵冶爲業。秦伐魏，遷孔氏南陽，大鼓鑄，規陂池，連車騎，遊諸侯，因通商賈之利」。②這個孔氏，就是西漢南陽大冶孔僅的祖先，秦昭王

---

① 《史記·秦始皇本紀》。
② 《史記·貨殖列傳》。

時從梁遷到南陽的。③嬴政在統一六國過程中，每佔領一地，便強迫那裏的大工商業家遷往外地。如：「秦既滅韓徙天下不軌之民於南陽。故其俗誇奢，上氣力，好商賈」。④「蜀卓氏之先，用鐵冶富。秦破趙，遷卓氏。卓氏見虜略，獨夫婦推輦行詣遷處。諸遷虜少有餘財，爭與吏，求近處。處葭萌（今四川廣元縣西南）。唯卓氏曰：此地狹薄，吾聞汶山之下，沃野，下有蹲鴟，至死不饑，民工於市，易賈。乃求遠遷，致之臨邛（今四川邛崍縣），大喜。即鐵山鼓鑄，運籌策，傾滇蜀之民，富至僮千人，田池射獵之樂，擬於人君」，「程鄭，山東遷虜也。亦冶鑄，賈椎髻之民，富埒卓氏，俱居臨邛。」⑤秦在戰爭中把韓國的商人遷到南陽，把趙國的冶鐵家卓氏和太行山東的冶鐵業家程鄭遷到臨邛，還有許多被遷到葭萌，都被稱之為「遷虜」。所謂「遷虜」，就是被處以「遷」刑的戰爭俘虜。秦始皇二十六年（前二二一年），剛完成統一事業，即下令「徙天下豪富於咸陽十二萬戶」，⑥這十二萬戶豪富中必有一部分是各地的富商大賈。六國的工商業家如俘虜一樣被迫遷往他地。他們離開自己長期經營的產業或店舖，一切不動產和奴隸都被沒收，夫婦只能帶少量錢財，推一車子家當，到指定的地點過流放生活，這打擊無疑是相當沈重的。但秦始皇的目的似在消弭六國的殘餘經濟勢力，對於他們的經營能力還盡可能加以利用，故遷入新地後允許繼續冶鑄經商，重操舊業。

其次是「謫」，秦律稱為「適（謫）罪」，亦屬流刑，⑦即把罪犯發配

③　見《秦會要訂補》四五五頁。此南陽原為韓、楚、魏三國交界地。秦昭王三十四年秦敗魏，魏獻南陽地求和，秦把所占韓，魏的南陽和楚的上庸地合建為南陽郡，郡治宛即今河南南陽市，轄地有今湖北省襄陽，隨縣以北，河南省樂川，魯山以南，西峽以東地區。

④　《漢書·地理志》。

⑤　《史記·貨殖列傳》。

⑥　《史記·秦始皇本紀》。

⑦　栗勁：《秦律通論》二八六頁。

到邊僻地區去戍守或落戶。秦始皇三十三年「發諸嘗逋亡人，贅壻、賈人，略取陸梁地，爲桂林、象郡、南海以適（謫）遣戍」。⑧漢人晁錯對此事有較具體的闡釋，他說：秦始皇爲實際對嶺南的佔領，北方士兵初去不服水土，死亡率很高，「秦民見行，如往棄市」。因而改用「謫戍」的辦法，「先發吏有讁（謫）及贅壻賈人、後以嘗有市籍者，又後以大父母、父母嘗有市籍者，後入閭取其左」。⑨這被強迫發配到嶺南的七種人叫七科謫。⑩秦的七科謫可能仿照《魏奔命律》，秦簡抄該律文大意云：魏安釐王二十五年（前二五二年）閏十二月初六日，王命令將軍：經營商賈和客店的，給人家做贅壻的，以及在百姓中帶頭不耕種，不修建房屋的，我很不喜歡。……現在派他們去從軍……，攻城的時候，那裏需要人就把他們用在那裏，將軍可以叫他們平填池壕。⑪魏律所發謫的是五種人，秦始皇推行時擴充爲七種人。七科謫是把這七種人發配充軍，其中包括當時的商人，曾經有市籍的、商人的兒子、商人的孫子，這當然是對商人的致命打擊，其嚴厲程度遠遠超過商鞅。但這項措施好像不是在全國推行，據劉邦說：「秦徙中縣之民」於嶺南。⑫如淳注：「中縣之民，中國縣民也。」中縣指中原地區，似乎被謫的是關東六國商人，不包括秦本土關中的商人；而且僅謫發有市籍的商人，無市籍者不在其列。

⑧　《史記·秦始皇本紀》。

⑨　《漢書·晁錯傳》。

⑩　《史記·大宛列傳》：漢武帝派貳師將軍征大宛時亦「發天下七科」。張守節《正義》引張晏曰：「吏有罪一、亡命二、贅壻三、賈人四，故有市籍五，父母有市籍六，大父母有市籍七，凡七科。」秦有取閭左，漢有發亡命，始皇本紀亦云發「當逋亡人」，名異實同，皆指謫發逃亡人民。

⑪　《睡虎地秦墓竹簡》二九四頁。

⑫　《漢書·高帝紀下》。

對鹽鐵業及邊塞商人實行特殊政策

對私營鹽鐵業很可能實行的是包商政策。鹽鐵資源古代籠統歸入山林川澤。商鞅變法時採取「一山澤」，即山林川澤資源由國家統一管理。⑬國家向開採者徵收營業稅，所謂「商君相秦，外設百倍之利，收山澤之稅」。⑭這種稅可能是一種承包稅，按《管子·輕重乙》所說，包稅的辦法是「量其重，計其贏，民得其十，君得其三」。即齊國把山鐵交給私人經營，按十比三的比例分配收益。商鞅在秦收山澤稅辦法可能也與此類似。張傳璽先生把這種辦法稱「包商政策」。⑮秦始皇繼續推行了這項政策，他雖對關東大冶鐵業家處以流刑，但鑒於許多地方的礦藏國家尚無力開發，特別是那些邊僻地區；爲了利用他們的生產能力和管理經驗，他按生產需要把這些冶鐵業家遷到待開發的地方，允許他們仍然開礦冶鐵，推銷產品。如遷到南陽，臨邛的冶鐵業家孔氏、卓氏、程鄭等遷入新地都可以「即鐵山鼓鑄」，自產自銷，國家只向他們課以重稅。秦惠王時成都設「蜀鹽鐵市官并長丞」，⑯可能主要職務就是徵收蜀地的鹽鐵稅，秦始皇時司馬昌「爲秦主鐵官」，⑰可能也是主收冶鐵稅。鹽鐵稅一律上交中央的少府，少府是供皇室揮霍的機構。《漢書·百官公卿表》序云：「少府秦官，掌山海池澤之稅，以給共（供）養。」這種稅款名曰禁錢，專供宮禁之中私用，與農業稅交治粟內史供國家用不同。由於秦始皇和秦二世的窮奢極欲，鹽鐵稅和田租、口賦一

---

⑬　《商君書·墾令篇》。
⑭　《鹽鐵論·非鞅篇》。
⑮　張傳璽：《秦漢問題研究》二二六頁，北京大學出版社出版。
⑯　《華陽國志·蜀志》。
⑰　《史記·太史公自序》。

樣，都重到「二十倍於古」。⑱這種重稅盤剝不能遏制私營鹽鐵業的發展。因其經營取得合法地位，又有廣闊的市場，他們可以把重稅轉嫁到消費者身上，仍然能夠得到厚利。與此同時，秦的官營冶鐵採礦業規模也不斷擴大。每礦設有嗇夫主管，下有曹長主管產品收貯和上交，還有右採鐵、左採鐵等直接監督生產，產品每年規定有一定的上交任務。有定期評比制度，如果被評爲下等又不能完成上交任務，嗇夫、曹長都要處以貲罰。⑲秦王朝似乎有普遍實行鹽鐵官營的企圖，但由於條件限制，一直未能實現。

對邊塞的富商大賈採取攏絡政策，如烏氏倮經營畜牧業，用牛羊換取內地的絲綢，再拿絲綢與長城之外的戎王交易，「戎王什倍其償」。他從戎王那裏得到的牲畜相當絲綢價值的十倍，因而成爲大富。「畜至用谷量馬牛」，「秦始皇令倮比封君，以時與列臣朝請」，也就是讓他和大臣一起參予對始皇的朝請。還有巴寡婦清，其先人開採硃砂礦，世代壟斷經營，其財產多得無法計算。寡婦清能守住產業，用財產保衛貞節，不被沾污，秦始皇認爲她是「貞婦」的典範，用迎接賓客的禮接見她，還築了一座女懷清台，以示對她的表彰。⑳過去有人以此證明秦始皇推行重商政策；也有人發現此二事與其「除末」政策有矛盾，把其事移在呂不韋執政時以圓其說，皆非，這是秦始皇對地處邊塞的富商大賈採取的攏絡政策。烏氏倮祖上是烏氏戎人，春秋時有烏氏國，秦惠王滅其國而置烏氏縣，治所在今寧夏固原縣東南，秦昭王築長城，在其地建蕭關爲防戎要害。秦統一後此地仍爲西北邊塞，秦始皇長城此段即利用秦昭王長城。長城之外爲諸戎活動地區，西有月氏，羌人，北有匈奴等。烏氏倮以內地的絲綢與長城外的戎族頭人進行走私貿易，秦王朝是無法控制的，而且這種貿易亦屬國家需要，故對烏氏倮給以

---

⑱　《漢書·食貨志》。

⑲　見《睡虎地秦墓竹簡》一三八頁。

⑳　《史記·貨殖列傳》。

優待，從而加以利用；巴寡婦屬古巴氏蠻後代，巴氏蠻曾建立巴國，都城在今四川重慶市北，秦「惠王并巴中，以巴氏爲蠻夷君長」，㉑實際是一種民族自治。秦始皇時仍然「從其俗而長之」。㉒巴國與西南夷毗連，屬於秦王朝的西南邊陲，抑之則鞭長莫及勢必造成財富外流，加以攏絡則可消弭其離心力而爲國家所用。而且，秦始皇表彰寡婦清的封建節烈，帶有宣揚封建道德的意圖，毫無重商之意。

對市場的管理

秦國市的發展似較山東各國爲晚。據《史記·秦始皇本紀》載：秦獻公七年（西元前三七八年）「初行爲市」，可能是秦國官方設立市場之始。秦始皇時代，國都咸陽設市不止一處，各郡、縣治所及交通要道都設有市，官府對市場有一套較嚴密的管理辦法。

對市場治安的管理：每個官方設立的市，周圍築牆叫闤，市門叫闠。有的四面有門，市樓設在市中心；有的一面有門，市樓設在市門上。㉓市樓上立旗，爲觀察指揮市場秩序之所；市場的管理機構叫市亭，就設在市樓上；故把市稱市亭或旗亭。秦代亭的本職是防止盜賊，維持治安，相當於現在的公安派出所。對於市來說，維持治安具有特殊的重要性，所以凡官方設立的市皆有亭，以亭管市。由亭嗇夫擔任市政長官，㉔負責掌管市務。徵收市租，維持秩序。市內的店鋪分類排列叫列肆，列肆中間的人行道叫隧。列肆

㉑　《後漢書·南蠻傳》。

㉒　《漢書·西南夷傳》。

㉓　陝西省考古研究所雍城考古隊，在雍城（今鳳翔縣城南）北牆附近發現一秦市遺址，四面有牆，四面有門，門上有樓，內有秦始皇時鑄的半兩錢，此市始建時間不明，似沿用至秦末。

㉔　袁錫主：〈嗇夫初探〉。見《雲夢秦簡研究》二七五頁。

內的商賈要編入市籍，建立五戶一組，互相監督的「列伍」制，設列伍長負責糾察不法。爲了防止不法分子竄入市內，擾亂秩序，秦律還規定：刑徒出外服役，不准前往市場和在市場門外停留休息，如果路經市場中間的，應繞行，不得通過。㉕

對市場物價的管理：爲防止商人擅自高抬市價，官府對重要商品規定法定價格。秦簡《告臣》記載的一次奴隸交易是以「承市正價」成交的，「市正價」就是官方規定的法定價格。市場上的商品實行明碼標價，《金布律》規定：「有買及買（賣）殹（也），各嬰其賈（價），小物不能各一錢者，勿嬰。」「嬰」就是繫，亦即懸掛。此言凡出售的商品都要繫上價格標籤，讓顧客辨別和選購，小件商品值不到一文錢的可以不繫標籤。據《三輔黃圖》載：秦國在富平津西南二十里設有一市，「物無二價，故以直市爲名」。所謂「物無二價」就是商品實行明碼標價，不許商人高抬市價。富平津可能是西魏時在涇渭平原所築富平堰上的一個渡口，直市在富平津西南二十里，漢代東渭橋之北，屬左馮翊轄，當在今高陵縣境。此市離秦都咸陽不遠，可能是官方推行「平準物價」的實驗性市場，在此試行之後再全面推廣。由於秦的物價管理行之有效，所以民間傳說「秦始皇作『地市』，與生死人交易。令云：『生人不得欺死者物』」㉖，這是說秦始皇把平準物價的辦法帶到陰曹地府。這個傳說看來非常荒唐，其實也是秦始皇重視物價管理的曲折反映。

對度量衡的管理：商鞅變法時就制定了標準的度量衡器，在國內頒行。呂不韋執政時，秦國爲了「易關市，來商旅」，每年二月和八月，各檢驗度量衡一次。㉗秦始皇統一六國後，立即雷厲風行地統一全國度量衡，對於度

㉕　《睡虎地秦墓竹簡》《金布律》、《司空律》。

㉖　《太平御覽》八二七引《三秦記》。

㉗　《呂氏春秋》、〈仲春紀〉、〈仲秋紀〉。

量衡的頒發、校驗和監督也非常認真。秦簡《工律》規定：凡度量衡器在發放時就必須認真校驗，檢查是否合乎標準。各縣及工室的度量衡器由有關官府負責校驗，每年至少校驗一次，如果發現超過合理的誤差，對負責人或使用者要給以處罰。秦簡《效律》規定：石（一二○斤）不準確，誤差在十六兩以上，罰一甲；鈞（三○斤）不準確，誤差在四兩以上，罰一盾；斤（十六兩）不準確，誤差在三銖以上，亦罰一盾；桶（十斗）不準確，誤差在二升以上，罰一甲，斗（十升）不準確，誤差在半升以上，罰一甲；升不準確，誤差在二十分之一升以上，罰一盾；稱黃金所用天平砝碼不準確，誤差在半銖以上，亦罰一盾等。秦始皇時如此嚴格管理度量衡，主要是為了便於收租收稅，發放官吏俸祿，在客觀上也有利於市場上的商品交換，可以防止姦商利用秤桿子等欺詐消費者，以維護正常的商品流通。

對官府市的現金管理：秦代的官手工業產品大部供應皇室、官府和軍隊，隨著其生產規模的不斷擴大，一部分產品也投入市場，設「官府市」向民間出售。對官商所得的現金收入有嚴格的監督制度：設有收現金的錢缿（音項），類似後來的撲滿，是一個裝錢的陶罐，上有一小扁孔，錢可入而不可出，售貨告一段落由有關人員當面點清錢數。秦簡《關市律》規定：「為作務及官府市，受錢必輒入其錢缿中，令市者見其人，不從令者貲一甲。」意思是：為防止官商把貨款裝入私囊，規定官府市在出售貨物時公開付款，把款當買者面投入錢缿中，違犯此令的要罰一甲。

私營工商業的繼續發展

秦王朝對私營工商業一面採取遷、謫等抑末措施，在一定時間和一定地區內使私營工商業受到沈重的打擊。但另方面，對鹽鐵業採取的包商政策和對邊塞商人的優待政策，有利於調整工商業的佈局、開發山林川澤和發展民族地區的貿易。對市場採取一系列管理措施限制了奸商的欺詐，保護了正常

的商品交換，加之夷平六國設置的關塞、險阻、修築大馳道、統一度量衡和貨幣等，客觀上都有利於富商大賈周流天下。所以，秦代私營工商業在戰國的基礎上還有一定程度的發展。表現在：

富商大賈雖受到一些折騰，但又很快恢復了舊業，其財富增長仍很迅速。如冶鐵業家南陽孔氏，其後代孔僅仍以冶鐵著稱，漢武帝爲利用他組織生產的能力曾委以高官；臨邛的冶鐵業家卓王孫、程鄭，到西漢初可與「王者埒富」；還有邯鄲大冶郭縱，鄒、魯大冶曹邴氏，販賣漁鹽的刁閑、猗頓、畜牧烏氏倮、橋姚，經營販運貿易的師史等，都是從戰國、秦而延續至西漢的章章尤異的巨富。㉘

私營手工業也有一定的發展，僅從咸陽出土陶器上的文字看，打印有民營作坊戳記的數十件，每器上印有咸陽市亭名、里名、作器人名。不但見於盆、罐、壺、甕等陶器上，而且同時見於陶拍、陶墊等製陶工具上。如陶拍上的印文有「咸郦里善」，陶墊上的印文有「咸郦里尼」，「咸郦里就」、「咸郦里段」、「咸郦里緮」、「咸郦里果」、「咸郦里駈」等，共十六件，咸爲咸陽市亭的省文，郦里爲里名，善、尼、就、段、緮、果、駈等爲作器人名。這些印文不是市吏打印的，而是陶工自己打印的，是私營製陶作坊的一種標記。㉙

民間商業仍有一定程度的活躍，秦簡《日書》中多處提到民間的商業活動，㉚如「斗，利祠及行賈，買市吉」。（簡九九八）按星象占卜，星在斗這天出門經商，入市經商均是好日子。「方（房），取（娶）婦家（嫁）

㉘　《史記‧貨殖列傳》。
㉙　袁仲一：《秦代陶文》第六一─六四頁。俞偉超：《先秦兩漢考古學論集》第一三七頁。
㉚　見《雲夢睡虎地秦墓》《日書》部分。《日書》是秦代民間選擇日子吉凶的書，雖有嚴重的迷信色彩，但也反映了民間社會生活的各方面，有很高的史料價值。

女,出入貨,吉」,(簡九九五)「房,取(娶)婦,家(嫁)女,出入貨及祠,吉」(簡八〇〇)星在房位這天,買賣貨物都是好日子。「己亥、己巳、癸丑、癸未、庚寅、辛酉、辛卯、戊戌、戊辰、壬午、市日。」(反面簡七九七)這是按干支計日的,六十天內有十一天是交易的好日子。「辛亥、辛巳、甲子、乙丑、乙未、壬申、壬寅、癸卯、庚戌、庚辰、莫(暮)市以行,有九喜」(反面簡七九九)六十天中有九天宜暮市,暮市大概就是夜市。「庚寅生子,女爲賈,好衣佩而貴。」(簡八七五)這説明有的婦女也參予經商。「宇,南方高,北方下,利賣市」。(反面簡八七六)這是建屋宇的占卜,宜取南高北低的地形,以利於經商。據此可知,秦代不但有官方立的市,民間也可擇吉立市,有墟市、夜市,有行商、坐賈、有男商人,女商人等。

關中秦宮位置考察

　　秦君好大，有營造大型宮殿的傳統。遠在秦穆公時代，戎使由余看到巍峨的秦宮就驚嘆道：「使鬼爲之，則勞神矣！使人爲之，亦苦民矣！」（《史記·秦本紀》）商鞅變法之後，國力富强，惠文、昭襄諸王競建新宮。到秦始皇時，更加好大喜功，窮奢極欲，集中全國人力物力，在咸陽及其附近大興土木，廣築宮室。據秦始皇三十五年統計，秦在關中有三百座宮殿（《史記·秦始皇本紀》）。當時八百里秦川，宮殿樓台，彌山跨谷，星羅棋布。這些宮殿不僅是統治集團勞民傷財的罪證，也是當時千百萬能工巧匠的藝術傑作，更是中華民族燦爛文化的結晶，應該構成中國文化史的光輝篇章。但是非常可惜，這些宏偉建築先遭項羽三個多月的大火延燒，繼經兩千餘年風雨剝蝕，人爲破壞，不僅地面建築盡成廢墟，大多連位置也不能確指。歷代學者對秦宮遺址的尋覓做過不少工作，近年的考古調查又有許多收穫。筆者根據文獻記載、考古資料以及多次親自尋覓，對史册留名的關中秦宮踪迹繼續作了一些探索。有些自以爲找到了遺址，有些還是大膽假設，有些只能諸説並存，有些還茫然無知，只好存疑不論。

一·咸陽渭北宮區及其以北的宮殿

咸陽宮及其遺迹

　　咸陽宮是戰國中晚期直到秦統一前，在山水俱陽的秦都咸陽長期、多次建成的一個龐大的宮殿群。秦孝公十二年遷都後，就開始「築冀闕宮庭於咸陽」（《史記·商君列傳》）。當時雖無咸陽宮之名，卻是最早建於咸陽的宮闕。《三輔舊事》云：「秦於渭南有興樂宮，渭北有咸陽宮，秦昭王欲通二宮之間，造橫橋。」橫橋是架設在今西安市未央區六村堡北、咸陽市渭城區窰店鎮南渭水之上的橋梁，最初的作用是連結這兩座宮殿。咸陽宮既與渭南的興樂宮隔水相對，其位置應在今咸陽市東渭河北岸窰店鎮牛羊村一帶。

　　秦始皇對咸陽宮進行了大規模的擴建。《三輔黃圖》載：「始皇窮極奢侈，築咸陽宮，因北陵營殿，端門四達，以則紫宮，象帝居。」所謂「因北陵營殿」，即北依咸陽原營造宮殿。因，憑依；陵，大土山，丘陵；渭北的北陵無疑指咸陽原，可見咸陽宮營造在咸陽頭道原上下。所謂「端門四達」，即咸陽宮的正門與渭北宮區東西南北的大道相連。端門，指咸陽宮的正門。也許就是南門，出門可以四通八達，正門當在原下平坦之處。「以則紫宮，象帝居」是對王權的神化。紫宮即紫微宮，天帝所居的宮室，言咸陽宮的設計仿傚天上的紫微宮，是人間帝王所居的宮室，是主宰臣民的政治中樞，亦即人間的天宮。秦始皇對咸陽宮的擴建，似在二十七年建信宮之前。

　　咸陽宮是一個與西漢未央宮、建章宮類似的宏大建築群，其結構是大宮套小宮。咸陽宮至少應包括帝王舉行朝儀的朝宮、寢宮、后妃居住的宮室及府庫等附屬性建築；此外，秦昭王接見趙主父的六英宮（董説：《七國考》卷四），秦始皇經常處理政務的曲臺宮（《漢書·鄒陽傳》引應劭語），宮殿重要而位置不明，也許就是咸陽宮的宮中之宮。秦統一前後一些重大政治活動都是在咸陽宮舉行，如西元前二二七年，秦王政接見「燕使者咸陽宮」在此發生了驚心動魄的荊軻刺秦（《史記·刺客列傳》）。秦始皇晚年，即使曾改用信宮、阿房前殿舉行朝會，咸陽宮仍然是他的宿宮，「聽事，群臣

受決事，悉於咸陽宮」（《史記·秦始皇本紀》）。

　　據秦都考古工作站陳國英先生提供的調查資料：在今咸陽市渭城區窰店鄉東北，南距渭河三公里的咸陽頭道原上下，西起十三號公路東到劉家溝長達三公里的範圍內，發現二十七座宮殿遺址。這些遺址在一個圍牆內，圍牆呈東北——西南向，長方形，四面牆基夯層清晰，周長約二七四七公尺，可能是咸陽宮的宮城。已在牛羊村北原上發掘了其中三座；一號宮殿遺址是多層高臺建築，由殿堂、過廳、露臺、臥室、盥洗室、浴室、迴廊等部分組成，有取暖用的壁爐，冷藏用的窖穴，有蓄水、排水設施，室內還注意到通風、採光。根據遺址所出動物紋、葵紋瓦當，只見圓形不見五角形水管道，說明初建於戰國中期。大量各式雲紋瓦當和兼有篆書體的戳印陶文之出土，證明建成後至秦始皇時代，曾進行多次大規模的修繕（〈秦都咸陽第一號宮殿建築遺址簡報〉，《文物》一九七六年十一期）。二號宮殿遺址在一號的西北，是一座以夯土爲基的大型臺榭建築，臺上西半部有東西十九·八公尺，南北十九·五公尺的方形殿堂；臺下有一周迴廊，與一號、三號遺址的迴廊貫通；迴廊和庭園中有十八處豎管，可能作插旗杆用。據此推測，二號建築或許是咸陽宮一個處理政務的場所，營建時間估計與一號略同（〈秦都咸陽第二號宮殿建築遺址簡報〉，《考古與文物》一九八六年四期）。三號宮殿遺址在一號遺址的西南，亦屬高臺建築，規模宏大，但破壞嚴重。僅發掘了總面積的九％，清理出廊道兩條，屋宇二室。過廊東西壁均飾壁畫，尚能辨認的有車馬出行圖、儀仗圖、麥穗圖、殿堂圖等（《陝西考古重大發現》六八頁—六九頁）。這三座宮殿遺址，從地理位置、建築布局和出土器物的特徵看，似爲咸陽宮的一部分，但還不是主體建築，還沒有見到足以容納百人議事的大型殿堂。多數遺址尚未發掘，塬下遺址已夷爲良田，無遺迹可尋，看來要復原咸陽宮的全貌是不容易的。

　　上述已發掘的三個宮殿遺址，有人認爲屬於六國宮殿遺址，不對。六國宮殿仿建於十年統一戰爭期間，而這三個遺址據考古專家研究均初建於戰國

中、晚期、顯然與六國宮殿營建時間不合。

仿六國宮殿

《史記・秦始皇本紀》載：在長達十年的統一戰爭中，「秦每破諸侯，寫放其宮室，作之咸陽北坂上。南臨渭，自雍門以東至涇渭，殿屋復道周閣相屬。所得諸侯美人鐘鼓，以充入之」。《後漢書・皇后紀》亦云：「秦并天下，多自驕大，宮備七國。」秦始皇命令仿築六國宮殿，目的首先在於紀念「削平群雄」的戰功，同時也出於他對各國建築藝術的喜愛。此舉使各國建築藝術薈萃於咸陽，無疑是建築史上一件盛事。

秦時的「咸陽北坂」，學者解釋頗有分歧。有人認為咸陽原秦時稱「咸陽北坂」，恐不確。王學理先生認為：咸陽北坂「似專指今咸陽東的渭城灣到楊家灣之間的北原」。（《秦都咸陽》七四頁）筆者同意此説。「坂」指原上和隰地之間的斜坡，如風陵渡之北有個蒲州城，本稱蒲，秦始皇東巡見有「長坂」，故改名「蒲坂」。「長坂」就是通向原上的一道斜坡。關中也有許多坂，入鴻門的斜坡叫「鴻門坂」，驪山西麓的漫坡「芷陽坂」，咸陽原的北坡叫「長平坂」等等。咸陽原是一個巨大的黃土臺原，東起高陵縣的涇渭相會處，西到興平、禮泉，北臨涇河，南瀕渭河。原面平坦開闊，土層深厚。南緣呈階梯狀的多級階地，秦咸陽宮城建在一級階地上，即頭道原上下。宮城的西、東、北皆呈斜坡狀，故稱「咸陽北坂」。

據陳國英先生調查：在咸陽宮城西的聶家溝發現秦建築遺址兩座，宮城東發現建築遺址數座，宮城北亦有建築遺址，且可能延伸到漢長陵以北。在長陵邑所在怡魏村發現兩座秦大型建築遺址。這些遺址雖未發掘，但按其位置可能是六國宮殿遺址。王丕忠先生在怡魏村採集到瓦當三品：一是雙獸樹枝紋半瓦當，樹枝布於兩旁，雙獸相向作奔走狀，雙鳥相向作展翅飛翔狀；二是樹枝菱角紋半瓦當，樹枝兩旁有鳥相向而飛，類似菱角形花苞垂下，彎曲處空間有一圓點突起，三是雲水紋半瓦當，飾有雲水或光波（〈從長陵新

出土的瓦當談秦蘭池宮地理位置等問題〉《人文雜誌》1980年第1期）。這三品瓦當與齊都臨淄出土的瓦當相同，證明在怡魏村一帶有仿齊的宮殿遺址。據劉慶柱先生推測，六國宮殿可能在咸陽宮東西兩側。毛王溝曾出土楚金幣，出土陶器上有「咸郦」陶文，可能是內遷楚國屈姓的製品，聶家溝西北出土高足鼎，亦非秦的器物。這些可能與六國貴族的活動有關。但他認為六國宮殿是軟禁六國貴族用的，若離咸陽宮太遠不便監督，因而不可能延伸到長陵以北。

　　宋、元時期，在秦漢都城一帶就發現過「衛」字和「楚」字瓦當，有學者認為是秦仿衛、楚宮殿的瓦當，並依此推斷秦作六國宮殿瓦當皆「用其國號以別之」。（見宋敏求《長安志》，李好文《長安志圖》，馬非百先生近著《秦集史》、《秦始皇帝傳》仍襲其說）。現在看來此說不能成立。據陳直先生考證：「秦瓦皆為圖畫，有文字者絕少，只雙獾瓦在筒上印有「瓦」字戳記，雲紋瓦印有「左宮」或「右宮」等字。「衛」字瓦漢城未央宮大殿遺址前永興堡出土甚多，應為未央衛尉官署所用之瓦。」（〈秦漢瓦當概述〉，《摹廬叢著七種》齊魯書社出版）這是很正確的。陝西省博物館編《秦漢瓦當》收有兩品「衛」字瓦當拓片，釋文謂皆出漢城，「當是漢衛尉寺并宮內周垣下區廬之瓦。」這是說「衛」字瓦不光用於衛尉官署，宮牆上及下小屋亦覆蓋這種瓦。在漢甘泉宮遺址也發現「衛」字瓦當五品，底塗朱紅，「衛」字取周衛宮室之義（姚生民〈漢甘泉宮遺址勘查記〉，《考古與文物》一九八〇年二期）。這些「衛」字瓦無論如何與秦仿衛宮殿聯繫不上。「楚」字瓦亦非秦物。秦始皇時因其父莊襄王名子楚，故避「楚」諱，凡「楚」字皆改為「荊」，不會有「楚」字瓦當。「楚」字瓦肯定也是漢物，也許是西漢同姓諸侯楚元王在京建宮室所用之瓦。

蘭池宮

　　蜿蜒於甘陝的渭河，流到今咸陽以東擺動甚大，構成典型的流動性河

道，而以向北移動爲主（聶樹人：《陝西省自然地理》）。這不僅妨礙秦咸陽的發展，而且其安全也常受到威脅。爲了控制河道擺動，秦始皇時對這段河道進行了治理。《三秦記》云：「秦始皇作長池，引渭水，東西二百里，南北二十里，築土爲蓬萊，刻石爲鯨魚，長二百丈，亦曰蘭池陂。」這項工程主要是「作長池」以穩定河道，開「蘭池陂」以蓄水攔洪。長池與蘭池統而言之爲一，分而言之二。陂，《説文》作「阪」解，坂爲斜坡，水上有斜坡叫陂，蘭池陂應是一個三面有岸可以蓄水的湖泊。長池是二百里拓寬加固的渭河河道，蘭池陂則是長池系統中一個湖泊。《三秦記》又云：「蘭池陂即古之蘭池。」

據考古調查，今咸陽市東北的楊家灣，是一個呈簸箕形的大灣，北西東三面有高約五公尺的岸畔，南面平坦開闊而達渭河之濱。陳國英先生見告：灣內五〇年代平整土地時發現淤泥層甚厚，最近渭河發電廠擴建時鑽探得知，秦漢以來的覆蓋層有二十個文化層，淺處三〇公尺可見生土，深處七〇公尺才到生土層，可見當時水深達七〇多公尺，這應是秦蘭池的遺址。此地現在較渭河的水平線高，也許當年是通過在河道中築蓬萊山等措施提高水位，攔渭河水入蘭池的。另一説法，在楊家灣西北岸邊發現一龍山文化遺址，新石器時代的人多沿河而居，據此推測約在五千年前有一條古河沿咸陽頭道原穿流而過，後古河改道，留下蘭池。不論蘭池是怎樣形成的，後來的規模顯然是通過人工開鑿而成，蘭池是一個人工湖。湖面可以盪舟，又配有蓬萊山、鯨魚石等景觀，且距秦都頗近，是皇家的遊樂場所。

蘭池宮因築在蘭池之旁得名，是一座遊蘭池時用來休憩的離宮，秦始皇常遊蘭池，有時也夜宿蘭池宮。《史記·秦始皇本紀》載：三十一年，「始皇爲微行咸陽，與武士四人俱，夜出逢盜蘭池，見窘，武士擊殺盜。」即在此地。《漢書·地理志》渭城縣注，有「蘭池宮」。秦都咸陽西漢改置渭城縣，轄境東達楊家灣一帶。《元和郡縣圖志》卷一云：「秦蘭池宮，在（咸陽）縣東二十五里。」唐咸陽縣城在今咸陽市東北擺旗寨，唐一里合今五二

三公尺，二十五里合今一三○六五公尺，即十三公里强，按其方向、里程蘭池宮應在今楊家灣附近。據陳國英先生調查：在今楊家灣西面的原上柏家嘴一帶，採到大量秦鋪地磚、空心磚、瓦當、陶片等，其形狀、紋飾與秦都所出無異；鑽探發現有六處大片夯土遺迹，夯土層厚度與秦都所見完全一致。這顯然是一片秦代建築群遺址，其地恰在秦蘭池西岸，當是秦蘭池宮所在。從地層中的火燒土和殘磚碎瓦看，當被項羽火毀。《雍錄》認爲秦蘭池宮漢世猶存，是與事實不符的。這也難怪，程大昌不可能看到秦蘭池宮被火毀的遺迹。

西漢時蘭池漸遭破壞。《史記‧景帝本紀》載：景帝六年「伐馳道樹，殖蘭池。」徐廣曰，「殖」一作「填」。劉伯壯說：「此時蘭池毀溢，故堰填。」後因周勃、周亞夫父子葬於蘭池之北，遂將秦蘭池改名周氏陂、周氏曲或周曲。潘岳在《西征賦》中說的「蘭池周曲」即是。大約漢武帝初年，重建蘭池宮，但同名異地。《文選‧西征賦》李善注引《長安圖》云：「周氏曲在咸陽縣東南三十里，今名周氏陂。陂南一里漢有蘭池宮。」宋敏求《長安志》亦云：「周氏曲在咸陽東南三十里，今名周氏陂。陂南一里，漢有蘭池宮。」秦蘭池宮在陂西，漢蘭池宮在陂南。《漢書‧楊僕傳》：漢武帝欲令楊僕討伐東越，楊僕「受詔不至蘭池宮」。此蘭池宮當是漢宮。《秦漢瓦當文字》收用「蘭池宮當」，陳直先生「審其形制」，定爲「漢物」，應是漢蘭池宮瓦當。唐初，李世民率兵抵禦突厥，李淵「餞之於蘭池」（《資治通鑑》卷一九一），也只能在殘存的漢蘭池宮餞行。

望夷宮

秦始皇時代，匈奴對秦北方的威脅加劇，爲了保衛京城咸陽的安全，在涇河南岸的高地上建造了這座宮殿。宮中有樓，高五十丈（王楓林：《咸陽古迹》），宮牆周圍有廬舍，由衛令率兵卒守衛，以瞭望北夷動靜，故名望夷宮，實際上是當時咸陽北境的哨所。西元前二○六年，劉邦率領農民起義

軍向關中逼進，秦二世「乃齋於望夷宮」，欲求涇水之神保佑，趙高派他的女婿閻樂率兵人望夷宮，逼秦二世胡亥自殺（《史記‧秦始皇本紀》）。

望夷宮的位置，〈秦始皇本紀〉二世三年《集解》引張晏曰：「望夷宮在長陵西北長平觀道東故亭處是也。臨涇水作之，以望北夷。」《三輔黃圖》云：「望夷宮，在涇陽縣界長平觀道東，北臨涇水，以望北夷。」兩者所說略同。南朝宋人裴駰所引張晏語，盡用漢地名。《三輔黃圖》此條似採用張晏語，但涇陽縣前秦苻堅始置，隋唐因之，似用隋唐地名。長平觀在漢高祖長陵西北，在涇陽縣「東南九里」（《長安志》卷十七）。故亭當是西漢在望夷宮廢墟附近所設的驛亭。《元和郡縣圖志》涇陽縣下亦云：「秦望夷宮，在縣東南八里。北臨涇水。」文獻皆言「北臨涇水」，又在高地上以望北夷，當在今涇陽縣東南，涇河河谷之南，即今咸陽原北端原畔。

近年來有認爲望夷宮在今涇陽縣東南，蔣劉鄉余家堡東北的原畔。此地北臨涇河河谷，由於長期涇河向南側蝕，原畔崩塌，在崖邊發現一大型宮殿夯土基址。經鑽探東西長九六公尺，南北寬三四公尺，距地表深〇‧七五公尺，呈東北——西南向，夯土基址的東、北兩面已垮下，只留西、南兩面，當地人稱爲「簸箕掌」。在地表採集到大量秦代遺物，計有葵紋瓦當、雲紋瓦當、素面瓦當、回紋空心磚、素面空心磚、回紋方磚、太陽紋方磚、素面方磚；還有外飾繩紋、內飾麻點紋的筒瓦和外飾繩紋的板瓦。在基址耕土層下三〇公分有大量的紅燒土塊，還發現一根直徑十五公分的焚木殘迹，可知此宮亦被項羽火毀。在這片基址西面約二〇〇公尺處，亦即余家堡北的斷崖上又發現一夯土基址，採集到兩塊槽形板瓦殘片，通體飾繩紋，一端大，一端小，這種板瓦在鳳翔雍城馬家莊遺址大量出土，爲秦人物制。這些基址當爲望夷宮遺址的一部分（參見《中國考古學年鑒》一九八五年，《涇陽縣秦都望夷宮遺址》）。又據咸陽市從事文物工作的先生調查；在今蔣劉鄉西的福隆莊發現大面積秦建築遺址，認爲此遺址爲望夷宮所在。此說見《咸陽地名志》。福隆莊在余家堡西北，亦北臨涇河河谷。孰是？有待進一步調查和

發掘。

梁山宮

　　梁山宮，秦始皇時建於今乾縣梁山，因山得名。《漢書·地理志》好時縣注云：好時縣「有梁山宮，秦始皇起。」《三輔黃圖》卷一云：「梁山宮，始皇幸梁山，在好時。」好時縣，秦置，西漢因之，治所在今乾縣縣城東五公里好時村附近。《史記·呂不韋列傳》云：秦始皇九年，嫪毐作亂，「追斬之好時」。梁山在今乾縣西北，伸向西南，迤邐至今扶風縣北境。周太王古公亶父，自邠遷岐時逾越梁山，即此山。

　　梁山宮的具體位置，《水經·渭水注》云：「莫水出好時縣梁山大嶺東南，逕梁山宮西。……水東有好時縣故城」。莫水，即今漠西河，發源於永壽縣永平鄉山中，東南流入乾縣境，穿越梁山關頭一帶的山嶺向東南流，從梁山宮西面流過。據此可知梁山宮在漠西河東岸，秦好時縣故城之西。《西安晚報》一九八八年五月十八日報導：「在乾陵西北發現的大型宮殿遺址位於乾縣吳店鄉與梁山鄉交界的瓦子崗上，南距乾陵約五公里。瓦子崗為一和緩龜背形臺基，南北長約一八〇〇公尺，東西寬約一〇〇〇公尺。在臺基中央南北六〇〇公尺，東西四〇〇〇公尺範圍內，秦代筒瓦、板瓦碎片俯拾即是，總面積達二四萬平方公尺，規模宏大。遺址東部有一高大的夯土臺基，底邊東西長三七·四公尺，南北寬二五公尺，高出地面五公尺。夯層厚七公分，夯窩徑六公分，夯層夯窩與秦咸陽一號宮殿遺址完全相同。土臺周圍地下還有大面積的夯土層。普查隊考古工作者在這裏採集到大量的散水石、礎石、文石及各式各樣的雲紋瓦當。尤其重要的是還採集到鋪臺階踏步用的交龍繞壁空心磚、騰龍玉壁空心磚和龍鳳紋空心磚四塊。空心磚圖案為線刻，構圖和諧，線條流暢，刀法嫺熟，富有動感，充滿活力。咸陽文物普查隊根據《括地志》、《三秦記》記載，與發現的大量散水石、文石參證等，斷定此遺址即秦代著名的梁山宮。筆者聞訊率研究生去乾縣實地考察，見瓦子崗

遺址在乾縣縣城西北的土嶺上。梁山是丘嶺溝壑交錯的土山，此土嶺應該是梁山的一部分，東南與乾陵所在的梁山主峰相望，其西北深溝中是流水潺潺的漠西河，按地望與《水經注》對梁山宮位置的記載正合。至今仍露出龜背形五米高的夯土臺階，七公分厚的夯土層，是典型的秦代高臺建築。那些交龍繞壁空心磚、騰龍玉壁空心磚等鋪臺階的踏步，只有在咸陽市渭城區窯店鎮牛羊村的秦咸陽宮遺址及阿房宮遺址中才見到過，這是秦宮殿建築的專用材料。顯然，這是一座宏偉豪華的秦宮殿被毀後留下的廢墟，這裏地表上有兩千年左右拾不完的瓦碴，至今殘磚碎瓦俯拾即是，所以當地人民給這片廢墟取名「瓦子崗」。我認爲瓦子崗的遺址不是梁山宮的全部，可能是梁山宮的主體建築。又據《中國文物報》一九九三年四月十一日載，在乾縣城西郊發現一龜背形宮殿遺址，挖出的成千上萬的秦漢瓦片中，發現有數塊壓印有篆體「梁宮」二字的秦代筒瓦和板瓦以及雲紋瓦當、回形紋鋪地磚和散水石、文石等建築材料。這應是梁山宮的另一部分宮殿遺址。

梁山宮有規模宏大的宮城。宋敏求《長安志》卷三引《三秦記》云：「梁山宮城皆文石，名織錦城。」《讀史方輿紀要》卷五十四：「梁山宮在永壽縣南八十里。秦始皇建宮皆文石，亦名織錦城。」這都説明梁山宮有宮城。這座宮城東至和北至不得而知，南面大約到今乾縣縣城之西，西面到漠西河東岸。《括地志輯校》卷一好時縣志云：「梁山宮俗名望宮山，在雍州好時縣西十二里，北去梁山九里。」按：唐好時縣貞觀年間已移治今永壽縣西南好時河鎮，此好時縣仍按習慣指秦好時縣故城，即今乾縣好時村附近。從好時附近西去十二唐里，從梁山大嶺向南九唐里，其地當在今乾縣縣城之西，漠西河之東的這一範圍之內。這裏可能是梁山宮宮城南門所在。

梁山宮依山傍水，林壑優美，夏季涼爽，是一避暑勝地。宮門與山之間相距九里，可能其間是苑囿，皇帝及大臣常去那裏遊樂。《史記·秦始皇本紀》載：秦始皇三十五年，「幸梁山宮，從山上見丞相車騎衆，弗善。」後有隨從泄密，丞相李斯再出遊時減少車騎，始皇因此殺死很多當時的侍從。

可見皇帝可以從梁山宮的殿中出來飽賞山色水光，亦可從山上俯視山下的活動，大臣可以率車騎在山下遊覽，宮城中似有供皇帝和大臣遊樂、避暑的苑囿。梁山宮的特點是宮苑結合。

項羽入咸陽，放火燒秦宮，咸陽巍峨的宮闕，大都化為焦土。但是，梁山宮由於遠離咸陽，加之山林的掩護，幸免於難，西漢時繼續存在。《金石索》收有「梁山銅」一件，鐫刻「元康元年造」。元康是漢宣帝的年號，當是漢宣帝時梁山宮所用的銅器。梁山宮毀於何時？不見文獻記載，恐怕逃不過西漢末年的兵燹。

關中有兩座梁山，除在今乾縣境內的梁山外，在今韓城縣西邊還有一座梁山，《詩·大雅·韓奕》：「奕奕梁山，維禹甸之。」《長安志》卷十九奉天縣云：「梁山即禹貢所謂壺口治梁與岐，又古公亶父逾梁山至於岐下，及秦立梁山宮皆此山也。」宋敏求把兩個梁山混而為一，因而對梁山宮的定位不準，《太平寰宇記》卷二十八，把梁山宮列入韓城縣梁山條內，顯係張冠李戴。

林光宮

《三輔黃圖》：「林光宮，胡亥所造，縱廣各五里，在雲陽縣界。」雲陽縣，秦置，治所在今陝西淳化縣西北的甘泉山。秦昭王時「北有甘泉、谷口」（《史記·范雎列傳》），甘泉山就是秦國北邊要塞。秦始皇時代，甘泉是防禦匈奴保衛咸陽的前哨，秦於此南築馳道以通咸陽，北築直道以達九原，並移民五萬家以實其縣。此地似早有秦的離宮，秦始皇生前常去巡視，死後發喪「從直道至咸陽」，也不免駐驛於此。可能秦二世時加以擴建，並定名林光宮。林光宮遺址在今淳化縣西北約二十五公里的甘泉山。宮在甘泉山南坡，從林光宮沿漫坡北行就是通往子午嶺的直道（史念海：〈秦始皇直道遺迹探索〉，《陝西師大學報》一九七五年三期）。

林光宮秦末「不燼於火」，漢武帝在其旁營建甘泉宮，後又築宮城以護

二宮。由於二宮同在一個宮城，人們往往混二爲一。程大昌《雍錄》辨之曰：「秦之林光宮至漢猶存，漢武元封二年即磨盤嶺山（今稱車盤嶺）秦宮之側作爲之宮，是爲漢甘泉矣。孟康注《效祀記》曰：甘泉一名林光。師古曰：漢於秦林光旁起甘泉宮，非一名也。師古之說是也。」林光宮與甘泉宮毗鄰並存。《漢書·金日磾傳》：日磾母死，武帝「詔圖畫於甘泉宮」；而莽何羅謀反時，武帝方「行幸林光宮」。《漢書·效祀志》：成帝時「震電災林光宮門」。張衡《西京賦》：「覘往昔之遺館，獲林光於秦餘。」林光宮自成一區，自立宮門，作爲「遺館」、「秦餘」存於漢世。

據考古勘查：在梁武帝村、董家村、城前頭村一帶，有宮城城牆夯土殘迹，實測總周長五六六八公尺，合五·七公里，當時甘泉宮和林光宮的宮城。在董家村附近出土的蟾蜍玉兔紋瓦當和龜、蛇、雁紋瓦當，是典型的秦代圖像瓦當（姚生民：〈漢甘泉宮遺址勘查記〉、《考古與文物》一九八〇年第二期），應是秦林光宮所用的建築材料。有可能林光宮的主體建築在董家村一帶，甘泉宮的主體建築在梁武帝村一帶。

二・咸陽渭南宮區及其以南的宮殿

章臺宮

《三輔黃圖》佚文：「章臺宮在漢代長安故城西，秦宮也。中有章臺，因名。」故此宮也簡稱章臺。可能築於秦惠文王時代。《戰國策·楚策一》載：蘇秦警告楚威王說：「今乃欲西面而事秦，則諸侯莫不西面而朝於章臺之下矣。」按《戰國縱橫家書》蘇秦告楚威王當係僞託，但東方諸侯合縱抗秦活動此時已十分活躍，可能是某說客對楚威王說過此話而加之於蘇秦。蘇秦事迹中此類材料不少。楚威王西元前三三九年至前三二九年在位，相當秦惠文王時代，而惠文王確曾在渭南大興土木，故章臺宮在他手裏建成是可能

的。秦昭王時多次在章臺宮舉行朝會，接見使臣。例如：《史記‧楚世家》：秦昭王誘楚懷王「西至咸陽，朝章臺，如藩臣，不與亢禮。」《史記‧藺相如列傳》：「藺相如西入秦，秦王坐章臺，見相如。」相如爲完璧歸趙，在章臺宮與秦昭王進行了一場有聲有色的舌戰。

關於章臺宮的位置，《史記‧秦始皇本紀》云：「諸廟及章臺、上林皆在渭南。」這就是說章臺宮在渭南是確定無疑的，但渭南指與渭北秦都相對的渭河之南的廣大地區。究竟在渭南何地？有兩說：一曰與漢建章宮同在一地。《黃圖》云：「章臺宮在漢長安故城西」，即漢長安城西郊。其地秦代設建章鄉，漢武帝在建章鄉營造建章宮，據說建章宮就是在秦章臺宮基礎上建立起來的，當然漢宮比秦宮大。漢建章宮遺址在今西安市三橋鎮高低堡子一帶，即漢長安城西牆外，秦章臺宮亦當在此。

二曰章臺宮的主體建築可能在未央宮前殿一帶。《史記‧樗里子列傳》云：「昭王七年，樗里子卒，葬於渭南章臺之東。」《論衡‧實知篇》亦云：「樗里子卒，葬於渭南章臺之東，曰：『後百年，當有天子狹我墓。』至漢興，長樂宮在其東，未央宮在其西，武庫正值其墓，竟如此言。」西漢武庫已發掘，在漢長安城內南部，即今西安北郊大劉寨村東，樗里子墓似在武庫正南，章臺宮既在樗里子墓西，應在城內西南部。有人據此推測秦章臺宮當在未央宮前殿一帶，未央宮前殿可能是利用章臺的高臺而築的。此說也有理，漢有章臺街即在未央宮附近，此街名當因秦章臺而得名。

兩說姑且並存，待將來考古發掘解決。

興樂宮

《三輔黃圖》載：「興樂宮，秦始皇造，漢修飾之，周回二十餘里，漢太后常居之。」關於興樂宮的修築時間有另一說，《史記‧孝文本紀》《正義》引《三輔舊事》云：「秦於渭南有興樂宮（張澍輯《三輔舊事》作「輿宮」），渭北有咸陽宮。秦昭王欲通二宮之間，造橫橋，長三百八十步。」

秦昭王時已有興樂宮，那麼該宮應建於秦昭王之前或秦昭王時期。《黃圖》云：「秦始皇造。」也可理解爲秦始皇時曾對該宮進行擴建。

興樂宮也是一個建築群，其中包括許多小宮及其他建築，如華陽太后所居的華陽宮，《七國考》言：「在陝西西安府舊長安城內，」可能就在興樂宮之內；秦始皇二十七年，在興樂宮中築鴻臺，高四十丈，臺上建有樓觀屋宇，始皇曾在臺上射落大雁，因以爲名。鴻臺漢代猶存，《秦漢瓦當》中收有「飛鴻延年瓦當」拓片，當面上有延年二字，下有大雁飛翔狀，當是漢修葺鴻臺用瓦。此外，秦始皇還增築魚池臺、酒池臺（見《三輔黃圖》）、大夏殿（《三輔故事》）等。

秦末項羽火燒咸陽宮時，周圍的宮殿盡成焦土，惟興樂宮還幸存幾棟殘宮，也許是放火的楚軍曾駐紮在這裏。劉邦決定建都長安後，命蕭何領工將興樂宮改建爲長樂宮。西元前二○○年竣工。劉邦遂率丞相以下由櫟陽宮徙居長樂宮，受理朝政。從惠帝劉盈以後皇帝移居未央宮，長樂宮爲太后所居。

興樂宮建於秦都渭南宮區長安鄉，即今西安市北郊的龍首原北部。程大昌《雍錄》云：「長安也者，因其縣有長安鄉而取之以名也，地有秦興樂宮，高祖改修而居之，即長樂宮。」漢的長樂宮是對秦興樂宮的舊殿修飾而成的，宮內布局基本上沿襲了秦時的形制，但有擴大。據劉慶柱先生提供的勘查材料：長樂宮位於長安城東南部，其南、東分別與南、東城牆相鄰，西鄰安門大街，北距清明門大街約五○○米。長樂宮遺址包括今西安市未央區未央鄉和漢城鄉的閣老門、唐寨、張家巷、羅寨、講武殿、李家壕、葉寨、樊寨、雷寨、查寨、南玉豐等村莊。宮城東西二九五○公尺，南北二二八○公尺，周垣一○三七○公尺，約相當漢代三十里，這要比興樂宮「周回二十餘里」擴大近三分之一。

信宮與極廟

　　《三輔黃圖》：「二十七年作信宮渭南，已而更命信宮爲極廟，象天極。自極廟道驪山，作甘泉前殿，築甬道，自咸陽屬之。」此採用《史記·秦始皇本紀》二十七年文。

　　《三輔黃圖》又云：「信宮，亦曰咸陽宮，」這話倘理解爲信宮就是咸陽宮，肯定是錯的。咸陽宮是秦沿用頗久的朝宮。直至秦統一前曾多次擴建，而信宮始建於秦始皇二十七年，即秦統一後第二年；咸陽宮在渭北而信宮在渭南，怎能把二宮合爲一宮？如果理解爲信宮也可稱作咸陽宮，尚能說通。咸陽宮所在的渭北宮區，地勢偏狹，缺乏水源，不利發展，秦始皇統一後就有將政治中心南移的意圖，故有營建信宮之舉。信宮也許一度代替咸陽宮作爲朝宮，因而有時把信宮也稱咸陽宮。

　　信宮何時改名極廟？據《史記·六國年表》載始皇二十八年「爲太極廟」。太極廟即極廟。《三輔黃圖》中「已而」表不久，隔一年改名與「已而」相合。但信宮與極廟畢竟是同一建築，更名後二名還可互用。

　　極廟是一種宮殿式的宗廟，也叫宮廟。司馬貞《索隱》解：「爲宮廟象天極，故曰極廟。」極廟中有太極殿，《太平御覽》引山謙之《丹陽記》云：「太極殿，周制，路寢也，秦曰前殿。」路寢即大寢、正寢，天子、諸侯的正室，在宗廟裏是供奉開國君主的殿堂。極廟象徵天上的天極星座。天極星即北極星，群星所拱而最爲尊貴。秦始皇採用鄒衍的陰陽五行說，開始把天上的星座與地上的群臣相比附。按《史記·天官書》：「中宮，天極星。」《索隱》引《文耀鈎》：「中宮大帝，其精北極星。」天極星在天球的中央，是中宮大帝之精，也是世俗皇帝在天宮的代表。所以極廟是秦始皇爲自己所建的祠廟，他活著全國各地已向極廟按時奉獻貢物。〈始皇本紀〉中有「今始皇爲極廟，四海之內皆貢職，增犧牲，禮咸備，無以加。」等語可證。

渭水之南的「極廟」與繡嶺之下的「驪山園」，都是始皇爲死後設計的配套建築。他迷信死後靈魂可以從驪山陵寢到渭南的極廟去接受祭祀的盛典，因而在極廟與陵墓之間築一條甬道以便靈魂往來。這條甬道主要是供始皇死後享用的。

秦始皇死後，秦二世將極廟改爲始皇廟。《史記‧秦始皇本紀》載：「二世下詔，增始皇寢廟犧牲及山川百祀之禮。令羣臣議尊始皇廟。羣臣皆頓首言：『古者天子七廟，諸侯五，雖萬世軑毀。今始皇爲極廟……先王廟或在西雍，或在咸陽。天子儀當獨奉酌祠始皇廟。自襄公以下軑毀。所置凡七廟。羣臣以禮進祠，以尊始皇廟爲帝者祖廟。』按羣臣所言，把原雍城宗廟和渭南「諸廟」中的從秦襄公以來的神主都換去毀掉，把秦始皇作爲開國皇帝，把始皇廟作爲皇帝的祖廟，以後按二世廟、三世廟向下排，建立新的七廟。這番諛詞得到秦二世的採納，梁玉繩《史記志疑》卷五據〈始皇本紀〉的版本，就有二世「壞宗廟」的記載。

極廟在渭南何地？不得確知。據一位考古專家推測，漢長安城中的北宮可能是在極廟的廢墟上建立起來的。北宮的位置，據王仲殊先生推定應在未央宮之北，桂宮之東。（《漢代考古學概說》八頁）相當今西安市北郊南徐寨、北徐寨一帶。這個推測是有道理的，《呂氏春秋‧慎勢》云：「古之王者，擇天下之中而立國，擇國之中而立宮，擇宮之中而立廟。」極廟的位置南是章臺宮，東南是興樂宮，西是甘泉宮，北隔渭水是咸陽宮。正好在諸宮之中，符合立廟的原則。再者，《漢書‧郊祀志》云：北宮「張羽旗，設共具以禮神君」是奉神之宮。這與極廟的功能相近，在極廟廢墟上建北宮也是「漢承秦制」的一種表現。當然這個推測還有賴於考古發掘證實。

甘泉宮

秦甘泉宮不知建於何時，但知秦昭王時已存在。《後漢書‧西羌傳》：昭王三十五年（西元前二七二年），「宣太后誘殺義渠王於甘泉宮。」《史

記‧秦始皇本紀》載：西元前二三七年前，秦王政接受齊人茅焦的勸說：從雍把他母親接回來，「入咸陽，復居甘泉宮。」《集解》引徐廣曰：「表云咸陽南宮也。」從秦昭王母宣太后至秦始皇母帝太后皆居甘泉宮，可知甘泉宮是太后居住的宮殿，而且在咸陽無疑。既可稱「咸陽南宮」，顧名思義當在渭南。西元前二二○年，秦始皇在渭南建信宮的同時，「作甘泉前殿」，築甬道與渭北諸宮相連，甘泉前殿當在甘泉宮中。有一次，李斯求見秦二世，「是時二世在甘泉，方作角抵優俳之觀。」（《史記‧李斯列傳》）此「甘泉」是「甘泉宮」的省文，可見此宮有大型皇家娛樂場所。

秦甘泉宮在渭南何地？秦漢文獻缺乏記載，魏晉著作中尚可抓住一點蛛絲馬迹。《太平寰宇記》卷二十五引《三秦記》曰：「桂宮一名甘泉，武帝作迎風臺以避暑。」《初學記》夏第二注引《關中記》云：「桂宮一名甘泉宮。又作迎風觀、寒露臺以避暑。」《三秦記》成書於東漢末至三國，《關中記》的作者潘岳是西晉人，可見直至東漢魏晉還有把桂宮稱甘泉宮的。桂宮是漢武帝太初四年建，武帝既要在甘泉山建甘泉宮，絕不會給桂宮又取名甘泉宮的。把桂宮之稱甘泉宮可能是出於一種習慣，可能因桂宮是在秦甘泉宮的廢墟上營建的，所以在人們口頭上還保留了一種習慣的稱謂。西漢長安城中的桂宮，在秦都咸陽的渭南宮區，其北隔渭水與咸陽宮遙遙相對，這也許是秦甘泉宮被稱爲「咸陽南宮」的原因。再者，桂宮在北宮之西，而北宮可能是秦信宮的故址，所以秦始皇在渭南建信宮的同時又在毗鄰作甘泉前殿，又以信宮和甘泉宮爲中心，建設皇帝通行的甬道系統，這些都與甘泉宮的位置有關。據王仲殊先生說：通過鑽探已發現了桂宮的圍牆，全宮平面呈長方形，面積約一‧六平方公里（《漢代考古學概說》第八頁）。一位在漢城考古的朋友見告，在桂宮漢代文化層下，發現了不少秦代瓦片，可能有一個秦文化層。因此我疑漢長安城西北的桂宮可能是秦甘泉宮的故址。

宋敏求、畢沅都認爲秦甘泉宮與漢甘泉宮同名同地，即在今淳化縣北甘泉山（《長安志》卷三及畢注），這是不能成立的。首先，此說與〈秦始皇

本紀〉所記的甘泉宮及甘泉前殿的位置無法統一起來，絕不可能把甘泉山上的甘泉宮扯到咸陽，或稱咸陽南宮，因爲其間相隔數百里。再者，今淳化縣的甘泉宮是漢武帝建，秦在此建有林光宮，史有定名，不可混同。

程太昌出於對宋敏求說的懷疑而提出隋甘泉宮與秦甘泉宮同在一地之說。他在《雍錄》中說：「甘泉前殿必近上林，即戶縣也。則秦之甘泉之與隋之甘泉正同一地，安知隋宮不襲秦舊耶？」顧祖禹《讀史方輿紀要》從其說。按：隋甘泉宮遺址在今戶縣縣城西南二十三華里的牛首山麓，明代在此建明陽寺，寺毀，今存明陽寺碑一幢。如果說秦甘泉宮在此有兩點講不通，一、秦甘泉宮是咸陽南宮，應在秦都咸陽範圍之內，而牛首山在終南山北麓，遠在秦都之外；二、項羽放火燒秦宮時並沒有搜山，牛首山之北的長楊宮，萯陽宮皆逃過火災，秦甘泉宮倘在牛首山，隱蔽條件更好，絕不被項羽火毀，漢代還會存在和利用。但《史記》、《漢書》、及《西京賦》、《西都賦》等描寫秦漢宮殿的作品，從未提及牛首山有何秦漢宮殿，而且在牛首山一帶至今沒有發現秦漢宮殿遺址。

阿房宮

阿房宮是秦在渭南上林苑中營建的一個最宏大的群體建築。《三輔黃圖》云：「阿房宮亦曰阿城，惠文王造，宮未成而亡，始皇廣其宮。」秦孝公在渭北建的「冀闕宮庭」北依大原，水源短缺，故惠文王著手在上林苑中營造新宮，宮未成而惠文王亡，遂中輟。至昭王時，鑒於阿城與渭北宮區相距較遠，不便往來，故放棄阿城而在長安鄉興建興樂宮等宮殿。秦始皇完成統一大業之後，爲了把政治中心轉移到地面開闊，用水方便，交通便利的豐鎬附近，決定在惠文王的基礎上擴建阿房宮，作爲新的朝宮，以體現統一帝國首府的宏大氣魄。他規劃以阿房宮爲中心，把咸陽及其周圍三百餘里的「離宮別館」用輦道連接起來，構成一個規模空前的帝都。此宮從秦始皇三十五年（前二一二）動工修建，和驪山陵的工程同時進行，驅使刑徒七十萬

人，始皇在世時可能只修竣前殿。西元前二〇九年二世胡亥嗣位，驪山陵覆土完畢，集中勞動力繼續修建。三年後項羽入關，焚燬殆盡。

阿房宮可能因有高大的宮城，故又稱阿城。文獻中多有記載，《漢書·東方朔傳》：漢武帝把「阿城以南」的土地擴入上林苑，顏師古注：「以其牆壁崇廣，故俗爲阿城」。前秦苻堅曾「植梧桐數千枚於阿城。」（《十六國春秋》）。李世民初從太原入關也曾屯兵阿城（《舊唐書·高祖本紀》）。宋敏求《長安志》載：「秦阿房一名阿城。在長安西二十里。西、北、（東）三面有牆，南面無牆。周五里一百四十步，崇八尺，上闊四尺五寸，下闊一丈五尺。今悉爲民田。」宋以來宮城圮毀，已夷爲耕地。

阿房宮的主體建築是前殿。據《史記·始皇本紀》載：「乃營作朝宮渭南上林苑中，先作前殿阿房，東西五百步，南北五十丈，上可以坐萬人，下可以建五丈旗。」東西五百步合今六九三公尺，南北五十丈合今一一六·五公尺。高可建五丈旗合今一一·六五公尺。現存前殿遺址在今西安市西郊，西起古城村東至巨家莊，留下一座巨大的長方形夯土臺基，東西寬約一三〇〇餘公尺，南北長五〇〇公尺，臺高約七公尺，面積約六〇萬平方公尺。這個夯土臺比始皇本紀記載的前殿大得多，東西超寬七〇七公尺，南北超長三八三·五公尺。可能這個高臺包括前殿的基座、殿四周的迴廊、臺階及其也活動場地在內。以後的著作可能是以這一夯土臺其爲準估計前殿的規模，如《漢書·賈山傳》：「東西五里，南北千步。」《關中記》：「東西千步，南北三百步」《三輔故事》：「東西三里，南北三百步。」等等，由於不是實測頗多歧異，但都較實際偏大，前殿規模應以始皇本紀爲準。前殿動工較早，秦亡以前似已啓用。

在前殿東面約一公里，有一隆起的夯土臺，群衆稱之始皇上天臺。可能是阿房宮中一臺閣建築。

前殿東北約二〇〇公尺處，有一「北司」建築遺址。發現大型石柱礎排列有序，繩紋瓦片上陶文有「北司」、「右宮」、「左宮」「宮甲」等篆

字，似爲施工單位的名稱，説明阿房宮的工程確實沒有完畢。

在今阿房宮村正北高窰村，發現秦代麻點紋板瓦、筒瓦、雲紋瓦當等建築材料，還發現了著名「高奴禾石銅權」（《中國古代度量衡圖錄》一六六頁）。此權是戰國秦鑄，秦統一度量衡時收回審驗，在一面加刻秦始皇二十六年詔書，未來得及發還高奴秦就亡了，這個建築也許住著專管檢定度量衡的機構。

前殿正北約一公里的小蘇村發現銅建築構件六件。一件好像是銅柱的柱礎，一件是門砧，一件是户樞，其餘三件都是作加固木質樑柱用的（朱捷元等：〈陝西長安縣小蘇村出土的銅建築構件〉，《考古》一九七五年第二期），與鳳翔秦宮遺址出土銅構件相類，證明爲秦宮殿建築用物。此處亦應是一個宮殿遺址。

前殿北約三公里有後圍寨，村北有一高台建築遺址，高達六米。出土有花紋空心磚即台階的踏步，屋脊式的陶質水道銜接一二十米長，排列有序的柱礎石等（王學理：《秦都咸陽》）。也應該是阿房宮中一處大型宮殿遺址。阿城的北闕門叫磁石門，又名卻胡門。《三輔黃圖》云：阿房宮「以磁石爲門」。《三輔舊事》云：「以磁石爲門，阿房宮之北卻門也。」磁石門遺址黃盛璋説在今雙樓村（《中國古代地理名著選讀》一一六頁），姜開任認爲在阿房宮前殿正北四公里處的新軍寨附近。按古帝王宮殿建制，新軍寨正處在阿房宮的中軸線上，南對阿房宮前殿遺址，故磁石門爲阿房宮北闕門。新軍寨附近發現秦夯土層深達數公尺，可資佐證。

據現在考古調查資料來看，秦阿房宮的範圍，南至西安市豐鎬路和平村，北至隴海鐵路北的新軍寨，南北長約五公里；東至滈河岸，西至紀陽村，東西寬約三公里。這裏在西周鎬京之北，地勢高平，東有滈水（今滈河），西有豐水枝津（據胡謙盈踏察），既適宜建大型宮殿，又有充足水源。秦始皇本來就羨慕「豐鎬之間，帝王之都」，他選擇這片原地營建阿房宮，作爲規模恢宏的帝都中心，比之豐鎬更爲開闊，更利於發展。

宜春宮

　　《三輔黃圖》：「宜春宮，本秦之離宮，在長安城東南，杜縣東，近下杜。」

　　杜縣，秦武公置，轄今西安市南及長安縣、柞水縣東，寧陝縣西。其地周代爲杜伯國。下杜是秦杜縣的縣城，在今西安市南郊雁塔區山門口杜城村。有謂「今杜城爲上杜，杜陵、杜曲一帶爲下杜」（《中國歷史文化名城辭典》820頁）。此說與文獻記載不合。《水經‧渭水注》云：「沈水（今潏河）又西北，逕下杜城，即杜伯國也。」今潏河確從長安縣韋曲西北向流，繞杜城村南而過。又云：漢長安城「東頭第一門，本名覆盎門」，「其南有下杜城，應劭曰：故杜陵之下聚落也。故曰下杜門，又曰端門，北對長樂宮。」漢長安城的覆盎門、長樂宮遺址，在今西安市西北閣老門村一帶，與今西安市西南的杜城村一帶正好南北相對。《漢書‧宣帝紀》云：宣帝劉詢在民間時，「尤樂杜鄠之間，率常在下杜。」顏師古注：「下杜即今之杜城。」《長安志》卷十二云：「下杜城在（長安）縣南一十五里，其城周三里一百七十三步。」宋長安縣治所在今西安城內，西安城距杜城約十五華里。又云：「秦武公十一年初縣杜，即此地也。」「漢宣帝時修杜之東原爲陵，曰杜城縣，更名此爲下杜城。廟記曰：下杜城杜伯所築，東有杜原，城在底下，故曰下杜。」不久前我去調查：今杜城是個不到二千四百人的村落，故城遺址不存，村南有杜伯塚，亦夷爲菜地，人們皆知其所在，村南一華里即爲潏河，寬約二丈，水量不大。村東南約四華里有十多米高的土原，與東面大原相接，此即古時杜原，今名鳳棲原。杜縣故城因在此原下，故名下杜。解放後在杜城村西北一公里處，發現著名文物「杜虎符」；在杜城南、手帕張堡西，出土紅色夾沙陶釜一件，內裝一千枚先秦「半兩」錢，釜蓋中間有「杜市」二字戳記（陳尊祥：〈杜虎符真僞考辨〉，《文博》一九八五年第六期）。可見杜城一帶無疑是下杜所在。據劉慶柱先生調查：在今

曲江池南的春臨村西南發現秦漢建築遺迹，似爲宜春宮的重要宮殿遺址。其地在漢長安城的東南方，秦杜縣東部的鳳棲原上，與下杜所在呈東西向，相距約五公里。可謂相近。

宜春宮西漢經過修葺繼續使用，漢武帝多次遊幸於此。《漢書·司馬相如傳》載：有一次武帝去上林苑打獵歸來，經過宜春宮，陪同的文人司馬相如觸景生情，寫下《哀秦二世賦》。賦中有「登陂陀之長阪兮，坌入曾宮之嵯峨。臨曲江之隑州兮，望南山之參差」等句。意思是：登上陂岸漫長的坡道，走進重樓疊閣的宜春宮。俯視曲折瀠回的隑州，遙望險峻起伏的南山。

秦漢利用曲江池西側地下泉水和周圍的自然景觀，廣植竹木，闢爲皇家園林，取名宜春苑。苑内有「隑（qi 奇）州」，顏師古注：「言臨曲岸之州，今猶謂其處曰曲江。」其遺迹就是現在曲江池。「曾宮」，曾，重也。指宜春宮中的多層宮殿，經過曲江東邊的「長坂」，才能進這座「曾宮」，可見宜春宮的主體建築在今曲江池南的鳳棲原上。陳直先生云：在春臨西南的秦漢建築遺址上採到一瓦筒部有「十二二月令」五字刻款（《秦漢瓦當概述》），出土「富貴毋央」瓦當一品（《關中秦漢陶錄提要》），可能就是宜春宮建築用瓦。秦二世墓，《史記·秦始皇本紀》：趙高逼死胡亥，「以黔首禮葬二世杜南宜春苑中」。墓在今曲江池南岸，封土堆圓形，高五米，墓北豎畢沅書「秦二世皇帝陵」石碑。以上遺迹與司相如《哀秦二世賦》所言一致。

在唐宋著作中對宜春宮的位置有不確切的説法。唐初李泰主編的《括地志》云：「秦宜春宮在雍州萬年縣西南三十里。」又：「秦胡亥陵在雍州萬年縣南三十四里。」唐張守節《史記·正義》、宋王應麟《玉海·宮室》皆從其説。按此説，唐萬年縣治在今西安市李家村，一唐里折今五二三公尺，三十唐里折今一五·七公里，從李家村向西南推一五·七公里，宜春宮的位置在今韋曲南的何家營一帶。三十四唐里折今一七·八公里，從李家村向西南推一七·八公里，二世墓在韋曲東南岳村一帶。何家營、岳村皆在樊川，離可

作定位依據的遺址今西安市郊區曲江池相距甚遠；且與司馬相如《哀秦二世賦》及《三輔黃圖》的記載頗相牴牾，此說顯然錯誤。

長楊宮

《三輔黃圖》：「長楊宮，在今周至縣東三十里，本秦舊宮，至漢修飾之以備行幸。宮中有垂楊數畝，因爲宮名，門曰射熊觀，秦漢遊獵之所。」

長楊宮是秦昭王時建於秦嶺之北的一座離宮。《漢書·地理志》周至縣注：「有長楊宮，有射熊館，秦昭王起。」《史記·秦始皇本紀》二十六年《正義》引《廟記》云：秦宮分佈「南至長楊、五柞」。《小校經閣金文》卷十一有長楊宮鼎，當爲長楊宮中器物。該宮由於遠離咸陽，秦未免於火毀，西漢時皇帝常去遊幸。

長楊宮的位置，《水經·渭水注》云：「東有漏水，出南出赤谷，東北流逕長楊宮東，宮有長楊樹，因此爲名。」漏水即今周至縣東的赤峪河，從秦嶺北麓的赤峪流出，東北流經今終南鎮東，北流入黑河。據此長楊宮應在終南鎮東。《水經·渭水注》又云：「田谿水出南山田谷，北流長楊宮西，又北逕周至縣故城西。」田谿水即今周至縣東田峪河，發源於秦嶺北麓的田峪，北流經終南鎮西，再北流而入黑河。周至縣故城，指西漢周至縣城終南鎮。《史記·司馬相如列傳》正義引《括地志》：「長楊宮在雍州周至縣東南二里。」此即指漢縣城終南鎮。據此長楊宮應在田峪河西終南鎮東南。據我們調查：在今周至縣終南鎮東南三公里竹園頭村，村南有地名圪塔頂，原有高達三米多的大型夯土台基，十年前平整土地時用挖土機鏟平，當時周至縣文化館進行過搶救清理。從所得秦漢磚瓦及其遺物確定爲長楊宮遺址。我們在圪塔頂土堆下看到幾大堆秦漢殘磚碎瓦，在附近農民一廁所牆上看到蓋著數十頁秦漢繩紋板瓦。赤峪河下游由於水利灌溉的需要河道多次變動，一九六八年出版的地圖上還標的赤峪河支流從竹園頭村南東北流向，今此支流已并入村西一公里的赤峪河正流。因此，把竹園頭村南的秦漢宮殿遺址定爲

長楊宮遺址，基本符合《水經注》的記載。

《三輔黃圖》云：「長楊宮，在今周至縣東三十里。」《元和郡縣圖志》云：「秦長楊宮在縣東南三十三里。」較黃圖遠三里，可能測算起點有城東城西之別，故有此差，實應看作一致，此周至縣城即今縣城，由此到竹園頭村南正好十五公里，約三十餘唐里。要之，秦長楊宮遺址在今周至終南鎮東南的竹園頭村南。

當地人傳說：射熊館在今周至縣東尚村鎮北的臨川寺。此說與文獻記載不合。射熊館即射熊觀，觀與館漢代通假，指宮門前的雙闕，《爾雅·釋宮》：「觀謂之闕。」《三輔黃圖》：長楊宮「門曰射熊觀」。其實是宮門上的樓台建築皇帝曾登此射熊，故名。亦當在竹園頭村南長楊宮遺址之內。臨川寺可能是五柞宮遺址。《水經·渭水注》云：「（耿）水發南山耿谷，北流與柳泉合。東北逕五柞，長楊、五柞二宮相去八里。並以樹名宮。」耿水即今耿峪河，耿峪河發源於終南山北麓大、小耿峪口，東北流過五柞宮附近，尚村鎮北的臨川寺恰在耿峪河東側，與竹園頭相距約八里，與北魏八里相近。按《水經注》臨川寺應是五柞宮所在。其地唐時建臨川寺，現為小學，據該校老師管普庚說：過去發現過雲紋瓦當。確是秦漢建築遺址。

長楊宮、五柞宮及在今戶縣的萯陽宮，都在秦嶺北面的上林苑中。長楊宮離南山耿峪口只有四公里，地近秦嶺北麓。周至、戶縣境內的秦嶺北麓，峰嶺錯列，溝谷相連，林木蔥鬱，禽獸繁多，故這裏既是秦皇家的遊獵區，也是練兵場。班固《西都賦》云：「天子乃登屬玉之觀，歷長楊之榭，覽山川之氣勢，觀三軍之殺獲。原野蕭條，目極四裔，禽相鎮壓，獸相枕藉。然後收禽會眾，論功賜胙。」屬玉觀，在萯陽宮，長楊榭在長楊宮，是二宮的高台建築。「秋冬校獵於下，命武士搏射禽獸，天子登此以觀。」（《三輔黃圖》）三軍殺獲後，皇帝論功賞賜胙肉。漢武帝、元帝、成帝等常去長楊宮遊幸打獵。成帝時為了向「胡人」誇耀長楊宮附近多禽獸，徵發關中人民入南山捕熊、羆、虎、豹、狐、兔等，裝進檻車，送到長楊宮射熊館前，

「縱禽獸其中，令胡人手搏」，引起民怨沸騰。揚雄因而上《長楊賦》以諫之。

蒼陽宮

蒼與倍同音，故又作倍陽宮。秦惠文王時建。《漢書·地理志》戶縣注：「蒼陽宮秦文王起。」《三輔黃圖》、《水經注》、《雍錄》同。但秦無文王，只有惠文王和孝文王。孝文在位只有一年零三天，為秦昭王服喪未滿即崩，沒有築宮之舉，惠文王在位二十七年（西元前三三七年─西元前八一一年），曾「取岐雍巨材，新作宮室」。（《三輔黃圖》序）興建蒼陽宮的「秦文王」當是秦惠文王。《大清一統志》已有此說，但未作論證，今補之。

《漢書》王先謙補注引「吳卓信曰：《說苑》秦始皇遷太后於蒼陽宮。」當是秦始皇接受茅焦勸諫後，將其母從雍接回曾安置於此，但今本《說苑》無，也許是《說苑》佚文。此宮由於遠離咸陽，免受秦末兵燹，西漢猶存。《漢書·東方朔傳》載：漢武帝去打獵，常投宿「長楊、五柞、倍陽」諸宮。《漢書·宣帝紀》載：宣帝於甘露二年冬，「行幸蒼陽宮」，注引應劭曰：「宮在鄠，秦文王起。」可見漢宮即秦宮。

蒼陽宮在戶縣，但在戶縣何地？說法不一。《水經·渭水注》云：甘水「出南甘谷，北逕秦文王蒼陽宮西，又北逕五柞宮東。」甘水即今戶縣西部的甘河，甘谷即今終南山北麓的甘峪溝。甘河從甘峪溝流出，北逕蒼陽宮西，又北經五柞宮東。據此可以推定蒼陽宮與在今周至臨川寺的五柞宮中間隔著甘河，蒼陽宮當在甘河中游的東側。《三輔黃圖》云：蒼陽宮「在今鄠縣西南二十三里」，《元和郡縣圖志》同。宮在戶縣西南似與《水經注》一致，其與縣城相距二十三里，約合今十一公里，可推到甘峪口一帶。但沒有獲得考古調查資料，無法確定。

另一說法：清康熙二十一年修的《戶縣志》云：「秦蒼陽宮在縣西三

里，秦文王所造也。……父老相傳今陂頭東嶽宮即其舊址。舊志西南二十三里誤矣。」乾隆《户縣新志》從其説。今户縣已確定陂頭村澅陂湖附近的東嶽宮是秦萯陽宮舊址，内有陳列室，繪秦始皇迎母事。但僅僅根據傳説，無一磚一瓦可證，似嫌不足。

三・咸陽以西的宮殿

雍都中的宮殿

《史記·秦始皇本紀》：「德公元年（前六七七），初居雍城大鄭宮。」《括地志》：唐「岐州雍縣南七里故雍城，秦德公大鄭宮城也。」這是雍城中大鄭宮的記載。

《史記·秦始皇本紀》：「康公享國十二年（西元前六二〇年至前六〇九年），居雍高寢」「共公享國五年（西元前六〇八年至前六〇四年），居雍高寢。」「桓公享國二十七年（西元前六〇三年至前五七七年），居雍太寢。」「景公享國四十年（西元前五七六年至前五三七年），居雍高寢。」「躁公享國十四年（西元前四四二年至前四二九年），居受寢。」寢爲王公所居之宮。《爾雅·釋宮》：無東西廂有室曰寢。」高寢、太寢、受寢皆雍都中的宮殿名。

經考古勘察，秦都雍城位於今鳳翔縣城之南，雍水河之北。城垣呈不規則方形，東西長約三千三百米，南北寬約三千二百米，城區面積約十一平方公里。在雍城的中心，即今馬家莊，發現一組宏大建築群遺址，面積二一八四九平方米。三周有圍牆，五進庭院，五門，三朝。似爲秦公處理政務和住宿的宮殿，專家定爲秦公朝寢遺址（韓偉：〈秦公朝寢鑽探圖考釋〉，《考古與文物》一九八五年第二期）。在雍城的中部偏西，即今姚家崗一帶，發現三窖銅質建築構件六四件，有明顯的夯土台基和板瓦、筒瓦、散水等建

築遺存，在遺址內堆積中還發現不少鏤刻精美的玉璜、玉玦、玉璧等，顯然也是城內主要宮殿區之一（盧連成：〈平陽、雍都地望確定與秦先公徙都迹略〉，《文史集林》）。上述秦公所居的大鄭宮、太寢、高寢、受寢等宮殿，可能就在兩大宮殿區之中或其附近。

棫陽宮

《三輔黃圖》：「棫陽宮，秦昭王所作。」《漢書·地理志》雍縣注：「棫陽宮，昭王起。」《漢書·文帝紀》張晏注、宋敏求《長安志》同。陳直云：「獨程大昌《雍錄》以爲秦穆公造。」查《雍錄·秦宮雜名》云：「昭王棫陽宮在岐州扶風。」無穆公造之說，陳誤。

關於棫陽宮的位置，《史記·呂不韋列傳》：嬴政平息嫪毐叛亂之後，「遷太后於雍」。《索隱》引《說苑》：「遷太后棫陽宮」，可見秦棫陽宮在雍。又見《漢書·蘇武傳》：蘇武兄蘇嘉曾隨漢武帝「至雍棫陽宮。」《漢書·郊祀志》載：漢武帝征和四年有一次隕石雨，「雍縣無雲，如雷者二，或如虹氣，蒼黃若飛鳥，集棫陽宮南，聲聞四百里。」陳直云：《小校經閣金文》卷十一有雍棫陽宮共廚鼎。可見雍的棫陽宮西漢時猶在。據考古調查：在秦雍城遺址南郊，即今鳳翔縣城南的東社發現大片戰國秦漢建築遺址，採集到鹿紋瓦當、獵人鬥獸瓦當，顯係戰國秦的建築材料；還有「棫陽」殘瓦，應爲西漢中期修葺棫陽宮的遺物（〈蘄年、棫陽、年宮考〉、《陝西省考古學會第一屆年會論文集》）。綜上所述，棫陽宮在今陝西鳳翔縣城南無疑。

另一說法：《三輔黃圖》：棫陽宮「在今岐州扶風縣東北。」《括地志》亦云：「棫陽宮岐州扶風縣東北。」《長安志》、《雍錄》、《清一統志》從其說。《中國歷史地圖集》第二冊、一九八六年版《中國歷史地名辭典》，皆據此將棫陽宮定在今陝西扶風縣東北。按：岐州、扶風縣均爲唐貞觀時所置，此說係唐人的推測，與原始記載相悖，非是。

蘄年宮

又作祈年宮，蘄通祈，取向天祈豐年之意。亦作祈年觀，《爾雅·釋宮》：「觀謂之闕」，特指祈年宮門前兩側的望樓。建築時代説法不一。《史記·秦始皇本紀》《正義》引《廟記》云：「祈年觀，德公起。」《三輔黃圖》云：「蘄年宮，穆公所造。」《漢書·地理志》雍縣注云：「祈年宮，惠公起。」《水經·渭水注》云：祈年宮「蓋秦惠公之故居」。據考古調查，此宮可能始建於秦惠公。惠公於西元前三九九年至前三八七年在位，時當戰國中期。

關於其位置，《史記·秦始皇本紀》《集解》曰：「蘄年宮在雍。」《三輔黃圖》引《廟記》曰：「蘄年宮在城外。」考古工作者在今鳳翔縣長青鄉孫家南頭，發現一處約二萬平方米的秦漢建築遺址。從遺址西南的斷崖上看，耕土層下爲漢代建築夯土層，厚約一·二公尺；再下爲厚約七十釐米的秦文化層，内含戰國秦的繩紋陶片、雲紋瓦當碎片、陶水管等。地面採集到秦雲紋、花紋、渦紋瓦當五件，漢代文字瓦當二件，其中有「蘄年宮當」，字體寬博，面徑大，邊輪寬，頗具西漢中期的瓦當風格，估計應爲武、昭、宣時期某次重修蘄年宮所用之瓦（〈蘄年、棫陽、年宮考〉，《陝西省考古學會第一屆年會論文集》）。此遺址恰在雍城南郊，在秦文公、宣公、靈公以至漢高祖設壇祭天的三時原上，東接秦公陵園，當是秦蘄年宮所在，西漢對該宮多次進行維修或擴建。

蘄年宮是雍都的一處郊祀祈年的齋宮，秦漢帝王多在此祭五時和先公。嬴政在雍舉行冠禮時，在蘄年宮住宿齋戒。嫪毐發動叛亂，「欲攻蘄年宮」（《史記·秦始皇本紀》）。據《漢書》記載，西漢高祖至成帝，皇帝去雍祭五時者凡十八次，亦多宿於蘄年宮。

橐泉宮

　　《史記‧秦始皇本紀》《正義》引《廟記》云：「橐泉宮，秦孝公造。」《漢書‧地理志》雍縣注同。秦之橐泉宮，漢代仍沿用。《長安獲古編》卷二載有橐泉銅銷銘云：「橐泉銅一斗銷，重三斤，元康元年造。」又載有橐泉宮銅鼎銘云：「雖（雍）橐泉宮金鼎蓋一容二升，重一斤八兩，名百雖二。杜陽，五十四斤十四。」《小校經閣金文》卷十一載有橐泉宮鐙銘云：「橐泉宮銅鐙，重一斤十二兩，元康二年考工令史孺監省。」元康是漢宣帝年號，橐泉宮銷、橐泉宮鼎、橐泉宮鐙三器，皆宣帝時橐泉宮中用物。在鳳翔還發現「橐泉宮當」一品，亦屬漢代瓦當（陳直：〈秦漢瓦當概述〉。《摹廬叢著七種》）。西漢在內地設的官馬廄，有橐泉廄，《漢書‧百官公卿表》注引如淳曰：「橐泉馬廄，在橐泉宮下。」馬廄蓋因置於橐泉宮附近而得名。要之，此宮秦孝公時初建，西漢中葉猶存，亦屬秦宮漢葺。

　　橐泉宮的位置，《三輔黃圖》引《皇覽》曰：「秦穆公冢、在橐泉宮祈年觀下。」《漢書‧劉向傳》云：「秦穆公葬於橐泉宮祈年館下。」館為止宿之所，漢時與「觀」同音通假。據此可知：㈠橐泉宮與蘄年宮毗鄰，還可能在同一宮城之中。蘄年宮遺址已知在今鳳翔縣西南，千河東岸的孫家南頭，橐泉宮也應在此。據考古調查，在蘄年宮附近發現一古泉，水質甘醇，四季常湧，宮可能因此而得名。所謂橐泉，是指袋狀的水泉。此處既近水泉，又在千河之濱，水草豐美，宜耕宜牧，故西漢政府在此建橐泉廄以養馬。㈡橐泉宮距秦穆公葬地不遠。舊說穆公冢指今鳳翔師範東的高土堆，清畢沅曾在此立「秦穆公冢」石碑，此後以訛傳訛。經考古隊鑽探，確知此不是穆公冢，可能是秦雍城北牆的一處防禦性的高台建築或門址，按當時「不封不樹」的禮制不可能有穆公冢。在今鳳翔縣城西南的數十里範圍內，發現秦公陵園十四座，內有大型墓葬三十四個，地表均無封土堆。秦公一號大墓已發掘，估計秦穆公墓當在一號大墓之南。橐泉宮和蘄年宮均東接秦公陵

園，離穆公墓較近，與文獻記載相合。

平陽封宮

又稱平陽宮。春秋秦武公常居的宮室。《史記·秦始皇本紀》：「武公享國二十年（西元前六九七年至前六七七年在位），居平陽封宮。」《正義》云；「平陽封宮在岐州平陽城內。」平陽，秦憲公二年遷都於此，歷經出子、武公，凡三十七年，此宮當時爲秦都的朝宮，故名。其稱封宮者，或因建於高台之上，《周祀·地宮·封人》注：「聚土曰封」；或與祭祀有關，《禮記·祭法》注：「封，壇也，積土以爲祭壇也。」

平陽封宮，戰國秦漢作爲離宮長期存在。《積古齋鐘鼎彝器款識》卷九有平陽封宮銅器一件，刻「平陽封宮」四字，秦篆，阮元定爲秦平陽封宮中的器物，始皇或二世時所作。又有衡器「平陽斤」，上刻秦始皇二十六年詔書及秦二世補刻辭，當爲平陽宮或平陽城中之物。《漢書·郊祀志》：漢成帝時「雍大雨，壞平陽宮垣。」平陽宮北倚今鳳翔原，故宮牆被來自原上的洪水沖毀。

一九七八年元月，寶雞縣楊家溝鄉太公廟村出土春秋秦銅鐘五件，銅鎛三件，均有銘文，文辭相同。似爲秦武公初即位時，所鑄告天祭祖的禮器，故定名爲秦武公鐘、鎛。從太公廟向東到陽平鎮，是北倚高原南臨渭水的台地，累有早期秦墓及秦遺物發現，秦平陽故城無疑在這一範圍之內，而平陽封宮可能就是太公廟附近（《文史集林》盧連成〈平陽·雍城地望確定與秦先公徙都迹略〉）。

關於平陽故城秦時屬雍縣，《史記·秦始皇本紀》：武公卒，「葬雍平陽」。秦雍縣轄境自今鳳翔向南直到渭水之濱。西漢屬鬱夷縣，《水經·渭水注》：「汧水東南歷慈山東南，經鬱夷縣，逕平陽故城南，《史記》秦寧（憲）公二年徙平陽，徐廣曰：故鬱之平陽亭也。」鬱即鬱夷縣，西漢置，縣治在今寶雞縣千河與渭河匯合處，千河入渭時要過平陽故城南，可見平陽

故城在渭河北岸，漢在其地設平陽亭。東漢廢鬱夷縣，把今寶雞縣東渭河北岸并入眉縣，故《史記》《集解》引徐廣語改爲「眉之平陽亭」，當爲一地。唐代屬岐山縣，《括地志》載：「平陽故城在岐州岐山縣西四十六里。」岐山縣唐貞觀間即移治今址，今岐山縣城向西南距太公廟約四十華里，與《括地志》所云相近。雍正《陝西通志》卷七十二，「平陽封宮的在眉縣故平陽城內」。故平陽城在數縣交界之間，歸屬多變，清初一度劃歸眉縣。總之據文獻記載：平陽城秦時屬雍縣，西漢屬鬱夷縣，東漢屬眉縣，唐代屬岐山縣，清初復屬眉縣，所屬不同，實則一地，即今寶雞楊家溝鄉太公廟至陽平鎮一帶。文獻記載與出土文物一致，平陽封宮無疑在這片渭北台地上。

惟程大昌《雍錄》云：「武公平陽宮在華山下。」根據是《史記·秦始皇本紀》：「武公元年，伐彭戲氏，至於華山下，居平陽封宮。」乍看武公似在華山下的平陽封宮指揮伐彭戲氏的戰爭，誤。其實，彭戲氏原是今白水一帶的戎族，屬「百蠻」之一，秦武公元年大攻彭戲氏，從白水追到華山下。此時秦的勢力剛發展到華山下，絕無在此建大型宮室的可能，秦武公又經十一年的經營，才在華山下設置鄭縣。《史記》這條記載應在「華山下」斷句，與武公「居平陽封宮」不連。〈秦始皇本紀〉明言武公在位二十年一直「居平陽封宮」，其宮在秦都平陽，不在華山下。

羽陽宮

《漢書·地理志》陳倉縣注：「有羽陽宮，秦武王起。」北宋時，曾在今寶雞市東發現羽陽宮瓦當。宋王闢之《澠水燕譚錄》云：「秦武公（案：當作王）作羽陽宮，在鳳翔寶雞縣界，歲久不可究知其處，元祐六年正月，直縣門之東百步，居民權氏浚池，得古筒瓦五，皆破，獨一瓦完。面徑四寸四分，瓦面上隱起四字，曰：羽陽千歲，篆字，隨勢爲之，不敢方正。始知即羽陽舊址也。其地北負高原，南臨渭水，前對群峰，形勢雄壯，真勝地

也。」陳直《漢書新證》云：一九四〇年寶雞東關修鐵路時，出土「羽陽千歲」、「羽陽千秋」文字瓦當將近萬片，又出土「羽陽臨渭」一品。「舊說以爲秦瓦，實皆漢制，蓋秦代遺存宮殿，漢代加以修葺者。」可知羽陽宮遺址在今寶雞市臥龍寺東站西北的秦漢陳倉故城（上城）內。

一九七三年，鳳翔縣長青鄉馬道口濃民平整土地時掘出銅器四件，其中一鼎口沿下有銘文：「雝（雍）羽陽宮鼎容一斗二升，並重六斤七兩。名雝（四十）今洪共廚」。王光永據此認爲「羽陽宮舊址可能在出羽陽宮銅鼎的鳳翔縣長青公社馬道口大隊附近。」錄以備考（〈鳳翔縣發現羽陽宮銅鼎〉，《考古與文物》一九八一年一期）。

西垂宮

《史記·秦始皇本紀》：「文公元年（前七六五），居西垂宮。」《三輔黃圖》同。西垂宮應在秦莊公封西垂大夫的西垂。秦襄公立國，西垂是秦國最早的都城。據近年考查；西垂應在今甘肅禮縣的永興、鹽官鎮一帶。西垂宮應在西垂的都城內。

虢宮

《漢書·地理志》虢縣注，有「虢宮，宣太后起」。虢縣，春秋秦置，西漢因之，治所即今寶雞縣虢鎮，虢宮亦當在虢鎮一帶。宣太后、楚人、羋姓，秦昭王之母，秦昭王初即位，她曾掌握政權，故能在今寶雞虢鎮一帶興建虢宮。

四・咸陽以東的宮殿

芷陽宮

春秋時代，秦穆公爲了表彰他的「霸功」，把發源於藍田谷中的滋水改

名霸水，並在水旁營建霸宮。戰國晚期，秦昭王對霸宮作了修茸和擴建，改名爲芷陽宮，在其地設置芷陽縣。

據考古調查，秦芷陽宮可能在今臨潼縣韓峪鄉油王村一帶。在油王村南發現古建築一座，夯土基址南北長二九公尺，殘寬三公尺。清理出一長方形水池，池底發現一片陶罐底上有陰文模印「芷」字。池西有一可能是貯藏食物的地下室，內有秦器物殘片甚多，一片罐肩上刻有「芷」字陶文。「芷」字，即芷，芷陽的省文，當是芷陽陶窯產品的戳記。出土四枚秦半兩錢及一件半兩銅範，證明此地是具有鑄幣權的官府所在。還有十多件動物紋、雲紋瓦當，這是典型的戰國時期秦國的圖畫瓦當，説明建築物是秦離宮一部分（張海雲：〈芷陽遺址調查簡報〉，《文博》一九八五年第三期）。限於隨工清理，芷陽宮的主體建築尚未找到。在油王村西北二公里處發現兩座亞字形大墓，兩墓相距四十多公尺。《史記·秦始皇本紀》云：秦昭襄王、莊襄王俱葬芷陽。此二墓按葬儀應爲王墓或王后合葬墓。二墓附近秦墓密集，是秦的東陵區。油王村西有村名邵平店，當與「秦東陵侯邵平」有關。《陝西通志》：「芷陽宮，在霸上。」《太平寰宇記》：「霸岸在通化門東三十里，秦襄王葬於坂，謂之霸上。」《讀史方輿紀要》：秦芷陽宮在西安「府東三十里」。臨潼韓峪鄉油王村一帶在霸河東面，位置驪山西麓的芷陽坂上，芷陽坂又稱銅人原，在古代霸上的範圍之內，離唐代興慶宮東的通化門和清代的西安府城均約十五公里。文物遺迹與文獻記載是吻合的。

在遺址內還發現「長樂未央」、「長生無極」等文字瓦當，一塊「延壽萬年」虎紋磚和四枚五銖錢。這都是標準的西漢文物，文字瓦當和虎紋磚都是皇家宮殿專用的建築材料，説明這裏的宮殿城池漢代繼續沿用，並進行過修茸。還發現鑄有「貨布」二字的鏟形貨幣，這是新莽政權遺物。這與文獻記載是一致的。《史記·地理志》：「霸城，故芷陽，文帝更名。莽曰水章也。」《三秦記》：「霸城，秦穆公築爲宮，因爲霸城，漢於此置霸陵。」這段歷史是：漢文帝在世給他採的墓地叫霸陵，在今灞河西岸的白鹿原上，

秦時屬芷陽縣轄地，文帝九年將芷陽縣改爲霸陵縣，縣治仍用霸河東岸的原芷陽縣城，縣城與陵墓約距十華里。這個縣城的建築物是按皇帝陵邑的規格營建的，故所用磚瓦都是皇家特製的。好古的王莽採用「秦穆公章霸功之義」，將霸陵縣改名水章縣，縣治不變，故其地有莽幣出現。

櫟陽宮

《水經·沮水注》：「白渠東逕萬年縣故城北，爲櫟陽渠，城即櫟陽宮也。」《括地志》：「秦櫟陽宮，在雍州櫟陽縣北三十五里（應爲東北二十五里），秦獻公造。」從這兩條記載看，秦櫟陽宮就在櫟陽城中。

秦獻公二年（前三八三）「城櫟陽」（《史記·秦始皇本紀》），「徙都之」（《集解》引徐廣曰）。既以櫟陽爲都，自然要在城中營造宮殿。獻公十一年置櫟陽縣（《史記·六國年表》）。孝公十二年（前三五〇）由櫟陽遷都咸陽。秦都櫟陽共三十四年，此間在櫟陽城中所築宮室總名之櫟陽宮。楚漢相爭之際，項羽封秦降將司馬欣爲塞王，以櫟陽爲都，櫟陽宮得免火毀。劉邦率軍進占關中，司馬欣降，漢高帝二年「都櫟陽」（《漢書·高帝紀》上），直至七年，「長安未有宮室，居櫟陽宮」（《括地志》卷一）。十年七月，「太上皇崩櫟陽宮」（《史記·高祖本紀》）。劉邦葬其父於櫟陽北原，號「萬年陵」，遂分櫟陽置萬年縣以奉陵寢，萬年縣「理櫟陽縣城中，故櫟陽城亦名萬年城。」（《元和郡縣圖志》）東漢廢櫟陽縣入萬年縣，東漢末櫟陽城毀滅。唐武德元年復置櫟陽縣，治所在櫟陽故城西南十二點五公里處，即今臨潼縣櫟陽鎮。這正符合《括地志》所載：唐「雍州櫟陽縣東北二十五里，秦獻公城櫟陽即此」。

據中國社會科學院考古所櫟陽發掘隊的勘探和試掘：「秦櫟陽城在今西安市閻良區武屯鎮東北的古城屯，似爲東西長二五〇〇公尺，南北寬一六〇〇公尺的長方形城址。探出三個城門，十三條道路，建築和作坊遺址十五處。出土除漢初器物外，有「櫟市」印文的拱形花紋磚和陶罐兩件，秦半兩

錢三枚，秦金餅八塊。鬲、釜、盂等陶器，大多是戰國中晚期秦國有代表性器物。瓦當以捲雲爲主，紋飾變化複雜，邊輪較窄，與秦都咸陽、秦始皇陵出土的卷云紋瓦當相似。城北有漢代白渠故道，西北有太上皇陵。」（〈秦漢櫟陽城遺址的勘探和試掘〉，《考古學報》一九八五年第三期）由於遺址破壞嚴重，宮殿佈局不清楚，但這多處建築遺址應與櫟陽宮有關。櫟陽宮以城名爲宮名，凡此城中的秦漢宮殿總名之櫟陽宮，分名之又有許多宮殿，應是一個宮殿群。眉縣文化館曾徵集到一件銅鼎，鼎身上部兩耳間有陰文刻銘：「櫟陽高平宮金鼎」，當是櫟陽城中高平宮用物，高平宮可能是櫟陽宮的宮中之宮。

由於西安市擴大閻良區，秦櫟陽城在西安市閻良區武屯鄉古城村南。

步高宮

《三輔黃圖》：「步高宮，在新豐縣，亦名市丘城。」按漢新豐縣，即秦麗邑。西元前二〇〇年，劉邦爲取悦其父，在麗邑內仿其家鄉豐邑而建新豐城。越三年其父亡，爲作紀念遂改麗邑爲新豐縣。治所在今臨潼縣東北陰盤城，亦即今新豐鎮西。漢新豐縣轄地頗廣，東到赤水河，與鄭縣（今華縣）毗鄰；南至終南山，與藍田縣接界。今渭南市渭河以南均屬漢新豐縣，北魏孝昌三年在其地設南新豐縣，西魏廢帝二年，改南新豐爲渭南縣。據《元和郡縣圖志》載：隋唐「渭南縣，本漢新豐縣地」。步高宮在漢新豐何地？《黃圖》未作交待。據調查：秦步高宮遺址在今渭南市陽郭鄉張胡村。

《水經·渭水注》云：「首水（有本作酋水）出倒虎山，合五水，逕秦步高宮東，歷新豐原東而北，逕步壽宮西又北入渭。」這條材料透露了兩座秦宮的具體位置，首水，據《水經注通檢今釋》即今渭南市南的沈河。《元和郡縣圖志》云：「首水，出（渭南）縣西南石樓山，北入渭。」又云：倒虎山在渭南縣「東南十五里。」據此可知古代首水是由終南山裏發源的兩大股水匯合而成，縣東南的山峰叫二郎山，或許就是倒虎山，亦即楊守敬說的

虎侯山；縣西南的山峰叫石鼓山，或許就是石樓山，由東南的二郎山中的許多小溪北流而匯成爲五股水，今稱五渠溝，由五渠溝北流出今稱清水河，實爲「首水」上游；由西南的石樓山等峽谷匯水北流，今稱稠水河，亦爲「首水」上游。清水河、稠水河到今張胡村、史家村匯爲單流今稱沈河，沈河經兩原之間的沈河川向北流去，穿過渭南新舊城之間，東北流而入渭河。據渭南文管會左忠誠推定，秦步高宮可能在張胡村一帶。張胡村在今渭南縣正南偏西，陽郭鎮之北，位於沈河西側的原上，高程六六三公尺。沈河由此向南約六公里有五渠溝，其下有今修五渠溝水庫，應是《水經注》所云首水「合五水」的地方，其水從張胡村東側原下北流，左先生的推定與《水經注》的記載大體符合。

一九八七年七月十四日我們一行八人乘車去張胡村調查。在村東南第四級梯田上看到大片夯土臺基。高一公尺，南北長約八〇公尺，夯層厚九公分～十公分，此級梯田就利用了這一夯土臺基。在梯田畔上，我們順手採到筒瓦、大板瓦、雲紋磚、雲紋瓦當數十件。這顯然是一處大型建築遺址。再由此向東北下坡，在原腰的梯田東緣見一段突起的土牆，高約四公尺，長約三〇公尺，厚約五公尺，全部夯土版築，夯層厚九公分～十一公分，夯層與長安縣東馬坊秦宮殿遺址相似。這可能是宮城東段的一段殘牆。從原邊的到張胡村西約二公里的範圍內，田頭路邊殘磚瓦俯拾即是。我們花了一小時，每人都拾到一袋。經清檢有殘瓦當五品，其中四品皆中心葵紋，四周雲紋；一品可能是獸紋，只留有兩角；殘鋪地磚三塊皆帶格雲紋，筒瓦、板瓦很多，外皆細繩紋，這些都是在秦都咸陽發掘中常見的秦物。上述實物結合文獻，足以說明張胡村一帶確爲秦步高宮遺址。建議省文物局進行文物普查時，對此遺址作進一步的調查。

稍後的文獻所記，與《水經注》已載及實際考察基本一致。《元和郡縣圖志》渭南縣云：「秦步高宮，在縣西南二十里。」《長安志》渭南縣云：「秦步高宮一名市邱城，在縣西南三十里。」清雍正《陝西通志》引《雍勝

略》亦云：「步高宮，故基在渭南縣西南三十里。」與《長安志》同。這三部書都記秦步高宮在渭南縣西南，大的位置一致，惟相距里程有二十里、三十里之別。據我們圖測：張胡村步高宮遺址在老渭南縣城西南二十八華里，此段道路曲折實際應在三十里左右，《長安志》、《陝西通志》、《雍勝略》所言是，《元和郡縣圖志》偏少，可能出於李吉甫的估計而非實測。

有人認爲秦步高宮在臨潼縣魚池水西岸的長鴁村。所據也是《水經·渭水注》，但把「首水」當作魚池水顯然錯誤。魚池水在《水經注》中另有記錄，與「首水」相距二十多公里。

步壽宮

《三輔黃圖》：「步壽宮，在新豐縣步高宮西。」西當爲東之誤。《水經·渭水注》云：首水「逕秦步高宮東歷新豐原東而北，逕步壽宮西而入渭。」首水既從步高宮東流過，步高宮應在首水之西，這已如前述，確鑿無疑；那麼首水既從步壽宮西流過，步壽宮亦當在首水之東。《三輔黃圖》此條本《水經注》，但傳鈔有誤，應是步壽宮在步高宮東。

據云：秦步壽宮當在風門、蔣家村南一帶。《渭南縣志》：「縣南五里有龍尾坡，上有朝天洞，又上有秦女峰，西當首川口，曰風門。」《太平寰宇記》說：風門「兩阜相對，其所多風。」我們在渭南縣城南五華裏處，看到沈河自南而北。流經此地，河谷較窄，兩面土原壁立如門，其上隴海鐵路經過，架有水泥橋。沈河由此北流，達渭南新老城之間而東北流入渭河。其地在沈河下游，離沈河入渭河處不遠，符合《水經注》所載：首水「逕步壽宮西而入渭」的地貌特徵。蔣家村在沈河東岸，據村民言在村東南原畔種田時常見古代瓦片，由於時間所限，我們沒有上原踏勘。蔣家村北有一大土堆，相傳是秦始皇的焚書台。在沈河西岸有灰堆村，相傳項羽火燒秦宮留下灰堆，因以爲村名。從焚書台、灰堆村可知，這裏在秦代是一個不平凡的地方，步壽宮是否在此，需要繼續調查。又按：一九八八年考古工作者在渭南

市崇凝鄉靳尚村發現大型秦宮殿遺址，東西長約六百多米，南北寬約三百多米。東西並列有兩座大型建築基址，夯土層規整密實，有龍鳳紋空心磚、幾何紋方磚、雲紋方磚等。其位置與水經注載，步壽宮在步高宮東，沈河東側相合，故也可考慮是否為秦步壽宮遺址，錄以存疑。漢也有步壽宮，但與秦名同而地異。漢宣帝神爵三年，設祋祤縣建步壽宮。漢設祋祤縣治所在今陝西耀縣東。《元和郡縣圖志》載：「漢步壽宮，在縣東北三里。」

五 • 餘論

關中秦宮的數目，《漢書·賈山傳》云：「起咸陽而西至雍，離宮三百。」離宮是帝王正式宮殿之外臨時居住的宮室，主要是皇家出外遊樂的宿所，取從正式宮殿中分離出來之義，不包括咸陽宮、信宮、阿房宮等舉行朝會的宮。《史記·秦始皇本紀》載：「關中計宮三百」，「咸陽之旁二百里內宮觀二七十」。這裏三百是關中宮殿總數，包括正式宮殿和離宮，二百七十是秦都之外的離宮數，較之賈山所言少三十。賈山之言可能是表達不準確，也可能是有意誇大，應以秦始皇本紀為準。這三百座宮殿無論如何是無法一一說清楚的。因為沒有留下宮殿清冊，古人如何統計不得而知，可能把大宮套小宮的大建築群拆開計算，可能宮未建成數已計入，可能宮有名而史書漏載……即如文獻中彰彰留名的宮殿三十餘座，地面建築皆已瓦礫無存，除個別尚可探出遺址外，大多只能推定其相對位置，至於建築佈局更為茫然。有的名雖未湮而地無可稽，如雲閣等確切位置均不可考。還有遺址可見而不知其名，如長安縣東馬坊的秦大型宮殿遺址（〈長安縣東馬坊的先秦建築遺址〉，《考古與文物》一九八六年四期），臨潼縣魚池村北的秦大型建築遺址（〈陝西臨潼魚池遺址調查簡報〉，《考古與文物》一九八三年四期），究屬什麼宮殿或建築還不能肯定。

關中秦宮營造的時間順序：春秋時代，秦文公建西垂宮，秦武公建平陽

宮，秦德公建大鄭宮，秦穆公建霸宮。戰國時代，秦惠公建蘄年宮，秦獻公建櫟陽宮，秦孝公建橐泉宮及咸陽宮庭，秦惠文王建章台宮、蕢陽宮，秦武王建羽陽宮，秦昭襄王和宣太后建咸陽宮、興樂宮、甘泉宮、長楊宮、棫陽宮、虢宮，芷陽宮。秦王朝時代，秦始皇擴建咸陽宮，仿六國宮殿，建望夷宮、蘭池宮、梁山宮、信宮、甘泉前殿、阿房宮前殿、秦二世完成林光宮，建雲閣。宜春宮、步壽宮、步高宮建造時間不明，可能建於戰國晚期。

秦宮大都是高台建築，連重樓疊閣都建於土台之上而不用樓板。高台大多是利用隆起的地勢加以夯築，殿屋抱地而起，這就是杜牧所説的「各抱地勢」。這種高台建築有防潮濕和佔據制高點的功能。屋架爲抬樑式結構，木樑上往往用青銅構件加固，屋頂覆蓋青瓦，屋檐用瓦當遮朽，壁繪彩畫，柱塗丹漆，有的壁面梁柱披掛綿繡，「木衣綈繡，土被朱紫」（《三輔舊事》），可謂五彩斑斕，金碧輝煌。離宮是爲帝王遊樂而興建的，佈局大多與苑囿或觀賞點結合，如宜春宮在宜春苑，蘭池宮在蘭池旁，梁山宮、林光宮與避暑山林相連，長楊宮、蕢陽宮不但在上林苑中，周圍還是狩獵場。

秦始皇爲了使他的行踪不被人知，用一種特殊道路把綿亘數百里的宮殿聯結起來，這種道路叫甬道、複道、閣道。秦始皇二十七年（前二二〇）築馳道的同時，就在驪山陵墓和幾座大宮殿之間「築甬道、自咸陽屬之」（《史記·秦始皇本紀》）。甬道是兩側築牆的通道。張守節《正義》引應劭的解釋：「謂於道外築牆，天子於中行，外人不見。」此後甬道愈築愈長，關中凡通宮殿的馳道，道中都築有夾牆作爲甬道，專供皇帝乘金根車通行。複道也築得不少，秦始皇二十六年築六國宮殿時，「自雍門以東至涇、渭，殿屋複道周閣相屬」。三十五年建阿房宮時，又「爲複道，自阿房渡渭，屬之咸陽」（〈秦始皇本紀〉）。裴駰《集解》引如淳的解釋：「上下有道，故謂之複道。」即在宮殿樓閣之間有上下兩重通道，上面是用木料架設的空中通道，有似今之天橋。正如杜牧所云：「複道行空，不霽何虹」，複道乍看有似空中升起一道虹。從秦渭北宮殿遺址之間尚存帶狀夯土連接的

迹象看，下面是夯築，上面是木構，複道的木溝部分就建築在夯土之上，通過複道可以直接到達宮殿的高層。閣道秦始皇時築了兩條，一條是阿房宮前殿「周馳爲閣道，自殿下直抵南山。」（〈秦始皇本紀〉）另一條是從阿房宮「閣道通驪山八十餘里」（《三輔黃圖》）。這一條原是甬道，後來改爲閣道，把朝宮和驪山陵園連接起來，閣道按韋昭的解釋就是複道。實際是複道的一種變化形式，是在木構橋樑之上加有頂蓋和柵欄的空中樓廊，這種道路既能保密，又能遮風蔽雨。這些甬道、複道、閣道都是專供秦始皇乘輦輿通行的，故又統稱輦道。《三輔黃圖》：「始皇廣其宮，規恢三百里。離宮別館，彌山跨谷，輦道相屬。」輦本指人拉的車，從秦始皇開始特指皇帝所乘的車。《通典》：「夏氏末代制輦，秦以爲人君之乘，漢因之。」此後凡專供皇帝輦車通行的道路就叫輦道。

「楚人一炬，可憐焦土」。項羽入咸陽，放火燒秦宮，大火三月不熄。渭北的咸陽宮闕、六國樓台、蘭池宮、望夷宮全部付之一炬；渭南的章台、信宮、諸廟、阿房前殿等亦皆化爲焦土；惟興樂宮也許因縱火的楚軍需要棲身而留下幾棟殿屋。至於遠離咸陽的離宮，除過項羽入關所經的步壽宮、步高宮其餘尚在「沐猴」的視野之外，似乎大多未被火災，至漢代猶存。「漢武帝往往修治之。」（《三輔黃圖》卷三）如梁山宮、宜春宮、長楊宮、平陽封宮、棫陽宮、橐泉宮、羽陽宮、芷陽宮等，西漢經過修葺擴建，繼續沿用。陳直命之「秦宮漢葺」。這些遺址皆未發掘，辨認的辦法主要是在秦宮遺址中採到西漢文字瓦當。陳直認爲秦漢瓦當的區別是：秦瓦當是圖像畫，畫面無文字；漢瓦當往往有文字（〈秦漢瓦當概述〉，〈關中秦漢陶錄提要〉）。依此爲據，在遺址上採到的棫陽宮當、橐泉宮當、蘄年宮當、羽陽萬歲、長生無極等文字瓦當，都是「秦宮漢葺」的物證。惟蘭池宮重建於蘭池之南，步壽宮重建於祋祤縣（治所在今耀縣東），名同而地異，有文獻可徵。

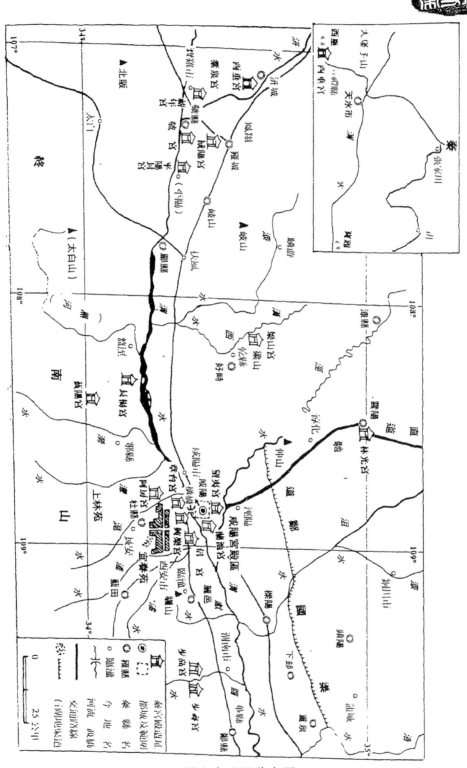

關中秦宮殿分布圖

《秦建築文化》序

　　建築不僅是建築物和構築物的通稱，也指工程技術和建築藝術的綜合創作。建築藝術屬於造型藝術，不但是能工巧匠審美觀念的物化，還往往直接反映了業主及督造者的藝術情趣。所以建築包容著極為豐富的文化內涵，應該屬於文化範疇。

　　我國古代建築文化淵遠流長，豐富多彩，體現了各個時代人們美化環境裝點山河的藝術創造，是古代東方建築文化的代表，在世界建築史上有特殊的歷史地位。對於我國古代建築文化的研究，揭示其建築美的真諦，有助於現代人正確認識建築文化遺產並用以借鑒、審視或干預今天和未來的建築。但是，學術界對這份珍貴的建築文化遺產的整理和研究還剛剛起步，雖有《中國建築史》之類的巨製，只能說畫出了一個粗淺的輪廓；而斷代建築文化研究的專著，至今還未見到出版。斷代研究的不足，必然影響建築通史水平的提高。徐衛民、呼林貴二位先生合著的《秦建築文化》，是第一部探討秦國和秦朝建築史的學術專著，水平高下姑置不論，其筆路藍縷創榛辟莽之功就彌足稱道。

　　秦建築文化，同秦代的政治、經濟、文字、度量衡等等一樣，都具有承前啟後的作用。它上繼半坡時代的聚落，夏商周由簡樸而繁富的宮室，春秋戰國各有所好爭奇鬥豔的殿堂，至秦代在大一統的條件下，利用全國的人力物力把各種建築形式加以融合提高而發展到高峰。當年的地面建築雖不可見，但從已探明的秦始皇陵、咸陽宮的規模格局已清楚地表明了這一點，從

出土的銅車馬和兵馬俑看，簡直是不可思議的精美絕倫和雄偉壯觀。下啓兩漢、唐宋、明清，垂兩千年的建築體制和美學風貌，成爲中華傳統文化的有機構成。大屋頂，高臺基，木結構，平面鋪開，左右對稱等中國傳統的建築特點，秦代都發展到成熟的程度。整個封建社會的官私建築，雖然常有變化，但大體沒有超越秦人奠定的規範。秦建築是形成我國傳統建築的關鍵所在，「文脈」所繫。因此，對秦建築文化進行多角度、多層面的研究，是中國建築文化研究中的急務。

徐衛民原是我指導的研究生，畢業後到秦俑館工作，致力於秦文化研究多年，已取得突出成績；呼林貴長期在陝西省考古研究所從事秦漢考古，勤奮著述，成果頗豐。二位知難而進，各用所長，分工合作，刻苦攻關，終於寫成這部《秦建築文化》。在即將出版之際，二位作者以十分謙虛的態度要我審閱其書稿，我得先睹爲快。披覽之後，收獲良多，我以爲本書有以下特點：

首先，書中從秦的都城建設、宮殿、園林、水利、建築材料等方面，對秦建築作了比較詳細的論述，有橫向考察和縱向考察，有上下比較，內容豐富，條理清晰，構築出秦建築史的基本框架。

其次，作者通過大量占有文獻資料，廣泛搜集考古資料，吸收最新的研究成果，以文獻與考古資料互證的二重證法，對秦建築文化進行實證研究，言之有據，實而不空，使該書既具有一定的學術水平，同時也有豐富的資料價值。

惟其是第一部，當然有許多不足之處，如現象邏列較多，理論分析不足，特別是透過建築現象揭示其文化內涵和美學意蘊不夠。但是，千里之行，始於足下，他們兩位在這個陌生的領域裏總算邁出了可喜的第一步，無疑爲斷代建築文化的研究開拓了道路，希望在學術界以後能引出更多更好的同類著作。

「閭左」新解

孫達人先生著《中國古代農民戰爭史》第1卷第3頁，有小注云：「關於『閭左』歷來有三種解釋：孟康認爲『秦時復除者居閭之左，後發役不供，復役之也』；應劭認爲，指閭裏居左者；唐司馬貞引一古說，認爲『凡居以富強爲右，貧弱爲左』。按陳勝傭耕出身，爲甕牖繩樞之子，遷徙之徒，顯然非『復除者』。故本書以後說爲據。」孫著根據司馬貞說，認爲「閭左」是貧苦農民的代名詞。此說基本上是正確的，但不夠確切，內證也不足，有作進一步探討的必要。

我認爲「閭左」就是「逋亡人」、「亡人」、「亡命」，即安置在里門左側的逃亡的貧苦農民。有秦漢史料爲證：

《史記·秦始皇本紀》載：始皇三十三年「發諸嘗逋亡人、贅壻、賈人，略取陸樑地，爲桂林、象郡、南海以適（謫）遣戍」。這是秦推行「七科謫」之始，但記載簡略，漢初晁錯對此事作了補充說明。他說：秦始皇爲了占領嶺南（今廣東廣西），曾派大軍去戍守，北人不服水土，大量死亡，「秦民見行，如往棄市」。後改用「謫戍」的辦法：「先發吏有謫及贅壻、賈人，後以嘗有市籍者，又後以大父母、父母嘗有市籍者，後入閭取其左。」（《漢書·晁錯傳》）始皇本紀有「發逋亡人」，無「入閭取其左」；晁錯傳有「入閭取其左」，無「發逋亡人」。兩者所云一事，此差僅是名稱不同，實則一也，可見「閭左」也就是「逋亡人」。逋作逃亡解，「逋亡人」就是逃亡在外的人。

　　漢武帝時也發七科讁：《史記·大宛列傳》載：太初三年（前一○二年），武帝爲支援貳師將軍李廣利征大宛，「發天下七科讁」。張守節《正義》引張晏曰：「吏有罪一，亡命二，贅壻三，賈人四，故有市籍五，父母有市籍六，大父母有市籍七，凡七科。」又《漢書·武帝紀》載：天漢四年（前九七年），武帝爲北擊匈奴「發天下七科讁」。顏師古注亦引張晏的解釋，把「亡命二」變爲「亡人二」，餘皆同。王先謙《補注》云：「官本注亡人作亡命」，可見爲版本不同所致。「亡人」指逃亡在外的人，《史記·吳王濞列傳》：「誘天下亡人，謀作亂。」亡命指脫離原來的戶籍而逃亡在外的人，《史記·張耳陳餘列傳》：「張耳嘗亡命，游外黃。」晉灼注曰：「命者，名也。謂脫名籍而逃。」其實逃亡在外的人都脫離了原來的名籍，所以漢代七科讁中的「亡人」即「亡命」，也就是秦代的「逋亡人」即「閭左」。

　　據《史記·陳涉世家》載：秦末農民大起義是由「發閭左，讁戍漁陽，九百人屯大澤鄉」而爆發的。這九○○名被讁發的「閭左」，八九八人沒有留下姓名，無從查考，只能從陳勝、吳廣的事跡來探求「閭左」的含義。陳勝是陽城人，據譚其驤先生考證陽城是秦代南陽郡的陽城縣，即今河南方城縣（《長水集》下冊第三四一頁）；吳廣是陽夏人，陽夏是秦代陳郡陽夏縣，即今河南太康縣。大澤鄉在今安徽宿縣東南，秦代屬泗水郡蘄縣管轄，九百「閭左」當是從大澤鄉之南的蘄縣轄境讁發的，在北去漁陽的道路上因雨屯駐大澤鄉。陳勝、吳廣的原籍與大澤鄉既不同縣又不同郡，相距各在千里之遙，然而他們讁發的地點爲什麼在大澤鄉之南呢？他們原來都是貧苦農民，既不可能去做官，又不可能去經商，更不可能去旅遊，唯一能說通的是他們爲逃避繁重的徭役而逃跑到那裏，被作爲「逋亡人」讁發的。這是「閭左」即「逋亡人」的又一例證。

　　按封建制度，統治者總是極力把農民束縛在固定的土地上，以便徵兵，徵徭、徵稅，使其有穩定的剝削對象。爲了加強對農民的控制，商鞅變法時

就建立了一套周密的戶籍制度，規定全國男女都得在國家戶籍簿上登記名字，「生者著，死者削」，不許任意遷移。（《商君書·境內》）這一制度的推行往後越來越嚴，如秦簡《法律答問》云：甲遷居，請求吏遷移戶籍，吏加以拒絕，不准他更改戶籍。（《睡虎地秦墓竹簡》第二一四頁）又云：在服徭役的時候，吏和里典已下令點名徵發，其對象聞訊逃亡，不去報到服役，稱為「逋事」。（《睡》第二二一頁）「逋事」指逃避官府徭役，官府要下令緝拿。逃亡是犯罪行為，如秦簡《封診式》云：對逃亡者要查實其姓名、身分、籍貫，曾犯過何罪，有幾次在簿籍上記錄逃亡，逃亡和逋事各多少天，向縣裏申報（《睡》第二五一頁），以便治罪。又云：某里男子甲，前後三次逃亡五個月零十天，再無其他過犯，現來自首。某鄉仍然要命乙將甲押送論處。（《睡》第二七九頁）秦始皇推行「七科謫」，就是把「逋亡人」與有罪官吏等七種人科以謫罪。按秦律謫罪屬流刑的一種，即把犯人押送到邊境去戍守，相當後來的充軍流放。

為什麼把「逋亡人」稱「閭左」呢？不能確知，我們只能從有關資料中作點推測。

秦統一前逃亡者較少，查獲後一般是遣返原籍，記錄在案，就地科罰。到秦始皇後期，對農民的剝削壓迫愈加殘酷，特別是徭役十分繁重。秦統治區的人口，據古人說只有一○○○多萬，而當時服徭役的就達一六○多萬，約佔總數的十分之一（《中國軍事史》第三卷第七四頁）。農民不堪其苦，紛紛逃亡。如漢人董仲舒說：秦末「民愁亡聊，亡逃山林」（《漢書·食貨志》）。嚴助說：當時百姓「皆不聊生，亡逃相從」（《漢書·嚴助傳》）。逃亡者越來越多，越來越遠，查出一律遣返的辦法已不可行，只能就近暫且安置。閭指里門。里是秦代基層行政組織，設里典或里正主管一里事務，有里監門監視居民的出入。閭左，應指居住在里門的左側。這可能是對所查獲的逃亡人民為了便於里監門的監視，而安置在里門的左側居住，等候發落，故稱「閭左」。

　　爲什麼漢初人把秦「發閭左之戍」作爲一種暴政來指責呢？

　　據法學家栗勁説：「遷和謫同是流刑，都是把犯人發配到邊遠的地區去，這是共同的。但是，這兩者也有明顯的區別，不容混淆。『遷』是依據法律規定的刑名，其本身就有必須發配到邊遠地區去的含義。而『謫』則是因爲政治上的某種需要而把其他罪名的犯人，發配到邊遠的地區去，其原來的罪名本身並不包含有必須到邊遠地區去的含義。在執行刑罰上説來，前者是依法執行，而後者是『易科』執行。」（《秦律通論》第二八六頁）居於閭里左側的本來就是逃避秦暴政而被捕獲的貧苦農民，今又被謫戍遠方，「易科」治罪，豈不是暴上加暴！再者，秦原來農民服役有一定的時間，到期輪換，立功有賞；到秦始皇後期這一套制度破壞無餘了。如晁錯説：「今秦之發卒也，有萬死之害，而亡銖兩之報，死事之後，不得一算之復。」（《漢書·晁錯傳》）而死的可能性又極大，陳勝當時就説「戍死者固十六七」（《史記·陳涉世家》）。如此「發閭左」的結果，就堵塞了農民逃生的道路，徹底暴露了「暴秦」的面目，進一步激化了廣大農民與秦王朝的矛盾，導致了農民起義的爆發。所以，主張對農民採取恩威並用的漢初政治家，都認爲「發閭左之戍」是應引以爲誠的暴政。

試論《黃石公三略》及其真偽

　　《黃石公三略》，全書分上略、中略、下略，簡稱《三略》。張良曾從書中汲取智慧輔佐劉邦打敗項羽，北宋列爲《武經七書》之一，是我國古代一部重要軍事典籍。但後世卻有學者將《三略》定爲偽書，本文作者認爲有澄清的必要，並於此提出相關佐證加以說明。

《黃石公三略》是秦代隱士所著

　　《黃石公三略》被定爲偽書的理由之一是，該書原名《太公兵法》，顧名思義，應爲周武王軍師姜太公呂尚所作，然而此書引用的資料多出於西周之後。

　　當真，該書的資料絕大部份出於西周之後。例如：

　　《上略》云：「輕刑則軍失伍，失伍則士逃亡。」（《四庫全書》《子部·兵家類·黃石公三略》，以下凡出本書的注省）。這說明書中步兵編制採用的軍伍之制。軍伍制最早較明確的記載見《尉繚子·伍制令》：「軍中之制，伍人爲伍，伍相保也。」《尉繚子》爲戰國時尉繚所著。軍伍制是魏軍、秦軍的基層編制，絕不見於西周。

　　《中略》云：「夫高鳥死，良弓藏，敵國滅，謀臣亡。」比喻國君得了江山就殺害功臣。此語始見春秋末年范蠡幫越王勾踐滅吳復仇之後，預感到與勾踐不能同安樂，遂飄然遠去，給同僚文種留下的書信中說：「蠡雖不

才，明知進退。高鳥已散，良弓將藏；狡兔死，良犬就烹。」（《吳越春秋》卷十）後來文種果被勾踐所害，他臨死後悔沒聽范蠡的話。此話戰國秦漢時成爲主子殘害功臣的成語。

《下略》云：「惻隱之心，仁之發也。」此用《孟子·公孫丑》上：「惻隱之心，仁之端也。」端與發同義，言仁的發端表現在人人有同情心。《孟子》成書於戰國中期。

以上資料姜太公不可能見到，這是此書不出於姜太公之手的鐵證。其所以託名《太公兵法》，是因爲呂尚是輔佐武王伐紂戰功卓著的軍師，最著名的軍事家，在人們的心目中有崇高的威望。託名太公不過是想祭起太公的亡靈，演出歷史的新場面；利用傑出人物的威望，抬高自己著作的價值。戰國秦漢時期，託名姜太公的著作不止這一部，還有《太公六韜》、《太公陰謀》、《太公金匱》等。後世託名前賢的著作不一定都是僞書，如《管子》從書名到君臣問答的體例都是假託管仲的，但內容實際是戰國時齊國稷下學者的論文彙編，託名管仲不過是爲了利用管仲的社會影響，傳播他們的學說。這樣的書，如果能考知其成書的時代，還原其本來面目，其資料還是有史料價值的。何況這部《太公兵法》，早已正名爲《黃石公三略》。

要知《黃石公三略》成書的時代，必須找出該書所引最晚的資料。因爲當代人可以引用前代資料，而不可能引用他死後時代的資料。書中出現時代最晚的資料，恰可證明該書成書的時代，作者只有生活在這個時代，才有可能掌握這樣的資料。該書所引資料最晚在秦代。例如：

《上略》云：「如此謀者爲帝王師。」《中略》云：「帝者體天則地。」帝王、帝者即皇帝，秦統一後才有皇帝之稱，《史記·秦始皇本紀》：「秦故王國，始皇君天下，故稱帝。」商周雖有帝，那是最高天神或已故君主的稱謂，與此不同。

《中略》云：「三略爲衰世作。」衰世即衰亂的時代，姜太公輔佐周武王滅商，建立西周，盛極一時，如果是他作的兵書不應是「衰世作」。而秦

始皇推行暴政，使社會矛盾激化，在隱逸者看來是大亂即將爆發的衰世，爲了救時匡世，故此書「爲衰世作」。

《上略》云：「造作奇政，變古易常，君用佞人，必受禍殃。」《下略》云：「殘滅之政，累世受患，造作過制，雖成必敗。」似指責秦始皇大興土木，勞民傷財。見《漢書·食貨志》：「至於始皇，兼併天下，內興工作……。」

《上略》云：「上行虐，則下急刻，賦重斂數，刑罰無極，民相殘賊，是謂亡國。」似指責秦時重徭、苛賦、酷刑等暴政。

《中略》云：「無使辯士談說敵美，爲其惑衆。」秦律規定：「譽敵以恐衆心者戮。」（《睡虎地秦墓竹簡》一七二頁）兩者意同，前者爲禁令，後者爲刑律。

再從語言上看，亦像秦代文字。《三略》是一部私家著述，書中的思想都是用極精鍊的語言表達出來，不作鋪張叙述，言簡意賅，內涵豐富，四字句多，排比句多，每以韻語收尾，容易記誦。與雲夢秦簡《語書》和《爲吏之道》語言相近，似屬同一時代文字。《三略》中常用「夫」於句首以表發端，如「夫高鳥死」，「夫命失則令不行」等。「夫」字作發語詞不見《尚書》等商周文獻，到秦漢時則大量使用了。

從上述可知，《黃石公三略》成書於秦代。那麼，該書的作者是誰？很可能就是授書張良的圯上老人，他自云：「穀城山下黃石即我」，故人稱黃石公。黃石公是埋名隱姓的秦隱士，是一位不滿秦代暴政而隱居不仕的知識分子，亦即《史記·貨殖列傳》所說的「隱居岩穴之士」。《下略》所說：「潛名抱道者，時至而動」就是作者的自白。由於秦始皇推行文化專制，焚書坑儒，取締諸子百家學說，迫害知識分子，把漏網的知識分子推到秦王朝的對立面。他們隱伏在民間或山林，著書立說，待時而動，準備推翻秦王朝，圯上老人即爲其中之一。

從書名的演變看《黃石公三略》

　　清代學者姚際恒撰《古今僞書通考》云：《黃石公三略》「漢志無，隋志始有」，「其僞無疑」。這是定該書爲僞書的另一依據。

　　《黃石公三略》不是《隋書·經籍志》始有著錄，在唐初魏徵等撰《隋書》之前早有流傳，不過書名屢有變化。

　　秦始皇時「坯上老人」授張良「一編書」，天明「視其書乃《太公兵法》也」。以後張良「數以兵法說沛公」，那「兵法」就是這部《太公兵法》（《史記·留侯世家》），足證該書初名《太公兵法》。《太公兵法》不應說「漢志無」。《漢書·藝文志》道家類著錄有「太公兵法二百三十七篇」，其中包括「謀八十一篇，言七十一篇，兵八十五篇」。「兵八十五篇」，只有篇數，未列細目，安知在這「八十五篇」中不包括坯上老人授張良的《太公兵法》？「兵八十五篇」無疑包括《太公兵法》一編三卷，《太公六韜》六卷，以卷折篇僅九篇，尚缺七十六篇。至於漢志兵家類所列五十三家，不包括《太公兵法》，那是爲了避免與前面重複。類此之例漢志多有，如《墨子·備城門》十一篇，本屬後期墨者所著的兵書，但在〈藝文志〉墨家類《墨子》七十一篇已包括守城各篇，兵家中就不再單獨列出。

　　《李衛公問對》卷上說：「張良所學太公六韜、三略是也。」劉邦曾命張良整理皇室所藏兵書，他不可能偏把自己學的這兩部兵書排除在太公「兵八十五篇」之外。《六韜》大約成書於戰國後期，比《三略》稍早。《六韜》全是以文王、武王對話的形式叙述，而《三略》沒有用内包裝，全是直叙，最初僅用《太公法》作書名。由於《三略》在西漢屬於皇家秘籍，藏於「石室金匱」之中，沒有公諸社會，連諸侯王都不得有，一般人更無緣閱讀，故未見西漢文獻引用。

　　東漢建武二十七年，臧宫、馬武請求出兵消滅北匈奴，光武帝劉秀不

許，下詔引《黃石公紀》曰：「柔能制剛，弱能制强。柔者德也，剛者賊
也，弱者仁之助也，强者怨之歸也。故曰：『有德之君，以樂樂人；無德之
君，以樂樂身。樂人者其樂長，樂身者不久而亡。捨近謀遠者，勞而無功；
捨遠謀近者，佚而有終。逸政多忠臣，勞政多亂人。』故曰：『務廣地者
荒，務廣德者强。有其有者安，貪人有者殘。殘滅之政，雖成必敗。』」
（《後漢書·臧宮傳》）以上引文與《黃石公三略》原文核對，分別見於
《上略》和《下略》，只是個別字句稍有不同。光武帝詔書的大段引用說
明：東漢初年該書已不再是深藏「石室」的秘籍，已經公諸於世；且注意到
爲該書正名，認識到《太公兵法》之名與其內容不符，認定其爲圯上老人黃
石公所著，故取名《黃石公記》。記爲記載事務的書籍或文章，在此取黃石
公著書之意。

東漢末年，郭圖對袁紹說：「夫臣與主同者亡，此《黃石》之所忌
也。」（《資治通鑑》卷六十三）這是約引《下略》：「臣當君昏，上下皆
昏；君當臣處，上下失序。」可見《黃石公記》此時已簡稱《黃石》。

魏明帝時，李蕭遠寫的《運命論》中說：「張良受黃石之符，誦《三
略》之說，以游於群雄，其言也，如以水投石，莫之受也；及其遭漢祖，其
言也，如以石投水，莫之逆也。」（《文選》卷五十三《運命論》）意思是
張良用《三略》去游說反秦的群雄，都不接受；而遇到劉邦，卻像以石投水
一樣採納《三略》的計策。可知魏時已把此書簡稱《三略》。

西晉張景陽在《七命》中說：「單醪投川，可使三軍告捷。」（《文
選》）卷三十五《七命》）這是對《上略》中的「一簞之醪，不能味一河之
水，而三軍之士思爲致死」的約引，以說明將帥應與士兵同甘共苦。

北魏太武帝拓跋燾時，劉昞「注《周易》、《韓子》、《人物志》、
《黃石公三略》，並行於世。」（《魏書》卷五十二《劉昞傳》）可見該書
北魏時已定名《黃石公三略》，並由劉昞作注而行於世。

上引諸例說明，在《隋書·經籍志》著錄之前，《漢書·藝文志》所說太

公「兵八十五篇」，就包括黃石公授張良的《太公兵法》在內。東漢初年光武帝詔令中爲該書取名《黃石公記》，並大段引用《上略》、《下略》的文字。魏晉人已對該書簡稱《黃石》或《三略》。北魏時定名《黃石公三略》，並有注釋本行世。這都證明在《隋書》之前，該書不僅有著錄，而且被多次引用，廣泛流傳，姚氏所言與事實不符。

統貫《黃石公三略》的是道家思想

　　《黃石公三略》是一部兵書，共三卷，約四千字。《上略》和《中略》論治軍，《下略》談治國。但治軍涉及政治，治國亦言「慎兵」。重在君主如何選將，將帥如何帶兵，強調宏觀控制，重視戰略運用。不作兵制、軍陣、武器配置、戰役戰鬥等鋪排叙述。宋人晁公武評曰：「其書論用兵機權之妙，嚴明之決，明妙審決，軍可以易死生，國可以易存亡。」（《郡齋讀書志》卷一四）這個評論是有確切根據的。

　　《三略》的內容據作者說：「《上略》設禮賞，別奸雄，著成敗。」按《上略》做就能「任賢擒敵」，即任用賢能的人做將軍，利用人心向背，把握戰機，戰勝敵人。「《中略》差德行，審權變」。就是說要對官兵進行德行教育，作戰要機動靈活，因事制宜。按《中略》做就能「御將統衆」，即君臣互相信賴，君主能駕御將帥，將帥能團結並指揮士兵。「《下略》陳道德，察安危，明賊賢之咎」，即講究道德，明察國家安危，區別奸臣與賢士。按《下略》做就能「明盛衰之源，審治國之紀」。即能明察國家盛衰的原因，採取治國的正確措施。

　　《三略》的思想是駁雜的，表面上看像雜家。如《下略》云：「道德仁義禮，五者一體也。」「道德」是道家的哲學範疇，「仁義禮」是儒家的倫理規範，這些百家爭鳴中互相駁難的觀念，在《三略》中經過重新解釋，「五者一體」，揉爲一家。此外「求賢」、「恃賢」、「信賢」、「進

賢」，顯然吸收了墨家的「尚賢」思想。「賞罰必信」、德威並用，以及治國之道實際講的「人君南面之術」，又像吸收了法家的主張。這是戰國晚期以至秦漢之際諸子百家發展的歷史趨勢，由互相駁難，轉爲互相吸收而力圖自我完善。《三略》作爲兵家著作，企圖擷取自認爲是各家精華的一部分，用來闡明自己的軍事思想。該書說雜又不雜，是採儒墨之善，攝法家之要，一以道家之學爲依歸。統貫全書的是道家思想。

《三略》顯然把《老子》奉爲經典，作者認爲「道」是治軍、治國、作人的最高準則。如說：「人之在道若魚之在水，得水而生，失水而死。故君子常懼而不敢失道。」「王者制人以道」。「道高而名揚於後世」。用兵的重要策略也是從《老子》中引伸出來的。如《上略》云：「柔能制剛，弱能制強。」在敵強我弱時，柔弱發揮得好就可以戰敗剛強，使強弱發生轉化。這是《老子》提出的「柔弱勝剛強」的策略。如《上略》又云：「變動無常，因敵轉化。不爲事先，動而輒隨。」面對強敵不要首先發動進攻，針對敵情變化而後發制人。這是《老子》說的「不敢爲天下先」，不要輕率向敵軍發動攻擊，在主動權不在自己手裏的情況下，要善於以被動爭取主動，用後退轉爲進攻。但《三略》的道家思想不是原封不動的老莊思想，而是戰國晚期以至秦漢之際形成的新道家，即黃老學派。這個學派以傳說中的黃帝與老子相配，並同尊爲道家的創始人，故名。《三略》就是以黃老思想爲主旨寫成的兵書。該書非常重視戰爭中的人心向背，爲了取得人民的支持，把「養民」作爲「治軍」的重要組成部份。《上略》云：「攻取之國務先養民」，針對秦朝「賦重斂數，刑罰無極」的暴政，提出的養民之法是「務農桑，不奪其時；薄賦斂，不匱其財；罕徭役，不使其勞」。這是把《老子》的「無爲而治」思想，發揮爲「養民」、「富民」思想，後來演變爲西漢初年的清淨無爲休養生息的黃老政治。

據說黃老學派的祖師是河上丈人，河上丈人教齊人安期生，安期生教毛翕公，毛翕公教樂毅的後裔樂瑕公，樂瑕公教樂臣公，樂臣公教蓋公，蓋公

教齊相曹參。（《史記·樂毅列傳》）這僅是一支傳授系統，其實黃老學派並不是一支單傳。在這一社會思潮影響下當時湧現出許多學者，形成許多論著，據馮友蘭先生說：《管子》中的〈白心〉、〈內業〉、〈心術上〉、〈心術下〉四篇，就是齊國稷下學宮中黃老學派的論著。（《中國哲學史新編》第二冊）黃石公當然屬於黃老學派的人物，張良則是黃老學派的重要傳人。

《黃石公素書》才是僞書

北宋張商英獨發驚人之說，言黃石公圯橋所授張良之書是《黃石公素書》，「世人多以《三略》爲是，蓋傳之者誤也」。很明白，他想把《黃石公三略》定爲僞書。

張商英對《黃石公素書》的來歷是這樣說的：「晉亂有盜發子房塚，於玉枕中獲此書，凡一千三百六十六言。上有秘戒，不許傳於不道不神不聖不賢之人，若非其人必受其殃，得人不傳亦受其殃。嗚呼其慎重如此！黃石公得子房而傳之，子房不得其傳而葬之，後五百餘年而盜獲之，自是素書始傳於人間。」（《四庫全書》《子部·兵家類·黃石公素書原序》）

這是一套神乎其神的謊話！

首先，黃石公授張良的是「一編」兵書，當時叫《太公兵法》，張良憑這部兵書充當劉邦的軍師。然而，《黃石公素書》是道士勸善的道書，書中無一處談及兵事，這與《史記·留侯世家》的記載完全不合。

其次，西晉武帝年間，盜發魏襄王墓，獲《竹書紀年》等，《晉書·束晳傳》有記載，晉以後很多文獻引用。然而，《黃石公素書》既爲晉亂盜發張良墓所出，且從此始傳於人間，爲何《晉書》沒有記載，《隋書·經籍志》、《舊唐書·經籍志》、《新唐書·藝文志》皆無著錄，七百餘年無人引用，學者亦無一言及之，直到北宋時才冒出來而由張商英作原序，張氏所云

根據何書何典？

第三，書上有秘戒云云，顯然爲裝神弄鬼之徒、方技之士，爲神化其術而編造出的俚言鄙語，荒誕至極，先秦秦漢那有這種傳授方法。既爲圯上老人秘戒，爲什麼《史記》不載，連秦漢的稗官野史亦無涉及，而張商英又從何而知？

再看《黃石公素書》的構成。該書一卷六章。《原始章第一》共一百七十八字，全是抄襲《黃石公三略·下略》第十二段的，僅僅文字稍有變動。其餘五章，都是對古代道經、佛典及儒家做官做人的格言、成語加工而成。全書思想不成體系，亦無明顯的時代烙印，顯然是後代東拼西湊的僞書。

作僞者誰？《黃石公素書》張商英注並作原序。《四庫全書》總纂官紀昀等在《黃石公素書提要》中說：「其所爲前後注文，與本文亦多如出一手，以是核之，其即爲張商英所僞撰明矣。」張商英，進士出身，宋徽宗時官至尚書右僕射，通道亦信佛，常穿道士服，與方技郭天信來往甚密。（《宋史》卷三五一〈張商英傳〉）在徽宗崇奉道教，大建宮觀，自稱「道君皇帝」時，張商英爲了獻媚邀寵，僞撰《黃石公素書》，並作注作序，是完全可能的。他既有作僞的「德性」，也有作僞的水平。《史記》明載圯上老人授張良「一編書」而不是兩編，這是人所共知的。張商英爲了使人篤信《黃石公素書》，故硬把《黃石公三略》說成僞書。

《三輔黃圖》的成書及其版本

　　秦都咸陽，漢都長安，是我國古代的名都。《三輔黃圖》專記秦漢都城的建設，而以漢都長安爲主。所載長安城及其周圍的佈局、宮殿、館閣、苑囿、池沼、臺榭、府庫、倉廩、橋樑、文化設施、禮制建築等，條分縷析，最爲詳備。它是研究古代都城，特別是研究漢都長安最重要的歷史文獻。

　　《三輔黃圖》，又名《西京黃圖》，簡稱《黃圖》，不著作者姓名。初本成書的時間，宋聯奎序斷「爲後漢人撰」；孫星衍序斷爲「漢末人撰」；苗昌言題詞定爲「漢魏間人所作」；晁公武《郡齋讀書志》，「定爲梁陳間人作」；陳直認爲「原書應成於東漢末，曹魏初期」。各說雖有不同，但都以如淳、晉灼、劉昭注書已引《黃圖》爲據。這個根據當然是很確鑿的，三位注釋家既已引此書作注，足證在他們的時代此書已問世了。如淳，三國曹魏人，曾任魏國陳郡丞，他撰《漢書注》多次引用《三輔黃圖》，現在能看到的至少還有五條。晉灼，晉初人，略晚於如淳，曾任晉尚書郎，他撰《漢書集注》也常引《三輔黃圖》，現在可看到的至少還有四條。劉昭，南朝蕭梁人，梁武帝時曾任奉朝請等官，他注的《後漢書祭祀志》、《郡國志》皆引用《三輔黃圖》，至今還存有兩條，俱見本書《補遺》。根據以上注家所見，《三輔黃圖》初本應如陳直先生所言，成書於「東漢末曹魏初」。「梁陳間」說偏晚，不能解釋如淳、晉灼已引用《三輔黃圖》這一客觀事實。

　　初本《三輔黃圖》，最早著錄的是《隋書‧經籍志》，云「《黃圖》一卷，記三輔宮觀、陵廟、明堂、辟雍、郊畤等事」。《舊唐書‧經籍志》、

《新唐書·藝文志》，亦作《三輔黃圖》一卷。可見初本是一卷無疑。其内容散見於如淳、晉灼、張晏、孟康、臣瓚注《漢書》，劉昭注《後漢書》諸志，酈道元作《水經注》，隋宇文愷議立明堂，王元規議上帝后土壇，唐初李善作《文選注》，顔師古作《漢書注》，所引用的《三輔黃圖》條文。孫星衍序云；「舊書有圖，特以文爲標識。故其詞甚簡」。這個推斷不無道理。《三輔黃圖》的本義就是三輔地區的帝都圖。據陳直考證黃圖之名已見於西漢中期瓦當文字。《漢書·溝洫志》云：漢代修水利要「案圖書，觀地形」，事前有水利規劃圖。王莽派王邑去雒陽爲他建陵，王邑首先「營相宅兆圖」《漢書·王莽傳》，即作王莽的墓地平面圖。我們還可看到長沙馬王堆三號漢墓出土的「西漢初期長沙國深平防區圖。」漢都長安是根據《考工記》中的帝都設想設計的，可能有設計圖及文字説明，如果這些資料能保存到漢末魏初，當然可能是初本的主要依據。然而，作者在處理文圖關係上可以有多種形式，圖旁附簡單的文字標識僅是一種形式，也有圖前或圖後有長篇文字説明的，還有因竹簡繪圖不便而省圖詳文，實則以文説圖的。從劉昭所引兩條《黃圖》原文來看，有下邽縣的建制沿革，有長達千餘字的元始四年儀，這顯然不是簡單的圖的標識。看來所流傳的初本主要是文字記述，如三輔治所、長安城門、宮觀、苑囿、陵廟、明堂、郊畤等均有詳細記載，屬於以文説圖。初本是用竹簡或絹帛抄寫的，在輾轉傳抄中造成很多歧文異辭，錯訛脱衍不可避免。如淳引用《黃圖》五條，其中兩條就有錯誤。

今本《三輔黃圖》擴爲六卷。程大昌云：「今圖則唐人增續成之」，畢沅云：「蓋唐世好事者所輯」，《四庫全書總目》云：「爲唐肅宗以後人作」，陳直云：「今本爲中唐以後人所作」。所説大同小異，大體不出唐代。這是有根據的，有今本引用唐代地名可證：

「虢宮，宣太后起，在今歧州虢縣界。」此地漢代屬右扶風，唐高祖武德二年改隋扶風郡爲歧州，唐肅宗至德元年（西元七五六年）改歧州爲鳳翔郡。虢縣武則天天授二年（西元六九一年）置，治所在今寶雞縣虢鎮。歧州

號縣是武則天到唐肅宗時的地名。

「棫陽宮，秦昭王所作，在今歧州扶風縣東北」扶風縣唐太宗貞觀八年始置，此宮位置雖不準，但用唐地名無疑。

「西市在醴泉坊」。醴泉坊在唐長安城西市之北，這是唐人把漢西市誤作唐西市了。

三輔「其理俱在長安古城中」。西陂池、郎池「皆在古城南上林苑中」。「秦酒池在長安故城中」。「太上皇廟，在長安西北長安故城中」。此皆唐人口氣，唐人把漢長安城稱古城或故城。

「漢靈台，在長安西北八里」。據韋述《兩京新記》：漢靈台在唐長安城修真坊，修真坊在唐長安縣廨所西北八里。此亦用唐長安縣地名。按《水經注》漢靈台在安門東南七里的辟雍之北，這是漢地名。

「漢辟雍，在長安縣北七里」。此長安縣亦指唐長安縣廨所，即治所，在唐長安城的長壽坊，相當今西安市雁塔區的蔣家寨。漢辟雍遺址已發掘，在今蓮湖區大土門以北，這裏在唐長安縣治北七里，確爲唐地名。如用漢地名，據《水經注》載：辟雍「在鼎路門東南七里」，鼎路門即漢安門。

「漢太學在長安西北七里」。漢太學與漢辟雍皆在唐長安城普寧坊，太學在普寧坊西部，普寧坊距長壽坊約七里，可見亦用唐地名。按《關中記》，漢太學「在長安城南，安門之東」這是漢地名。

「宜春下苑，在京城東南隅。」宜春下苑即今曲江池，此京城指唐長安城。宜春下苑在唐長安城的東南角。

「黃山宮，在興平縣西三十里」。其地漢屬槐里縣，隋廢槐里縣改屬始平縣轄，唐中宗景龍二年改名金城縣，唐肅宗至德二年改名興平縣，此亦用唐地名。

從今本用唐地名的時限看，歧州唐肅宗至德元年廢，興平縣至德二年置，新舊交替的地名在肅宗時，據此推定今本似成書於唐肅宗時代（西元七五六──七六一年）。按唐代的歷史分段，從唐玄宗開元，歷經肅宗至代宗

大曆，劃爲盛唐，今本似成書於盛唐時期。

今本《三輔黃圖》，比之初本其卷帙、内容大有擴充。其材料來源有三：一、採用自初本《三輔黃圖》，此即今本中所謂「舊圖」或「圖」。如「按舊圖，漸臺、凌室、織室皆在未央宮」。「舊圖曰，未央宮有滄池，言池水蒼色，故曰滄池。」冰池，「舊圖云，西有滮池，亦名聖女泉。蓋冰、滮聲相近，傳說之訛也。」「圖曰，上林苑有昆明池，周匝四十里」。可能當時初本有幾種鈔本，今本只以某一種鈔本爲基礎而擴充的，所以漏掉的佚文不少。二、從唐初顏師古《漢書注》和李善《文選注》中收集到大量《三輔黃圖》佚文。今本文字頗多與顏師古注相同，正如陳直先生說：「是《黃圖》用顏注，而非顏注用《黃圖》」。三、採用了《史記》、《漢書》、《西京賦》、《西都賦》及六朝人的有關著述。所以今本不是編者肆意杜撰的產物，而是有文獻依據的。今本的缺點：一是錯誤之處不少，如把鍾官誤作鐘宮，卷三甘泉宮下所列之宮，大部不在甘泉宮。二是對初本中的材料遺漏甚多。

今本正文之下有原注。原注，陳直認爲「略在正文之後作成」，至確。如廢丘注：「今興平縣地」；高奴注：「今延州金明縣地」；均用唐地名。原注除對正文作解釋外，還有補充漏掉的佚文，如王莽妻億年陵條，原注即引「舊本云……」；社稷條，原注用劉昭引《黃圖》中的「元始儀」。還有對今本錯訛的訂正，如今本「鼎湖宮在湖城縣界」，原注「又一說在藍田」。原注是。

《三輔黃圖》在宋代仍有多種傳寫本流傳。宋敏求《長安志》引文與今本大多相同，亦有不同處。《太平寰宇記》、《太平御覽》、《玉海》所引《黃圖》與今本均有同異。惟程大昌《雍錄》卷一有談《三輔黃圖》一段，所言全是今本。南宋高宗紹興二十三年（西元一一五三年）撫州州學教授苗昌言云：《三輔黃圖》「世無板刻，傳寫多魯魚之謬，凡得數本以相參校」，遂有撫州州學刻《三輔黃圖》。從《說郛》所收苗本《三輔黃圖》

看，此爲一卷本。陳直序云：「今本爲六卷，疑南宋苗昌言校刻時所分析」，此疑與實際不符。比苗昌言稍晚的晁公武在《郡齋讀書志》中著錄《三輔黃圖》一卷，可能就是苗氏校刻的一卷本。南宋理宗端平年間陳振孫在《直齋書錄解題》中，著《三輔黃圖》分上下卷，明陳繼儒本就是分上下卷的，內容與六卷本同，也許陳振孫所著錄的上下卷實際就是六卷本。我所看到最早的六卷本是元致和年間的刻本，或許這就是把今本《三輔黃圖》析爲六卷的第一種版本。

我在陝西師範大學圖書館搜尋到九種《三輔黃圖》版本。現在簡述於下：

一、苗昌言本：《三輔黃圖》不分卷，書名下署苗昌言。前無序，無目錄，亦無苗氏題詞，正文只有六卷本前四卷的部份內容，白文，無注。滄池、冰池條亦引「舊圖」，故肯定非初本原貌，當是南宋紹興年間苗昌言任撫州州學教授時校刻的一卷本。此本收入《說郛》卷九十一。《說郛》是叢書，元末陶宗儀編。我看到的是涵芬樓據明鈔本鉛印，線裝。

二、元致和本：《三輔黃圖》六卷。卷首有原序，有苗昌言題詞，有目錄，正文有原注，白文。目錄後有「致和戊辰夏五余氏勤有堂刊」，致和戊辰即元泰定帝致和元年，夏五即夏季五月，余氏爲刊刻者，勤有堂爲刊者堂名。此本是元朝致和元年刊刻，故亦稱元刊本。我所看到的由上海涵芬樓影印，線裝，卷末附張元濟跋及校勘記，校勘記僅用該本與畢本對勘。此本收入《四部叢刊三編》。

三、陳繼儒本：《三輔黃圖》上下兩卷。上卷由陳繼儒閱，沈德先、張可大校，與六卷本的前三卷內容同；下卷由王桂生、沈璜、張文林校，與六卷本的後三卷內容同。收入明萬曆年間陳繼儒輯的《寶顏堂秘笈》，故稱陳繼儒本。該本卷首無目錄，有原序和成化十六年周鼎序。周鼎云：此書「久不見刻本，爲博雅之學者患，旴江（在江西東部）左氏藏此，蓋積有世年。今江浙參政桂坡先生示鼎，使序而刻之」。陳繼儒本似以周鼎本爲底本校閱

後付梓的。我所看到的此本是《關中叢書》第一集所收,卷末附有民國二十三年宋聯奎、王健、吳廷錫跋文,線裝。

四、吳琯本:《三輔黃圖》六卷。卷首有原序、目錄,明萬曆中吳琯校。該本校勘較認真,糾正了舊本的部份錯字。收入吳琯所輯《古今逸史》內。我看到的是上海涵芬樓影印的明刻本,線裝。

五、畢沅本,簡稱畢本:《三輔黃圖》六卷。卷首有畢沅撰《重刻三輔圖序》,有原序,正文有斷句,有原注及畢氏小注。畢沅不愧大家,校注頗有超過前人之處。附載於後的《三輔黃圖補遺》一捲,雖搜羅不全,但亦可起拾遺補闕作用。該本乾隆四十九年六月刻成。我們看到的是根據《經訓堂叢書》中本子鉛印,收入《叢書集成·初編·史地類》,平裝本。又見《廣漢魏叢書》收入的木刻本,臺灣商務印書館根據《四庫全書》影印的精裝本。

六、鄧傅安本:《三輔黃圖》六卷,浮梁鄧傅安校。卷首有原序、目錄,正文有斷句,無原注。正文與畢沅本略同。收入清王謨輯刊的《增訂漢魏叢書》。鄧傅安,嘉慶進士,有《蠡測匯鈔》。此本可能屬匯鈔中之一種。

七、孫星衍本:《三輔黃圖》一卷,孫星衍、莊逵吉同校。我看到的本子是商務印書館根據《平津館叢書》影印,平裝,收入《叢書集成初編》。該本卷首有乾隆五十年孫星衍序,略云:鑒於六卷本「蕪累甚矣,王應麟弟應鳳有《訂正三輔黃圖》今復不傳」,為「削繁補遺,倘復舊觀,故涉覽書傳,刺取舊文,依隋志成為一卷,以續應鳳之舊」。孫氏企圖恢復初本《三輔黃圖》原貌,但不以今本之前許多注家所引《黃圖》佚文為基礎,而以今本之後宋王應麟著《玉海》為主要依據,這是非常錯誤的。該書部分條目尚有可取之處,但就全書而言,刪削失據,漏洞百出,近於杜撰。如今本中的三輔治所,是根據顏師古《漢書注》引《黃圖》的長段文字寫成的,且有《漢書》、《水經注》的記載可證,而孫本竟認為是今本妄加,「今並削去」。又如漢代在長安城附近的渭河上架有橫橋、便門橋、渭橋,亦即中渭

橋、西渭橋、東渭橋，這就是著名的渭河三橋；而孫序硬説是一橋三名，指責今本「妄説橫橋、便門橋與渭橋爲三」。再如今本云萯陽宮在戶縣，有《漢書・地理志》、〈東方朔傳〉、〈宣帝紀〉及《水經注》可證；而孫本認爲「乃唐人所加，今削去」。他又根據唐人歐陽詢編的《藝文類聚》把該宮錯定在長安。再如，今本云文帝爲太子立思賢苑，武帝爲太子立博望苑，有《西京雜記》和《漢書》可證；孫本卻作「孝武帝爲太子立思賢苑」，而認爲今本「博望苑武帝爲太子據立」，是「後人妄加」。遍查孫氏此説無任何根據，完全是個人的「妄造」。至於孫本删掉重要的，保留次要的；删掉確有的，保留不可考的；更是不勝枚舉。

八、張宗祥本：《校正三輔黃圖》六卷，古典文學出版社一九五八年出版，鉛印，平裝。卷首有原序、目錄，正文有斷句，有原注，間有張氏小注。此本校勘認真，對舊本中的錯訛有不少糾正。張宗祥民國初年海寧人，自謂從民國八年主京師圖書館事多年，校勘甚勤。《校正三輔黃圖》當爲張氏此時所作。

九、陳直本：《三輔黃圖校證》六卷，陝西人民出版社一九八○年五月出版。此本前有陳序、原序、目錄；後有後記。陳直先生是西北大學歷史系教授，著名秦漢史專家。所撰該書正文皆用新式標點；校勘以張氏《校正三輔黃圖》爲底本，並「取證於其他古籍」，改正了舊本中不少錯訛脱衍之處，但出版時陳先生已故，不知什麼原因又增加了許多誤字；陳先生採用大量文獻和考古資料，特別是他「至秦二十年，於西京殿閣之遺址，陵墓之留存，屢加訪問」而得到的調查材料，對正文加以疏證，大多十分精當。

最近我的老師、著名歷史地理學家史念海教授，負責組織《古長安叢書》的整理校注工作，他分給我的任務是重新校注《三輔黃圖》。我撰《三輔黃圖校注》是在前代學者工作的基礎上進行的。我力求吸收前人的研究成果，廣泛搜集有關資料，以便給人們提供較準確、較豐富的研究秦漢都城的資料，使《三輔黃圖》在學術研究中發揮更大的作用。我的作法是：

一、校勘原想採用「底本」，後鑒於各本各有正誤，遂改爲採用眾本合校，以便多中求正，在文校的同時注重理校，對正誤不光在不同版本中求證，還博採其他文獻、考古和調查材料，從而作出可靠的判斷。所以在校後常有大段的考證文字。

二、對前人的注釋盡量加以吸收。陳直先生的注文大部採用，個別過長的注文爲便於讀者檢閲，分條析於正文詞目之下。

三、我所作的注文，盡量追求準確性和資料性。重要條目通常是判斷正文的正誤和前人注釋的正誤；徵引《史記》、《漢書》、《水經注》、有關長安的漢賦等較早的文獻及考古、調查資料。如對重要宮殿力求註明何時興建、建築規模、位置、功能等。

四、對於個別我感到難識難解的字詞，加有註音或注解。

我撰的《三輔黃圖校注》由三秦出版社一九九五年十月出版，一九九八年九月再版。應算《三輔黃圖》的第十種版本。

後　記

　　伴隨秦始皇兵馬俑的發掘、建館及其發展，我在教學之餘，一直把秦史研究作爲重點。本想先進行專題研究，攻克難點，再進而寫一部秦史。倏忽二十多年，而我已年過古稀，常感力不從心，寫秦史的念頭早已打消，專題研究也遠未完成。只好把三十七篇文章，分成三編，合爲一册，託朋友聯繫出版。

　　本書所收論文主要是實證研究，採用王國維倡導的二重證據法，用考古資料印證文獻資料，用文獻資料闡釋考古資料。這些論文大多下過苦工，如一九八五年我隨秦漢長城考察隊在內蒙古陰山踏勘了數十天，才寫成〈秦始皇長城北段的考察〉。我仔細閱讀了圖書館的秦鑄幣資料，在幾位收藏家那裏反覆比較了各種秦幣，自己還收購了各式半兩錢，才寫出〈秦幣春秋〉。我多次率研究生在關中各地調查秦宮殿遺址，然後寫成〈關中秦宮位置考察〉。〈試論戰國商業的發展〉，〈論戰國時期的催傭勞動〉等，都是在閱讀了大量古今有關資料之後，駁其誤說，補其不足，發人之所未發明。當然，本書中的謬誤一定不少，還希專家、讀者指正。

　　這本《秦史探索》是我的勞動成果，我珍惜它。在此我爲本書出版作出貢獻的，我的老朋友，著名史學家王仲孚教授、蘭臺出版社盧社長、責任編輯郝冠儒先生，表示由衷的謝意。

何清谷　　二〇〇二年十二月十七日

錢穆選輯新書簡訊

全新修訂本 25K

中國學術思想史小叢書

書　　　名	頁數	定價
中國學術思想史論叢(一)	280	220
中國學術思想史論叢(二)	530	370
中國學術思想史論叢(三)	375	300
中國學術思想史論叢(四)	405	320
中國學術思想史論叢(五)	366	290
中國學術思想史論叢(六)	261	210
中國學術思想史論叢(七)	430	340
中國學術思想史論叢(八)	530	370
中國學術思想史論叢(九)	261	210
中國學術思想史論叢(十)	270	220

孔學小叢書

書名	頁數	定價
論語新解	600	420
孔子與論語	395	310
孔子傳	245	200
四書釋義	372	300

中國學術小叢書

書名	頁數	定價
學術思想遺稿	231	190
經學大要	626	630
學籥	233	180
＊國學概論	333	270
中國學術通義	338	270
現代中國學術論衡	297	240

中國史學小叢書

書名	頁數	定價
中國歷代政治得失	182	110
＊中國文化史導論	249	170
中國史學名著	362	250
＊政學私言	262	180
中國歷史精神	208	150
中國史學發微	304	210
中國歷史研究法	207	150
國史新論	336	240

（＊者恕不單售）

中國思想史小叢書

書　　　名	頁數	定價
甲編		
中國思想史	233	190
宋明理學概述	327	260
朱子學提綱	249	200
陽明學述要	116	110
中國思想通俗講話	126	120
乙編		
靈魂與心	185	160
雙溪獨語	431	360
人生十論	237	200
湖上閑思錄	150	150
晚學盲言(上)	710	530
晚學盲言(下)	648	460

中國文化小叢書

書名	頁數	定價
中國文化精神	237	200
文化與教育	364	300
歷史與文化論叢	421	350
世界局勢與中國文化	384	300
中國文化叢談	409	320
中國文學論叢	310	250
文化學大義	204	170
民族與文化	172	170
中華文化十二講	172	170
從中國歷史來看中國民族性及中國文化	144	160
八十憶雙親師友雜憶合刊	428	290

經學大要—最後遺著，首次出版。

蘭臺叢書簡訊(一)

蘭臺叢書簡訊(二)

中國上古史研究期刊　16K

（編者:中國上古史研究編輯委員會）

	頁數	定價
創刊號	163	680
第二期	214	680
第三期	231	680

中國中古史研究期刊　16K

（編者:中國中古史研究編輯委員會）

創刊號	279	680
第二期	276	680
第三期	297	680

宋史研究叢刊　25K

（編者:宋史座談會）

宋史研究集第三十一輯	586	680
宋史研究集第三十二輯	576	680
宋史研究集第三十三輯	614	780
宋史研究集第三十四輯	538	680

台灣宗教研究通訊　25K

（編著者:李世偉 等）

第四期	338	520
第五期	298	520
第六期	344	520

史學彙刊　16K

（編者:史學彙刊編輯委員會）

第十八期	298	680

蘭臺文化館　18K

書　名	作者	頁數	定價
中國傳統孝道的歷史考察	朱　嵐	355	680

國家圖書館出版品預行編目資料

秦史探索 / 何清谷 著
　--初版-- 臺北市：蘭臺出版社：2012.5

ISBN：978-986-6231-39-1（平裝）
1.先秦史 2.秦史
621　　　　　　　　　　101009025

中國上古研究叢刊第一輯 3

秦史探索

作　　者：何清谷
美　　編：黃翠涵
封面設計：林育雯
編　　輯：張加君
出 版 者：蘭臺出版社
發　　行：蘭臺出版社
地　　址：台北市中正區重慶南路1段121號8樓之14
電　　話：(02)2331-1675或(02)2331-1691
傳　　真：(02)2382-6225
E—MAIL：books5w@yahoo.com.tw或books5w@gmail.com
網路書店：http://store.pchome.com.tw/yesbooks/
　　　　　http://www.5w.com.tw、華文網路書店、三民書局
總 經 銷：成信文化事業股份有限公司
劃撥戶名：蘭臺出版社 帳號：18995335
網路書店：博客來網路書店 http://www.books.com.tw
香港代理：香港聯合零售有限公司
地　　址：香港新界大蒲汀麗路36號中華商務印刷大樓
　　　　　C&C Building, 36,Ting, Lai, Road, Tai,Po, New,Territories
電　　話：(852)2150-2100　傳真：(852)2356-0735
出版日期：2012年5月 初版二刷
定　　價：新臺幣1000元整（平裝）
ISBN：978-986-6231-39-1